Ullstein Sachbuch

Ullstein Sachbuch
Ullstein Buch Nr. 34221
im Verlag Ullstein GmbH,
Frankfurt/M-Berlin-Wien
Französischer Originaltitel:
Le Testament de Dieu
Übersetzt von
Patricia Dreyfuss-Kahane
und Alexander Potyka

Ungekürzte Ausgabe

Umschlagentwurf:
Hansbernd Lindemann

Printed in Germany 1984
Druck und Verarbeitung:
Clausen & Bosse, Leck
ISBN 3 548 34221 3

Juni 1984

CIP-Kurztitelaufnahme
der Deutschen Bibliothek

Lévy, Bernard-Henri:
Das Testament Gottes: d. Mensch im
Kampf gegen Gewalt u. Ideologie /
Bernard-Henri Lévy. [Übers. von
Patricia Dreyfuss-Kahane u.
Alexander Potyka]. – Ungekürzte Ausg. –
Frankfurt/M; Berlin; Wien:
Ullstein, 1984.
(Ullstein-Buch; Nr. 34221:
Ullstein-Sachbuch) Einheitssacht.:
Le testament de Dieu ⟨dt.⟩
ISBN 3-548-34221-3

NE: GT

Bernard-
Henri Lévy

Das Testament Gottes

Der Mensch im Kampf
gegen Gewalt
und Ideologie

Ullstein Sachbuch

Für Sylvie,
für Justine.

INHALTSVERZEICHNIS

Vorwort

Es bedarf wohl einiger Unverfrorenheit, im Jahrhundert der Gaskammern und der Konzentrationslager noch von Hoffnung zu sprechen. Wie alle Menschen meines Zeitalters weiß ich, mit welcher Begeisterung, in welcher Orgie freudigen Wissens, die Henker aller Länder die Flaggen schneidern, die auf ihren Beinhäusern flattern. Die gesamte Epoche spricht gegen einen Optimismus, der immer von der Höhe der höchsten Türme herab den Takt des Leids den Galeerensklaven schlägt, die sich in den Bäuchen der Schiffe, in den Kerkern oder den Elendslöchern der Welt abschinden. Ich habe über die „Barbarei mit menschlichem Gesicht" geschrieben und angesichts so vieler Faschismen, die ihre lächelnden Ungeheuer auf dem Markt der Hoffnung feilbieten, an das Ende des Buches einen Appell an die unnachgiebigste, die vielleicht „negativste" der kritischen Klarsichten gesetzt. Dieses Buch verleugnet nichts von dieser Forderung. Es beginnt ganz einfach an jenem Punkt des Zweifels und der Spannung, an dem diese damals noch scheiterte. Dieses Buch erklärt, nimmt an und behauptet, daß die Stunde der Verwirrung in gewissem Sinn vorbei ist. Es versucht, diese einzigartige, immer wiederkehrende und widerspenstige Frage zu behandeln: Da der Schrecken nun einmal ist, was er ist, in wessen Namen können sich ihm die Menschen hier und jetzt konkret entgegenstellen und ihn ablehnen?

Denn, daß sie ihn ablehnen *ist eine Tatsache*. Überall auf der Welt, im Westen wie im Osten, erheben sich immer mehr Männer und Frauen, die der jahrhundertealten Irreführung müde sind und das Abenteuer einer einzigartigen Revolte wagen. Es sind Tausende, ja Millionen Vereinsamte, die der Welt diese stolze und erhabene Sicherheit entgegenschleudern, daß das Gute, das Wahre, das Gerechte nicht die leeren Worte sind, wofür die Techniker des Unglücks und des Leidens sie halten. Riesige Massen neuer Narren, schweigend und mit Wut im Herzen, spotten über die „Revolution", die „Befreiung" und den „Sozialismus", wenn diese, geschminkt als Wissenschaft, Geschichte und heute als Islam, sich zur Schändung und Erniedrigung der Leiber verschwören. Hört Ihr nicht, wie von Moskau bis Buenos Aires, von Hanoi bis Teheran die Ketten der Lüge rasseln und wie sich die steifen Nacken wieder aufrichten? Darf man vergessen, daß auch in Auschwitz und Buchenwald, den Orten der schlimmsten Hoffnungslosigkeit, einige revoltierten, sich selbst überwanden und sich nicht beugen ließen, sondern selbst zum Unentrinnbaren „Nein" sagten[1]? Ich bin nicht so vermessen, mich mit diesen Helden und Märtyrern auf eine Stufe zu stellen. Wären sie jedoch nicht gewesen, hätte ich mich an diese neue Aufgabe nicht herangewagt. Sicher ist, daß das Trachten nach der Freiheit durch ihr Vorbild nun einen Sinn und eine Dringlichkeit erhält, die ein Jahrhundert der Ziellosigkeit so leichtfertig geopfert hat. Der Antifaschismus ist eine neue Idee: im Westen wie im Osten. Dieser Idee, dieser Herausforderung möchte ich mich hier in aller Bescheidenheit und mit allem Nachdruck stellen.

Sicher ist auch, daß dieses Vorhaben undenkbar gewesen wäre, hätte ich mich nicht einer älteren, wenn möglich höheren Tradition erinnert. Einer zeitlosen Nicht-Unterwerfung, lebendig seit undenklichen Zeiten, die seit über zweitausend

Jahren unablässig die längste, starrköpfigste und unnachgiebigste Verweigerung aufrechterhält, die die Chronik der Geschichte bis zum heutigen Tage aufweist. Ein einzigartiger Fall; wider jede Logik, wider jede „Verjährung", ja sogar entgegen jeder Ausrottung des Volkes, mit wahrer Besessenheit „Nein" zu sagen, dem Urteil der Tatsachen zu widersprechen, dem Lauf der Jahrhunderte mit all ihren Mahnungen und mörderischen Verhängnissen Trotz zu bieten. Diese Erfahrung ist so unerhört, daß sie sich in die Tafeln eines heiligen, von der Zeit kaum je veränderten Gesetzes eingräbt, daß sie nie aufgehört hat, die Geschichte selbst und deren angebliche Imperative in Frage zu stellen, an ihnen zu rütteln und sie von ihrem Podest zu stürzen. Ich spreche natürlich vom jüdischen Volk, von diesem unzähmbaren Volk, dessen Beharrlichkeit eines der größten Rätsel bleibt, das sich den Gewissen unserer Zeit stellt. Ich spreche von dieser Gemeinschaft des Umherirrens aber auch des Lichtes und des Vertrauens, die vom Schicksal bis an die äußersten Grenzen des Schmerzes geführt worden ist und doch niemals auf den einfachen Stolz des Menschseins verzichtet hat. In dieser Gemeinschaft erkenne ich mich wieder, diesmal ohne Zweideutigkeit. Mit Leidenschaft und Stolz beschließe ich, ihre Farben zu tragen. Ich behaupte und werde beweisen, daß die Verfasser der Heiligen Schrift auch die Erfinder des modernen Begriffes des Widerstandes sind.

Denn ich behaupte vor allem, daß hier, in dieser Heiligen Schrift, in dieser klaren und knappen Sprache, eingemeißelt in die ewige Erinnerung, ein gewaltiges Erbe liegt, ein unmeßbares Zeugnis, dessen lebendige Gegenwartsnähe man eben erst zu entdecken beginnt. Die Bibel von neuem lesen? Große Lehrer haben mich eingeweiht; ich nenne nur[2] den großen Philosophen Emmanuel Levinas und den Katholiken René Girard, um deutlich zu machen, welchen Wert ich einem jüdisch-christlichen Dialog beimesse, dessen Spuren die heutige Zeit seltsamerweise so rasch verwischen möchte. Eine Rückkehr zum Monotheismus? Man wird bald verstehen, daß der Monotheismus weder ein Monismus noch ein Theismus ist, sondern eine konkrete Ethik, eine Verherrlichung des Rechts, ein sicherer Beweis für das Universale und das Wunder einer Ratio, deren unfaßbare Größe vielleicht der sicherste und letzte Ausweg gegen die Gefahren des Aufgebens und der ergebenen Unterwerfung ist. Ist Gott tot? Eher würde man mit Jacques Lacan sagen, „Gott ist unbewußt“ und hinterläßt uns ein Testament, dessen Lehre sich anfangs ganz zart, dann aber immer klarer abzeichnen wird, sobald der Verlauf dieser Untersuchung sichtbar wird. Denn das ist im Grunde die zentrale Hypothese, die uns nach und nach leiten wird: Vielleicht liegt in der Erinnerung an den „einen Gott“ und dem Beharren auf dem Gesetz die einzige Chance, dem Geist des Widerstandes, dem konsequenten Antifaschismus, zu dem die Zeit uns zwingt, Realität zu verleihen.

Muß schließlich besonders festgestellt werden – um dieses Vorwort abzuschließen, bei dem ich mich schon zu lange aufgehalten habe –, daß die Erschließung dieser Kraftquellen mehr ein Rückgreifen als, wie es auf den ersten Blick erscheinen könnte, eine Rückkehr ist? Daß das Nachdenken über eine Schrift, deren letztes Wort immer die Aufforderung zum Kampf gegen die „Götzenverehrung“ war, nichts mit dem steten Wiederaufleben des „Sakralen“, mit dem uns das alte Lied der Modernität so oft berieselt, gemeinsam hat? Denn die Berufung auf Gott und das kalte Brennen der Flamme, auf die ich all meine Hoffnung setze, gelten dem Widerstand gegen diese Wiederbelebungen, dieser Rückwendung gegen diese nüchternen Romantizismen. Das mosaische Gesetz ist kein Archaismus; es ist viel zuwenig bekannt, daß ihm nichts fremder ist, als die Suche nach „Wurzeln“, diese Nostalgie der „Quellen“, an denen der greuliche

„Waldgeist", den schon die Propheten geißelten, immer wieder umgeht. Der Primat des Gesetzes bedeutet keine Theokratie, sondern im Gegenteil das Mißtrauen gegenüber allen Normen, die Gestalt annehmen, allen profanen Göttern, allen Göttern überhaupt, zu welchen am Ende dieses zwanzigsten Jahrhunderts der feige Obskurantismus ältester Polytheismen wieder zurückkehrt. Daß die Bibel das Buch des Widerstandes unserer Zeit ist, bedeutet auch, daß der grundlegende Widerspruch dieser Epoche jener des Heidentums und des Monotheismus ist. Das Testament Gottes ist überdies der Tod Gottes, immer wieder der Tod Gottes, getragen bis zum Ende seines Weges, seiner Konsequenzen und seiner Symptome: in den Ausdrücken einer Entheiligung, die zum Beispiel mit dem Kult des Politischen beginnt.

Erster Teil

DEM POLITISCHEN GRENZEN SETZEN, UM DER ETHIK PLATZ ZU MACHEN

Müssen wir wieder von der Politik reden? Über diesen Gemeinplatz, den der Chor der Modernität nicht aufhört zu besingen? Dieses ewige „Problem“, das überall bis zum Ekel diskutiert und gefeiert wird? Die Politik liegt im Sterben, sagen sie – doch selten nur hat man einen so langen Todeskampf gesehen. Sie ist nur mehr ihr eigener Schatten; anscheinend sind Gespenster aber doch lebendig, nach dem Lärm zu schließen, den sie schlagen. Wird die Illusion abgeschafft? Man würde eher sagen, sie gleicht jenem Messias, von dem Kafka sagt, daß er nie aufhört zu sterben und von den Toten aufzuerstehen . . .[1]

Darum liegt die wahre Dringlichkeit vielleicht darin, das Prinzip dieser Komödie zu beseitigen und die Sucht, auf sehr klassische Weise den Pomp des verleugneten Kultes wieder einzuführen, bis zur Verneinung zu mindern, zu begrenzen, zu entsakralisieren. Man muß diese Wiederbelebung, hinter der sich die heimtückischsten Formen der alten Götzenverehrung verbergen, unter die Lupe nehmen. Die Politik ist und darf überhaupt kein „Problem“ mehr sein. Sie ist weder die Sonne, die zu sein sie behauptet, noch ein teuflisches Scheusal, für das sie gehalten wird. Sie zu hassen, wie sie zu lieben, ist die Kehrseite derselben Religion. Das will ich versuchen, im Folgenden zu erklären; man sollte dieses Buch als einen Versuch betrachten, den Weg für die ethischen Forderungen freizulegen, zu bahnen und zu zeigen.

1
Lob des Staates

Die berühmte und immer wieder aufgeworfene „Frage nach dem Staat“ ist das typische Beispiel dieser hin- und herpendelnden Götzenverehrung, in der sich die Unterwürfigkeit verewigt. Seit nun schon beinahe zweihundert Jahren ließe sich die Geschichte des westlichen Denkens fast auf diesen sonderbaren und rätselhaften Pendelschlag zurückführen. Seit zweihundert Jahren schwanken die Abendländer zwischen blinder Faszination und einer nicht minder blinden Ablehnung. Einmal schwören sie ausschließlich auf die Ideologien, die in der Art des Marxismus oder des klassischen Jakobinismus das Heil einzig und allein in einer gigantischen Programmierungsmaschinerie, in Sozialisierung und geregelter Beglückung sehen. Dann wieder – nach dem Vorbild eines Anarchismus, der plötzlich wie ein Fetisch hochgehalten wird – greifen sie, wie ein wiederkehrendes Unheil, das seine Kreisbahn vollendet hat, auf Untergangsgedanken zurück, deren wichtigstes Anliegen es ist, den Staat als solchen, als Ursprung allen Übels, als Verkörperung des absolut Schlechten und absolut Hassenswürdigen abzulehnen. Die Nachteile der ersten Denkart und ihre fanatische Vergötzung des Staates, die die Menschheit mittels Konzentrationslagern befreit, wurden oft genug und gewiß in geeigneter Weise dargestellt. Der zweiten Denkrichtung, den grundsätzlichen Gegnern des Staates, muß man einige allgemein bekannte Tatsachen vorhalten: sie genügen, um deutlich zu machen, daß ihr Traum nichts ist als die Kehrseite desselben Alptraumes und ihr „Absterben des Staates“ nichts als ein wirksames Schlagwort, das mit einer Philosophie des Widerstandes nicht das geringste zu tun hat...

Es ist offensichtlich, daß wir heute, am Ende dieses 20. Jahrhunderts, inmitten der Nachbeben einer beispiellosen Katastrophe leben, die totalitäre Revolution genannt werden muß. Ich gebe ohne Vorbehalt zu, daß diese *erfolgreiche Revolution* – die einzig erfolgreiche unseres Zeitalters – weitgehend denkerisch unbewältigt geblieben ist. Man kann nicht bestreiten, daß sie wie eine Besessenheit ist, ein noch nicht erkalteter Lavastrom, der in jeder Macht, sobald sie absolut ist, pulst. Daß diese Bewegung das gesamte politische Spektrum durchzieht und nur wenige Systeme einer Ansteckung entgehen, ist ebenfalls wahrscheinlich... Das bedeutet jedoch nicht, daß man ihrer wichtigsten Forderung nachgeben muß – Willfährigkeit für alles Neutrale und Gleichgültigkeit gegenüber allen Werten. Das bedeutet auch nicht, daß angesichts des Bösen auf jede Analyse verzichtet werden müßte und man sich traurigerweise mit Notlösungen zufriedenzugeben hätte, die unter dem Deckmantel der „Wachsamkeit“ in Wahrheit jegliche echte *Kritik* untersagen. Das bedeutet vor allem nicht, daß wir wie die Bewohner von Ninive, von denen die Bibel berichtet, diese Unseligen hätten rechts nicht mehr von links zu unterscheiden vermocht[2], nur aufhören müßten, für die Welt das einzig gültige Kriterium anzuwenden, nämlich jenes des Mordes und seines Wahnwitzes. Anders gesagt: Wenn es wahr ist, daß in unserer Zeit die Debatte sich um Faschismus und Antifaschismus bewegt, dann ist die Idee, daß ein Staat so viel wert ist wie ein anderer, zweifellos eine faschistische Idee. Wenn es stimmt, daß der Haupteinsatz in dieser Debatte die Menschenrechte sind, dann muß gesagt und wiederholt werden, daß in den „Menschenrechten“ das „Recht“ enthalten ist, daß wir auch Staaten brauchen, die Rechtsstaaten sind. Der Haß dem Staat als solchem gegenüber beruht auf einem Gleichklang, der buchstäblich eine Art des Verrates darstellt, indem sie mit den Worten und den Namen des Schicksals der Menschen spielt, mit Qualen handelt und deren Intensität vermarktet.

Vor allem beruht der Haß gegen den Staat auch auf einer zweifelhaften und gefährlichen philosophischen Einfalt, die ich an anderer Stelle – viele Mißverständnisse zwingen mich, daran zu erinnern[3] – die „naturalistische Illusion" nannte. Indem sie aus der Macht ein Leichentuch oder eine Perücke macht, die eine imaginäre menschliche Natur verspätet entstellen können, schleift sie immer die alten reaktionären Wahnvorstellungen einer Rückkehr zu den Ursprüngen und zu den „lebendigen Quellen" des Archaismus hinter sich her. Sie leugnet die Realität des Verbotenen, von dem die Freudianer uns lehrten, daß es das Verlangen des Menschen nach dem unvermeidlichen Siegel des Gesetzes ausdrückt, und trägt damit immer die revolutionäre Utopie eines radikalen Neubeginns und eines mythologischen „Neuen Menschen" vor sich her. Indem sie von einem historischen Ende der Macht im Rahmen einer Geschichte phantasiert, die *per definitionem* Geschichte der Macht selbst ist oder des Unmöglichen, das sie notwendig macht, sieht sie ihr Ziel darin, diese Geschichte als solche abzuschaffen. Aber seit Kambodscha[4] weiß man, welches schreckliche Schicksal diesem Projekt widerfahren ist. In den Staat eintreten? „Man tritt nicht in den Staat ein ... wie man sich bei einem Kegelklub einschreibt[5]", sagt Eric Weill – es ist eher so, daß das Individuum, wie wir es verstehen, ohne seine Teilnahme am Staat überhaupt nicht mehr denkbar wäre. Aus dem Staat austreten? Man kann ihn nicht ablegen wie ein schlechtsitzendes Kleidungsstück, denn hier macht ausnahmsweise die Kutte den Mönch, sie ist mit ihm verflochten, aus demselben Tuch geschnitten, ein modernes Nessus-Gewand. Eine Gesellschaft ohne Staat? In der Welt der gegründeten und in Gründung begriffenen Staaten hat dieses Schlagwort nicht mehr Sinn als die idealistischen Spekulationen von einst über die Realität der Welt. Es hat den Sinn eines Paradoxon, im besten Falle einer Herausforderung, im schlechtesten einer Hypothese. Und nichts ist schlimmer als eine Hypothese, wenn sie wieder im Lebensnerv des sozialen Gefüges ihre Probe hält und damit die Polis zu ihrem ungeheuerlichen Labor macht.

Eben das war auch tatsächlich die Absicht der Gründerväter der anarchistischen Tradition. Wie lange werden diese Strauchdiebe aus dem alten Rußland des vorigen Jahrhunderts, die den Kopf voller Hirngespinste und mörderischer Pläne hatten, noch als Helden gefeiert werden? Sollen die Faseleien eines Pisarew oder eines Tkatschew, der sich berühmte, die Spuren und die Erinnerung der alten Welt zu beseitigen, indem ganz einfach alle Erwachsenen über 25 Jahren ausgerottet würden, unter den Teppich gekehrt werden[6]? Kann man die Statuten dieser „Gesellschaft der Hakke", die Netschajew auf Bakunins Befehl in Petersburg gründete, ohne Entsetzen wieder lesen? Diese wahnwitzigste aller Hymnen an die „Heilige Revolution", die als Endlösung und perfekter Holokaust[7] gedacht war? Wann wird man sich endlich entschließen, Bakunin genau zu lesen; eine starrköpfige Legende stellt ihn als den einzigen Aufsässigen dem autoritären Sozialismus gegenüber. In Wahrheit teilt Bakunin mit ihm von dessen Theorie des Mehrwerts bis zum radikalen Ökonomismus, von der Ethik der Arbeit bis zum Prozeß der bürgerlichen Freiheiten die meisten seiner Postulate und theoretischen Folgerungen[8]. Es wird zu oft vergessen, daß diese Heckenschützen des antiautoritären Kampfes auch wütende Antisemiten waren; bei Bakunin trifft man zum ersten Mal[9] auf die später von Hitler als

Feindbild propagierte Idee der dreifachen Internationale, der „Bourgeoisie“, des „Klerikalismus“ und des „Marxismus“, alle drei vom „jüdischen Komplott“ angezettelt. Aus dieser anarchistischen Ideologie, weit mehr als aus der deutschen Philosophie des 19. Jahrhunderts, schöpfte Lenin kurz darauf die Grundzüge der Parteitheorie, des Militantentums und des Staatsstreichs, die es ihm ermöglichten, die Fundamente des roten Totalitarismus zu legen[10]. So ist es nicht verwunderlich, daß das Deutschland der siebziger Jahre mit Entsetzen in den Delirien der „Baader-Meinhoff-Bande“ gleichzeitig die greulichsten Bilder des stalinschen Familienalbums und das neubelebte Gespenst von Auschwitz auftauchen sahen. Und die „Freiheitskämpferin“ Ulrike Meinhoff sagte dazu: „Dort sind sechs Millionen Juden für das, was sie waren, getötet und auf den Misthaufen geworfen worden: Geldjuden ... Die Deutschen waren Antisemiten, darum unterstützen sie jetzt die RAF. Sie haben das noch nicht erkannt, weil sie vom Faschismus und vom Judenmord noch nicht losgesprochen worden sind. Und man hat ihnen noch nicht gesagt, daß der Antisemitismus in Wahrheit der Haß gegen den Kapitalismus ist[11].“

Und wenn das nun ebenjener Wahn wäre, gegen den der Staat einschreitet? Und wenn der Staat – der gräßliche, verabscheuungswürdige Staat – auch ein Instrument wäre, solche Ausschweifungen zu zensieren? Die Annahme ist keineswegs absurd. Thomas Hobbes zum Beispiel war davon überzeugt. Das war das Ziel der modernen Staatsform zur Stunde ihrer Errichtung. Und ich glaube, daß wir hier neuerlich gezwungen sind, einen genealogischen Umweg zu machen, dessen unwiderlegbare Tatsachen sich uns aufzwingen ... Denn man wird wohl von Hobbes Ableitung des Gesellschaftsvertrages nichts verstehen, wenn man darin weiterhin eine Theorie des Absolutismus und womöglich gar des Totalitarismus sucht. Diese Texte, deren Basis theoretisch der vollkommenste Individualismus und praktisch die fortschrittlichste Form des aufblühenden Liberalismus ist[12], sagen genau das Gegenteil aus. Man findet dort insbesondere die ausdrückliche Feststellung, daß der Souverän nicht ohne große Gefahr in das Bewußtsein eingreifen, die Gehirne indoktrinieren, den Geist der Gegner der bestehenden sozialen Ordnung korrigieren könne[13]. Das Schlüsselaxiom dieses Paktes ist das „Naturgesetz", demzufolge „Recht" und nicht die „Pflicht" die moralische Grundlage ist, deren erhabener und beständig gewissenhafter Wächter der Fürst sein soll[14]. Gibt es einen besseren Irrenwärter gegen diesen naturalistischen Abgrund als den sonderbaren „Naturstaat", von dem Rousseau und Montesquieu sagten, er sei wahrhaftig ein „Zivilstaat", die a-priori-Form des sozialen Gefüges und einer unmöglichen Harmonie der unmittelbaren Egoismen[15]? „Es bedarf sehr wenig Macht", lauten die ersten Zeilen von Hobbes „De corpore politico"[16], „um ein Menschenleben auszulöschen", *zu* wenig Macht in anderen Worten, als daß eine Wirtschaftlichkeit, eine Homöostasie des Mordes spontan möglich wäre; *so* wenig Macht, daß ein bloßer Austausch genügt, um sie aufzuheben, der Tausch des Tötungsrechts gegen das Lebensrecht! *So viele* unzählige und versteckte Mächte nebeneinander, daß es eines Leviathan bedürfte, um ihrem blinden Spiel der Kräfte ein Spiel der Gesetze und der Illusionen entgegenzustellen. Sehr wenig, zu wenig, so wenige und so viele Kräfte ... die gesamte Politik von Hobbes ist vielleicht nichts als die Aufzählung, als die Aneinanderreihung dieser Kräftespiele. Es ist eine Physik des Staates, eine subtile und einfache Mechanik, die ihn gleichzeitig notwendig und notwendigerweise heilbringend macht.

Denn was besagt diese Physik? Was bedeutet diese Mechanik? Sie sind sonderbarerweise sakral und religiös. Sie verstehen sich, auch wenn es nicht ausgesprochen wird, als

Ökonomie eines geheimnisvollen und fundamentalen Opfers. Die Überlieferung berichtet, daß einst Horden von Ungeheuern und Menschen einen Teil ihrer Reichtümer regelmäßig grausamen und übersättigten Göttern opferten, von denen sie als Gegenleistung Vergebung und Gnade erhofften. Auf die gleiche Weise, scheint der Philosoph zu sagen, opfert der einzelne zur Stunde des Vertrages einen Teil von sich selbst einem allmächtigen, nunmehr jedoch einzigen Gott, der ebenfalls grausam und von Gewalt übersättigt ist und von dem das Individuum als Gegenleistung den Frieden der Seele und des Leibes erwartet. Dieser Teil, dessen er sich entledigt, ist ein Teil seiner selbst, doch diesmal nicht mehr Teil seines Reichtums, sondern seines Verlangens. Dieser geopferte Teil ist der jedem innewohnende Tötungstrieb, dem zu unterliegen jedermann automatisch in Gefahr ist. Diese Physik des Opfers ist genau das Gegenteil der von der Moderne erfundenen Chemie des Völkermordes. Das Absolute, das sie gründet und zum Himmel erhebt, ist nicht das Absolute der Macht, sondern der Form, die jene auslöscht und ihre Maßlosigkeit verdammt. Im Gegensatz zum Totalitarismus ist Hobbes Glaube an den Staat ein Kult, dessen Weihrauch nicht das Verbrechen verherrlicht, sondern es vielmehr bannt und austreibt. Wenn es zwischen der Formel des Leviathan und dem Gottesbeweis des heiligen Anselm eine beunruhigende Nähe gibt, so liegt das daran, daß der dämmernde Archäismus etwas Besseres ist als eine Religion oder eine heidnische Verherrlichung des Politischen: er ist eher eine Politik – die letzte wahrscheinlich –, die ihr Wesen an die Ordnung des Transzendenten[17] anknüpft. Und man sieht genau, daß dieser Staat das absolute Gegenteil des Faschismus ist: die profane Version des alttestamentarischen „Du sollst nicht töten“, des ältesten Gebotes[18].

Erscheint die Lektion vergeblich, überholt, paradox? Ich

fürchte, das Paradoxon ist aktueller, als man denkt. Nehmen wir ein Beispiel unter vielen: die Frage der Todesstrafe. Was sagen ihre Verfechter, von Robespierre bis zu den Modernen? Seltsamerweise im wesentlichen dasselbe wie ihre Gegner: die Guillotine ist der Fixpunkt, erhabener oder verwerflicher Opferkelch zur Aufrechterhaltung der Autorität des Staates – für Beccaria den Abschaffer wie für Hegel den Anhänger ist ein Fürst, der hinrichten läßt, ein Anführer, der terrorisiert. Was würde der Hobbes des „De corpore politico" sagen? Das Gegenteil wahrscheinlich, in gleichem Abstand von den Parteien: Die Guillotine ist nicht der Triumph, sondern die Verfinsterung des Gesetzes, der Punkt, an dem es schwindet, wo das Recht in den Hintergrund tritt, die blutige Niederlage des Staates, der dazu gezwungen ist, Blutvergießen heraufzubeschwören – ein Fürst, der Köpfe abschneidet, ist ein terrorisierter Fürst ... Im Konkreten? Genau das geht vor, wenn ein Gericht entscheidet, einen Menschen aufs Schafott zu schicken: Wie oft hat sich die rasende Menschenmenge, die vor den Türen der Gerichtssäle lautstark den Tod des Verdächtigen fordert, zum Richter über die Richter gemacht, sich an die Stelle des Staatsanwaltes gesetzt, zum Schiedsrichter des Staates. Eben das geschieht doch jedes Mal, wenn ein Staatsmann im blinden Glauben an eine „Umfrage", unter dem Eindruck des Gemurmels der „schweigenden Mehrheit", einem Verurteilten die letzte Zuflucht der Begnadigung verweigert: Nicht das Recht entscheidet, sondern die Leidenschaft und die „öffentliche Meinung". Gewalt des Staates? Der Begriff hat nur dann einen Sinn, wenn man hinzufügt: nicht dieser Kopf fällt auf dem Altar der Vernunft, sondern immer die Staatsräson auf dem Altar der Gesetzlosigkeit. Gesetzlicher Mord? Zweifellos, aber richtiger: Mord an der Legalität, Gewalt, dem Gesetz angetan durch „die wenige Macht, derer es bedarf, um einem Menschen das Leben zu nehmen ..."

Ein Ausnahmefall? In den totalitären Gesellschaften geschehen jeden Tag solche Dinge. Im Argentinien General Videlas bin ich Männern und Frauen begegnet, die sich jeden Abend mit der Angst vor dem Terror der blindwütigen Kommandos, vor der illegalen-legalen Polizei und ihren wilden Schlägern niederlegen[19]: Diese Männer und Frauen verlangten angesichts der Willkür und des Regimes der Unsinnigkeit nichts als einen Staat der Legalität oder eine Legalität des Staates. Im Lande des Gulag, in den großen Totenstädten, wo im Namen unnennbarer Gesetze gefoltert wird, wo jeder, der des Morgens erwacht, ein Geretteter des Vortages ist, in diesen riesigen Schlachthöfen, wo das Recht dem Wahnwitz eines Mordens ohne Verstand und Sinn weicht, was sagen dort jene, die noch eine Stimme um zu sprechen und zu schreien besitzen? Daß ein Staat immer noch besser ist als kein Staat, ein Klassenstaat besser als ein anderer, der nicht mehr an seine Existenz glaubt, besser sogar ein reiner Tyrann als der gewaltige „Egokrat“[20], der seinen eigenen Körper auf die Maße einer Gesellschaft ausdehnt. Formale Freiheiten? Fragen Sie doch jene, die im Angesicht der Unterdrückung ihren einzigen Ausweg in der Form, in der *reinen Form* der Freiheit finden. Die Ablehnung des Staates als solchen? Fragen Sie doch jene, die im Namen eines dahinsiechenden Staates eingekerkert wurden, was sie bedeutet. Feuer auf die Apparate und die Institutionen? Seit Mao weiß man, daß die konkreten Menschen immer die ersten Betroffenen sind. Für die Dissidenten der ganzen Welt hat der Kampf für den Staat in diesem Sinne eben erst begonnen.

Aber schließlich muß man sich damit abfinden. Vielleicht ist es eine schlechte Angewohnheit, die Worte „Staat“ und „totalitär“ wie selbstverständlich zusammenzuhängen: Der Ausdruck ist für Gesellschaften, die sich zu dem Traum bekennen, ohne Staat auszukommen, schlecht gewählt; um Staaten zu bezeichnen, deren Wunschtraum es ist, vom Horizont der Gesellschaft zu verschwinden: um Despoten zu nennen, die nicht wirklich herrschen, sondern sich aufgeben, sich in den Körpern und den Seelen ihrer gemarterten Untertanen auflösen wollen. Es ist auch falsch, den Höhepunkt der Unterdrückung in der großzügigen Fürsorge eines „Sonnenstaates“ zu sehen, der majestätisch am Firmament der Gesellschaft thront und seine Ukase erläßt wie ein Gott seine Orakel: denn das schlimmste Grauen beginnt vielleicht dort, wo dieses Firmament zusammenbricht; dort, wo das Gesetz ohnmächtig wird und mit ihm der Bezug zur Macht der Herrschenden – und mit ihm die Berufung auf das Unglück der Beherrschten. Schließlich ist es falsch sich vorzustellen, daß der Totalitarismus seinen Höhepunkt in einer immobilisierten Gesellschaft erreicht, einer kompakten und unbeweglichen Bürokratie zum Beispiel: denn diese Kompaktheit ist oft der Nährboden des Widerstandes der Demütigen; sie ist immer das, was dem Transparenzwunsch der Führer widersteht; sie ist dieses leere Licht, das ihren Traum beschwert und das sie immer zu beseitigen trachten ... Jeder totalitäre Fürst kommt eines Tages darauf, daß eine schwerfällige Maschine nicht das beste Mittel zur Ausbreitung seiner Macht ist. Es gibt keine totalitäre Revolution, die sich nicht von Zeit zu Zeit entschließt, den Staat selbst zu zerschlagen und dieses sinnlose Wuchern von Apparaten, an denen der Fluß ihres Fortschritts aufgehalten wird und manchmal zurückflutet[21]. Wenn es, um in der Sprache des Politologen zu sprechen, ein totalitäres *Modell* gibt und dieses Modell nicht mit dem Despotismus übereinstimmt, dann geht es zumindest doch von ihm aus und nicht einfach von einer Übertreibung der Gewalt, die offensichtlich nicht genügt hätte, die Leidenschaft der Massen zu entzünden. Wahrhaft antifaschistisch sein heißt, diese Logik erkennen und aus ihr alle Lehren ziehen – mit der gütigen Erlaubnis der Gedächtnisschwachen und ihrer unverbesserlichen Pädagogen.

Was hat Stalin zum Beispiel in der Mitte des Jahres 1928 getan, am Vorabend einer namen- und beispiellosen Schreckensherrschaft? Er schickte die Massen zum Angriff auf eine Gruppe, die ihn in die Minderheit versetzt hatte, auf den Roten Platz und verzögerte damit das Fortschreiten des Sozialismus[22]. Was tat Mao vierzig Jahre später, an der Schwelle seiner Revolution, die „den Menschen in seiner Seele treffen sollte" und deren Traum es war, jeden Menschen zu seinem eigenen Polizisten zu machen[23]? Er warf seine Roten Garden gegen „Hauptquartiere", die eine Art Schirm zwischen der Seele und der Revolution formten und begannen, ein Hindernis für den weiterwirkenden Faschismus zu bilden. Was taten die siegreichen Khmer am Tag nach dem Fall von Pnom Penh, vor dem großen Massaker, mit dem sie so eifrig bemüht waren, sich berühmt zu machen? Sie erklärten dem Staat den Krieg, dieser alten bürgerlichen Maschine, diesem letzten Überbleibsel eines „asiatischen Despotismus", dessen „reaktionäres" Wesen sie aus zuverlässiger Quelle kannten, und ebenso die Hypothek, die schwer auf dem Regime der „neuen Welt"[24] lastete ... Sicher, das sind nur Beispiele, doch Beispiele, die schwer mit Leichen beladen und jedesmal Schlüsseletappen gräßlicher Aufstiege sind. Sie zeigen eindeutig, daß der Faschismus in seiner dunkelsten Stunde die Institution Staat nicht nur liebt, sondern auch haßt. Sie lehren uns, daß ein erfolgreicher Faschismus nicht nur Leviathan im Kampf gegen das Volk ist, sondern das Volk selbst im Kampf gegen Leviathan. Sie erinnern uns an die alte Gleichung, die Lenin schon aufgestellt hat und die mit blutigen Lettern in das Fleisch so vieler Märtyrer eingebrannt ist: eine stärker werdende Macht kann den Verfall des Staates bedeuten und eine Gesellschaft ohne Staat schafft einen Zustand grenzenlosen Terrors. Ich habe der These, derzufolge Marx der leidenschaftlichste aller Anbeter des Staates gewesen sein soll, nie große Bedeutung beigemessen. Ich glaube vielmehr an den Zusammenhang in seinen Schriften, die immer wieder von dem notwendigen „Absterben“ sprechen[25]. Dennoch muß ich sagen, daß die Formel dieses Absterbens eine der subtilsten Arten des legalisierten Mordes ist ... Wie viele Kambodschas, wie viele Lager und Beinhäuser, wie viele Wracks und Gemarterte werden wir noch brauchen, um zu erkennen, daß der wahre Totalitarismus ebenso von unten nach oben wie von oben nach unten vorgeht und daß die Abschaffung des Staates ein nationalsozialistischer Wunschtraum ist?

Ja, ich sage nationalsozialistisch und das diesmal ohne jedes Wortspiel. Denn entgegen allen Erwartungen träumten die Hitler-Anhänger an der Macht auf ihre Art auch davon, den Staat absterben zu lassen. Entgegen der Legende glaubten sie nicht mehr als ihre Rivalen auf dem Gebiet der Niederträchtigkeit an den Mythos des „totalitären Staates“. Und ob man es wahrhaben will oder nicht, dieser Mythos ist seltsamerweise weder in der Theorie noch in der Praxis der Verfechter des Führerprinzips vorhanden. Es ist wohl wahr, daß diese mit Carl Schmitt geborene Idee in den frühen dreißiger Jahren[26] eine kurze Blütezeit erlebte; hier und dort findet man sie in den Schriften einiger junger Denker um Ernst Jünger und die „Hanseatische Verlagsanstalt“ in Hamburg wieder[27]; einzig und allein zwei Werke, „Das entstehende Reich“ von Gerhard Gunther und „Der totale Staat“ von Ernst Forsthoff stellen den totalen Staat ausdrücklich in den Mittelpunkt[28]. Doch es wird immer vergessen, die geschichtlichen Tatsachen einzufügen. Diese beiden Schriften wurden kurz nach ihrer Veröffentlichung von der NSDAP verurteilt. Der Begriff Totalitarismus ist schon ab

1934 aus der Sprache und dem politischen Arsenal der Nationalsozialisten verbannt worden, da er als eine Gefahr und ein Trugbild erkannt wurde – eben das Trugbild, das, so hieß es damals, Stalin und Mussolini ins Verderben stürzen werde. Als Abtrünnige und „Trotzkisten" galten Carl Schmitt und seine Jünger schon im Jahr der Gründung des „tausendjährigen Reiches", als die Führung des Regimes sich endgültig etabliert glaubte und der Staatsgegner Richard Wagner gefeiert wurde[29].

In einem aufsehenerregenden, am 11. Januar 1934 erschienenen Artikel eröffnete Rosenberg den Angriff; er stellte Forsthoff die Idee einer „totalen Partei" entgegen, einer Partei, die den Staat lenkt, ihn in sich aufnimmt und ihn zu einem reinen Instrument reduziert[30]. Dann kam Roland Freisler, der einige Tage später gegen diesen „totalen Staat" das Thema eines „Totalvolkes", eine „total völkische Idee" hervorholte, in anderen Worten einen Totalitarismus, der auf der Mystik von Blut und Boden gründete[31]. Einige Zeit verging, bis Wilhelm Stuckart diesem Konzept, das er für gerade gut genug erklärte, die haltlosen Schwätzereien der „Italiener" zu untermalen und in den Reihen der wahren, der reinen Revolution[32] Verwirrung und Mißverständnisse zu säen, in einer dritten Veröffentlichung den Gnadenstoß gab ... Stuckart, Freisler und Rosenberg: der Einsatz muß wohl beträchtlich gewesen sein, um drei Ideologen zu bewegen, sich auf diese Weise und zur gleichen Zeit zum Kampf zu stellen. Ihre Arbeiten sind beispielhaft untermauert, sie holten für diese Gelegenheit alle Schätze des Wagnerianismus und des romantischen Vitalismus hervor[33]. Der Angriff war kraftvoll und gut ausgeführt, um den Begriff „totaler Staat" fast völlig aus der Propagandaliteratur zu verbannen[34]. Als 1937 der einstige Nacheiferer von Schmitt, Ernst Rudolf Huber, mit der Veröffentlichung des monumentalen „Verfassungsrechtes des Großdeutschen Reiches" begann, das im neuen Deutschland Schule machen sollte, beschloß er kurz und bündig, den Begriff zu unterschlagen[35]. Und, als wollte er sich besser Gehör verschaffen, als wollte er von uns besser gehört werden, nahm er zur Unterstützung seiner Geste einen Ausspruch des Führers wieder auf; der Ausgangspunkt der nationalsozialistischen Doktrin sei nicht der Staat, sondern das Volk ...[36].

Das Volk, und nicht der Staat? Diese Gegenüberstellung ist nicht ungewöhnlich. In Hitlers Worten und in seiner Politik kehrt sie immer wieder. Sie ist sogar das Leitmotiv seines sonderbaren „Staatssozialismus"[37]. Das ist vielleicht der Grund, warum von 1933 bis 1945 niemand darauf gekommen ist, den neuen Staat mit einer neuen Verfassung auszustatten: man könnte sagen, daß die offiziell nie außer Kraft gesetzte Weimarer Verfassung weiterhin so recht und schlecht ihren bescheidenen Dienst tat. Daher stammt wahrscheinlich auch die Armseligkeit, die Schalheit, der gezwungene Ton des Kapitels über den Staat in „Mein Kampf", das sich, den Stil, das Feuer und die Leidenschaft betreffend, von den Seiten über die Partei oder die Rasse so stark abhebt; offensichtlich fesselte das Thema den Autor nicht, es war eben nur ein „Thema", das nun einmal behandelt werden mußte[38]. Daher stammt auch schließlich und vor allem der unerbittliche Kampf, den das Reich ununterbrochen, bis zum Zusammenbruch, gegen seine eigene Armee führte. Geköpft, erniedrigt und zerrissen verschwand sie schon 1933[39] von der politischen Bühne. Im darauffolgenden Jahr verlor sie im Machtkampf mit der SS offiziell das Wesentliche ihrer Macht und ihrer Daseinsberechtigung: das Monopol der legitimen Gewalt[40]. 1939, kurz vor Kriegsbeginn, wurden ihr die politische Erziehung ihrer Rekruten und die Organisation der Reservisten entzogen und nur *indirekt* mit dem Staatsapparat verbundenen paramilitärischen Gruppen anvertraut[41]. Dem Korpsgeist, der Hierarchie und der Disziplin, geschweißt aus der Treue zum entstehenden deutschen Staat, werden die persönlich dem Führer, dem neuen römischen Caesar unterstellten Legionäre gegenübergestellt, wie Spengler es vorausgesagt hatte ... Wie bei Stalin befiehlt die Partei der Armee. Wie im Jahre 1793 ist es die Nation in Waffen gegen den bewaffneten Staat.

Gegen den Nationalstaat steht vor allem eine Nation, die einen unermüdlichen Krieg gegen ihre Institutionen führt. Man sagt immer, daß die Nationalsozialistische Partei eine monumentale, monolithische Organisation gewesen sei; was jedoch auffällt – zum Beispiel Rauschning[42] –, ist die außergewöhnliche Biegsamkeit, die Formbarkeit ihrer Apparate und ihrer Strukturen. Die Vervielfältigung der bis ins Unendliche in ein Gewebe von Zellen und Mikro-Mächten verzweigten Machtinstanzen war nie zuvor so weit getrieben worden. Von der Basis bis zum Gipfel und vom Gipfel bis zur Basis wurde kraftvoll gegen die toten Zonen, die Gefahren der Erstarrung, den luftleeren Raum und die Unbeweglichkeit der Maschinerie angekämpft. Es gab keinen politischen Funktionär, der nicht von einem anderen überwacht worden wäre. Kaum ein politischer Leiter, von den obersten bis zu den untersten Parteiämtern, der nicht an einen anderen Platz versetzt worden wäre und sich unermüdlich von einem Ende des Apparates zum anderen durcharbeiten mußte, kein Entscheidungszentrum, das nicht sein Gegenzentrum, seine Überwachungszelle gehabt hätte[43] ... War es die Angst vor Komplotten, eine Phobie der Kamarillas? Ich fürchte eher, Bormann und Rudolf Heß haben damit die „Selbstverwaltung" erfunden. War es das Trachten nach Schlagkraft? Rauschning hielt es eher für das Trachten, die Massen in einem Zustand der Wachsamkeit und der ständigen Revolution[44] unter Druck zu halten. „Der neue Staat wird keine Verfassung kennen[45]", prophezeihte Jünger; daß er keine neue Verfassung hatte, haben wir gesehen, weder eine Verfassung, noch ein besonders intensives Vorhandensein; es sieht so aus, als hätte die Kristallisierung des Staates immerzu verhindert werden müssen, als hätte man nie aufhören dürfen, ihn abzubauen, als wäre der Staat Adolf Hitlers schon vor dem Staat Maos oder Pol Pots etwas gewesen, das überwunden werden mußte.

Er mußte überwunden werden, und er wurde es tatsächlich, wenigstens symbolisch, wie in den sozialistischen Gesellschaften. Als Beweis oder wenigstens als Zeugnis möchte ich den besonderen Status der SS im Dritten Reich nennen. Denn wir stehen hier vor einer „Elitetruppe", einer vom Regime hochgeschätzten heidnischen „Ritterschaft", die besser bewaffnet war als alle anderen Truppen und die doch, anders als etwa die SA, niemals die Macht erstrebt oder gar um sie gekämpft hat[46]. Diese Gegen-Gesellschaft des „neuen Menschen", dieses verwirklichte Modell der Gesellschaft von übermorgen, blieb am Rande des Staates und ging aus ihrer Reserve der Nichtmacht auch nicht heraus. Dieser „Totenkopf-SS", diesen Antichristen der deutschen Hölle wurden gleichzeitig große Privilegien erteilt, wahre Provinzen der Illegalität, wo sie die alleinigen Herrscher waren, Könige in ihrem Reich, Priester in ihren Schauer-Tempeln[47]. Besser noch: Sie, die vorgaben, das „Reich der letzten Tage[48]" vorzustellen und die nach „rassischen" Auswahl- und Erziehungsregeln herangebildet wurden, besaßen die höchste Auszeichnung, über das Allerheiligste, die Konzentrationslager, zu herrschen. Warum die SS und nicht die Gestapo? Warum diese „Irregulären" und nicht die Staats-Polizei? Warum die Lager vor allem, diese Hochburgen der Nazi-Raserei? Vielleicht, weil das vom SS-Führer Höß geleitete Lager Auschwitz die beispielhafte Situation des „neuen Menschen" als Vorposten der „neuen Zeiten" darstellte; weil diese einzigartige und widerwärtige Vereinigung nötig war, um außerhalb der alten Welt, wenn auch noch innerhalb der Welt, Zeugnis abzulegen von dem Land der Verheißung der zukünftigen Welt; weil dort, außerhalb des Staates schon, wenn auch noch an seinem Rande, das lebendige und vielversprechende Bild des messianischen Reiches zu sehen war, in dem es am Ende der Zeiten überhaupt keinen Staat mehr geben würde.

Die Staatsfeindlichkeit ist auch hier eigentlich eine Umkehrung, die das Bild dessen, was sie umstürzt, unangetastet bewahrt. Wie jeder Atheismus ist der religiöse Haß gegen den Staat nichts anderes als die verzweifelt abgeleugnete Religion. Darum muß man sich endlich dazu entschließen, einige Gerüchte und Themata unserer Zeit mit neuen Ohren zu hören. Für mich und für alle jene, die es ablehnen, das ganze Blutvergießen dieses in Rauch und Asche aufgegangenen Jahrhunderts zu verleugnen, ist die Sache klar: die Frage nach dem Staat, dem geschichtlichen Ende des Staates, ist zur Zeit eine barbarische Frage.

2
Schach dem König

Doch diese Frage hat auch einen anderen Aspekt; gewiß weniger niederträchtig, vielleicht aber noch tückischer. Man wird also sagen, da dieser Staat eine unbestreitbare Tatsache ist, warum sollte man sich nicht mit ihm abfinden und ihn zum Besten der Harmonie des sozialen Gefüges einrichten? Wenn man ihn nicht zerschlagen und diesem Verhängnis ein Ende setzen kann, ist es denn undenkbar, ihn neu aufzubauen, zu beginnen ihn zu verändern und das schlechte System umzuwandeln? Wenn man sich durch seine Ablehnung der Versklavung ausliefert, könnte seine Bejahung doch den Weg zur Freiheit bedeuten, in der er Wiege und Bringer des Glücks wird? Diese Frage stellt sich all jenen, die von einer Macht träumen, die „gut" wäre, gewissermaßen im Zaum gehalten, ihren Untertanen untertan. So denken jene, die ein „neues Verhältnis" zwischen Regierenden und Regierten entwerfen und ein Schema erträumen, in dem der Staat ein Volksstaat ist, das Volk das Gesetz gibt und ein jeder als Gesetzgeber an der Macht teilhat. Das ist das konkrete und so verführerisch anmutende Programm eines „antijakobinischen" Sozialismus, der uns das Lied der Befreiung nach der Melodie der „Selbstverwaltung" oder der „Autonomie", der „Arbeiterräte" oder der „Volkskontrolle" singt. Ich für mein Teil fürchte jedoch vor allem, darin eine andere Form der Abdankung wiederzufinden, ein anderes Gesicht desselben Trugbildes, das immer zum gleichen Unglück führt und ebenso die Wege des Widerstandes ausschließt.

Die Geschichte dieser Ausschließung ist wahrlich eine lange Geschichte. Man muß bis ins 18. Jh. zurückgehen, um sie zu erfassen. Bei Rousseau, an der Schwelle zur Moderne, findet sich ihre Spur im Herzen einer theoretischen Tragödie, einer beispiellosen Tragödie, die für ihn wahrscheinlich ein trauriges und einzigartiges Erlebnis gewesen ist. In seinem „Gesellschaftsvertrag" hat er uns diese Spuren, diese Wundmale hinterlassen ... Am Anfang war die Fehlleistung, die ihn dazu trieb, das Kapitel über die „bürgerliche Religion"[1] auf der Rückseite des dem „Gesetzgeber" gewidmeten Manuskriptes niederzuschreiben und es dann im letzten Moment, wie von einem letzten Zweifel erfaßt, am Schluß des Werkes unterzubringen, in einem wenig glorreichen und fast verstohlenen Anhang. Im selben Abschnitt sind auch die Antworten an Bayle und Warburton zu finden – dem einen, daß „noch nie ein Staat gegründet wurde, dem die Religion nicht als Grundlage diente", dem anderen, daß „die christliche Sittenlehre einer kräftigen Staatsverfassung im Grunde genommen mehr nachteilig als nützlich ist"[2]. Diese Rückzüge wiederum, diese geheimnisvollen Ausbesserungen, verstreut im gesamten Werk und mit Unruhe erfüllend, verweisen immer wieder auf eine hypothetische „Gottheit", eine „Demokratie", die plötzlich außerordentlich problematisch erscheint – es bedarf der „Götter", um „den Menschen Gesetze zu geben"[3] und „Gäbe es ein Volk von Göttern, so würde es sich demokratisch regieren"[4] ... Sollten diese Fehlleistungen einfach übergangen werden? Sollten diese Versager schamhaft verschwiegen oder, wie man es immer tut, auf die Aktiva und Passiva des Beweises übertragen werden? Mir scheinen sie zu hartnäckig, um nicht bedeutungsvoll zu sein. Diese Rückzüge auf das Göttliche wurden zu oft wiederholt, um nicht eine besondere Absicht darzutun. Auch war der Verfasser des „Vicaire“ zu fromm, um damit nicht etwas ausdrücken zu wollen. Vielleicht meinte er damals folgendes: die schreckliche Entdekkung eines entschwindenden Himmels, der die Umarmung, die ihn über die Jahrtausende hinweg mit der Erde verband, plötzlich löst. Und ferner das Bekenntnis einer Religion, die ursprünglich ein zerstörtes *aber wiederhergestelltes* Bündnis bedeutete und deren Bindung, an die sich bisher die zweifelhaften, die unwahrscheinlichen und die allzu menschlichen Hierarchien klammerten, nun endgültig abreißt. Die Unfähigkeit, die schöpferische Offenbarung zu erfassen – eine nur, eine wenigstens –, ohne welche das Gesetz seit Moses nie begreifbar gewesen ist. Aber in Ermangelung dessen muß man gleichwohl weiter denken. Mit anderen Worten war es das erste Mal in der jüdisch-christlichen Tradition, daß ein Philosoph auf den Gedanken kam, der Himmel, um den seine Träumereien beharrlich kreisten, sei leer und hohl und der Text, der die Erlässe der Autoritäten bisher geheiligt hatte, sei unleserlich geworden. Zum ersten Mal in der Geschichte des Monotheismus muß eine Betrachtung über die Gesellschaft den Untergang vergessen, die Abwesenheit, die sie zugrunde richtet, und die Idee, die sie ablehnt und die dennoch die einzige ist, die ihr Legalität verleihen könnte. Es ist das Bewußtsein dessen, was wohl oder übel der *historische Tod Gottes* genannt werden muß, der erste Akt des Dramas, die Ouvertüre dieser Irrfahrt, die Rousseau zu seinen Lebzeiten noch teuer bezahlen mußte, da er sie kompromißlos bis zum bitteren Ende führte.

Im „Gesellschaftsvertrag“ läßt die Wirkung jedenfalls nicht lange auf sich warten; jedes größere Konzept geht abgezehrt und wankend aus der Prüfung hervor, eingesäumt von einer Unwahrscheinlichkeit, die es in dem Moment bedroht und verkrüppelt, in dem versucht wird, es zu realisieren. Ist der Wille des Volkes etwa jener unfehlbare Führer, der eine Politik des niemals Irrens und der Bindung an das Gute gewährleistet? „Aus sich selbst" heißt es im II. Buch, „will das Volk immer das Gute, aber von selbst erkennt es das nicht immer[5]." Ist das Gesetz, wie Rousseau immer wieder sagt, der höchste Wert der Freiheit? In einem Brief an Mirabeau den Älteren[6] räumte er „naiv" ein, daß ein Regime, das das Gesetz über die Menschen stelle, einfach „unauffindbar" sei. Ist die Demokratie das Ideal, das er herbeiwünscht? Sie ist eben ein völlig illusorisches und ebenso notwendiges „Ideal", denn „wenn man das Wort in der ganzen Strenge seiner Bedeutung nimmt, so hat es noch nie eine wahre Demokratie gegeben und wird es auch nie geben ..."[7] Ist sie nicht wenigstens ein ordnendes Ideal, eine Kategorie der Vernunft, zwar unerreichbar, aber dennoch ohne Unterlaß gefordert? In den „Lettres écrites de la montagne" gerinnt die Forderung zu der bitteren Feststellung, daß „die Aristokratie die beste Regierungsform sei"[8]. Der ganze *Gesellschaftsvertrag* kann tatsächlich in erster Linie als Chronik einer Enttäuschung und als Geschichte einer schweren Niederlage gelesen werden. An Stelle des sozialen Gemeinschaftsmodells und der sozialen Transparenz, die darin sichtbar sind, tritt hier der Beweis ihrer unerbittlichen und unübertrefflichen Nichtigkeit. Statt des perfekten, auf Prinzipien und Vernunft gegründeten Paktes, an den so viele Kommentatoren ihr Herz gehängt haben, stellt er eine schwankende Vernunft hin, unerfindliche Grundsätze, einen zweifelhaften und unsicheren Pakt. Weit davon entfernt, der Beweis für die Überlegenheit des demokratischen Regimes zu sein, den man seit über zweihundert Jahren in ihm sucht, ist er vielmehr der Beweis seiner tiefen, radikalen und theologischen Unmöglichkeit. Rousseau verleiht dem Recht nicht seine Berechtigung: Er zeigt, daß es inexistent ist, unfähig sich zu verändern, sich als Faktum zu kristallisieren. Er bestätigt nicht die Verfassung des weltlichen Staates und ihren Grundstein, er zeigt vielmehr wie und warum diese Verfassung aufgrund ihrer Definition, fast aus Berufung, im Zeitalter einer Theologie, die sich jeglicher Theorie entzieht, unaussprechlich ist. Er begründet keine neue Politik, sondern drückt die Krise des Politischen als solche aus, dieses Idol des Unterganges, ein toter und erloschener Stern, der sich langsam auflöst. Denn dies ist der zweite Akt des Dramas – und auch seine Größe –, das Stolpern über die Gewißheit, daß die Idee einer Macht, die „gut" ist, als solche keinen Sinn hat und in der großen Leere, die der Rückzug der Götter hinterläßt, eben dies die Kategorie der Legitimität selbst ist – einer Legitimität, deren Hobbes noch sicher sein konnte, und die nun plötzlich disqualifiziert wird.

Leider hält der Text nicht bei dieser Gewißheit an. Er verweilt nicht allzu lange bei dieser Feststellung von Skepsis. Er kann drittens auch als der Bericht einer Wiedereroberung und eines genau entgegengesetzten Bemühens gelesen werden, sich über die Ausweglosigkeit hinwegzuheben ... Denn, worum geht es eigentlich? Gott ist tot? Eine klare Sache für jene, die Pascal, Meister Eckehart und vor allem Luther gelesen haben, wo es wörtlich ausgesprochen wird. Die Neuigkeit ist allen wohlbekannt, sie findet sich schon seit dem Mittelalter und zwar in allen Katechismus-Abhandlungen in den Kapiteln der Leidensgeschichte und der Auferstehung[9]. Es ist keine Katastrophe, sofern man diese Erkenntnis im klassischen und liturgischen Sinn zu interpretieren versteht, als die Fleischwerdung und das Abstreifen der irdischen Hülle des „neuen Gottes". Weder ist das Hindernis unüberwindbar, noch der Präzedenzfall Hobbes für den unumgehbar, der es versteht, der Politik des Opferns eine Politik des Golgatha, eines politischen Golgatha gegenüberzustellen, eine neue Religion, eine Religion der Politik. Und gerade dies versucht Rousseau. Er legte die Grundsteine dieser neuen Religion. Noch vor Nietzsche und Marx gab er der Tradition eine Wende und setzte auf die Zweideutigkeit der christlichen Formel. In einer Parodie der Auferstehung, in einer beispiellos mutigen Umkehr erfand er die Dialektik, von der wir heute noch leben[10] ... Keine Theologie mehr als Grundlage eines guten Vertrages? Daran soll es nicht scheitern, sagt er nun. Ihr werdet „wie Götter“ sein, wie Götter an der Macht, allmächtige Theokraten nach dem Maßstab der Menschheit. Keine Verankerung mit dem Göttlichen mehr, um eine Demokratie zu festigen? Seht her, wie ich die Anker des Göttlichen transplantiere, sie heimbringe und am Land der Menschen von neuem festmache. Kein Paradies mehr, keine Bezugnahme auf das soziale Gefüge? Mich, der ich dem Sozialen den heiligsten aller Altäre weihe, über denen sich die monumentale Hostie des allgemeinen Willens völlig nackt erhebt, kümmert der Bezug wenig[11]. Dieser Rousseau hier ist kein ernüchterter Mystiker mehr: Er spricht von der Politik in der Sprache der Mystik, einer wiedergefundenen, triumphierenden, weil unmittelbaren Mystik. Er verzichtet nicht auf die Transzendenz, er biegt und verwandelt sie – sie ist nicht mehr Markstein, der das Gesetz heiligt, sondern Markierung, die es sakralisiert[12]. Er erfindet nicht nur den profanen Staat, sondern auch den Staat der Amulette, der Ikonen und der Idole – und der Göttin Vernunft schon im Sinne von Robespierre[13]. Der Vertrag ist kein Anti-*Leviathan,* sondern etwas ganz anderes – er ersetzt den alten Sublimierungsprozeß durch ein Verhalten, für das es keine bessere Bezeichnung gibt als Heidentum. Politisch gesprochen: Dieser Staat, der keinen Anspruch mehr auf den veralteten und gescheiterten Titel Legitimität besitzt, wird in den kommenden zweihundert Jahren nie aufhören, sich die Bezeichnung *Souverän* zuzulegen.

Was aber ist dann diese mögliche, diese allzu mögliche „Souveränität“, auf die er sich zurückzieht? Statt Transzendenz und Bewegung nach oben die platte Unmittelbarkeit eines Kreises oder, besser, einer Spirale, die ihre Kreise und Umläufe, einen nach dem anderen, ausweitet und so für jeden konkreten Menschen den Schrein seiner Versklavung schafft. Zuerst kommt der Kreis des Individuums, der einmal natürliche, schöpferische, ursprüngliche Gegebenheit ist, dann wieder reine Kunstfigur, die sich der heidnische Staat in seiner Selbsterschaffung verleiht[14]; die Drehung ist teuflisch, die jede Berufung auf die unterjochte Seele von Rechts wegen erstickt, indem sie den auferlegten Zwang *in natura* niederschreibt. Es gibt den Kreis des Gesetzes – dieses Gesetzes, das nicht länger unterdrückt, weil es *per definitionem* nichts anderes als den Wunsch der Unterdrückten wiedergibt. Durch dieses Gesetz werden die Unterdrückten sich zur Freiheit erziehen[15]. Meisterhaft ist die Taktik, die jeglichen Widerstand dadurch ausschließt, daß er als unmenschlich, abweichend und gesetzlos erklärt wird. Es gibt auch noch den Kreis des Volkes, diesen neuen Überbegriff, der sich einmal „Herrscher" im Sinne von Gesetzgeber nennt und einmal „Staat", als diesem Gesetz unterworfen[16]: Hier haben wir wieder eine Gleichnamigkeit, die aus dem „vereinten Volk" ein reines Korrelat des in der Kreisbahn seines Wollens gefangenen Fürsten macht, indem sie ein und derselben Realität verschiedene Namen gibt und dekretiert, Herrscher und Unterworfene seien identisch[17]. Schließlich gibt es den Kreis des Fürsten, den Rousseau Kreis der „Regierung" nennt; auch er ist zweideutig, da er hier[18] einfach von einem „Minister", abschätzig von „Beamten" spricht, nebensächlichen Instrumenten der Allgemeinheit des Willens – und dort[19] von einem aktiven Agenten, betitelt Kohäsionsprinzip, das „zusammenfaßt", „in die Tat umsetzt" und in der „Person des Staates gewissermaßen dasselbe verrichtet, was die Verbindung der Seele und des Körpers in dem Menschen hervorruft". Die Metapher, die nach dem

Muster Descartes aus dem banalen „Minister" eine authentische „Substanz" macht und willkürlich das „zufällige Sein"[20] der *Vertragsgesellschaft,* ist offensichtlich – wiederum ein neuer Gott, der eine schimärenhafte Verbindung von außen her besiegelt ... Individuum, Gesetz, Volk, Fürst: Bedeutungsinhalte, die zu Grundsätzen des Despotismus werden.

Der einzelne an die Macht? Er ist es tatsächlich; ohne Zweifel und ohne Verfälschung; doch es ist eine seltsame Macht, die ihm vorschreibt, hinzunehmen, sich zu unterwerfen und den Kreis seiner Ketten bis ins Unendliche zu verwalten. Das Volk als Gesetzgeber? Ebenfalls ohne Zweifel; unumstrittener Verfasser und Untertan – König des Gesetzes; doch es ist ein verwunschenes Königsein, das glückliche Zuchthäusler schafft, denen jegliche Nicht-Unterwerfung untersagt ist und die der Leidenschaft der großen Ablehnung für immer entsagen. Ist der Staat souverän? Er könnte es nicht besser sein und nicht in strengerem Sinne; doch diese Souveränität wird, wie man sie auch anpacken mag, für den Menschen nie mehr etwas anderes bedeuten als die Versperrung der Fluchtwege, den Entzug der äußeren Berufungsmittel, die andere Verträge ihnen einst einzuräumen wußten. Denn, welch ein Unterschied zum mittelalterlichen Recht eines Rufino zum Beispiel, der aus der Macht eine einfache „göttliche" Mission machen wollte und, theoretisch, die Kraft der Mächtigen begrenzte und, praktisch, den Widerstand der Demütigen[21] gründete. Welch ein Weg von Manegold bis zu jenem anderen Gesellschaftspakt, der Rousseau wahrscheinlich inspirierte, der jedoch weniger das Volk mit seinem Fürsten verband, als dieses und jenen mit Gott, und damit dem Fürsten Gehorsam gebot – gegenüber der Allmacht *des Gesetzes* – und dem Volk den Aufstand – gegen die All-Ohnmacht der *Gesetze*[22]. Welch ein Rückschritt – das Wort ist nicht zu stark – gegenüber Beaumanoir, Simon de Montfort, Abbon de Reims[23] und den vielen anderen Theoretikern eines Bandes, das den einzelnen entband; eines Paktes, der das Volk ausschloß, selbst wenn es darauf vereidigt wurde, eine Verleihung der Herrschaftsgewalt, die de jure widerrufbar war und de facto oftmals widerrufen wurde[24], da sie dem menschlichen Willen ihrer Subjekte nichts schuldete ... Wir werden bald sehen, daß dieser Weg, dieser Rückschritt der Beginn der Methode ist, nach der das Sakrale wiederkehrt und die lange monotheistische Ära überschreitet. In dieser Hinsicht sind der Name Rousseau und die Geburtswehen, die seinen Text von innen zerreißen, belanglos. Die Frage liegt nicht mehr hier, sondern in der großen Lektion, die er unwissentlich erteilt: erstmals wird der Abgrund, der Regierende und Regierte und somit auch ihre Schicksale trennte, abgeschafft. Nun dringt auch der Ruf des Himmels und der Revolte zu den bisherigen Untertanen durch – das Souveränitätsdenken schafft Regierende–Regierte, die noch Unterdrückte und gleichzeitig schon Unterdrücker sind.

Die greifbaren Ergebnisse sehen und hören wir hier im Westen wie auch in den Ländern des Ostens ständig. Ein Beispiel von vielen ist die berühmte Arbeiter-„Selbstverwaltung", die allgemein als liberale Alternative zum despotischen Sozialismus gilt, die aber in Wirklichkeit, im Lichte dieser Analysen, von Grund auf totalitär erscheint. Worum handelt es sich eigentlich? Erst einmal um eine Theorie, wonach der Staat ein Usurpator ist, der ein ungeheuerliches „jus primae noctis" beansprucht, eine Erpressung von Mehrwert – nicht der Arbeit, sondern der Macht –, der dem „Produzenten" den ihm innewohnenden „Gesetzgeber" entzieht[25]. Es ist eine Doktrin der Freiheit, in deren Rahmen der Absender seine verlorene Adresse zurückerhält, der arbeitende Bürger die entzogene Mehr-Macht und das versklavte Individuum sein heiliges Recht, zu regieren[26]. Es handelt sich um eine Planung der Autonomie, in der, wenn die Worte in ihrem wahren Sinn verstanden werden, für jeden einzelnen nur darum der Platz des Herrschers gefordert wird, um aus jedem einzelnen einen Chef, einen Polizisten, einen Rächer zu machen[27] ... So gesehen ist ein selbstverwalteter Staat ein zertrümmerter Staat, ein Staat in jedem Hirn, ein in Tausende, Millionen Heime und Handlanger aufgelöster Staat. Allgemeine Selbstverwaltung ist Verallgemeinerung der Wachsamkeit, der Aufsicht und der Selbstkontrolle. Das Modell, das einzige Modell eines selbstverwalteten Volkes wäre ein Volk von Inquisitoren und daher auch ein Volk von Verdächtigen; so wurde zum Beispiel zur Zeit der Baader-Meinhof-Affäre in einem Deutschland, das im Delirium der Denunziation fieberte, eine furchterregende Forderung an den Staat laut, eine unerhörte Zerstückelung der Staats-Form im Bewußtsein der Menschen, denen eine liberale Regierung im wahrsten Sinne des Wortes widerstehen mußte[28]. Es gibt wohlinformierte – und aus Erfahrung klug gewordene[29] – Beobachter, die meinen, man atme – Schrecken hin, Schrekken her – in der UdSSR der Lager freier als im Jugoslawien der Genossenschaften und Arbeiterräte, wo der Faschismus von unten kommt, aus den „Massen" aufsteigt und niemand der prophylaktischen Narrheit entkommen läßt. Die chinesische Kulturrevolution mit ihren „Verwaltungskomitees" und „roten Garden" ist auch nicht allzu weit entfernt[30]; in voller *Souveränität* und als Verweser einer wachsenden Legalität verwalteten sie tatsächlich selbst die Instrumente der Repression und veranschaulichten diese absolute Regel: Wird die Macht aufgeteilt, so siegt die Gewalt und regiert der Todesinstinkt. Dieses Schema ist von jenem des „Absterbens" nicht mehr weit entfernt, und vielleicht gibt es keine „selbstverwaltende Souveränität", die man nicht auch mit apokalyptischen Träumen und praktisch dem Terrorismus bezahlen muß.

Die Selbstverwaltung, so sagt man, ist auch, prosaischer ausgedrückt, eine Theorie der Betriebsführung und der industriellen Arbeit. Gut. Doch was bedeutet diese Theorie noch, im konkreten Sinne? Hört man Gewerkschaftern zu, so ist die Fabrik eine Version, eine Deklination des Staates, die „demokratisiert" werden muß, wie es früher schon auf dem Gebiet der „Politik" geschehen ist; eine demokratisierte Fabrik ist eine Produktionseinheit, eine Machtzelle, abgestimmt auf die benachbarten Einheiten und Zellen, die sich „gegenseitig korrigieren, konfrontieren und kontrollieren"[31]; wieder also dieselben Wörter, die von der Freiheit in der Sprache des Krieges, der Disziplin und der Polizei sprechen. Hört man den roten Technokraten zu, diesen Produktivitäts- und Leistungsexperten, so handelt es sich um eine einfache Technik der Betriebsführung, die innerhalb des Unternehmens eine „kollektive Entscheidungsfähigkeit" voraussetzt; diese kollektive Fähigkeit ist der Punkt, an dem sich die strengen Regeln und die Zwänge des „Plans" mit der Anarchie der Arbeiter initiativ an der Basis verbinden; es ist immer dieselbe von Grund auf rousseausche Dialektik, in deren Rahmen jeder an der Ordnung, der er sich unterwirft, mitarbeitet; weder man selbst noch jemand anderer kann im Ernst behaupten, man werde unterdrückt[32]. Die Politiker schließlich, diese Erfinder von Idealen und Barden der Utopien, behaupten, das Vorhaben beruhe auf einer Eschatologie der Ganzheit und einer richtiggehenden Philosophie; Ausgangspunkt und Ziel ist eine „für die Vernunft transparente Gesellschaft", wo sich eine „postulierte Einheit"[33] eines Tages „wiederherstellen" wird; es funktioniert aber nur, wenn man den alten Wunschtraum einer Endlösung und jenen einer klassenlosen Gesellschaft ohne Meinungsverschiedenheiten und ohne Unterschiede verschmilzt; es ist wieder das typisch totalitäre Thema einer Harmonie der Egoismen, einer zur reinen Verwaltung der Seelen gewordenen Politik, einer Gesellschaft gegen den Staat, die aber Staat sein will und sich zum Staat macht, die völlig mit dem zerstückelten Körper des Staates verschmilzt ... Doch leider denken die eigentlich Betroffenen, die Arbeiter, weder als Politiker noch als Technokraten und viel weniger noch als Gewerkschafter. Sie überlassen die Träumer ihren Träumen, die Wissenschaftler ihrer Wissenschaft und die Delegierten ihren Delegationen und pfeifen auf ein System, in dem jeder für sich „Subjekt" und „Substanz" ist und wo die Ordnung in einer von bequemem Konsens geölten Stille über Maschinen herrscht. Sie fürchten eine „Souveränität", von der sie fühlen, daß diese sich mit einer neuen Arbeitsverfassung zufriedengibt, sie lehnen eine „Freiheit" ab, die im Klartext eine Verewigung ihres Unglücks bedeutet, und setzen lieber auf die Auflösung der Arbeiterklasse selbst. Und bis dahin heißt es kämpfen, dem kleinen Tod des täglichen Verfalls Schritt für Schritt Widerstand leisten.

Vielleicht muß man die Idee dieses Kampfes selbst und dieses Widerstandes von solchen Überlegungen ausgehend neu überdenken. Im Namen irgendeiner libertären Treue spricht man von einem gnadenlosen Kampf gegen das System der Politik, von einem Widerstand gegen ihre Apparate und einem Abbau ihrer Institutionen. Ich sage im Gegenteil, die Politik ist *auch* der Spiegel, in dem sich jene Abgründe der Seele kristallisieren, die jeden Menschen zum Henker machen können. Der Haß gegen den Henker, der Aufstand gegen den Mord, der libertäre „Geist" selbst erfordern, neu gedacht und richtig verstanden, den losgelösten und spektakulären Kampf *für* die Politik. Hie und da höre ich, der größte Kampf des späten 20. Jahrhunderts werde darin bestehen, die Demokratie zu erweitern, zu „bereichern" und ihre bürgerlichen, formalen und abstrakten Freiheiten mit „Inhalten" und neuen Verwachsungen zu belasten: Nach einem faschistischen Jahrhundert muß man die Antwort wagen, daß es wahrscheinlich nie eine Demokratie gegeben hat und nie geben wird, die nicht eine formelle Demokratie wäre, daß es konkrete Freiheit nur in der Berücksichtigung ihrer abstrakten Formen geben und erweiterte Demokratie nur autoritär und faschistoid sein kann. Diesem Faschismus Widerstand zu leisten, rufe ich alle jene auf, die der Prediger der Auflehnung überdrüssig sind, dieser Verstümmler der Menschheit, der sie das Heil versprechen. In dieser Zeit der Verwirrung bedeutet „links" zu sein anscheinend, von einer seltsamen Beziehung zwischen Führern und Geführten zu träumen, die Zerstörung einer seit Jahrtausenden bestehenden Exteriorität zu planen. Systeme der Zersplitterung, der Sanktion, der Darstellung auszudenken, die die Macht jenen, die von ihr ausgeschlossen sind, wiedergeben könnten: Meine eigene Linke, die Linke hier neben mir, sagt genau das Gegenteil; sie will, daß die Macht so weit entfernt und so fremd wie möglich sei, sie kämpft für das Exil und ein Höchstmaß an „Exteriorität".

Darf ich es hier wagen, mich auf das zu berufen, was ich von den Erwartungen der „einfachen Leute" zu wissen glaube? Auf jeden Fall wissen alle, daß sie sich unter dem Schutze des *Rechts,* doch abseits der *Macht* Zonen der Illegalität und der Lebensfreude abstecken. Daß einzig und allein ein Rechtsstaat, im Prinzip akzeptiert, aber sorgfältig auf Distanz gehalten, ein wenig aufatmen läßt und es manchmal möglich macht, hier und jetzt Inseln der Freiheit zu erschaffen. Daß es diesmal nicht darum geht, dem Staat als solchem Widerstand zu leisten, sondern – viel tiefer und schmerzlicher – dem Staat in den Köpfen, den verstaatlichten Köpfen, dem *Ideal des Staates* im Fleisch und Gehirn.

Diese Unterscheidung zwischen dem „Staat" und seinem „Ideal" ist einfach, doch meiner Meinung nach entscheidend. Sie ermöglicht es zum Beispiel, das sonderbare Geheimnis zu lüften, das heute die Strategien der kommunistischen Parteien Westeuropas umgibt. Etwa die mysteriöse Logik der französischen Kommunisten, die in der Theorie der Machtübernahme bewandert und erprobt sind und dennoch seit dem Ende des Zweiten Weltkrieges so organisiert und programmiert zu sein scheinen, um die Macht eben *nicht* zu übernehmen. Das ist auch das Geheimnis der italienischen Partei, dieser Eroberungsmaschine, die seit den sechziger Jahren eine Provinz nach der anderen besetzt, beinahe unbestritten auf der Straße und in den Seelen herrscht, und doch jedes Mal die Stunde des endgültigen Gipfelsturmes vor sich herzuschieben scheint. Rätselhafter Santiago Carillo, der ein ganzes Buch verfaßte, um zu beweisen, daß die Machtübernahme nicht mehr an der Tagesordnung sei, sondern an ihre Stelle die „Umkehrung der ideologischen Apparate“, die „Demokratisierung“ der Universität oder der Presse, die geheiligte Wiedergewinnung der religiösen, patriotischen oder monarchistischen Gefühle getreten sei[34] ... Ich behaupte, daß es hier ein Rätsel gibt und daß die alten Hasen der klassischen Politologie dieses nicht lösen können. Ich behaupte, daß es sich um eine wahrscheinlich noch nie dagewesene Wende handelt und daß man nichts davon verstehen wird, will man darin einzig und allein Taktik und reine Heuchelei sehen. „Haben sich die Kommunisten verändert?“ Natürlich haben sie sich verändert. Mehr noch, als man sich vorstellt. Ungeschminkt und ohne Rückfahrkarte. Und sie bewegen sich ganz allmählich auf eine wahre Revolution zu. Denn das, was sich verändert, ist – besser als eine Taktik – die Konzeption der Aktion selbst: Sie setzen nunmehr an der Wurzel an – die Kontrolle an der Basis zuerst, die Beschlagnahme des Geistes, die kulturelle Kontrollgewalt, die breite Streuung also der Unterdrückungsmodelle. Es ist weniger die Aktion als der Sinn und das Objekt des politischen Machtwillens: Es führt zu nichts, die Hebel des Staates in der Hand zu halten, wenn man die Schmiede sein kann, um sein Ideal zu formen – ein „historischer Kompromiß“ ist eine Arbeitseinteilung, bei welcher es den einen, den Ohnmächtigen an der Spitze, auferlegt ist, die Gesetze durchzuführen und daher zu glauben, die Gesetze zu machen, die anderen haben ganz im Gegenteil die Rolle, am Rande zu werken, die neue Rolle des Vormunds und des Souffleurs zu übernehmen und dabei scheinbar zu zaudern. Besser noch, die „neuen Kommunisten“ nehmen eine schmerzliche Revision der Definition der Macht als solche vor: Man wird vielleicht erst aufhören, die Frage nach ihrem „wahren Wollen“, ihren realen oder vorgegebenen „Absichten“ zu stellen, wenn man verstehen wird, daß sie nicht mehr die letzten Fachleute in der Eroberung der Politik sind, sondern die ersten Spezialisten der Verwaltung des Sozialen – und daß die andere Seite dieser Verwaltung die bis in die kleinsten Einheiten gehende Streuung der Überwachung, die Ausbreitung der Politik im Zivilen, die perfekte Hochzeit des Apparats und des täglichen Lebens, kurz, die vollkommene Form des geistigen Terrors ist.

Für jene, die mir regelmäßig meinen „primären Antikommunismus“ vorwerfen, wäre hier vielleicht die Formel eines sekundären Antikommunismus. Was gestattet eigentlich den extremen Linken in Rom, Paris und Madrid, diese neue Linie mit Mißtrauen zu behandeln und zu verurteilen? Der Antistalinismus? Es handelt sich nicht mehr um Stalinismus – in Wahrheit hat es einen Stalinismus als solchen nie gegeben. Er ist eine Erfindung der Marxisten, ein bloßer Name, um das Grauen zu banalisieren und eine tückische Theorie, die aus der brutalen Realität der Übeltaten des Sozialismus eine „Abweichung“ machen will[35]. Der Antimarxismus? Wir sind vom Marxismus weit entfernt – von einem Marxismus, der auch schon lange nicht mehr existiert: eine reine Erfindung der Stalinisten, ein Name, der das Grauen verhüllen und ein wenig würdiger gestalten soll, eine politische Fiktion, die die platte Realität eines banalen Polizei-Deliriums mit „Wissenschaftlichkeit" zudeckt[36]. Der Antisowjetismus der traditionellen Rechten? Abgesehen von der Tatsache, daß es von Tirana bis Pnom Penh eine Fülle von Beispielen des radikalen Antisowjetismus in Form eines Wettbewerbs auf dem Gebiet Verbrechen und Totalitarismus gibt, die das Argument zu einer Unverfrorenheit machen[37], bin ich nicht mehr so sicher, daß man die Unabhängigkeitsbestrebungen und die manchmal sehr realen Emanzipationsgesten der europäischen Parteien Moskau gegenüber ignorieren sollte[38]. Der bewußte Streit um ihre interne Liberalisierung? Es scheint fast, als habe die härteste, die am wenigsten liberale KP zum ersten Mal die neue Linie der Provinzkontrolle, der kulturellen Hegemonie und der halbamtlichen Vormundschaft über die amtlichen Machtinhaber angewandt; eine Partei, von der die französische Linke schaudernd den Sturm auf das Winterpalais erwartete, als sie lediglich versuchte, die Gemeindeverwaltungen zu erobern und sich vorsichtig hinter der Armee unsichtbar zu machen: die portugiesische Partei, die ich schon zum Zeitpunkt der Nelkenrevolution für den wahren Erfinder des Eurokommunismus hielt[39]. Denn das Problem lautet nun einmal: diesen Eurokommunismus gibt es. Er existiert, wie er es sagt. Er ist die leninistische Version des Denkens des Herrschers, die gefährlichste Form des Traumes von der erweiterten Demokratie. Und darum, nur darum, muß man ihm widerstehen.

Nun frage ich mich, ob der Ursprung dieser Souveränitätsmodelle nicht viel weiter zurückliegt, weiter als Stalin, Marx und sogar Rousseau. Alle diese Unterwerfungsmaschinen unterdrücken um so besser, als sie ihren Opfern die Illusion vorgaukeln, selbst zu den Regierenden zu gehören, sie stecken sie in die Haut ihrer Henker und verschweißen das Unglück so gewissenhaft, daß die Unglücklichen in das Zentrum der Spirale ihrer Versklavung geraten; sie können also nicht umhin, ein diesmal zweitausend Jahre altes Ideal, zu dem unser Jahrhundert uns seltsamerweise zurückzuführen scheint, wiederaufleben zu lassen. Ich meine das Ideal und die Realität des Bürger-Magistrats der Griechen und die Polis der Fürsten, mit denen Fustel, auf dem Madir des christlichen Zeitalters, zu Gerichte ging und deren unmittelbare Wiederkehr er vorausahnte. Ich denke an dieses bewundernswerte Kapitel, in dem er den Fehler unterstreicht, der uns lange zu dem Glauben verleitete, daß sich das Individuum in der „antiken Civitas" „vollkommener Freiheit" erfreute und paradoxerweise zu dem Schluß kommt, daß die Tatsache, „politische Rechte zu haben, Magistrate zu ernennen und Archont sein zu können" nie etwas anderes war und nie etwas anderes sein wird als eine subtile Form der Versklavung[40]. Ich denke auch an einen Text aus der gleichen Zeit, in dem Benjamin Constant denselben „Alten", die aus dem „in den öffentlichen Angelegenheiten souveränen Individuum" einen „Sklaven in den privaten Beziehungen" machen, den modernen Traum eines Subjekts entgegenstellt, das nur mehr „dem Schein nach souverän" ist, weil es nunmehr „frei" ist, in seinem täglichen Leben vollkommen frei[41]. Auf dieses Detail des griechischen Modells werde ich noch ausführlich zurückkommen; auf den grundlegenden Totalitarismus, der sein Korrelat ist; auf die zweifelhaften Nostalgien, die es in uns wachruft. Doch was mir zur Stunde klar erscheint, ist diese alte liberale Lektion: Es gibt keine bessere Definition der Freiheit, als jene des „privaten" Menschen; und „privat" sein heißt zuerst und vor allem, *Macht-los sein.*

3
Liberal – libertär

Ich kann mir vorstellen, daß Liebhaber großer Neuigkeiten und philosophischer Bravourstücke von dieser Schlußfolgerung enttäuscht sein werden. Man wird sich über den Aufwand an so vielen Worten und Umwegen wundern, um dann so rasch an einer würdigen, doch platten Lektion über Vorsicht und Weisheit zu scheitern. Man wird mir, leider zu Recht, vorwerfen, daß Constant nicht so schwer wiegt wie Marx und daß das Tuch der alten Fahne so verblichen und die Verschuldung so groß sind, daß sich daraus nicht so leicht ein Erbteil machen läßt. Sei es darum. Doch, verstehen wir uns richtig: Ich kann mich dieser Vorsicht, dieser Weisheit nicht vorbehaltlos anschließen. Ich werde diese Lektion nicht einfach so übernehmen, ohne sie der heutigen Zeit anzupassen. Was bedeutet ein neuer Liberalismus, ein neu überdachter Liberalismus heute, was kann er morgen bedeuten? Was für einen Sinn kann die Parole haben, wenn man sie, ihrer Tradition folgend, wieder auf die Erfordernisse des auslaufenden Jahrhunderts anwendet? Diese Frage, die Frage dieser Wiedergewinnung, die Frage dieses Umschmelzens beschäftigt mich zur Zeit und ist mir Grund genug, mich zu engagieren ...

Solange man die Errungenschaften der Vorgänger anerkennt, ist die Antwort einfach. Denn, was habe ich mit der Darstellung gesagt, daß der Fürst notwendig ist, aber notwendigerweise weit entfernt, abgeschieden und spektakulär sein muß? Als ich zeigte, daß er unvermeidlich und gleichzeitig furchterregend ist, wenn er seine Piken und Feldzeichen den Demütigen in den Kopf pflanzt? Als ich ihm seinen Anspruch, Recht zu sprechen, zuerkannte, ihm aber seinen Anspruch, sein Recht auf die Souveränität absprach? Ich habe mich für das Gegenteil dessen entschieden, was die Männer an der Spitze tun; indem sie überall die Bäume ihrer politischen Weltanschauung hinpflanzen, verbergen sie nämlich den fruchtbaren Boden des Widerstandes vor den einfachen Leuten. Ich stelle mich gegen die Potentaten des Glücks, die aus ihrer berühmten „Macht" den goldenen oder ehernen Schlüssel zum Paradies oder, im Augenblick, zur Hölle machen. Ich habe festgestellt, daß die reale Freiheit, die Freiheit des realen Menschen keine Staatsangelegenheit ist, und daß sie, wenn sie als Staatsangelegenheit aufgefaßt wird, sich selbst und auch jede Chance, überdacht zu werden, verliert ... Das heißt, wenn man annimmt, daß der Staat als solcher weder die Würde noch die Verwerflichkeit besitzt, die ihm jene, die ihn leidenschaftlich anbeten oder verteufeln, nachsagen. Für jene, die sich heute endlich mit der konkreten Misere des konkreten Subjekts befassen wollen, steht die Frage der Macht nicht mehr im Mittelpunkt. Sie ist auch für jene, die den Fallen des Hegelianismus und ihrer Ausweglosigkeit ein für allemal entfliehen wollen, keine Frage mehr ...

Hier ist er also, der *erste Artikel* eines konsequenten Liberalismus: eine Haltung, die auf etwas anderes setzt, als auf das „Politische"; ein Vorgehen mit dem Ziel, das „Politische" auf ein Minimum zu reduzieren; eine Moral, die verfügt, das Problem sei nebensächlich, abgeleitet und unwesentlich. Setzen, beschließen, verfügen: eine Wandlung, eine Bekehrung der Seele und des Blickes, die der Ontologie des Fürsten, in der die philosophische Frage der meisten großen Systeme gipfelt, den Rücken zukehrt.

Ich sage die Ontologie: das bedeutet natürlich nicht eine Abkehr von der politischen Debatte als solcher für immer; sie muß nur an ihren Platz verwiesen, wieder in ihre Ordnung gestellt werden; jene einer kontingenten Debatte, die „wahren Meinungen" und einer platten „Doxographie" im platonischen Sinne untersteht. Ich sage Bekehrung des Blikkes: Ich meine nicht Blindheit oder völlige Ablehnung; einfach die Ablehnung, die Spuren und die Gattungen zu verwischen, und das, was eigentlich nur mehr eines jener „hohen praktischen Interessen" ist, die Husserl zum Objekt der „Weisheit"[1] machte, als „reine Wissenschaft" zu behandeln. Ich sage nebensächliches Problem: das heißt nicht gleichgültig und noch weniger lächerlich, da diese Frage der konkreten Form des Staates, dem wir unterworfen sind, in gewissem Sinne entscheidend ist – im Sinne des Rechts und der Institution eben, mehr als im Sinne der Metaphysik und ihrer bombastischen Vernunft. Ich spreche davon, seine Problematik auf das Minimum zu reduzieren; das will nicht heißen, daß es abgewertet werden soll, sondern daß zum Beispiel Juristen damit betraut werden sollten, über die Frage zu entscheiden und sie zu lösen ... Ich weiß nicht, ob diese Doktoren, die alljährlich ihre „neuen" Theorien über den Staat und die Politik vorstellen, im Recht oder Unrecht sind. Ich möchte nur festhalten, daß es sich hier manchmal um einen Prozeß handelt, der in den Bereich des Magischen einzureihen ist, der dem Geheimnis huldigt, statt es zu klären, und auf dem Weg zur Freiheit keinen einzigen Schritt weiterkommt. Ich weiß, daß es notwendig ist, ihrer mächtigen und subtilen „Ontopolitik" eine viel bescheidenere „Realphilosophie" gegenüberzustellen, eine Politik, der es viel mehr um das „Wahrscheinliche" als um das „Wahre" geht. Ich bin also in anderen Worten des *zweiten Artikels* des liberalen Verhaltens sicher: Die Frage nach dem bestmöglichen Staat muß jener nach einer guten oder besseren Verfassung weichen ...

Diese Frage der guten Verfassung erfordert wiederum eine andere Art der Umkehrung; auch sie ist entscheidend und folgenschwer. Die Sanktionierung des „guten Staates" war die Beziehung, die er zu dem Wollen seiner Untertanen unterhielt; die Sanktion muß verschwinden, und mit ihr alles Zutreffende der Dialektik des Fürsten und seines Volkes. Die „Ontopolitik" stellte ihre Überlegungen spontan in der Gestalt von Inhalten, Macht-Inhalten, materiellen Übertragungen von Reiz und Wunsch an: die „Realphilosophie" ist zuallererst die Ablehnung dieses Vorgehens, der Bruch mit dem Inhalts- oder Materien-Gedanken, sie ist die in reinem Formalismus gedachte Freiheit. Es gibt also nur eine Art der Beurteilung einer Verfassung und des Vergleiches zwischen Verfassungen: nicht mehr die Beziehung der Regierenden zu den Regierten, sondern die Beziehung zur reinen Form des Gesetzes, in dessen Namen sie regieren. Ein Regime ist nicht in erster Linie populär oder elitär, dem Wunsch seiner Mandanten treu oder untreu; es handelt sich vielmehr darum, ob es auf eine Symbolik rückführbar ist, die zur gleichen Zeit, da es sie einsetzt, seiner Willkür Grenzen setzt. Es geht nicht mehr, wie bei Plato und Aristoteles, oder bei Marx und Carl Schmitt, darum zu wissen, wer die Diktatur ausüben wird, sondern darum, wie die Institutionen konzipiert sein sollten, damit die Führer, seien sie nun gut oder schlecht, so wenig Schaden wie möglich anrichten können. Die demokratische Verfassung ist nicht, wie man immer glaubt, das Gegenteil der autokratischen oder oligarchischen Verfassung: Sie ist vielmehr das Gegenteil einer staatlichen Willkürherrschaft, die *Form* des Universalen gegen die Gesetzlosigkeit der Machthaber und den blinden Terrorismus der Massen[2]. Das souveränste Regime ist nicht das beste Regime: Das beste zieht das Ideal der Gerechtigkeit dem Ideal der Souveränität vor – die rechtmäßige *gesetzliche* Handhabe gegen den drohenden Despotismus. Der am wenigsten schlechte Fürst ist nicht jener, der den angeblichen Ursprung seiner Macht immer im Auge behält und ständig im Volksentscheid seine Bestätigung sucht; es ist vielmehr jener, der, bevor er wieder zu seinen Untertanen hinabsteigt, den Umweg über das Gesetz, die Grundlage jeglicher Autorität und Ursprung jeder Vision, macht. Diesen *dritten liberalen Artikel,* diesen bewältigten Formalismus, habe ich bei Moses gefunden: Der König wird immer die Schrift der Thora mit sich tragen, deren tägliche Meditation ihn davor behüten wird, sich über die Herzen seiner Untertanen zu erheben[3] ...

Muß daraus nun geschlossen werden, daß ich für die theokratische Formel plädiere und mich ihr anschließe? Das wäre eine etwas verfrühte Behauptung und würde bedeuten, daß man von der Tradition, auf die ich mich berufe, nichts verstanden hätte. Denn, wenn die Worte einen Sinn haben und die Formel einen Staat bezeichnet, wo Gott – mit den Fürsten als Vermittler – allein herrscht und wo die Fürsten wiederum nichts anderes sind, als vor seinem Gebot kauernde Schreiber, war das Königtum der Bibel das Gegenteil eines theokratischen Regimes. Seine Priester sind nicht, wie man immer glaubt, Abgesandte vom Himmel in das Tal der Tränen, sondern vielmehr die Abgesandten der Erde zur himmlischen Wohnstätte: der Priester ist also ein dem Allmächtigen geleisteter Tribut, eine laut dem Deuteronomium, dem 5. Buch Mosis, unter den Erstgeborenen jeder Leviten-Familie[4] ausgewählte und gleichsam dargebrachte Opfergabe. Seine Könige waren keineswegs so wie im Ancien Regime Stellvertreter Gottes, von ihm zur Erde entsandt, sondern Abgesandte der Menschen, von ihnen hinübergeschickt: der Fürst ist ein Zehent, der geweihte Teil der Gruppe – er ist, sagt Jeremias, „Jahwes heiliger Besitz, die Erstlingsgabe seiner Ernte[5]“ ... Die Thora selbst ist nicht der Ausdruck eines Ideals, der Kodex eines weltlichen

Gesetzes, das Modell einer Gesellschaft, deren wortreicher Leichtsinn Buchstabe für Buchstabe in die Masse der Dinge einbezogen werden müßte; sie ist nur ein abstraktes, im Begrenzten unbegrenztes Modell ohne zeitliches Ende, das sich allen Dingen und jeglicher Götzenverehrung entzieht – sie ist der tiefere Sinn der von Samuel[6] berichteten unglaublichen Geschichte der Einsetzung Sauls, der nur regieren kann, weil Gott im voraus *darauf verzichtet hat, sein Gesetz vorzuschreiben* ...[7] Denn, entgegen Spinoza und Renan muß man wohl sagen, daß die mosaische Gemeinschaft jene ist, in der Gott herrscht, weil er nicht regiert; jene eines Gesetzes, das heiliger ist als die gesamte Geschichte und ebenso jene einer Geschichte, die niemals das Gesetz heiligt. Den modernen Anhängern des Totalitarismus muß folgendes entgegengehalten werden: die gute Verfassung ist eine Verfassung, die *nur* das *Gute* aussagt, sich vor *jeglichem* Wollen hütet und – das ist *das vierte Prinzip* – das Gesetz nur deshalb so hoch schätzt, weil sie weiß, daß es völlig unabwendbar ist. Wir stehen hier vor einem für das biblische Bewußtsein wesentlichen Paradoxon; im weiteren werden wir uns mit seinen Einzelheiten und seiner Tragweite befassen.

Im Gegensatz zur gängigen Auffassung rekrutieren sich die wahren Theokraten nicht unter den Gläubigen, sondern weit eher bei Gottes Mördern. Saint-Just zum Beispiel, der den abwesenden Gott, das heißt ganz einfach Gott, nur darum tötet, um aus dem Höchsten Wesen den allgegenwärtigen Verwalter seiner „republikanischen Institutionen" zu machen, ist im eigentlichen Sinne ein Theokrat[8]. Marx und Nietzsche, die Christus nur hinrichten, um ihn besser zu verwirklichen und ihn überall, im Körper des neuen Menschen, auf den Ruinen des Endes der Geschichte oder der ewigen Rückkehr immer von Neuem auferstehen lassen, sind auch Theokraten[9]. Die Terroristen in Deutschland und Italien, die das „Weder Gott noch Herr" nur im Namen eines noch heiligeren Gottes, eines noch himmlischeren Herrn und eines abergläubischen Gesetzes anstimmen, dessen Wortlaut sie in das Fleisch ihrer Opfer eintätowieren, sind ebenfalls Theokraten[10].

Wenn man den Willen, Gott mit der Welt zu vermengen und ihn in Fleisch und Blut zu verwandeln, theokratisch nennt, so wird eine revolutionäre Politik immer im Grunde theokratisch sein und immer auf Barbarei hinauslaufen. Wenn man der Bibel zufolge den Willen, Gott von der Welt zu trennen, ihn zu entkörperlichen, monotheistisch nennt, so ist der Monotheismus die wahrscheinlich einzige Grundlage einer Politik, die immer unvollendet bleibt, an nichts anderes glaubt als an ein Gutes, das sich stets entzieht, eine Politik, die der andere Name des Widerstandes ist. „Monotheistischer Widerstand" gegen „theokratische Revolution"? Ein Christ könnte sagen, die ganze politische Frage ließe sich auf die zeitlose Debatte zwischen Augustinus und Joachim de Fiore zusammenfassen. Der erste unterschied zwischen der Civitas Gottes und dem Staat der Menschen und schuf auf diese Weise kontemplative, aber niemals barbarische Engel. Der zweite vermengte beide in einem großen messianischen Traum und ließ in dessen Namen Tausende Männer und Frauen auf dem Scheiterhaufen verbrennen. Ein Jude würde eher sagen, ein Messias sei immer, per definitionem, ein falscher Messias, das heißt ein Mörder, und daß die politische Dringlichkeit darin bestehe, zwischen dem Gesetz als Triebkraft der Geschichte und dem Recht als einfacher Richter seiner Irrtümer zu unterscheiden. Die beiden Fälle führen zu einem *fünften Prinzip:* der Unterscheidung zwischen dem Gebot des mörderischen Terrorismus[11] und jenem des Rechtsstaates; die gewissenhafte Trennung der unbegrenzten Forderung des Gesetzes von der begrenzten Vorschrift der mörderischen Legalität.

Daraus ergibt sich ein *sechstes Prinzip*, das sicherlich Erstaunen hervorrufen wird, obwohl es sich direkt aus den vorausgegangenen ableitet: die gute Verfassung befaßt sich mit dem Recht und pfeift auf die Moral. Hier und dort höre ich, die Verzweiflung der Zeit liege daran, daß die Hirten ihren Herden kein „Gesellschaftsprojekt" und kein höheres Ziel mehr bieten könnten, das sie „mobilisiert": Nichts fürchte ich mehr als einen Staat, der die Herzen seiner Untertanen mobilisiert und entflammt, sie vom Denken befreit und sie eines schönen Tages schlafwandlerisch auf den Weg zum Ruhm und zu den Konzentrationslagern führt. Man sagt gewöhnlich, daß sich die „Jungen" auflehnen und manchmal die MPi dem Stimmzettel vorziehen, weil die Regierenden es nicht schaffen, ihnen diesen abgedroschenen „Sinn des Lebens" zu vermitteln; wieder einmal ist das Gegenteil wahr: die Rebellen des alten Europa leiden an zu vielen Werten, und das „entfremdete" Leben ist nicht das Leben, dem Ideale fehlen, sondern jenes, das von ihnen übersättigt ist. Man muß einmal aufhören, die absurde Litanei der „Zivilisationskrise" und dieser „Ideale", die einem erschöpften Westen plötzlich abhanden gekommen sind, herunterzubeten. Nie ist so viel moralisiert worden wie im Jahrhundert Stalins und Hitlers, in diesem Zeitalter der Tobsüchtigen, die Menschen wie Hunde behandeln, die das Morden mit Politik verwechseln, und das alles im Namen einer Moral der Rasse, der Nation und des Proletariats. Man muß endlich Schluß mit dem modischen Traum machen, Politik und Moral miteinander zu versöhnen; denn eine moralische Politik oder eine politische Moral gibt es tatsächlich; es gibt sie überall auf der Welt und nennt sich Faschismus, oder banaler ausgedrückt, *moralische Ordnung* ... Mein Ideal des Staates ist also der Staat ohne Ideal[12]. Das am wenigsten schlechte Regime ist das Regime, das zugibt, daß es im Bezug auf diese „grundlegenden Werte", mit denen sich die Despoten immer brüsten, völlig unfähig ist. Als ich zum Beispiel 1978 den Zusammenschluß der Linken in Frankreich ablehnte, so tat ich das weder aus Haß gegen die „Linke“ noch aus Liebe für die „Rechte“, sondern aus Ekel vor einer Politik, die vorgab, ein Leben zu „verändern“, das mir allein gehört.

Rekapitulieren wir: Den schlimmsten Machtmißbrauch begehen jene Staaten, die uns im Namen ihres Ideals die Wunschbefriedigung versprechen. Der verlockendste Köder ist jener der neuen Fürsten, die sich nicht mit Versprechungen begnügen, sondern sogar Frieden und Zufriedenheit anbieten. Die zeitgenössische Barbarei tauscht nicht mehr lediglich den Frieden gegen den Schmerz, sondern auch gegen das Glück, und zieht das sogar häufig vor. Ja, das Glück, die Versklavung durch das Glück. Saint-Just hatte diesen neuen Begriff einer glücklichen, sorglosen und gebilligten Knechtschaft schon angekündigt. Comte sagte nichts anderes, als er die Taumel des Wissens und den Rausch des Leidens seinen „Dienern der Menschheit“ vorbehielt[13]. Wir alle kennen die schrecklichen Ansprüche des Großinquisitors in den *Brüdern Karamasow* und des Peter Stepanowitsch am Schluß der *Besessenen:* „Im Schigalewismus wird es keinen Wunsch mehr geben. Wir behalten uns den Wunsch und das Leiden vor. Die Sklaven werden den Schigalewismus haben[14].“ Dann ist da auch noch Alexander Sinowjew, um uns daran zu erinnern, daß dieses Modell im sowjetischen Rußland Sternstunden erlebte, denn die Massen bekamen von der Unterdrückung und dem langen Schlaf der Seelen ihren Teil, die zueinander in Wechselbeziehung stehen[15] ... Vielleicht hat unsere Zeit eigentlich nichts anderes getan, als die Lektion dieser angenehmen Versklavung wiederzukäuen: gib deine Seele her, bezähme deine Wünsche, diese unnütze Last, die dich ruiniert, und du wirst dafür institutionalisierte Befriedigung eintauschen. Diesen

Traum hat wahrscheinlich der gesamte Westen seit Urzeiten schon geträumt; der Beginn der *Nikomachischen Ethik* wies schon darauf hin. Auf die Frage nach der Wissenschaft und der Architektonik vom Glück antwortete schon Aristoteles, es könne nur das „Politische" sein[16]. Ein Grund mehr, diesem infamen Tauschhandel dieses *siebente und letzte Prinzip* entgegenzustellen: Der Staat ohne Ideal ist in erster Linie ein Staat, der auf das Ideal der Glückseligkeit verzichtet, und die beste Verfassung ist jene, die dekretiert, das Glück sei eine totalitäre Idee.

Man sieht es: die Formel ist jener Constants und Fustels gleichzeitig sehr nahe und sehr fern. Sehr nahe durch die Sorge darum, das *Politische überall auf ein Minimum zu reduzieren:* der demokratische Staat ist ein minimaler Staat, der Staat, der so wenig Staat wie möglich ist. Und eben auch sehr fern, wenn mit der Ablehnung, Moral und Politik zu verbinden und dem Mißtrauen gegenüber den Apparaten, die sich unsere Köpfe zerbrechen, das Zeichen einer Tradition auftaucht, die ich „libertär" nennen würde, schiene mir das Wort nicht einen furchtbaren Beigeschmack zu haben. Liberal oder libertär? Auf diesen Seiten habe ich lediglich versucht, zwei verschiedene Dinge, die außer der Etymologie nichts gemeinsam haben, in Verbindung zu bringen. *Liberal-libertär:* so müßte man eine politische Geisteshaltung benennen, die das „Politische" aus dem Wesentlichen ausschließt und es, wie Gorki sagte[17], auf eine lächerliche „Emotion" reduziert, die „den niedrigen physiologischen Notwendigkeiten gleicht, mit dem unangenehmen Unterschied, daß sich die politischen Notwendigkeiten gezwungenermaßen in der Öffentlichkeit vollziehen". Denn nun wissen wir es: der einzige Staat, der etwas wert ist, ist jener, der am Monopol des *Rechts* festhält und die Verantwortung über den *Sinn* seinen Untertanen überläßt. Die einzige gültige Demokratie ist im Bezug auf die Gesetze unbeugsam und läßt die Werte zu den einfachen Leuten zurückfließen. Die einzige Philosophie, die Wert und Gültigkeit besitzt, ist eine Philosophie, die aus diesem Rückfluß lernt und sich zu einer letzten Umkehrung der Betrachtungsweise entschließt, die aus dem Intellektuellen einen Menschen der unteren Schicht macht, einen „Denker der Souterrains", der seine Meinung ändert und andere Brillen aufsetzt, jene des Individuums und seiner einzigartigen Weltauffassung. Das kann man, will man den berühmten Ausspruch parodieren, auch noch so ausdrücken: das Politische begrenzen, um dem Ethischen Platz zu machen.

4
Der Plebs widerstehen

Nun muß man sich noch über die Definition dieser unterirdischen Räume einigen. Denn es ist wohl eine andere Schablone – vielleicht die hartnäckigste von allen –, die aus dem Begriff „*Volk*“ den Eigennamen der unteren Schicht und den gesegneten Ursprung aller Rechtmäßigkeit macht. Anscheinend genügt die Gnade einer Bewegung der „Masse“, um jeglichen Wert verschwinden und die schlimmste Barbarei plötzlich mit dem Nimbus des Heiligen umgeben zu lassen[1]. Man spricht sogar von einer realen oder imaginären göttlichen „Plebs“, die in ihrer Glorie alle kaputt gegangenen Eigenschaften des untergegangenen Proletariats kristallisiert und in einer gerechten „Rebellion“ zum Glühen bringt. Ich behaupte nun, daß es sich hier um einen letzten Köder handelt, um die Hauptstütze vielleicht der politischen Götzenanbetung, mit ihrer Ausschließung der Ethik und der Grundsätze der Freiheit. Es ist, paradoxerweise, der sicherste Weg, die unterirdischen Gewölbe des Willens, wo sich der Widerstand tastend sucht und denkt, zu verfehlen und *zuzumauern.* Ich frage mich also, ob das erste Recht jener, die dort unten sind, ob das erste Recht der Menschen nicht der Widerstand *auch* gegen dieses Volk, diese Masse und diese Plebs, die das Jahrhundert so gefeiert hat, ist.

Frevel? Hört doch die Herren der Erde und die Lobgesänge, die sie zu Ehren ihres guten *Volkes* anheben. Hört, wie sie sich auf der rechten wie auf der linken Seite ereifern, diese plebejische Weihe zu rühmen, die, wie sie sagen, sie zu Königen gemacht hat; seht, mit welchem Nachdruck sie sich – so mörderisch sie auch sein mögen – auf diese Weihe berufen, während die Gemarterten in den Folterkammern schreien. Ist es nicht seltsam, daß man so hartnäckig versucht, uns davon zu überzeugen, diese Massaker und Untaten seien vor den Augen der „Massen" und zu ihrem souveränen „Besten" begangen worden? Genügt die Antwort, daß diese Mörder lügen, wenn sie alle den gleichen Eifer zeigen, ihren Betrug als wahr darzustellen und dabei manchmal – warum auch nicht – sich selbst täuschen? Nein; wir stehen hier vor einem Symptom, das auch als solches behandelt werden muß, denn es tritt zu regelmäßig auf, als daß man darüber hinweggehen könnte. Man rührt hier an ein ungeschriebenes Gesetz, das dennoch für die moderne Zeit beispielhaft und bezeichnend ist. Dieses Gesetz scheint zu besagen, das Volk als solches sei der Ursprung und die Grundlage, der Bezugspunkt und der Horizont jeder lebenswürdigen und glaubwürdigen Macht; ferner, daß ein Staat, unabhängig von seiner Beschaffenheit, immer zuallererst, notwendigerweise und per definitionem ein „Volksstaat" sei, der das Alibi seiner Erhabenheit einzig und allein vom Volk erhält, bevor man noch von den Attributen demokratisch, oligarchisch oder totalitär sprechen kann; weiter, daß dieses Volk daher keine im vorhinein bestehende seelenlose Realität ist, sondern das Adelsprädikat und das Wappen von Chefs, die sich seiner Weihe ebenso wenig entziehen können wie einst ihre Ahnen der göttlichen Salbung[2] ... Und wenn nun statt des Leviathan das Volk der Gott des zwanzigsten Jahrhunderts wäre? Und wenn es statt der marxistischen Partei der unauffindbare „moderne Fürst" wäre? Sicher ist, daß sein gepriesener Name, der in allen Sprachen besungen und bei allen Kriegen angerufen wird und als Echo von Massengrab zu Massengrab hallt, wie ein Talisman ist, um den die große Familie der Henker wild streitet. Sicher ist auch, daß wir hier vor einem beunruhigenden Zeichen stehen, vor einem völlig realen Problem, das man nicht einfach als Täuschungseffekt oder als „Ideologie" abtun kann.

Die Historiker der Ideengeschichte wissen es sehr wohl; dieses Gesetz wurde im Morgengrauen der Moderne festgeschrieben von der Handvoll Denker, die im 17. und 18. Jahrhundert versuchten, das Rätsel der menschlichen Macht zu durchdenken. Hobbes etwa spricht es klar aus, etwa in dem Fragment *De cive,* in dem er feststellt, das Volk sei das, was es den Herrscher nennt – und daß es daher nichts anderes sei als ein „Name", ein willkürliches Dekret, eine vom Theoretiker zur Bewertung seines sozialen Gefüges ersonnene Kunstfigur[3]. Es taucht auch bei Grotius, Marsilius von Padua und Jurieu[4] auf; einstimmig wiederholen sie diese mysteriöse Tautologie, daß die „Souveränität des Volkes vom Fürsten ausgeübt wird[5]", daß diese also jene ausmacht und umgekehrt, in einer endlosen Kreisbewegung, in deren Rahmen sich der „Meister" und mit ihm die „versammelte Menge" mit derselben Bewegung, in einer doppelten und doch gleichzeitigen Entspannung, einsetzen. Man findet sie schließlich auch bei Rousseau wieder; mit dieser Doktrin der „Souveränität", wo der „allgemeine Wille", wie wir gesehen haben, nicht Vorbedingung, sondern Korrelat ist, erreicht sie ihren Höhepunkt; es handelt sich weniger um einen Teil, ein Glied oder ein Organ des realen, sozialen Körpers als um den Körper schlechthin, den verherrlichten Körper, unter der Voraussetzung, ihn unter dem Aspekt seines Zusammenhaltes und vom Standpunkt seiner Harmonie aus zu betrachten ... Wenn man über das „Politische", dessen unbedachte Erben wir nolens volens nun einmal sind, hinausgeht, steht man vor dem unerhörten Konzept eines „Volkes", das unversehens an der Stelle der Geschichte auftaucht, die lange von „Gott", dem „König" oder sogar den „einfachen Leuten" besetzt worden war. Dieses Volk besitzt jedoch die eigenartige und entscheidende Eigenschaft, nicht wie jene empirisch feststellbar und festgestellt zu sein. Es existiert eigentlich nicht, es sei denn durch Konvention oder Willkür. Es ist folglich buchstäblich eine reine *Institution*.

Wozu soll diese ungewöhnliche Institution nun dienen? Ohne sich mit den verschiedenen Texten und der Vielfalt der Theorien aufzuhalten, kann man überall denselben Sophismus beobachten, der der wahre Zement ihrer Einheit ist. Aus der Vorstellung, daß das Volk in erster Linie das sei, was man den Herrscher nennt, folgt automatisch, daß man es mit einem „Körper" versehen muß – und das ist bei Hobbes die Bedeutung des berühmten Frontispiz, der ersten Ausgabe des *Leviathan*. Aus der Tatsache, daß es ein „Körper" ist, muß dann auch geschlossen werden, daß das Volk „Willen" besitzt, und zwar „einen" Willen, zu dem es mit einer einzigen Bewegung gelangt; dies ist natürlich der Sinn der berühmtesten Metaphern in Rousseau's *Gesellschaftsvertrag*. Aus diesem einen Willen geht weiter die Forderung – was sage ich? – die Offensichtlichkeit eines „Verwalters" hervor, der vom „Wollen", das er verwaltet, nicht mehr getrennt sein, sondern im Gegenteil mit dem Körper, in dem er Fleisch wird, eine Einheit bilden wird. Aus diesem Grunde hat das gesamte 18. Jahrhundert, ob es nun zum Despotismus oder zur Demokratie neigte, nie aufgehört, von einer „Macht" zu träumen, die in ihrem „Herrscher" beruhte und ihm innewohnte. Aus diesem Innewohnen, aus dieser wesentlichen Verbindung geht hervor, daß das Volk nichts anderes ist als der andere Name des Fürsten, der Rumpf und der Kopf des Königs, das reale und erweiterte Bild seines Körpers und seiner Seele, dem er infolgedessen, und diesmal ohne jede Einschränkung, den Beweis und das Attribut allmächtiger Vortrefflichkeit verleiht ... Es ist die wundertätige Antwort auf das ewige Geheimnis des „Politischen“ und stellt den Traum der Regierungschefs dar, ihre Untertanen mit deren stillem Einvernehmen, wenn nicht gar mit deren Beifall, zu regieren. Es ist die Endlösung der unlösbarsten Gleichung und erlaubt dem Hirten zu sagen: Ich, der ich meine Herde weide, bin mit ihr identisch. Frei? Sklave? Das Volk ist der Spiegel des Staates, eine einfache Macht-Maschine; es entsteht zuerst wie dieses phantastische Ordnungsprinzip, das jeden Widerstand in der drückenden Stille der Weideflächen der Menschheit auflöst.

Man könnte hier beginnen, John Lockes *Second Treaty* neu zu lesen, der von einer starrköpfigen Tradition seit über zweihundert Jahren als die Charta und die Bibel der Menschenrechte im modernen Sinn dargestellt wird ... Spricht er von einem „Naturgesetz“, in dem sich diese Rechte verankern und sich ihre Rechtmäßigkeit begründen können? In der Gemeinschaftlichkeit und nie im einzelnen[6] findet es seinen Ausdruck und seinen würdigsten Sitz. Zeichnet er das Porträt eines „vernünftigen“, „urteilsfähigen“ Wesens, anstelle der von den Diktaturen induzierten Unterwerfung? Es ist das Porträt der „Mehrheit“[7] eher als jenes der Menschen, die diese Mehrheit bilden und ihr in alle Ewigkeit ihre Rechte abgetreten haben[8]. Weist er auf die Möglichkeit eines höchsten „Schiedsgerichts“, einer „Berufung“ auf die Gerechtigkeit des „Himmels“, einen Widerstand gegen die Mächtigen hin, wenn diese den „trust“[9], mit dem sie betraut waren, verraten? Und *immer* geht es um die „Gemeinschaft“, denn nur sie hat das Recht zu entscheiden und sich manchmal aufzulehnen[10]. Verhält es sich anders mit dem unwandelbaren Recht auf das Leben, auf die Integrität des Leibes, sogar auf den „Besitz“, die man für gewöhnlich, um sich darüber zu freuen oder es zu bedauern, als Zeichen eines „possessiven Individualismus“ ansieht[11]? Auch hier wimmelt es nur so von Texten, die besagen, dieses Recht beziehe sich nicht auf den einzelnen als solchen, sondern paradoxerweise auf die „Gruppe“[12], den einzigen Mandatar des Gesetzes des Allmächtigen[13]. Was geschieht dann aber mit der „Privatperson“, der Unrecht widerfährt und die, etwa in einem „religiösen Kampf“, ihr „Hab und Gut verliert“[14]? Der Philosoph wird ihr nahelegen, lange zu zögern, bevor sie offenen Widerstand leistet, denn sie, die Unwissende, muß verstehen, daß ein Unglück nur dann etwas wert ist, wenn es das Volk „erregt“, und daß das „Volk“ sich in seiner Weisheit über intime Mißgeschicke nicht erregt[15]. Und wenn diese Privatperson nun hartnäckig das verlangt, was ihr zusteht, und ihre eitle und laute Not überall hinausschreit, dann darf sie sich nicht wundern, wenn sie von der „Mehrzahl“, die ihre lebenswichtigen Interessen bedroht sieht, zurechtgewiesen wird, wenn diese Mehrheit ihre lächerliche Revolte beschwichtigt und sogar auf die Gewalt zurückgreift, um ihren Aufstand niederzuschlagen[16] ... Wie man sieht, mag John Locke wohl der Denker des „habeas corpus“ sein: er erkennt den „corpus“ eigentlich nur der „Gemeinschaft“ an; nur diese abstrakte Mehrheit, wo „Ehrgeiz“, „Stolz“ und „Turbulenz“[17] verschwinden, erhält von ihm die Würde des Subjekts; er war der Sohn seines Jahrhunderts und einer Philosophie des „Volkes“ und konnte im einzelnen Menschen nur ein Halbwesen, einen Grad Null der Menschheit sehen, der ohne Mahnung in die Randzonen der Gesetzlosigkeit verbannt wird, wo die Ausgestoßenen der Gesellschaft der Vernunft[18] Hand in Hand mit den Bettlern und den Vagabunden herumstreunen.

Natürlich bleibt zu bedenken, daß sich der *Treaty* nicht zur Gänze auf dieses Schema des Zwanges zurückführen läßt. Man findet darin *ebenso* sehr wertvolle Grundzüge einer Theorie der Menschenrechte. Wie alle Philosophien des 18. Jahrhunderts durchzieht im geheimen, entlang der

Kammlinie eines „Berges“, eine Spaltung das Werk, wobei das Heil, die Wohlfahrt des Subjekts der Einsatz ist. Ich bin also weit davon entfernt, ihn zu leugnen und die „Aufklärer“ allesamt zu verurteilen; ich plädiere im Moment für eine Neubeurteilung und für eine kritische Bestandaufnahme. Diese Bestandaufnahme oder, wenn man so will, diese neue Betrachtung des Erbes geht in eine der Tradition und gängigen Auffassung entgegengesetzte Richtung ... Im Gegensatz zu den Philosophie-Polizisten, die zwischen dem guten Rousseau des „Vertrags“ und dem schlechten Rousseau der „Rêveries“ unterscheiden, wähle ich den zweiten; er bestätigt nämlich den Schmerz und die Odyssee einer Seele auf entscheidende Weise und erscheint mir dem stummen Schrei der Gepeinigten näher. Im Gegensatz zur klassischen Interpretation, die den Aufklärern rühmend nachsagt, sie hätten eine Doktrin des „Herrschers“ aufgestellt, in der sich das Politische verankern kann, sehe ich darin eher ihre subtilste Verhexung, mit deren Hilfe sich die jahrtausendealte Versklavung der Demütigen, die ihre Häupter vor dem Altar des atheistischen Staates senken, unter dem Deckmantel einer „Freiheit“ in alle Ewigkeit aufrechterhält. Ich bin weit davon entfernt, in ihrer Ethik oder ihrer „Religion“, in Voltaires „Toleranz“ oder der unbestimmten Religiosität Diderots, in den *Carnets* von Montesquieu oder im „Ruf des Himmels“ von Locke Folgen, Überreste oder anachronistische Krümel der alten Welt zu sehen; ich sehe darin im Gegenteil das Wesentliche dessen, was sie uns bringen, das Wesentliche dessen, was uns übrigbleibt, uns, die wir dem Siegeszug der Barbarei so hilflos gegenüberstehen. Auf die Frage, was von dem „possessiven“ und „bürgerlichen“ Individualismus behalten und was davon verworfen werden muß, gibt es nur eine mögliche Antwort, nur eine Antwort, die dem Schrecken die Stirn bieten kann; diese Antwort ist das Gegenteil dessen, was man immer sagt, und zwar: Ja zu allem, was rettet und die Verschonung des Leibes ermöglicht, nein zu allem, was den Körper des Volkes erhält und gewährleistet; ja zu allem, was die Einheit des Subjekts schützt und erhält, nein zu allem, was den Egoismus einer Seele bekämpft und mindert. Wo sind die „Fortschrittlichen"? Wo sind die „Reaktionäre"? Wenn die Worte einen Sinn haben, dann waren es eben die bürgerliche Seite des 18. Jahrhunderts und dieses berühmte und berüchtigte „Besitzrecht", das, wie wir bald sehen werden, die einzig mögliche Stütze einer Innerlichkeit ist, die den Fortschritt machten. Das 18. Jahrhundert war reaktionär und ebendieser „Volkswille", den die Diktatoren von 1793 bis Stalin anbeteten, der für gewöhnlich verehrt und gelobt wird, hatte es reaktionär gemacht.

Denn, „was will das Volk?" Diese Frage stellte Hérault am Abend des 2. Juni 1793, am Vorabend der Festnahme und Ermordung der Girondisten, an Hanriot. „Das Volk", antwortete Hanriot, „will, daß man ihm zweiundzwanzig Schuldige liefert" – und die Schuldigen wurden ihm ausgeliefert, sie wurden dem göttlichen Willen unter der Drohung der Kanonen aber auch im Schatten der Überzeugung von der Philosophie des Souveräns[19] geopfert. Isnard hatte wohl eingewandt, ob „die Vernunft" nicht mehr Mäßigung verlange, größere Achtung, wenn nicht vor der Nationalversammlung, so doch wenigstens vor dem Leben ihrer Mitglieder. Hérault entschied jedoch, die Nationalversammlung wisse, „daß die Kraft der Vernunft und die Kraft des Volkes dasselbe sei"[20] und daß es genüge, daß das Volk den Kopf eines Verantwortlichen fordere, damit die „Repräsentanten des Volkes" diese Forderung exekutierten und die Exekution anordneten, um so den „Durst" des Volkes zu stillen. Da genügt es nicht mehr zu sagen, der wahre Faschismus vollziehe sich von unten nach oben genauso wie von oben nach unten und werde es nicht müde, die Massen zum Angriff auf die Apparate aufzurufen; man muß genauer sein und sehen, daß seine Macht nur deshalb so mörderisch ist, weil es in den Köpfen der Akteure überhaupt kein „Oben“ und kein „Unten“ mehr gibt und weil die Gipfel der „Vernunft“, dieser armen Vernunft von Isnard, plötzlich in den Abgrund der plebejischen „Kraft“ abgestürzt sind. Laurent Dispot hat dieses Schema der mit dem *Berg* entstandenen „Terror-Maschine“, wo sich die an der Basis geschöpfte Energie gleichmäßig in terroristische Wärme auf dem Gipfel verwandelt, vortrefflich beschrieben[21]; es muß vielleicht hinzugefügt werden, daß dieses Schema nicht so gut funktionieren würde, wenn sich nicht Quelle und Mündung vermengten, wenn, wie Hérault sagte, nicht „die gleiche Sache“ darin hinein wie hinausginge, mit einem Wort: wenn die Massen nicht selbst die Maschine wären, die ganze Maschine, nichts als die Maschine, der blutige und ungeheuerliche Schmelztiegel der totalitären Alchimie. Wie bei Stalin, der die „Oppositionellen“, das Negativ seines Proletariats, selbst schuf, wie bei Hitler, der als seitenverkehrtes Bild seines „Volkes“ die „Juden“ produzierte[22], begnügt sich der taube und blinde Körper des gefühllosen „Volkskörpers“ laut Hérault und Hanriot nicht mehr damit, den Widerstand zu unterdrücken und zu einem Ding der Unmöglichkeit zu machen; mit aller Kraft induziert er Spaltung, erzeugt er Parteiung und holt immer neue Ungeheuer hervor, die mit derselben Bewegung sogleich wieder in die Tiefen der konterrevolutionären Hölle verbannt werden. In dieser Hinsicht war dies das erste Modell dieser großen Barbarei, die seitdem ständig die Welt gequält hat.

Ein Grenzfall? Mag sein. Hier wäre noch einer, der vielleicht leichter zu begreifen und harmloser ist. Es handelt sich um die beiden Übereinkommen der Vereinten Nationen, die die Achtung der Menschenrechte auf weltweiter Ebene festlegen. Das eine betrifft die „bürgerlichen und politischen", das andere die „wirtschaftlichen, sozialen und kulturellen" Rechte. Beide beginnen seltsamerweise mit demselben Absatz: „Alle Völker verfügen über das Selbstbestimmungsrecht. Kraft dieses Rechtes bestimmen sie in freier Weise ihren politischen Status und stellen in freier Weise ihre wirtschaftliche, soziale und kulturelle Entwicklung sicher ..."[23] Was bedeutet das praktisch? Was ist unter diesem *ersten* Recht, aus dem alle anderen hervorgehen, zu verstehen? Warum diese Reihenfolge, diese Vorrangstellung, und welche Bedeutung hat sie? In Wahrheit geht daraus hervor, daß es keine „bürgerliche", „soziale" oder „politische" Freiheit gibt, die nicht vor dem Glanz der „Freiheit" und der „Autonomie" des „Volksganzen" erblassen müßte. Was sich dahinter verbirgt ist die Tatsache, daß diese Autonomie selbst, die von den Diplomaten „Unabhängigkeit" genannt wird und immer eine Verstärkung der Staatsgewalt voraussetzt, die *conditio sine qua non* für die Zufriedenheit der einfachen Leute geworden ist. Ohne es sich eingestehen zu wollen, setzt man hier dieses erschreckende Axiom, daß die Freiheit *des* sozialen Körpers mit allem, was sie an blindem Nationalismus, politischem Infantilismus und militärischer Kampfbereitschaft oder polizeilicher Überwachung enthält, logisch und chronologisch der Freiheit *innerhalb* des sozialen Körpers vorausgeht – dieser Freiheit, die die Individuen doch in ihrem Innersten berührt. Die Folgerung aus alledem ist ganz einfach, daß Hunger, Elend, Folter und die alltäglichen Niederträchtigkeiten unwesentlich sind, wenn sich die Opfer zu einem Volk zusammenschließen, das „heldenhaft" für seine „Selbstbestimmung" kämpft ... Hier erkennt man mühelos das Denken der roten Zaren, die seit Lenin über die Beinhäuser des neuen Rußland herrschen, den Gedankengang der rotchinesischen Führung, deren berühmte Parole, „die Staaten wollen die Unabhängigkeit, die Nationen die Freiheit, die Völker die Revolution", nur eines außer acht läßt, nämlich den Willen der konkreten Männer und Frauen. Dies ist das Alibi der vielen post-kolonialen Diktatoren, denen die Schwierigkeiten des Volkes, sich von einer zu langen Herrschaft zu befreien, bewußt sind und die – wenn es darum geht, den Männern und Frauen reale „Privilegien" zuzuteilen – immer auf morgen vertrösten, auf ein Morgen, das nie kommt. Denken wir auch an den seltsamen Maßstab, mit dem unsere „linken" Experten die Verletzungen der Menschenrechte in Vietnam und in Kambodscha „messen" – „relativieren" wie sie sagen –, wo man, zum Teufel, doch wissen müßte, daß die Geschichte wie ein Satz ineinandergeschachtelter Bausteine ist, dessen Elemente nach einer geregelten Ordnung, in der das Volk das größte, der einzelne das kleinste Element ist, zusammengesetzt sind[24]. Eigentlich läuft es wieder auf den alten mörderischen Sophismus hinaus, gerade nur von der Aufklärung angedeutet und der eben erst wieder modern geworden ist, aber nun die höchste Weihe des Völkerrechts erhalten hat!

Wissen unsere Fortschrittsexperten eigentlich, daß dieses „Selbstbestimmungsrecht der Völker" noch ganz andere Stammbäume besitzt? Wissen sie, daß sich die Außenpolitik der Nazis – meist auf die banale „Suche nach Lebensraum"[25] zurückgeführt – wenigstens sieben Jahre lang auf dieses Recht berufen hat? Warum lesen sie nicht zum Beispiel Hitlers Hausphilosophen auf diesem Gebiet, Haushofer[26], der nicht nur dieses Prinzip proklamierte, sondern es mit höchstem Aufwand an Subtilität zu einer eigenen Theorie ausbaute? Sie fänden dort unter der Bezeichnung „Geopolitik" eine Darstellung der Welt, nach der diese in „revolutionäre Zellen" (Deutschland, Italien) und „Bruchzonen" (Mittel- und Osteuropa) aufgeteilt ist[27]. Sie könnten dort lernen, daß auch das kleinste, rückständigste, ärmste „Volk" das unveräußerliche Recht besitzt, über seine eigene Zukunft zu entscheiden. Doch sie würden in Haushofers Werken auch die Stimme der Weisheit finden, und zwar, daß „Recht“ nicht gleich „Macht“ ist und leider nicht alle die „gleiche Fähigkeit“ besitzen, ihre Vorrechte zu verwirklichen. Sie würden dann verstehen, warum die Bewohner der Krim oder die Tschechen zwar im Namen derselben feinen Dialektik das Recht zur Selbständigkeit besaßen, sich aber auch der deutschen Nation unterwerfen mußten. So steht es auch um das ewige Problem der Ukraine und der UdSSR überhaupt, das schließlich an dem Tag eine Lösung fand, an dem die Formel, die dem Deutschen Sering[28] – aber auch, welch ein Zufall, dem Georgier Stalin – teuer war, angewendet wurde: eine Föderation von Völkern, die um eine Kernnation kreisen, die souverän die „Unabhängigkeit“ der „kleinen Nationen“ gewährleistet ... Die Liste solcher Fälle ist endlos lang, und man könnte angesichts so vieler Wunder immer wieder in Verzückung geraten. Es gibt auf unserem Planeten kein Problem, auf das Haushofer mit Hilfe seiner einfachen Grundsätze keine Antwort gewußt hätte. Es gibt in diesem absurden Mosaik, das unsere Welt nun einmal ist, keine Unordnung, die sich unter dem „geopolitischen“ Zauberstab nicht ordnet oder einordnet. Alles, aber auch alles kommt wieder in Ordnung, wenn man wieder unter sich ist, das heißt unter Staaten, unter Völkern, und wenn man diese ewigen Störenfriede, die Menschen aus Fleisch und Blut, von der Bildfläche verschwinden läßt. Auch Chamberlain und Daladier sind darauf hereingefallen, als sie an einem Sommermorgen des Jahres 1938 in München mit einem selbstsicheren Hitler zusammentrafen, der für das sudetendeutsche „Volk“ das „Selbstbestimmungsrecht“ forderte.

Es wäre von ihnen nicht anständig gewesen, Verwunderung vorzutäuschen, da doch der Mann, dem sie gegenüberstanden, *tatsächlich* eine Führerpersönlichkeit war, die nicht ihresgleichen hatte. Diese „Pazifisten“ wußten damals sehr wohl, daß die aufsteigende Barbarei, mit der sie paktierten, nur der andere Name eines fanatischen Volkswillens war, der Millionen Deutsche zu Gefolgsleuten ihres Führers machte. Alle wußten, daß diesem Führer weniger die Interessen eines von unbilligen Verträgen gelähmten Staates am Herzen lagen als vielmehr der leidenschaftliche „Volkswille", geformt aus Blut und Boden, aus dem Drang nach Lebensraum und der Erinnerung, die dank ihm zu ihrer mystischen Wahrheit geworden war, deren Glorie so viele „Romantiker" besungen hatten. Churchill in Person, ja, der „alte Löwe" Churchill, das künftige Symbol des Widerstandes, anerkannte ihn in einem unglaublichen offenen Brief an Hitler, der im *August 1937* in der Londoner „Sunday Times" erschien. Darin hieß es: „Sollte England ein ähnliches Unglück widerfahren wie Deutschland im Jahre 1918, würde ich zu Gott beten, er möge uns einen Mann mit der gleichen Kraft des Willens und des Geistes schicken wie Sie."[29]. Es ist noch gar nicht so lange her, daß die nationalsozialistischen Führer an der Spitze einer wiedergeborenen Einheit der Arbeiterbewegung standen; sie waren mit den Kommunisten die Anführer der großen Streiks von Berlin, und zwar mit solchem Nachdruck, daß sie vorübergehend die Unterstützung eines Bürgertums verloren, das angesichts dieser „Girondisten" und unfähig, diese von unten kommende Massenbewegung zu kontrollieren, völlig außer Fassung geraten war[30]. Bei den Bauernrevolten in Schleswig-Holstein marschierten sie an der Seite der Rebellen hinter deren charismatischem Führer Klaus Heim[31], unter dem schwarzen Banner mit dem roten Schwert und dem weißen Pflug, gegen die Städte. Wie könnte man vergessen, daß die NSDAP für sie ihre größte regionale Tageszeitung gründete, überhaupt die einzige zu jener Zeit[32]? Wie kann man vergessen, daß Nazis Seite an Seite mit Kommunisten in dem 1930 gegründeten Komitee für die Befreiung Heims kämpften[33]? Wenn man den epischen Bericht Ernst von Salomons über dieses Abenteuer liest[34], muß man nicht unwillkürlich an eine Hitlersche Version des „deutschen Bauernkrieges“ von Engels denken? Wenn ein Helmut Plaas davon spricht, die Energie des Volkes zum „Dienst an der Nation“ zu „bekehren“ und gleichzeitig fürchtet, diese „Bekehrung“ könne es „verstümmeln“[35], ist man der „Terror-Maschine“ von Saint-Just und seinem „die Revolution ist eiskalt“ doch sehr nahe. Man muß wenigstens zugeben, daß zu unserem Unglück „auch“ die Nazis die schrecklichen und mörderischen Erfahrungen mit den Volkserhebungen, den großen plebejischen Aufständen, mit der Regierung des Volkes durch das Volk und für das Volk machten.

Angesichts dieser Erfahrung und ihrer unerbittlichen Lehre kann man nicht umhin, bestürzt zu sein; man ist gezwungen, einige Parolen zu berichtigen ... Ist es zum Beispiel so sicher, daß das „Auge der Massen richtig sieht“ und daß aus seiner Vision immer die Wahrheit hervorgeht? Sicher ist, daß Niekisch, der in der Plebs eine „neue Kaisergestalt“, sah, so dachte und auch Hitler selbst, als er in seiner Schlußrede zum Parteitag des Jahres 1935 „im Volk das Bleibende und Seiende“ erkannte[36]. Kann man weiterhin, als ob nichts geschehen wäre, laut sagen, der „Dienst am Volk“ sei Ziel und Maß jeder Politik? Auch davon war der Führer, wie aus dem „Geheimbericht“, adressiert an Göring, 1936 hervorgeht, überzeugt und nicht nur er, sondern mit ihm Goebbels, die Brüder Strasser und Rosenberg, die alle auf das Volkstum Hölderlins, Schlegels und Wagners schworen[37]. Ist es etwa so, daß dieses Volk ein schlechtes Volk war, zwar unschuldig geboren, doch immer und überall im Irrtum, nachdem es von teuflischen Führern von seinem rechten Weg abgebracht worden war? Es wäre schwierig, in diesen seltsamen Jahren ein „besseres“ Volk zu finden – in dieser Zeit, als die kommunistische Partei nichts Besseres zu tun wußte, als mit den Nazis um dieselbe Wählerschaft, dieselbe Massenbasis, dieselbe Stahlarbeitergewerkschaft und dieselben Streikposten zu wetteifern[38]: Im November 1932 bestand zwischen KPD und NSDAP eine „Aktionseinheit", die so eng war, daß sie in der Praxis auf eine wahre „Volksfront" hinauslief[39]! Muß also angenommen werden, daß es sich jedes Mal um entwaffnete Massen handelte, von der Repression schon gebrochen, deren Kampfbereitschaft durch den Verfall des Marxismus zerstört worden war? Man muß vielmehr wissen, daß die deutsche Arbeiterbewegung, durch den Zusammenbruch des „Spartakus"-Aufstandes zerschlagen, ihren Radikalismus, ihre militanten Formationen, ihre Ausbildung im bewaffneten Kampf – die ihr KP-Führung und SPD-Organisationen verweigerten – erst wieder unter dem Einfluß der Strasser-Betriebsgruppen der NSDAP wiederfand.[40] Um zu verstehen, wieso die preußische SA mit ihrem „ausgeprägten proletarischen Charakter", „ihrem ungebrochenen revolutionären Elan", ihrem sonderbaren Wahn, in dem sich proletarisches Bewußtsein, Nationalismus und Klassenkampf vermischten, so schnell das politische „Über-Ich", beseitigte, die schweren marxistischen Ketten zerbrach, die so lange den Aufstand der Massen verhindert hatten, dazu braucht man nur die ersten Seiten von Goebbels' *Kampf um Berlin* zu lesen[41].

Ist etwa die Behauptung, die Auflehnung erfolge stets zu Recht, richtig? Ich fürchte tatsächlich, die Antwort ist nein. Denn diese entfesselten Menschenmengen, die von Schlesien bis Württemberg dem Hakenkreuz zujubelten, befanden sich nun einmal im Aufstand, und aus diesem Siegeszug der Revolte, die, wie Jünger[42] es wollte, „ohne Unterlaß, haßvoll, systematisch und erbarmungslos gepredigt wurde", ist nichts anderes hervorgegangen als Kolonnen Todgeweihter und Berge vergaster Leichen ... Heute beginnt man zuzugeben, daß Hitler in seiner Jugend heimlich von einem „wissenschaftlichen" Marxismus besessen war, dessen Spuren sich in seiner gesamten Gesellschaftsauffassung finden[43]; die Grenzen waren so verschwommen und durchlässig, daß unzählige Kommunisten leise zur SA und unzählige SA-Leute lautstark zur KPD übergelaufen sind, ganz zu schweigen von den Unentschiedenen, die endlos zwischen den Konkurrenten herumirrten[44]; daß aus diesen Übertritten, diesem ewigen Hin und Her politische Ungeheuer mit barocken und doch vielsagenden Namen wie „National-Kommunisten", „Revolutionär-Konservative" und „National-Bolschewiken" entstanden, die sich um kleine Zeitschriften, Jugendorganisationen oder Agitationskomitees scharten[45]. Die Tatsache wiederum, daß es sich dabei nicht um marginale Grüppchen, sondern um den Lebensquell, den Nährboden der nationalsozialistischen Bewegung handelte, ist wenig bekannt. Gerade hier, in diesen obskuren Kreisen, in denen der deutsch-sowjetische Pakt[46] schon in den zwanziger Jahren vorausgesagt wurde, machten die künftigen Großen ihre politische und ideologische Lehre durch[47]. Nicht Hitler war es, der seine eigene Partei aufbaute, sondern „reine Marxisten"[48], wie er später sagen sollte, „geradezu Bolschewiken"[49], zum Beispiel Otto und Gregor Strasser, überzeugte Leninisten und Bewunderer der UdSSR, die erst 1932 aus der NSDAP ausgeschlossen wurden, nachdem sie die Arbeitermassen unwiderruflich dem Parteiapparat der Nazis zugeführt hatten[50]. Um der Wahrheit willen muß man also zugeben, daß der Nationalsozialismus wie alle faschistischen Phänomene unseres Jahrhunderts rot und links geboren wurde. Man muß einmal mit der verbreiteten Meinung Schluß machen, daß hinter der sozialistischen Fassade der Kapitalismus die Marionetten tanzen ließ. Die liberale Presse der dreißiger Jahre war der Wahrheit viel näher: sie beklagte, daß im Gegenteil eine dünne nationalistische Tünche die Grundwelle einer triumphierenden Massenbewegung verberge[51]. Schluß auch mit dem

Vorurteil, Marx hätte sich geirrt, als er die Revolution in Deutschland voraussah; er irrte überhaupt nicht, da „die totale Revolution“ tatsächlich stattgefunden und wie Goebbels sagte, „die Beziehungen der Menschen untereinander, die Beziehung der Menschen zum Staat und zu den Fragen des Daseins vollkommen geändert hat“[52]; er irrte um so weniger, als die Revolution niemals so erfolgreich gewesen ist, niemals die Herzen so entflammt hat, niemals ein rebellierendes Volk so stark erregt hat; aber er hat einfach vergessen uns zu sagen, daß dieses rebellierende Volk den Tod in die Welt setzen und Europa in Blut und Feuer tränken werde.

Man darf sich also nicht wundern, wenn der Hitlerismus weiter gegangen ist als der Marxismus und der Stalinismus, die er immer als gefährliche Rivalen angesehen hat; er hat höher gegriffen, ist tiefer in die Überlieferungen der Völker eingedrungen, um den Ursprung und das Modell seiner unerhörten Revolution zu suchen. Zu der wenig bekannten Episode der Bauernrevolte in Schleswig-Holstein habe ich gesagt, daß Ernst von Salomon mit seinem Buch „Die Stadt“ der Hitlerbewegung ihren „Bauernkrieg“ gegeben hat. Ich hätte eigentlich ohne die geringste Metapher sagen können, daß der „Mythus des 20. Jahrhunderts“ von Rosenberg ein hartnäckiges Echo auf den „Bauernkrieg“ selbst ist, auf den Krieg des „armen Konrad“, der Bettler, deren Andenken Marx, Engels und ihre Epigonen verewigt haben. Man findet darin ein ganzes Kapitel, in dem der Ideologe der NSDAP ein Loblied auf den „mystischen Meister Ekkehart“ anstimmt und die „ketzerischen Begarden und Beguinen“, diese „Brüder vom freien Geiste“, erwähnt. An anderer Stelle sieht er die Albigenser und Waldenser als Vorbilder, die sich gegen die weltliche und religiöse Macht zu wehren hatten[53]. Man findet hier, wie auch bei H. St. Chamberlain oder Hitler, zahlreiche Hinweise auf diese apokalyptische

Tradition, dieses Erwarten des Weltendes, die das gesamte Mittelalter vierhundert Jahre lang entflammt hat. In jener Zeit lehnten sich bescheidene Räuber im Namen der Civitas Dei und deren unmittelbar bevorstehendem Kommen, im Namen auch eines dem kommunistischen Traum verwandten glühenden Egalitarismus gegen die Mächtigen auf. Man kann nicht umhin, an diesen Geist der Aufsässigkeit im Mittelalter und die Spuren, die er im kollektiven deutschen Gedächtnis hinterlassen hat, zu denken, wenn man die Gruppen der deutschen Jugend betrachtet, deren Rolle für die historische Entwicklung zum Hitler-Abenteuer entscheidend war, ob es sich um den „Wandervogel", den „weißen Reiter", die „deutschen Freigeister", die „Pfadfinder" oder den „Geusenbund" und schließlich um die Hitlerjugend selbst handelte[54]. War der Antisemitismus nicht schon unter den Kreuzfahrern mächtig, die, wie die Chronik berichtet, nie ins Heilige Land zogen, ohne sich vorher den Kopf eines Juden aus Mainz, Worms oder Frankfurt geholt zu haben[55]? Wer hat denn die Pogrome erfunden, wenn nicht diese Landstreicher? Sie mögen wohl Helden gewesen sein, man darf nur nicht vergessen, daß ihr „fahrendes Rittertum" und ihre Suche nach dem Gral doch immer vom Feuerschein brennender Synagogen begleitet war! Auch auf die Gefahr hin, zu schockieren, glaube ich, daß man die gesamte Propagandaliteratur der Nazis im Lichte dieses „Schreckens", dessen „großartige" und populäre Legende man uns schon wieder hie und da erzählt, neu lesen und auslegen könnte ...

So dachten zum Beispiel Hitler, der aus seinem Judenhaß den Kampf „für das Werk des Herrn"[56] machte, und Goebbels, der die Söhne der Bibel „Antichristen der Weltgeschichte"[57] nannte, dabei weder an Gobineau noch an Richard Wagner, sondern, viel weiter zurückgreifend, an die Tradition des „tausendjährigen Reiches" der Apokalypse, die sie in ihr Vokabular wieder aufnahmen. Die Prozesse gegen katholische Geistliche, die wegen „Unmoral“ oder „Devisenschmuggel“ verurteilt wurden, erinnern zweifellos an diesen oder jenen Moskauer Schauprozeß, doch auch – und das viel glaubhafter – an die „Geißelbrüder“ des 12. Jahrhunderts, die den Klerus schon damals der Gewinnsucht und der Simonie bezichtigten, den beiden Waffen des Komplotts zur Verzögerung des Kommens des „Kaisers der Endzeit“[58]. Dieser „Kaiser“, dieser „gerechte und fromme“ König, den die gesamte häretische Christenheit mit solcher Inbrunst erwartete[59], geisterte wohl im kranken Kopf H. St. Chamberlains herum, als er schon 1924 behauptete, in Hitler den neuen Messias zu erkennen, der wie einst der *„novus rex“* vom Schicksal berufen war, das gefallene Zepter Friedrichs und Wilhelms[60] wieder aufzunehmen. Unter Rosenbergs Feder wurde er zu einem Kriegs- und Glaubensführer, der die Glanzzeit der altgermanischen Kultur[61] wieder aufleben lassen würde; und das ist fast Wort für Wort die Beschreibung aus dem „Buch der Hundert Kapitel“, das aus dem 15. Jahrhundert stammt und einem mysteriösen „Rebellen vom Oberrhein“[62] zugeschrieben wird. In diesem Werk liest man unter anderem von der „Auserwähltheit“ des deutschen Volkes, von der germanischen Nationalität Adams und vom späten Auftreten – erst nach Babel – der hebräischen Sprache. Allesamt Themen, deren Schicksal am Rande der Todeslager man nur zu gut kennt. Selbst der Name des Dritten Reiches und seine Verheißung tausendjährigen Bestandes mußten in einem halbwegs gebildeten Deutschen die Erinnerung an die Prophezeiung von den „drei Reichen“ und des „evangelium aeternum“ wachrufen, dessen Idee die franziskanischen Mönche von Joachim de Fiore übernommen hatten, um sie unter den aufständischen Bauern zu verbreiten[63]. Man wird die tolle Expansion des Reiches nie begreifen – und Europa hat sie nie begriffen –, wenn man nicht aufhört, darin eine klassische nationalistische Paranoia zu suchen, die Hitler zu einem natürlichen Sohn von Bismarck gemacht hätte; Hitler träumte vielmehr vom Heiligen Römischen Reich Deutscher Nation, das so lange Zeit hindurch Gegenstand der messianischen Erwartung war[64]. Als er sich in Wien am Tage nach dem Anschluß Österreichs die Reichsinsignien vorzeigen ließ, wußte er sehr wohl, welche Archaismen wieder Auferstehung feierten, welche Flammen er wieder entfachte, welche *wahrhaft plebejische* Utopien er seinem realen Volk aufzwang.

An diesem Punkt des Wahnsinns und des Grauens kann man sehen, welch weiten Weg die Moderne seit der Entdekkung der Tugenden des Kollektivs zurückgelegt hat. Dieses totalitäre Volk, das unmerklich von der Geschichte der Ideen zu den Ideen der Geschichte übergegangen ist, ist nicht mehr einfach das, was die Theoretiker annahmen, um ihren Worten Sinn zu verleihen, sondern das, was die Führer sich nehmen, um ihrem Wollen als Objekt zu dienen. Es macht nicht mehr wie in Rousseaus *Gesellschaftsvertrag* dabei Halt, den Menschen im Menschen zu leugnen, das also, was in jedem Menschen den Widerstand möglich macht; es fordert das Unmenschliche im Menschlichen, das, was dem Subjekt die Fähigkeit zum Töten gibt. Es ist nicht mehr wie bei Grotius und Jurieu eine reine Institution, im Grunde also eine Form; es ist vielmehr die zu ihrer Wahrheit getriebene Form, zum Äußersten ihrer Verzehrung, zum Gehalt-und-Bestimmungslosen – es ist, schlimmer noch als eine Spiegelung, eine von der barbarischen Vorbestimmung informierte Substanz. Das Ziel ist nicht mehr der Friede, dieser Traum vom bürgerlichen Frieden, der Hobbes beflügelte, sondern vielmehr der Krieg, der Krieg aller gegen alle, des Volkes gegen sich selbst, dieser kritische Grenzbereich, wo der Tod willkürlich zuschlägt, jegliches soziale Gefüge zerstört und die Menschheit zur grundlegenden Unbestimmtheit zurückführt, die ihr Horizont geworden ist. Es geht nicht mehr um

Leben – darum, es zu „erhalten“, es zu „retten“ –, sondern um Tod, das große *„Viva la muerte“*, das Hitler in seinem Bunker anstimmte, als er sein Volk zum Tode verurteilte, bevor er sich selbst opferte, ein wenig wie auch Robespierre sich selbst zur Guillotine verurteilte, nachdem er ihr ganz Frankreich ausgeliefert hatte. Die „Masse“? So nennt der Bäcker den noch ungeformten Teig. So nennt der Stahlarbeiter das glutflüssige Metall, das er in die Form gießen wird. Es ist der Ausdruck, der in der Körper-Physik bezeichnet, was keine Eigenschaft und nur Dichte besitzt. Die auf ihre „Masse“ zurückgeführte Menschheit ist in diesem Sinne nichts anderes als die Gesellschaft, zurückgeführt auf den totalitären Körper des Fürsten, der selbst auf ungeheuerliche Weise auf die Maße des Körpers der Menschheit aufgebläht ist. Der Plebs *und* der Staat: es ist immer der Staat *in* den Menschen – eine und dieselbe Realität, die hier vom Standpunkt ihrer Materie aus und dort vom Standpunkt ihrer Form aus betrachtet wird.

Jetzt kann man besser verstehen, warum die Idee „dem Wort der Massen zu lauschen“ überhaupt keinen Sinn mehr hat. In diesem ihrem Zustand der Teilnahmslosigkeit kann man sie nicht mehr hören, da sie überhaupt nicht mehr sprechen können, denn, wie die Bibel sagt, ihre Sprache ist „stammelnd“ und „sinnlos“[65]. Sie sind Instrumente des Machtwillens der Chefs, und ihr Wort ist im besten Fall ein Wort der Mitbestimmung, der Kommunion, des Gebetes; es ist das reine Korrelat des Idol-Staates, der in Orakeln und Befehlen spricht und dessen Sprache sich auch im Ritus und in der Trance auflöst; politisch gesehen ist das *Plebiszit* immer die der Plebs eigene Sprache. Es ist auf dieselbe Art absurd, behaupten zu wollen, man könne bei ihr „in die Schule gehen“, wie so viele aufgeklärte Aufklärer es tun, von denen es in den Reihen der totalitären Linken nur so wimmelt. Was haben diese sprachberaubten Massen, deren „Münder“, wie

Jesaija sagt „Torheit sprechen“[66], uns schon beizubringen? Wenn die Kultur in erster Linie das ist, was unterscheidet und diskriminiert, dann muß man wohl zugeben, daß die undifferenzierte Menschheit auch keine Kultur mehr besitzt. Wenn die Plebs nur in ihrer Spiegelbeziehung zum Bild des versprochenen und ersehnten Todes besteht, was kann sie uns außer dieser Todesbotschaft bringen? So gesehen ist die Massenkultur das, was man in der modernen Sprache *Propaganda* nennt. „Plebiszit“ und „Propaganda“: Angesichts dieser beiden Diskursmethoden, die außer dem Schatten Goebbels und Hitlers auch den Stempel Bonapartes und des „Kaisers Robespierre“ tragen, setze ich, daß die einzige annehmbare Ethik jene sein wird, die in der Lage ist, die dumpfe Stimme der einfachen Menschen, das heißt der reinen Subjekte in ihrer unbesiegbaren und unanfechtbaren Eigenheit, auch dem Volk gegenüberzustellen. Die einzige Tradition, in der ich mich unter Umständen wiedererkennen könnte, ist die Tradition dieser Menschen, die *allein* waren, die nicht davor zurückschreckten, die Völker zu rügen, wenn sie irregingen, die nicht zögerten, sie mit dem Staat zu identifizieren, wenn sie sich dem Staat beugten, die die Stirn hatten, das Gute und das Wahre zu denken, ohne dies je von der Anzahl ihrer Verfechter abhängig zu machen. Diese Herolde, diese Einzelgänger, diese Männer ohne wohlklingende Namen, aus deren Worten hervorgeht, daß sie auch gewöhnliche Menschen waren, die freilich mit ihrem Kopf dachten, das bedeutet, dem Gesetz entsprechend – die Bibel nannte sie „Propheten“, und wir werden bald ihr Vermächtnis an die Welt sehen, das unersetzliche *Vorbild* eines außerhalb der Bahnen der Götzenanbetung gedachten Widerstandes.

Zur Stunde ist klar, daß viele Dinge hier ihren Ausgang nehmen; zuerst schon einmal die solaren Landschaften, in denen sich die Kundigen bewegen und wo das Licht des Mittags jeden Schatten ausschließt. Von diesen wiedergefundenen Souterrains aus gesehen liegt das Wesentliche nicht mehr darin, die Welt zu „interpretieren“ und viel weniger noch, sie zu „verändern“: die Philosophie hat ihre Umlaufbahn verlassen und ist nur mehr das bescheidene und aufmerksame Ohr, das die kleinen Geräusche aufnimmt, die Menschen machen, wenn sie gegen ihr Unglück protestieren. Von diesem Standpunkt aus läßt sich die Freiheit nicht mehr anhand jener glorreichen Definition beschreiben, die von Plato bis Hegel jedem Menschen ihre bewundernswerten und beliebten Trugbilder verhieß; sie ist wieder und wieder geprüft worden, hat all diesen Stürmen standgehalten und heißt Widerstand – einfach das und genau das: Widerstand –, und sie tut nichts anderes, als regieren. Der Krebsgeschwulst, in den Köpfen der Menschen von der Religion des Politischen zum Wachsen gebracht, wird ein wenig Boden abgewonnen. Die Rechte und die Linke finden am Judas dieser Reaktion ihre Richtung; rechts das, was tötet, was einen Menschen versteinert und ihm nur die Verankerung mit dem Körper des göttlichen Fürsten oder seiner Bedeutungen zugesteht, und links das, was ihn erhält, ihn vor der Verstümmelung bewahrt und ihm genügend Einsamkeit läßt, damit er in dieser Einsamkeit die Kraft schöpfen kann, sich mit anderen Menschen in ihrer Einsamkeit zu vereinen. Wir stehen also vor einem einzigen Wert im Treiben dort unten, vor einem einzigen Kriterium, dessen Disziplin man sich nunmehr geduldig fügen muß: das Individuum als solches, grandioses und unnötiges Wrack, dessen Stimme verhallt ist, uns aber immer noch wie ein stummer Vorwurf verfolgt. Ich sehe die leeren Augen der Toten vor mir, die aus den Tiefen des Dunkels aufsteigen, um uns an den einen oder anderen unserer Rechenfehler zu erinnern.

Zweiter Teil

ATHEN ODER JERUSALEM

Denn was ist das „Individuum?" Hat sein Name in dieser Zeit des großen Zweifelns überhaupt noch einen Sinn? Gibt es überhaupt dieses reine Subjekt, dem ich beibringen möchte, Widerstand zu leisten? Ist dieses Strandgut, von dem ich nur weiß, daß es mich beschäftigt, nicht eine Schimäre, ein Einhorn, ein weiteres Lockmittel? Vierzig Jahre, nachdem André Malraux als erster den unmittelbar bevorstehenden „Tod des Menschen"[1] *proklamiert hat, sind diese Fragen nicht mehr rein akademischer Natur. Sie sind brennender denn je, jetzt, in der Stunde einer gelehrten Schizophrenie, die vorgibt, praktisch die Rechte eines „Menschen" zu verteidigen, dessen theoretisches Dahinscheiden sie schon immer vorausgesagt hat. Das ist zweifellos das Grundproblem, dem eine um ihren Status und ihre Wahrheit bangende Ethik gegenübersteht. Anscheinend kann es im Augenblick, angesichts dieser gegenwärtigen großen Unruhe nicht besser dargelegt werden, als in der Form der Zerrissenheit und des Widerspruchs.*

Daraus ergibt sich die zwingende Pflicht, die Debatte unter geänderten Bedingungen wieder aufzunehmen; die Dringlichkeit einer Ahnenforschung, der die Spurensuche mehr bedeutet als das Argument, die zumindest wissen möchte, wie es damals hier im Westen zum Aufstieg und dann zum Verfall dieser paradoxen und in der Zivilisationsgeschichte einzigartigen Gestalt gekommen ist. Die Notwendigkeit einer Gedächtnisarbeit, die Rechenschaft über die Dinge ablegt, an die wir uns weiterhin erinnern *müssen, und gleichzeitig über jene Dinge, die wir uns zwingen müssen, zu* vergessen, *damit es uns heute möglich ist, in der Gewißheit des Menschseins weiter zu denken und weiter frei sein zu wollen. Die folgenden vier Kapitel stellen ebensoviele Abschnitte und Stationen einer Odyssee dar, deren vertrauteste Landschaften vielleicht die am wenigsten erwarteten sind und deren Gratlinie zwischen den beiden Abhängen eines tausendjährigen Konfliktes liegt, der dennoch zeitgemäßer ist, als man glaubt: des Konflikts zwischen Heidentum und Monotheismus.*

1
Das heidnische Mausoleum

Wie kann man im Ernst behaupten, dieser sehr alte Konflikt sei überholt? Glaubt man, die uralten Spuren im Gedächtnis der Menschheit durch Dekrete oder Konkordate auslöschen zu können? Sind sie nicht überall sichtbar, leben sie nicht im Zeitalter des Völkermordes und des Systems der Konzentrationslager universell wieder auf? Muß man diesen berühmten „Krieg der Götter", von dem Hitler zum Beispiel zu Rauschning sprach[1], als unwesentlich abtun? Ist dieses seltsame Streben aller Totalitarismen, das Erbe und die Tradition des Monotheismus[2] zu liquidieren, nicht bezeichnend? Hat die Romantik, die sich vom Athenäum bis zu den pränationalsozialistischen Ideologien[3] hinzog, nicht immer schon den Traum einer „neuen Religion" in ihrem Herzen genährt? Kann unsere pétainistische Revolution ohne den hartnäckigen Verweis auf diese „Rückkehr zu den Ursprüngen", zu diesen alten „mütterlichen" Grundsätzen, in denen einige die Keimzelle des Faschismus selbst[4] erkennen konnten, verstanden werden? Hat man vergessen, daß die französische Rechte, die Rechte Auguste Comtes, Charles Maurras' und so vieler anderer, auch – vielleicht in erster Linie – ein militantes Heidentum ist, das vorgibt, an einen „polytheistischen" Archaismus anzuknüpfen, den die biblische Lehre[5] verbannt hatte? Heute noch, zur Stunde, in der ich diese Zeilen schreibc, taucht dasselbe alte Lied in der Umgebung einer neuen Rechten auf, die kein besseres Banner als jenes des Neuheidentums gefunden hat. Unter der zweifelhaften Fahne eines wiederentdeckten „Keltentums", „Germanentums", „Ariertums" taucht auf leisen Sohlen der Krieg gegen den „Judäo-Christianismus" und manchmal gegen das Judentum selbst wieder auf[6]. Analphabetische Gaukler erzählen uns die Mär einer „indo-europäischen" Kultur, aus der ein entkräfteter Westen – der, wie sie sagen, den Sinn für „Energie", für „Opfer", für „Heldentum" oder für „Kraft"[7] verloren hat – neue Lebensgeister schöpfen sollte ...

Ich werde auf das alles natürlich noch zurückkommen: auf diese Rückkehr des Sakralen, von der ich fast glauben möchte, sie sei eine der größten Gefahren unserer Zeit. Auf diese „politische Geistigkeit", aus der die schrecklichsten rückläufigen Entwicklungen neuerlich Kraft schöpfen könnten. Auf diese *Frage* des Religiösen schließlich, die vielleicht die Schlüsselfrage des auslaufenden 20. Jahrhunderts sein wird[8] ... Doch gehen wir der Reihe nach vor, vollziehen wir die Untersuchung Schritt für Schritt. Wir wollen da beginnen, wo es am schwersten ist, mit der Tradition und dem typischen Modell des Heidentums, dem einzigen, das überhaupt eine Analyse verlangen und nähren kann, mit dem größten aller Ehrentempel – gleichzeitig auch dem, der am schwersten zu umgehen ist: einer Landschaft wahrer, hoher Kultur, von der wir ohne jeden Zweifel geformt sind; dem Schmelztiegel einer Philosophie, die man nicht mit einem Federstrich, einer Laune abtun kann; der Wiege einer Kultur, einer Literatur, die mit jenen der monotheistischen Welt natürlich vergleichbar ist; der Zwischenstation, an der das biblische Erbe durch das Sieb der Sprache getrieben und weitergegeben wurde. Mit einem Wort: Griechenland. Das Griechenland des Plato, des Perikles, der Antigone. Das Griechenland unseres Heimwehs und aller Nostalgien. Das Griechenland der „Demokratie" und des „griechischen

Wunders" ... Doch ein Griechenland, von dem ich nichtsdestoweniger sage, daß man sein Blendwerk bannen muß. Eine Demokratie, in der keiner der Werte Geltung hatte, die ich für wesentlich halte. Dieses Griechenland ist ein Ursprung, den wir, wenn nicht zu verdrängen, so doch zu entmystifizieren versuchen müssen, auch wenn es schwer ist und allem Verstand und Logik zuwider zu laufen scheint. Müssen wir Athen aus unserem Gedächtnis verbannen? Hören wir zumindest seine Botschaft – die fast nichts von dem enthält, was ihre zeitgenössischen Jünger in ihr sehen wollen.

Was war ein „Individuum" eigentlich für einen Athener der Glanzzeit? Besaß es etwa ein „Gewissen" in dem Sinne, den wir heute diesem Wort geben? Die „Syneidesis" der Philosophen, die im Lateinischen in der Tat mit „conscientia" übersetzt wird, wird in diesem Sinne erst rund um den Beginn des christlichen Zeitalters, bei Diodor, Dionysios von Halikarnassos[9], in der Septuaginta[10] oder im Neuen Testament[11] verwendet – spät, sehr spät also, nachdem der Gott Abrahams und Jesu Christi begonnen hatte, das untergehende Römertum für sich zu gewinnen. War es ein Subjekt der Innenschau, das in sich selbst der Stimme seiner Eigenheit lauschte? Es bedarf der ganzen zeitgenössischen Blindheit, um nicht zu sehen, daß das berühmte „Erkenne dich selbst" genau das Gegenteil bedeutet – einen Aufruf an die Harmonie, die Fusion mit den Dingen, an die Vergegenständlichung seiner selbst, einen Platz in der unbeweglichen Ordnung der Welt einzunehmen. Erfreute sich das Individuum einer „Freiheit", einer substantiellen „Autonomie", die ihn zu einem Urheber machte, Herr seiner selbst und anderer? Die Texte, im Zusammenhang gelesen, besagen das Gegenteil: mit „autonomia" wird nicht die Beschaffenheit eines Aktes bezeichnet, der seinen Ursprung im Ich hätte, sondern die Fähigkeit, sich den Gesetzen eines Geschicks zu unterwerfen, das nur entfernt, nur nebensächlich menschlich ist. Verfügte der Mensch überhaupt über einen „Willen", der sich von der „Vernunft" unterscheidet und fähig war, diese zu lenken? Diese Hypothese wird von eben jenen verneint, denen man immer anrechnet, sie zum ersten Mal gewagt zu haben – ich meine die Stoiker, von Epiktet bis Sextos, die in ihren Schriften und durch ihre Lebensführung nie aufgehört haben, ihren später entstandenen Ruf als Verfechter der Energie, der Anspannung und der Entschlossenheit der Seele[12] zu dementieren. Man könnte endlos Hinweise anführen; vom strengsten Standpunkt der einfachsten Philologie her gibt es im Wortschatz der Griechen nichts, das die Fähigkeit, ein Ich zu besitzen und dieses Ich selbst zu sein, ausdrückt, auf das die Elemente dessen, was wir seit der Heiligen Schrift eine „Psychologie"[13] nennen, zurückgeführt werden können.

Dasselbe gilt für Euripides; ein Grenzfall, zugegeben; jener, der seit Nietzsche als der gesprächigste, der dialektischste, der „psychologischste" der drei großen Tragiker gilt ... Wo bleibt die „Psychologie", im *Hippolytos* zum Beispiel, wo, angefangen mit den Göttern und Artemis selbst[14], niemand auch nur einen Augenblick an der Unschuld Phädras zweifelt? Wo sieht man „seelische Stimmungen", wenn die Heldin dem Taumel eines „Geständnisses" entgeht, das Eunone (ihre Amme) an ihrer Stelle ablegt und dessen Wonne und Pein[15] Racines *Phädra* dann auskostet. Wo bleibt die „Dialektik", da von der blutschänderischen Liebe[16] über die „Erleuchtung", die Theseus dazu treiben wird, seinen eigenen Sohn zu verdammen[17], bis zum unververmeidlichen Tod[18] alles vorbestimmt ist? Ist überhaupt *Zeit* für Dialektik, Psychologie, Stimmungen, wo Phädra ihr „Seid still, wir sind verloren"[19] dem Chor schon ganz zu Beginn der Handlung zuruft und sie sich auf halbem Weg vergiftet und die Bühne verläßt[20]? Eigentlich stellt sie nur ein einziges Mal wirklich Fragen, zur Stunde ihres Todes, fast wissenschaftlich nach der Beschaffenheit – „Gebräu" oder einfach „Tinktur" – des Inhalts des Bechers, den zu leeren sie sich anschickt[21]. Mit dieser einzigen Ausnahme findet sich im ganzen Stück keine Spur eines inneren Dramas. Die Handlung ist von außen her durch Zufall und Kontingenz bestimmt, eine Fehlleistung Eunones, eine einfache Ungeschicklichkeit ist die Ursache[22]. Ohne diesen unglücklichen Zufall, ohne diese unvorhersehbare Unbesonnenheit wäre, wie sie selbst zum Chor sagt, nichts geschehen und niemand hätte „die Missetat bloßgelegt[23]". Denn das „Schweigen", sagt sie weiters, hätte genügt, ein „derart dunkles Geheimnis"[24] zu verhehlen. Solange es „vertraulich" bleibt, ist ein Verbrechen nur ein Geheimnis ohne Gewicht und Belang. Denn das „Vertrauliche" ist in anderen Worten nichts, buchstäblich *das Nichts,* das absolute Nichtsein des Gefühls. Darum erscheint Phädra, im Gegensatz zur christlichen Tragödie, die das antike Modell zweitausend Jahre später *taufte,* nicht als Subjekt einer möglichen „Ethik".

Wie sähe eine Ethik eines Griechen der Zeit des Euripides denn überhaupt aus? Bei Demosthenes oder bei Plato, bei Aischylos oder Isokrates gibt es kein einziges Wort, kein einziges Konzept, das zum Beispiel „Schuld", „Verpflichtung" oder „Verantwortung" bezeichnen würde: all diese neueren Begriffe, die zwischen einer moralischen treibenden Kraft und der Tat, die man aus ihr ableiten könnte, einen persönlichen, subjektiven Bezug herstellen. Die gesamte griechische Tragödie ist um das Geheimnis der ererbten Schuld aufgebaut, der Schuld ohne Verschulden, eines vom Verbrecher losgelösten Verbrechens, und die Eigenschaft des fluchbeladenen Helden wird vom Vater auf den Sohn wie ein Familienjuwel weitervererbt – „das Geschlecht ist vom Unglück verfolgt" sagt Sophokles im *Agamemnon*[25]. Sucht nicht der Chor von *Deïaneira* zu überzeugen, daß durch „ungewollte Schuld“ dieses Unglück entstanden und weniger durch eine „Aufwallung des Zorns“? Die Unselige antwortet bitter, daß nur jene so sprächen, deren „Heim nicht vom Unheil heimgesucht wird“ – jene also, die nicht verstünden, daß Schuld mit dem Willen nichts zu tun habe und darüber daher auch kein Werturteil gefällt werden könne[26]. Gibt es nicht bei den „Theoretikern“ Lehrbücher, Abhandlungen über Moral? Es sind keineswegs Deduktionen von Grundsätzen und auch keine Empfehlungen, sondern Porträtkataloge, Aneinanderreihungen von Bildern, die ein Weisheitsideal oder eine Ästhetik der Anmut darstellen, in deren Rahmen Verhaltensweisen weniger nach Recht und Pflicht unterschieden werden als danach, ob etwas „lobenswert“ ist oder nicht[27]. Sprechen die Juristen und Philosophen von Schuld, Laster und Tugend, von Gerechtigkeit und Ungerechtigkeit? Das alles sind eher Richtlinien als Imperative, und das einzige Gesetz, das über diesen Bedeutungen steht, ist das Gesetz der Gewohnheit, der Bräuche, der Natur – der ewigen kosmischen Ordnung, deren stumme, ergebene, fast mechanische Betrachtung genügt, um ein Leben mit ebender Genauigkeit und Strenge zu regeln, wie sie die Umlaufbahn eines Sterns besitzt[28]. „Ethos“ ist nicht mit Ethik gleichzusetzen, auch nicht mit Sitten, eher ist es Aufenthalt, Heim und Verwurzelung in einer mütterlichen „physis“, die für einen Heiden das letzte Wort und der eigene Name des Meisters ist.

Besser: die Idee selbst der „Singularität“, der „Eigentümlichkeit“, ist der Vorstellung und dem Denken der Griechen von Natur aus fremd. Es wird immer angenommen, daß es Aristoteles mit seinem „to deti“, seinem Grundsatz der Besonderheit und der spezifischen Identität gelungen sei, das Individuum als unterschieden und gesondert zu denken[29]; man vergißt aber hinzuzufügen, daß er diesen Grundsatz in der „Materie“ verankert; daß die Materie, der *Metaphysik*[30] zufolge, die Gestalt des Undenkbaren ist, reine und leere „Macht", die sich jeglichem Wissen und jeglicher Vorstellung entzieht; es wird auch versäumt zu erklären, warum er im Zuge der Genealogie des Staates in der *Politeia* bei der „Familie" stehenbleibt und darüber nicht hinausgeht, als scheitere er plötzlich und unwiderruflich an der unsagbaren „Dummheit" des monadischen Subjekts[31]. Man weiß ebenfalls, daß die Stoiker mit den alten Vorstellungen genau an dieser Stelle aufgeräumt haben; es wird nur zu gerne darauf hingewiesen, wie sie der aristotelischen Logik eine nominalistische Logik entgegenstellen, die das Sein einzig und allein von der individuellen und konkreten Beschaffenheit eines realen und gegebenen, durch die Aufzählung seiner Besonderheiten bestimmten[32] Objekts abhängig macht; weniger bekannt ist jedoch die Tatsache, daß ein Nominalismus wertlos ist, der sich eigentlich damit begnügt, die These, es gäbe nur „eine Wissenschaft des Allgemeinen" durch die Behauptung, „es gibt nur eine Wissenschaft des Notwendigen" zu ersetzen – das heißt mit Objekten, die sich einmal mehr im „System" einer allgegenwärtigen *Physik*[33] aufheben. Schließlich gibt es einige Texte, in denen Epiktet seine Theorie des „Handlungstragenden Menschen" verfeinert und vom Weisen sagt, daß er alle seine Rollen übertrifft, die einem bestimmten Repertorium zugehören, daß er sich in keiner erschöpft, daß er eine „Stimme", eine von „Persönlichkeit" erfüllte „Person" bewahrt, eine Art substantielle Bereitschaft, auch wenn er seine „Kothurne" und „Komödiantenmaske" abgelegt hat[34]; doch das beweist noch immer nichts, wenn er in denselben Fragmenten hinzufügt, daß diese Stimme nur ein Echo ist, der Schatten eines höheren „pneuma", das allen Menschen gemein ist und infolgedessen jeden in die seltsame und paradoxe Lage bringt, seine Singularität weniger dem zu verdanken, was er an Unvertauschbarem besitzt, als dem, was ihn mit den anderen Menschen verbindet und vereint[35] ... Weder aus der Form noch aus der Materie geht eine Individualisierung hervor: strenggenommen gibt es keine griechische „Seele".

Welche Voraussetzungen sind in einer Kultur nötig, damit der Begriff dessen, was wir heute eine Seele nennen, gedanklich erfaßt werden kann? Zunächst der Glaube an ein persönliches Prinzip, eine Art Eigennamen, der jedem einzelnen anhaftet, eine wahre Identität, die ihm bis zum Tode und eventuell auch darüber hinaus folgt. Doch die Idee ist für eine Welt abwegig, die von der Akademie bis zur Stoa nur an eine „psyche" denken kann, die vom „daimon" geschaffen und dazu bestimmt ist, in die Gleichgültigkeit und Verwirrung zurückzukehren. Die Vorstellung ist überhaupt absurd, wenn eine Mythologie von einer „unpersönlichen" Unsterblichkeit spricht, die weniger das Individuum als die Sippe und das Geschlecht fortsetzt und die aus der Seele eines Toten eine tote und namenlose Seele macht – „nonumnoi" sagt Hesiod[36]. Ahnte Plato, daß etwas anderes möglich wäre, eine persönliche Unsterblichkeit? Er hätte ihr jedoch auch noch eine Funktion verleihen müssen, die bei der Erstellung einer Ethik zum Beispiel schöpferisch, positiv und bildend gewirkt hätte: doch er brachte es fertig, das ganze 10. Buch der *Politeia,* seine ganze Deduktion des Guten, des Glücks und der Gerechtigkeit zu verfassen und sie erst am Ende, nach Abschluß der Erörterungen als unnütze und Spott herausfordernde Ergänzung[37] zu erwähnen. Geht der *Phaidon* mit seiner Thematik des „Körpers als Grabstätte", wo nach Meinung der Kommentatoren die erste Theorie der Trennung der Substanzen und der Autonomie der Seele[38] aufscheinen soll, darüber hinaus? Auch das ist wieder ein Mißverständnis. Denn dieser Körper ist keine Materie, keine biologische Materialität, der physikochemische Teil des Ich, sondern ein Bezug, einfach ein Tropismus, das Prinzip, das das Sensible dem Ich anziehend macht. Die „Grabstätte“ ist auch keine reale Stelle, in der der Geist versinkt, bevor er sich befreit: sie ist eine Perversion, nichts als eine Art des Verlangens, das gesamte Verlangen sogar, insofern es sich dem Vielfältigen und dem Schein zuwendet. Ist die „gefangene“ Seele schließlich in einer anderen, ihrem Wesen fremden Substanz gefangen? Sie ist einzig und allein ihre eigene Gefangene; Gefangene des Bezugs zu ihrem Verlangen, des schlechten Gebrauchs ihrer eigenen Gelüste[39]. Nichts ist dem Platonismus fremder als die Askese, die die christliche Lehre in ihn hineininterpretiert. Und nichts erlaubt bei Plato zwischen einem Körper aus Materie und einer Psyche aus Ungreifbarem wie zwischen zwei heterogenen Realitäten zu unterscheiden.

Das ist noch nicht alles. Auch wenn man alle diese Hindernisse bewältigen könnte, bliebe immer noch ein absolut unüberwindbares übrig: die griechische Unfähigkeit, die Zeit und daher die persönliche Geschichte, das Einzelschicksal eines Menschen zu denken und darzustellen ... Das stoische Subjekt zum Beispiel ist nicht eines, das nur in der Gegenwart verankert ist; das sein eigenes Sein nur im Augenblick erkennt und sich Handlungen und Verlangen nur vorstellen kann, wenn sie in der Überzeugung vollzogen werden, daß sie die letzten sein könnten, sein sollten, tatsächlich die letzten *sind*[40]. Wie kann man der platonischen Seele Tiefe zuerkennen, wenn im *Phaidon* aus der „Sorge um die Zukunft“ die Triebkraft des „vulgären“ Menschen[41] gemacht und wenn in *Laches* es abgelehnt wird, den Mut als „Kenntnis der zu fürchtenden oder zu erhoffenden Dinge“ zu definieren[42]? Was soll man von einer Weisheit halten, die statisch und unbeweglich, ohne Fortschritt und ohne Morgen ist und deren einziger Bezug zum Menschen darin liegt, daß sie mißlungene Götter sind? Der Grieche ist an die Flüchtigkeit der Zeitspanne gefesselt und lebt im Immerwähren einer Gegenwart ohne Erinnerung und Zukunft. Er ist in dem Ghetto einer Zeit ohne Dauer und ohne Vergänglichkeit gefangen und empfängt die Geschichte nur in der Form der Befleckung. Schriebe er seine Biographie, wäre sie nur eine Folge von Augenblicken, was sage ich? – eine Reihe gleichzeitiger Bilder, und einzig und allein das diskursive Erfordernis würde ihre Gleichzeitigkeit in absurder Weise zersprengen. Wenn er tatsächlich, wie Plutarch oder Diogenes Laertius Biographien schreibt, entstehen sonderbare Figuren ohne Dichte und ohne Überraschungen, versenkt in hieratischer Versteinerung. Als Porphyrus viel später, am Beginn des christlichen Zeitalters, über Plotin schrieb, oder Damaskius über Proklus, fehlten in ihren Erzählungen noch diese Dimensionen des Lebens, diese Diachronie des Gefühls, die erst von den Modernen, nach dem heiligen Augustinus, erfunden wurden. Wie die Bildhauer der Klassik, die im Volumen und der Geste der lebenden Formen das Gesetz der Umlaufbahn der Gestirne, der Bewegung der Meere oder der Erdprofile wiederfanden, so sind diese frühen Biographen kosmische Zeichendeuter, die im Wort, das dem offenen Körper ihrer Vorbilder entspringt, nichts als die Spuren der großen Mächte der Welt wiederfinden. Sie beschreiben Situationen, Positionen in der Ordnung der Dinge; doch sie vergessen dabei einfach die *Menschlichkeit*.

Bei den Tragikern tritt diese Verfinsterung am klarsten zutage. Was ist das Theater des Aischylos, wenn nicht das Theater einer Welt, die nicht wirklich eine Welt ist, Theater eines menschlichen Universums, das von dem anderen schlecht abgetrennt ist, einer unmenschlichen Komödie, die zu keinem Zeitpunkt auf eine gesonderte Existenz zugeht? Man sieht darin Höhlenwesen, die einem göttlichen Traum zu entspringen scheinen und deren kleinste Bewegung heimlich von Hera, Apollo oder den Erynnien verfolgt und hintertrieben wird. Prometheus ist ein Beispiel; sein nie endendes Leid bliebe unerklärlich, wäre er nicht bis zu seiner Auflehnung wie ein vom Olymp gefallener Meteorit[43] mit Zeus verbunden und von ihm durchdrungen; so steht es auch mit Klytemnestra, von der man sehr wohl fühlt, daß sie nicht aus Neigung lügt, auch nicht ob eines Erfordernisses oder eines plötzlichen Umschwunges der Intrige, sondern weil ein verspielter Gott dem „Daimon" der Lüge die Macht gegeben hat, sie zu umarmen und mit ihrer Stimme zu sprechen – sein armseliges Sprachrohr, das kein menschliches Antlitz trägt[44]. Wird jedoch bei Sophokles nicht der Eindruck wach, der Zwang beginne sich zu lockern? Da haben wir jetzt Sprecher, eine Art menschliches Tier, das sein Verderben in die brutale Stille der schweigenden Götter blökt; man glaubt sogar Schatten zu erraten, halbreale Formen, die aus dem Dunkel noch nicht hervorgetreten sind, die an ihr Gefühl der Einsamkeit und ihre Verlassenheit gefesselt sind; zu sagen, sie seien allein, ist nicht genug, denn sie sind wahrlich verstoßen, verworfen, in ihrem Irren alleingelassen, nunmehr hilflos; doch zu rauh ist der Boden und zu furchtbar das Leiden, in dessen fahlem Licht Ajax und Ödipus zu unkörperlichen, utopischen, atypischen Wesen werden, die nicht nur Objekte der Gewalt, sondern selbst der Natur unterworfenen Gewalten sind. Die Helden und Heldinnen gehen dahin, eingemauert oder einfach geblendet, selbst zur Stunde des *fiat,* das sie dem Schattenreich entriß ... Bei Euripides beginnt der Zwang vielleicht wirklich sich zu lockern; endlich kann sich ein Hippolytos gegen Cypris erheben und sich weigern, sie vor den Toren des Palastes zu grüßen[45]. Liegt in seinen Worten an Artemis, diese heilige und gute Beschützerin, die er als seine „persönliche Freundin"[46] ansprechen wird, diesmal nicht etwas wie ein Anflug von Menschlickeit, ein Beginn von Eigenständigkeit? Sicherlich. Aber eben doch nur ein Anflug, denn der Halbgott stirbt auch, und er stirbt, wie Theseus sagt, weil er bei seinen Gesprächen mit dem Himmel des Hochmuts, der „askesis“ und der „autosebein“[47] schuldig wurde, einem unverzeihlichen Verbrechen auf Seiten der Irdischen. Er verschwindet in der Stille, ohne daß ihm von oben ein Blick gegönnt worden wäre, da er, indem er sich zum Subjekt machte, in einer „hybris“ untergegangen ist, die ihn zur Verbannung verurteilt. Die *Menschlichkeit,* die bei Aischylos undenkbar und bei Sophokles unmöglich war, ist nun unerträglich und *verbrecherisch* geworden.

Man muß von hier ausgehen, von diesem unerträglichen Verbrechen, um die *Antigone* von neuem zu lesen und vielleicht einige falsche Auslegungen der modernen Interpretationen zu berichtigen ... Ein erstes Mißverständnis besteht darin, in einem Drama, das sich in seiner Gesamtheit ohne die Spur einer Debatte abwickelt, einen „Konflikt“ zu sehen. Antigone und Kreon können kaum als Protagonisten bezeichnet werden, da sie nie zusammentreffen und nicht versuchen, einander zu überzeugen. Jeder spricht für sich in das ausladende Schweigen des anderen, ihre Repliken kreuzen einander, gelangen jedoch nie zum Austausch. Man müßte vielmehr von *zwei* gesonderten und parallelen menschlichen Schicksalen sprechen, die beide gleich beklagenswert sind; das eine folgt dem anderen, wie ein Spiegelbild. Übrigens hat Kreon das letzte Wort; er klagt, nicht ungeschehen machen zu können, was er selbst getan hat[48]. Das zweite Mißverständnis besteht darin, daß man Antigone als eine Art „Märtyrerin“ betrachtet, als ekstatische Bekennerin eines „ungeschriebenen Gesetzes“, die nur ihrem „Gewissen“ gehorcht. Sagt sie doch selbst immerzu, daß keine Ekstase, nichts „Übersinnliches“ sie beflügelt, daß sie von keiner fremden Eingebung besessen noch gezwungen wird. Man muß ihr zuhören, wenn sie unglaublich müde und schwermütig gesteht, daß weder eine transzendente Gerechtigkeit ihr Wissen eingibt, noch Zeus oder jene „Dike“, die sie ebenso verraten hat[49]. Wie eine Kerze, die vergeblich brennt, erfährt sie schmerzlich, trocken und fast wortlos die *radikale Unmöglichkeit* jeglichen Gesetzes des Herzens, dem ein Wille zur Nicht-Unterwerfung entspringen könnte: „Wozu", sagt Antigone, „ soll ich zum Himmel emporblikken[50]" ...

In Kreon einfach den Vertreter einer kalten Staatsraison zu sehen, der Antigone widersteht, ist ein drittes Mißverständnis. Er ist das um so weniger, als er im Gegenteil ohne Unterlaß die Götter und ihren Schutz anruft. Seine Gottesfurcht geht so weit, daß er sich auf dem Höhepunkt der Tragödie darum kümmert, „die Speisen, die von den Riten vorgeschrieben sind"[51], im Grabgewölbe zurückzulassen. Die Entrüstung ist echt, mit welcher er dem Chor, der hinter dem Sakrileg eine göttliche Hand oder Absicht vermutet, antwortet, der Gedanke schon sei „abstoßend"[52]. Und die Wahrheit ist, daß der Fürst auch und in erster Linie Priester ist, der einzige Priester des Stücks, der alles Sakrale beansprucht, wie es in einer Stadt wie Theben im späten 5. Jahrhundert denkbar war. Es geht nicht um „Gesetz" gegen „Glauben", vielmehr ist das eine mit dem anderen verschlungen, zum „Gesetz des Glaubens" verknüpft, das die griechische Religion eigentlich ist[53]. Ein viertes Mißverständnis besteht darin, in dem Drama eine Hymne auf Antigone zu sehen, während es doch völlig vom Standpunkt Kreons, wenn nicht überhaupt zu seinem Ruhm, geschrieben ist. Es ist der Chor, der Antigone den Gnadenstoß gibt, und eben der Chor gibt bei den Tragikern immer die Meinung des Poeten oder des gesunden Menschenverstandes wieder. In vier entscheidenden Strophen verurteilt er gnadenlos die absurde „Verblendung", die verrückte „Verirrung", das Übermaß an „Gewalt" dieses „Mädchens", das „das Böse für das Gute hält" und gegen jene souveräne Gerechtigkeit verstoßen hat, von der der ganze Text sagt, sie besitze in der Tat die universale Gültigkeit eines unantastbaren und absoluten Prinzips[54]. Die Ordnung des griechischen Kosmos ist so beschaffen, daß Antigones Schuld eine metaphysische Schuld ist, die sie ohne Debatte nicht bloß außerhalb des Gesetzes stellt, sondern auch außerhalb der Weltordnung: „keine einzige Träne" erkennt sie, „kein Mitgefühl für mein Unglück"[55].

Ich vereinfache natürlich. Doch die Lektion ist klar. Es wird gleich deutlich werden ... Wo bleibt die „Staatsraison" – diese berühmte „Staatsraison", an der die Heldin angeblich zugrunde geht –, wenn Antigone Kreon gesteht, sie „wisse wohl", daß sie sterben müsse, es sei „unvermeidlich", ja „selbst ohne seinen Befehl" ...[56] Auf wessen Seite steht das „ungeschriebene Gesetz", wenn sie zugibt, daß sie durch ihre Tat kein königliches Dekret, kein menschliches und geschriebenes Gesetz verletzt hat, sondern ein Prinzip, das über allen Schriften und Gesetzen steht? Wo bleibt das „empörte Gewissen", wenn das ganze Drama von seinem Scheitern, von seiner notwendigen Auflösung zeugt, angefangen bei Ismene, ja der „treuen Ismene", die von Anfang an warnt, das Unternehmen sei ein „Wahnsinn", sein Gelingen „unwahrscheinlich", da es nach dem „Unmöglichen" trachte[57]? Das „Unmögliche": es ist das eigentliche Thema der Tragödie. Man sieht, wie sich das unmögliche Gewissen langsam auflöst, wo es sich doch aufbauen sollte. Der unmögliche eigene Wille einer Seele, deren Nicht-Unterwerfung weniger im Ruhm als im Scheitern, im Zusammenbruch und den größten Qualen liegt. Der große Irrtum besteht darin, in die unerbittliche Demonstration, die ohne die Götter Ismenes, den Chorführer und Kreon nichts bliebe als Ruin und Schweigen, eine christliche Erbauung hineinlesen zu wollen: eine Halb-Stimme in der Nacht, ohne Ursprung und ohne Zuhörer, dazu verurteilt, im schaurigen Schauspiel ihres eigenen Nichts-Werdens zu verlöschen.

Dieses Nichts-Werden wird auch, in der wilden Schönheit des Mythos, durch die Wahl der Bestrafung und der Hinrichtungsart verbildlicht. Warum wird Antigone eigentlich eingemauert und nicht, wie so viele Verbrecher des realen Griechenland jener Zeit, zum Schierlingstrank, zum Barathron oder zur Geißelung verurteilt? Es liegt daran, daß Antigone eben keine Verbrecherin ist, die aus Unvorsicht gegen ein menschliches und banales Verbot verstoßen hat. Ihre Schuld ist so groß, daß es nicht darum geht, eine Strafe für sie zu finden, als vielmehr jede Spur von ihr in der Welt der Menschen völlig auszulöschen. Es geht weniger darum, sie büßen zu lassen, als darum, sie zu vernichten; nicht eine Dissidentin zum Tode zu verurteilen, als vielmehr ein überflüssiges Wesen, das in der hierarchischen Ordnung des Kosmos keinen *Platz* mehr hat, auszumerzen ... Tot? Lebendig? Sie ist „weder lebendig, noch ein Leichnam", daher bedarf es für sie eines Grabgewölbes, gewissermaßen eines Nicht-Orts für das Nicht-Wesen, zu dem sie wird. Zum Hades hinabsteigen? Sie ist „von den Lebendigen und von den Toten verstoßen"[58]. Vom Reich des Lebens entbunden, ohne jedoch der Welt der Toten anzugehören. Wie die sterbende Niobe, die unaufhörlich Tränen vergoß, während ihr Körper zu Stein wurde, muß sie ein Wesen werden, das nirgends hingehört, ein Wesen des Nicht-Seins und der Ungewißheit. Das Individuum ist das Heimatlose. Ich-Werden bedeutet verschwinden. Eine Seele ist immer um eine Seele zuviel.

Ja, so ist es, wie bei Aischylos und Plato, Aristoteles und Epiktet. Doch diesmal haben wir ein neues Element, anhand dessen man jetzt die Ursachen des Phänomens aufklären kann ... Was geht denn aus der Legende hervor? Kreon schöpft seine Macht aus der Tatsache, daß er als Fürst wie ein Priester und als Priester wie ein Fürst spricht. Antigones Schwäche aber ist, daß ihre Schuld gleichzeitig ein Frevel und ein Verbrechen ist; der Chor bezieht seine Überzeugung daraus, daß er Religion nur im Register des Politischen erfassen kann und das Politische wiederum nur, wenn es in Religion erstarrt ist. Was nun, in anderen Worten, die Auflehnung der Heldin verbietet, ist in erster Linie dieser seltsame Kreis, der in einem unbestimmten Spiegelungsspiel von einer Sphäre in die andere verweist. Ihre Auflösung, ihre Niederlage ist unvermeidlich, weil es keinen Himmel gibt, der nicht zur Erde niedergesunken und mit ihr in einer perversen Verwirrung vermengt wäre. Ihre Verzweiflung ist grenzenlos, weil Theben wie jede Polis eine geschlossene Welt ist, wo der Bereich des Heiligen mit dem Stoff des sozialen Gefüges verschmilzt. Die ganze Problematik liegt in einer Korruption des Göttlichen, erniedrigt und zurückgebracht auf die Oberfläche der Menschen-Welt. Der Anti-Individualismus ist eine ontologische Flachheit, auf der die griechische Zivilisation, von welchem Standpunkt man sie auch betrachtet, begründet ist. So reduzierte Aristoteles das Subjekt auf sein politisches Wesen (Zoon politikon), so machte Epiktet aus der Ethik eine Version der Physik, so führte Sophokles jegliches Bewußtsein in die Umfriedung des sozialen Gefüges zurück: die Verleugnung des eigenen Willens hat immer dasselbe Gesicht, das Gesicht einer im Bereich einer *allgemeinen Kosmologie* gedachten Religion.

Das bedeutet auch, daß man aufhören muß, die Triebkraft der griechischen Tragik in irgendeinem schrecklichen und blendenden Zweikampf zwischen Göttern und Menschen zu sehen. Antigone hat verloren, weil sie weder das Wissen noch die Kraft besaß, den Göttern in die Augen zu sehen. Ihre Auflehnung ist gescheitert, weil es ihr nicht gelungen ist, mit dem Himmel jene Bindung des Schutzes, der Abhängigkeit und der Unterwerfung herzustellen, die sie angestrebt haben mag, die ihr jedoch metaphysisch versagt blieb. Wenn in Theben das Ich unmöglich ist, dann deshalb, weil ihm eine Transzendenz fehlt, die das Subjekt mit dieser anderen Dimension belasten könnte, die einer anderen Ebene angehört, der einzigen, die es aus seiner kosmologischen Flachheit befreien könnte. In der Welt allgegenwärtig ist die griechische Religion, in den Menschen jedoch ist sie nicht vorhanden; sie ist fast zu vertraut, um das Gewissen über diesen direkten, persönlichen Kontakt anzusprechen, den die Hebräer erfunden haben ... Ist es in dieser Hinsicht nicht bezeichnend, daß die einzige Form der Spiritualität, die sich diesem Schema je entziehen konnte, der Dionysoskult war? Das Besondere an ihm war, daß er den Barbaren, den Sklaven und den Frauen vorbehalten und daher aus der natürlichen Ordnung *ausgeschlossen* war. Die einzige Religion der direkten Gegenüberstellung – der Verzückung und der Begeisterung – ist also nur für elende Wesen gut, die keinen Anspruch auf Menschenwürde haben ... Man darf nicht vergessen, daß Antigone auch eine Frau war. Kreon, der unermüdlich wiederholte, daß „zu seinen Lebzeiten nie eine Frau regieren werde", hat es auch nicht vergessen. Denn das war es, was ihm bewiesen werden mußte: daß einzig und allein ein Gott der Verzückung ein Bewußtsein schaffen könnte; doch da der Gott der Verzückung nun einmal nur für einen Barbaren gut ist, ist das Person-Sein selbst die unterste Stufe der Menschheit. Man kann es auch folgendermaßen ausdrükken: daß die Religion der Polis eine *exoterische* Religion ist und es daher genügt, jegliche Form der Innerlichkeit zu verbannen; und daß sie Subjekte nur in ihrer sozialen und rituellen Äußerlichkeitsbeziehung entstehen läßt.

Das bedeutet schließlich, daß der Begriff des „Fatum", wenigstens im herkömmlichen Sinne, im antiken Universum absolut nichts zu suchen hat und daß Sophokles oder Euripides nichts fremder ist als die Idee eines einzigartigen und unerbittlichen, souveränen und absoluten „Schicksales", das den Menschen ein Gesetz ohne Ausweg und Berufung aufzwänge. Kommen wir doch einmal auf das Ende des Hippolytos zurück: Wozu dieser grauenhafte Tod der Einsamkeit und der Verlassenheit? Er ist das Opfer eines zweifelhaften Ringens zwischen Artemis und Aphrodite, eines gespaltenen Himmels also, zerrissen von Kämpfen, denen er als Einsatz dient. Warum kehrte das hochmütige Bewußtsein, das er sich triumphierend geschaffen hatte, in die Leere eines ruhmlosen Dahinschwindens zurück? Nichts ist im vorhinein bestimmt; im Gegenteil, in diesem Olymp, in dem Götter gerne menschlich um Besitztümer, Lehen und Privilegien streiten, ist alles ungewiß. Das Problem liegt also nicht im Schicksal, sondern in der Zufälligkeit des Göttlichen. Es liegt weniger in der Autorität des heiligen Wortes, als in der Kraftlosigkeit eines Himmels voller widersprüchlicher Reden und Unternehmungen. Nicht die absolute Macht der Götter, sondern die Bedingtheit ihrer Macht schließt das Subjekt aus und verhindert, daß es sich entwickeln kann: ihre relative Macht, die immer im Machtsystem der anderen, feindlichen Götter ihre Grenzen findet. Was jeden Ansatz zu einem eigenen Willen zunichte macht, ist im Grunde die Tatsache, daß die Griechen nur solche Mächte und Grundsätze als göttlich anerkannten, die zwar eine Identität und Zuständigkeit, deshalb aber noch lange keine Handlungsfreiheit besitzen, die in alle Ewigkeit den Lauf der Welt bestimmt. Statt einem persönlichen Gott, der nach seinem Ebenbild Gefolgsleute schafft, die Personen wären, haben wir viel zu viele Götter, das heißt den *Polytheismus*.

So schließt sich also der Kreis dieser düsteren Apotheose, die man das „griechische Wunder" nennt. So endet diese unheilvolle Dunkelheit, die man nur dann für die Morgenröte halten kann, wenn man vergißt, von welchem Versäumnis, welch schrecklicher gähnender Leere sie sich nährt. Das ist jedenfalls die ideale und wiederhergestellte Ordnung eines Zeitalters, das Bewußtsein, Ethik, Psychologie, Eigenheit, Zeit oder Menschlichkeit nur darum so gründlich ablehnen konnte, weil es auf einer kosmologischen, exoterischen, polytheistischen – in einem Wort: heidnischen – Religion begründet war ... Ich muß wiederholen, daß ich hier nicht Griechenland als solches vor ein imaginäres Gericht der Geschichte stelle. Ich kenne die Gefahren dieser Rückschau, die die Vergangenheit im Lichte der Gegenwart deutet und die undenkbaren Schatten der Wahrheit von heute in der Wahrheit von gestern sucht. Ich zweifle nicht daran, daß die Welt Platos und Antigones, in ihrem unmittelbaren Sinn und Zusammenhang betrachtet, eine einzigartige große Geistesanlage besitzt, mit der man *jederzeit* in einen fruchtbaren Dialog treten kann – was die gesamte monotheistische Tradition übrigens auch ständig tat. Ich sage jedoch einfach, daß man genau wissen muß, wovon man redet, wenn das Monument Argument wird und die Stele ein Banner, die – von Voltaire über Nietzsche bis zu Maurras und darüber hinaus – Material für sehr konkrete philosophische und politische Parolen abgeben. Zur Stunde, da uns das Loblied eines „neuen Griechenland" und einer Rückkehr zu den Ursprüngen gesungen wird, ist es notwendig, das Schweigen der Texte und die stumme Leere zu durchdringen. Wenn die Rückblicks-Historiker lächerliche Wahrsager sind, dann sind die Nostalgiker des Ursprungs *Reaktionäre,* die die Wahrheit des Tages durch das Sieb ihrer Wunschträume von vorgestern treiben und damit, wie wir sehen werden, die fürchterlichsten altertümelnden Leidenschaften verbreiten. Wenn man heute, im Zeitalter dieser Rückkehr und dieser hartnäckigen Nostalgie, jeden Gedanken, der das Individuum ausschließt und reduziert, totalitär nennt, wird man vielleicht zugeben müssen, daß die erste Definition des Totalitarismus, die einzige, die ihn umreißt und ihn über seine politische Dimension hinaus versteht, ganz einfach heidnischer Rückschritt lautet.

2
Der Geist des Christentums

Daraus ergibt sich, wie man vielleicht erraten mag, in diesem Versuch einer Genealogie eine zweite Überraschung. Wenigstens für jene – und es sind ihrer nicht wenige –, die im Übergang vom Heidentum zum Christentum den Beginn einer langen Nacht sehen, eines Mittelalters der Seele, aus dem das Subjekt aufgelöst, geschlagen und durch und durch gebrochen hervorgegangen sei. Für die Spaßvögel, die Freidenker von gestern, die Voltairianer von heute, für die das Individuum die Frucht einer langwierigen Loslösung von der Vormundschaft des Gottes der Beichte und der Unterwerfung ist, ein Paradoxon. Ein Ärgernis auch für die zeitgenössische Banalität, wonach der Mensch eine neue Idee ist, erst kürzlich an der Oberfläche des Wissens aufgetaucht – eine Narbe, eine einfache Auffaltung, entstanden im Erdbeben des Todes Gottes und der großen atheistischen, laizistischen und wissenschaftlichen Revolution ... Will man nämlich auf das hören, was die Griechen uns aus den Tiefen ihrer Nekropolen zuflüstern, dann muß man das Gegenteil sagen: nicht der Laizismus, sondern vielmehr das Anti-Heidentum, nicht der Atheismus, sondern allein der Monotheismus ist es gewesen, der Platz schaffen konnte für etwas, das unserem freien bewußten, erkennenden und handelnden Ich gleicht.

Kaum vorstellbar: die außerordentliche Explosion der Freude und Inbrunst, die die Welt in den ersten Zeiten der

Verkündigung erfaßte; das Staunen des Origenes vor diesem unglaublichen Gott, der „alle Menschen nach seinem Ebenbild“ geschaffen und sie „einen nach dem anderen formte“[1], der sich jedem stellte; der Frohsinn des Clemens von Alexandrien oder des Maximus Confessor, die den Niedergang all dieser Unheilssterne besangen, die das Leben der Menschen seit Jahrtausenden im Takt ihrer unversöhnlichen und unveränderlichen Laufbahn bestimmten; der süße, tolle Rausch eines Gregor von Nyssa, Johannes von Damaskus oder Andreas von Kreta, die sahen, wie sich diese ganze Staubwolke von Mächten, Geistern und Dämonen mit einem Schlag verflüchtigte, die das Schicksal mit dem Antischicksal der natürlichen, physischen und kosmologischen Revolution[2] verflocht. Ein ganzes Volk zog mit ihnen aus, manchmal ihnen voran, den Skandal der unerhörten Neuigkeit zum Himmel zu tragen. Massen von Gläubigen hatten plötzlich die alte Kreisbahn verlassen und stimmten nun den Siegesgesang einer von ihrer ontologischen und uralten Versklavung entbundenen Menschheit an. Auf einmal entsteht eine Welt voller heldenhafter Freiheiten, die die Kunde von der glorreichen und strahlenden Prophezeiung von einem Ende der Welt zum anderen verbreitet. Wenn Gott existiert, ist alles erlaubt, und so vor allem, sich als Wesen aus Fleisch und Elend, doch auch mit dem Schmuck einer Geistigkeit, in den Mittelpunkt des Universums und seiner Gesetze zu setzen.

Die Fresken der Katakomben haben uns die Erinnerung an diese großen erstaunten Figuren bewahrt, die damals mit vor Entzückung geweiteten Augen aus den Tiefen der heidnischen Finsternis auftauchten. In diesen völlig realistischen Szenen weist jedoch wenig auf die Realität, auf die konkrete und wörtliche Dringlichkeit der Welt hin. Die einzelnen Personen sind vor blutarme, sonderbar eintönige und abstrakte Kulissen gestellt, wobei es ihnen in der leuchtenden

Würde ihrer neuen Stellung als Wesen noch an Selbstbewußtsein mangelt. Sie treten in Kompositionen ein, die nicht mehr im Raum und der Zeit der Wesen stehen, sondern in einer Spiegelung von Lichtern, einem Hof von impliziten Symbolen, in dem die Ordnung des Kosmos subtilen und ungreifbaren geistigen Hierarchien zu weichen scheint. Hier, in der Stille dieser Höhlen und Souterrains des Glaubens, beginnt sich die Umarmung der Erde und der Seelen zweifellos zu lösen. Hier überbordet das christliche Bewußtsein, das nur Mikrokosmos, einfache Auswirkung der Welt war, und übersteigt alle Welteffekte. Es war Räderwerk: es wird Gesamtheit. Es war Inhalt: nun enthält und umfaßt es alles, was Natur ist. Es war ein unendlich Kleines, das seinen Platz und seine Rolle in der Ordnung des unendlich Großen innehatte: es wird zum unmerklichen im Schatten der Nacht verborgenen Lichtschein, der den Ablauf der Schöpfung unterbricht und hervorhebt. „In parvo magno" sagten Origenes und nach ihm der heilige Thomas und Bossuet: zum ersten Mal ist das Subjekt, jedes Subjekt, mehr wert als jedes Objekt und jedes materielle Sein[3]. Die „Psyche" trennt sich endlich von der „Physis" ...

Denn das ist das Unfaßbare, fast hätte ich gesagt, das Wunderbare dieser neuen Vereinigung: sie entreißt den Menschen der Materie und sich selbst, soweit er Materie ist, trennt von seinem Verlangen einen Teil ab, den sie verfeinert und an die Gewölbe des Himmels hängt, und gibt ihm somit eine Freiheit, die nunmehr das Korrelat seiner Fähigkeit zur Flucht, zum Exil und zur Erhebung ist. Er ist Geschöpf mit den Eigenschaften des Schöpfers. Er ist die Auswirkung einer nicht vorhandenen Ursache und gleichzeitig auch Verursacher von Auswirkungen. Der heilige Thomas meint, er erhalte von dieser göttlichen Berührung[4] eine „Würde, Urheber von Handlungen zu sein". Er ist vollkommen heteronom und wird die Triebfeder und die Kraft seiner allumfassenden Autonomie einzig und allein in dieser Fremdgesetzlichkeit selbst finden. Der griechische Gott sagte: Mein Wille geschehe und nicht deiner; der neue Gott antwortet: Dein Wille schöpfe die Nahrung seiner Kraft in meinem Willen. Die antike Polis wollte ein gefesseltes, aus dunklen Gewässern der Unmittelbarkeit hervorgehendes Wollen; die Polis Gottes setzt eine Transzendenz, die sie nicht verschlingt, sondern die vielmehr den Lebensquell seiner Möglichkeiten bildet. Es ist eine seltsame Dialektik, die Hebräer nannten sie *Devekhut:* ihr wörtlicher Sinn, die „Übereinstimmung mit der göttlichen Absicht", darf nicht verbergen, daß sie, im Gegensatz zum Stoizismus, wie eine Insel der Zwanglosigkeit und des Zurückziehens wirkt, ohne die es nicht möglich ist, sich über den Lauf der Welt ein Urteil zu bilden und ihn abzulehnen[5]. Es ist eine rätselhafte Vereinigung, die von den Christen unter dem Namen Gnade gefeiert wird und deren unbarmherzige Strenge, die manchmal bis zur Hingabe an das Unglück reicht, nicht vergessen lassen darf, daß sie ein Geschöpf bezeichnet, das an die Freiheit gefesselt ist ...

Natürlich hat die christliche Seele hier eine altertümliche Unterwerfung gegen eine andere, modernere eingetauscht, die erst später, auf dem Prüfstand der Institution, alle ihre Auswirkungen zeigte. Sieht man aber auch, was diese Hinwendung des Subjekts zum monotheistischen Hinterland an Fähigkeit zur Nicht-Unterwerfung voraussetzt? Die Bekenntnisse des *Augustinus* beginnen bekanntlich mit dem Bericht von dem schrecklichen 24. August 410, als Barbarenhorden die Porta Salaria stürmten, um Rom auszuplündern, und so mit einem Schlag den Knoten durchschnitten, der den Menschen mit seiner Polis verband, somit seine Untertänigkeit begründend. Wahrscheinlich ist aber weniger bekannt, daß der gesamte Text des Gottesstaates nichts anderes ist als die Theorie dieses Bruches, die Erstürmung entferntester Tore, – die befreiende Plünderung – durch eine neue Allianz –, die das Subjekt von seinen menschlichen Eiden entbindet und somit erlaubt, die Ordnung des Politischen im Namen einer himmlischen Ethik zu verurteilen, zu stören und zu beseitigen. Wird man zugeben, daß in dieser überaus orthodoxen These der rechtlichen Trennung der Reiche Gottes und der Menschen, in der gegebenen Möglichkeit, immer bei dem einen über die Diktate des anderen zu klagen – wenn die Not überhand nimmt oder die Fürsten ihre Aufgabe nicht erfüllen –, der Ursprung, vielleicht der einzige Ursprung dessen liegt, was wohl oder übel Aufstand oder Widerstand genannt werden muß, und dessen Transzendenzprinzip Antigone gefehlt hat? Comte, der im Christentum und insbesondere im Augustinismus einen Ansatz von „Anarchie", von „gesellschaftlichem Zerfall" beklagte, der den Gläubigen von seinem Nächsten und seinen gesellschaftlichen Pflichten[6] entbindet, weil er ihn mit Gott verbindet, hat sich darin nicht geirrt.

Kann man sagen, der Christ, dessen Blick mit Schrecken oder Hingebung auf die Unendlichkeit gerichtet ist, verfehle die reine Endlichkeit seiner Innerlichkeit? Auch hier wieder muß man, wie Augustinus in der ganzen eindrucksvollen Irrfahrt seiner Erleuchtung, die wir in seinen *Bekenntnissen* finden, das Gegenteil sagen. Es ist wahr, daß darin kein Unfall, kein Zwischenfall des Lebens aufscheint, in dem nicht das Walten eines geheimnisvollen und allgegenwärtigen Gottes vermutet würde. Ebenso wahr ist, daß es kein Gefühl, keine Sünde, keine Lüge gibt, die nicht Nebenursachen wären, durch welche ein Wesen, das über sein ganzes Sein hinausgeht, versucht, die Seele seines Irrens zu seiner Wahrheit zurückzuführen. Doch wie subtil ist die Beschreibung und die Analyse dieses Waltens! Welche Lyrik, um die Einschließung des Ichs durch das Fleisch oder den Kampf des Engels gegen das Tier zu beschreiben! Welch prächtiges

Bild der Not und der Größe eines zur Verirrung und zur Zweideutigkeit verurteilten Ich! Es ist jedenfalls das erste Mal, daß sich ein Philosoph, ein Schriftsteller, so lange und in so gefälliger Weise bei den Auswirkungen des Handelns oder dem Zögern bei der Entscheidung, den Schwankungen des Verlangens oder dem Schillern der Augenblicke aufhält. Wie in den großen modernen Selbstbetrachtungsromanen, jedoch in einem erbitterten Nahkampf zwischen Gnade und Freiheit, in einer Unordnung zweifelhafter, vor Sakralität starrender Ziffern, in einem Psalm des Fleisches, in dem der Körper nur auf einer Grundlage des Schweigens, das ihn mit seiner Vorausahnung des Göttlichen foltert, sprechen kann, sieht man, wie die „Psychologie" auftaucht, von einem Duft der Ewigkeit begleitet[7].

Wird man noch einwenden, daß die doppelte Optik in- und außerhalb von sich selbst nicht ohne eine Dogmatik möglich ist, deren Autoritätsprinzip die Rechte des Bewußtseins gleichzeitig anerkennt und zerstört? Das würde bedeuten, daß man das außerordentliche kritische Aufblühen außer acht läßt, das auch der so übel beleumundeten und so oft nur als Karikatur dargestellten Scholastik innewohnte. Das hieße vergessen, daß Generationen von Priestern, Gelehrten und Geistlichen zweihundert Jahre vor den Aufklärern die „Prüfung des Gewissens" erfunden haben, sogar die „freie Prüfung", die sie zur Pflicht des „liberum arbitrium" und zu einer Waffe gegen die Päpste machten. Der Franziskaner Vitrier, ein glühender Prediger, der Origenes sehr subtil auslegte, machte das „Herz des Menschen", die Innigkeit seines Denkens zum Sitz allen Lebens und aller religiöser Wahrheit[8]. Erasmus stellte schon 1504 in seinem *christlichen Soldaten* das „wahre Mitleid", das Mitleid der Seele und des Herzens den „einfachen Zeremonien" gegenüber, in denen die Bauchredner „diese Bücher, in denen das himmlische Wort noch lebt und atmet"[9], durch das Herunterleiern ihrer Lehre entweihen. Auch hier hat Comte – und mit ihm das gesamte 19. Jahrhundert – recht, da er das Wesen des Christentums in der „individuellen Prüfung des biblischen Glaubens" sieht, in der „persönlichen Prüfung" also, im Gegensatz zum „sozialen Urteil"[10]. Dieses Christentum war eine Lehre des Gefühls, des Individualismus und des eigenen Denkens und hat nicht auf Voltaire und Fontanelle gewartet, um, mit Calvin, aus jedem Gläubigen einen Theologen und aus jedem Menschen den Maßstab seines Bezuges zur Welt und zum Göttlichen zu machen.

Darüber hinaus verfügte es schon seit dem 13. Jahrhundert über ein außergewöhnlich lebendiges Bewußtsein, das in Westeuropa das mönchische Ideal darstellte. Wir besitzen keine allgemeine Geschichte dieser beispiellosen Abschließung, die unter anderem die Figur des Intellektuellen erfand und in der sich Männer und Frauen, die sich mit Gott verbinden wollten, dem Taumel und den Wonnen der Innerlichkeit hingaben. Von den Schriften der Gesellschaft Jesu bleiben uns die „Prinzipien und Gebote", eines der schönsten Beispiele moralischer, intellektueller und psychologischer Klassifizierung, das je ersonnen wurde, mit einem Porträt des Jesuitengenerals, das Marx und Schumpeter nur nachzeichnen mußten, um ihren „Unternehmer"[11] zu beschreiben. Vom jansenistischen Mönchstum, dessen Asche sehr bald im Wind der geistlichen Streitigkeiten und des aufkommenden Atheismus verwehte, wurden dennoch die *Penseés* von Pascal oder die *Communion* von Arnauld bewahrt, die im Schatten des Klosters, in der Stille der reinen Betrachtung, schon mehr über die Geheimnisse des „menschlichen Herzens" aussagten, als das ganze „hassenswerte Ich" aller weltlichen Revolutionen[12]. Über die Anfänge des Trappistenordens schließlich begnüge ich mich gerne mit dem erhabenen Wort Chateaubriands über Rancé und zwar, daß seine Frömmigkeit, seine Askese, die Art, in der er sich seinem Körper, seinem Fleisch und sich selbst entreißt, ihn „vor seinen Leidenschaften allein gelassen"[13] hätten. Ja, er spricht von seinen „Leidenschaften", diese armen, kasteiten, vom Freiheitsentzug gemarterten Leidenschaften, die nur noch endemischer werden, heftiger und sich selbst auf der Lauer. Ja, er sagt „allein", als gäbe es hier, in diesem Dialog mit dem Herrn, ein stummes Selbstgespräch, eine falsche Spiegelung, die dem Subjekt das Exil auferlegt, nur um es besser verdammen zu können, seiner eigenen Fährte nachzuspüren ...

Paradox? Ja, zweifellos. Doch dieses Paradoxon findet man auch jenseits des Klosters und seiner spezifischen Enklave wieder ... Es spukt zum Beispiel in der wunderbaren Schöpfung der *Denkwürdigkeiten* oder auch der *Wiedergefundenen Zeit* herum, wo zwei weltliche Schriftsteller ihre Lebenserinnerungen nur unter der Voraussetzung wieder rekonstruieren können, daß sie sie immobilisieren; sie müssen ihre Existenz den gewesenen Dingen öffnen und sie an die Grenzen des Nichts, das sie – unter den Blicken einer unmöglichen und doch notwendigen Ewigkeit – verschlingt, anlehnen. Da ist auch Verlaine in seiner Zelle in Mons, vor dessen Augen – plötzlich von der „Erleuchtung" wie vom Blitz getroffen – sich in der Halluzination einer Sarabande alle „logischen Kategorien" wieder zusammenstellen, die „Fächer" seines Geistes, diese „Gründe", die wie Libellen umherschwirrten, diese Tausende Splitter des zerbrochenen „Kristalls" eines Ich, das der Glaube, und nur der Glaube, seiner Identität wiedergibt[14]. Da ist vor allem Rousseau, der, an der Neige seines Lebens, seine *Bekenntnisse* mit der berühmten Aufforderung an das „ewige Wesen" einleitet, „die riesige Menge seiner Nächsten um sich zu scharen" und es somit zum stummen Zeugen, dem notwendigen Korrelat zu der einzigen Instanz machte, an der sich seine Existenz festhalten konnte[15] – dieses Prinzip der Abhängigkeit von einer Fremdgesetzlichkeit, in der sich ein Bewußtsein entfremdet, von dem er an anderer Stelle gesagt hat, es sei unveräußerlich und eigengesetzlich. Ich kenne kaum einen großen klassischen Schriftsteller, der in der Stunde der Wahrheit, seiner Wahrheit, im entscheidenden Augenblick, da aller Spott und die Routine des Ephemeren verschwinden, nicht eines solchen Umweges, eines solchen Paradoxons, vielleicht einer solchen *Rückerinnerung* bedurft hätte, um die Spur seines Ich-Atoms dem weichen Boden der Zeit einzuprägen[16].

Ich behaupte selbstverständlich weder, daß Verlaine, Rousseau und Chateaubriand unbewußt Trappisten waren, noch daß das mit Kork austapezierte Zimmer, in dem Proust eines schönen Morgens beschloß sich abzusondern, ein weltliches Port-Royal gewesen wäre. Ich erkläre ganz einfach, daß sie das Vorbild dieses Atoms des Ich, diesen Atomismus des Subjekts weder in der Encyclopédie noch im bürgerlichen Recht noch in der Romantik gefunden haben können. Sondern – und wahrscheinlich waren sie dessen nicht bewußt – bei den obskuren Mönchen, den in Vergessenheit geratenen Geistlichen, die, ob man es wahrhaben will oder nicht, mit ihrer jahrhundertelangen Diskussion über die „Freiheit“, die „Gnade“ oder die „Universalität“ die erste und vielleicht die einzige Theorie eines konsequenten Individualismus begründet haben. Man müßte erzählen können, wie Theologen des 13. Jahrhunderts wie Robert Grosseteste[17] oder Guillaume d'Auvergne[18] lange vor der kopernikanischen Revolution schon die aristotelische Physik über ihr schwächstes Glied, die Auffassung der „Quiddität“[19] (die Wesenheiten eines Dinges) zu Fall gebracht haben. Der Augustiner Duns Scotus[20], der einige Jahre später das Cogito, die Freiheit des Wollens und die Descartessche Deduktion der Existenz Gottes ersann, schmiedete das Konzept einer „Person“, die durch die Begriffe einer „Begrenztheit“, einer „Ohnmacht“, des nicht bestehenden Verhältnisses zweier Substanzen, die sich nicht verbinden können, bestimmt ist. Man müßte schließlich auch William von Occam, den englischen Franziskaner vom Anfang des 14. Jahrhunderts, hier kennenlernen; er stellt der Logik der „Gattungen“ einen radikalen Nominalismus entgegen, der Wissenschaft des „Allgemeinen“ die Offensichtlichkeit des „Besonderen“, der thomistischen „Zweckbestimmtheit“ das reine „Inseldasein des Existierenden“. Er betrachtete somit die Gesellschaft als einen Archipel kleiner Inseln, die absolut verstreut, jede gleichsam absolut und naturgemäß „autonom“, dem „Naturgesetz“ unterworfen sind[21] ... Dieses Naturgesetz ist schon Lockes „Recht“; dieses „Inselwesen“ das „vollkommene und einsame Ganze“ Rousseaus; dieser Schwarm von Subjekten ist das Prinzip des Liberalismus; diese Kritik der Teleologie der künftige Grundstein der Demokratie. Es ist schwer, im Lob der Streuung oder in der Isolierung der reinen menschlichen Monade weiter zu gehen. Wenn man sich heute nur so wenig daran erinnert, so liegt das an dem großen Schatten der Aufklärung, die das, was sie zu verdunkeln trachtet, geschwinde als obskur bezeichnet.

Am Beginn dieses 14. Jahrhunderts, im Schatten der Kathedralen und ihrer steingewordenen Gebete, kommt die schillernde Malerei wieder auf und die große gotische Kunst, die ihr letztes Aufflammen der Individualisierung der Antlitze ihrer Heiligen, Madonnen und Märtyrer widmet, verlöscht. Zu dieser Zeit zeichnet Giotto auf den monumentalen Fresken der Basilika von Assisi, unter diesen vom Wehen der Gottheit erbebenden Kapitellen, das Porträt dieser angsterfüllten Wesen aus Fleisch und Blut, in denen das ganze Drama des Christentums verkörpert wird. Das war die Epoche, in der Italien mit Entzücken, in das sich Entsetzen mischte, in den Gesten des „vom Seraphim heimgesuchten" heiligen Franziskus, in den ausgebreiteten Armen und in dem auf den verschränkten Händen ruhenden Haupt der *Kreuzabnahme* die menschliche, die allzu menschliche Tragödie dieser so vertrauten, weil vollkommen *personifizierten* Figuren entdeckte. Niemals hat man auf einem Mund so viel Schmerz, in einem Blick so viel Milde gesehen; unter der scharfen Falte einer Braue scheint er sich in einen Raum einzugraben, einzumeißeln, der aussieht, als sei er aus brüchigem und bebendem Stein. In Gestalt dieser von der Meditation geläuterten oder von Qualen zermarterten Züge, diesen Leibern, die eine dumpfe Morgenröte von innen her erhellt und die dennoch dem Grauen der Natur ausgeliefert sind, dringt die wahre Menschlichkeit in die Darstellung ein. Im Mittelpunkt des Gemäldes steht schon der „uomo singolare", auf ewig von Gott getrennt, doch immer mit ihm verbunden, der lange Zeit das Thema der gesamten italienischen Malerei sein sollte.

Dieser „uomo singolare" wird vor allem der Gegenstand, man müßte sagen, der Held der großen christlichen Literatur und insbesondere der Tragödie sein, in der er die Bildung seiner Physiognomie des Ruhmes und der Doppelsinnigkeit vollendet. Was macht Racine etwa aus dieser Phädra des Euripides, in der die griechische Unfähigkeit, die Subjektivität zu denken, so klar zutage tritt. Dort ein Kreis von Statisten ohne Dichte und Tiefe, die ein vom unentschiedenen Zweikampf zweier rivalisierender Göttinnen bestimmtes Ballett aufführen; hier eine menschliche Tragödie – Personen aus Fleisch und Blut erfüllen mit ihrem Wahn, ihren Klagen und der selbst zugefügten Folter die gesamte Bühne. Auf der einen Seite stirbt die Heldin auf halbem Weg, ohne daß die Ökonomie der Intrige dadurch im mindesten beeinträchtigt würde; auf der anderen ist sie die einzige Hauptfigur, die ihre zu Komparsen reduzierten Partner aussticht, die nur da zu sein scheinen, um ihrem Geständnis als Echo zu dienen. Das griechische Modell zeigt eine Menschheit von Unschuldigen, in der Phädra selbst von Eunone, Hippolyt und Theseus entschuldigt wird; im Gegensatz dazu sieht man bei Racine nur Schuldige, eine Menschheit von Sündern, eine Phädra, die von ihren Nächsten gerügt wird, einen Theseus, dem Racine nun ein sonderbares, schlechtes Gewissen gibt, das dieser in Euripides' Dichtung hochmütig ignorierte, einen Hippolyt, dem der Dichter so gerne „eine gewisse Schwäche"[22] geben will. In dieser menschlichen Tragödie, die nur Verbrecher will, in dieser Hölle der Seele, die nur das moralische Bewußtsein kennt, stirbt man nicht mehr an der Schwindsucht, sondern an Schmach und Sühne.

Man erlebt in erster Linie – und das ist der wesentliche Unterschied – einen Nimbus von Geheimnis und Wunder in einem Dunstkreis von Herrlichkeit, den es im göttlichen Drama der Griechen paradoxerweise nicht gegeben hat. Nie nennt der Athener seine Phädra „die Tochter von Minos und Pasiphaë". Nie wendet sie sich an Venus und die Sonne als ihre natürlichen Gesprächspartner, die einzigen, die ihrer Pein würdig wären. Nie nimmt sie diese Worte des Gebets und des Flehens in Anspruch, die bei Racine die ganze Schönheit des Monologs ausmachen. Eben in der christlichen Tragödie wiegt dieses „fatum" schwer, dieses so unheilvolle Schicksal, das von der Zufälligkeit des heidnischen Göttlichen ausgeschlossen wurde. Gerade in der menschlichen, ethischen, psychologischen Tragödie findet der wahre – im Modell zensurierte Dialog – zwischen dem Gläubigen und dem Göttlichen statt. Racine, der Poet der Freiheit, war es, der seinen freien Willen mit dem Gegenteil der Gnade verknüpfte, mit einer perversen Vorbestimmung, die die Heldin auf das Rad ihres schlechten Gewissens flocht[23]. Es ist, als könnte er in seiner Dichtung die Seele eines reinen Individuums nur deshalb nicht besingen, weil diese Seele dem Himmel entsprossen ist, vom Himmel verlassen wurde, diesem aber immer noch in einer mystischen Beschwörung geweiht ist. Man könnte meinen, er habe ein Ich, eine authentische Person mit ihrem Gewebe von Widersprüchen, Qualen und inneren Kämpfen nur unter der Voraussetzung auf die Szene stellen können, daß das Duell nicht so sehr zwischen Phädra und sich selbst, als zwischen Phädra und den Göttern, oder zwischen ihrem Bewußtsein und dem in ihr wohnenden Gott stattfindet. Welch sonderbare Subjektivität, würde Sainte-Beuve sagen, die „gegen ihr Verlangen handelt, gegen ihren Willen verlangt, unwillkürlich will“[24]: das liegt daran, daß es, wie bei Giotto, Occam oder Pascal, einer Transzendenz und des Anrufs zu einer Erhebung der Seele bedurfte, damit ein Subjekt sich aufbäumte und seine eigene Sprache sprechen konnte. Vielleicht würde hier, auf dieser Bühne und diesem Boden, die monotheistische Umklammerung schließlich besiegelt, im erbarmungslosen Doppelspiel der Anwesenheit und der Abwesenheit, der Entfernung und des Wortes, der absoluten Trennung des Schöpfers und seines Geschöpfes und ihrer dennoch bestehenden Verbindung, die sich immer und immer wieder erneuert.

Altar oder Scheiterhaufen? Hölle oder Paradies? Die Würfel sind so oder so gefallen; sie rollen heute noch und machen aus dem modernen Individuum diesen monotheistischen Ödipus, der überall seine Freiheit hinausschreit und die Notwendigkeit über sich ergehen läßt. Denn, wie Berdjajew sagte: „Wo es keinen Gott mehr gibt, gibt es auch keinen Menschen mehr[25].“

3
Der Tod Gottes

Nun kann man den Sinn und den Ablauf dieser gewaltigen Katastrophe verstehen, deren Höhepunkt den Westen erzittern ließ: den Tod Gottes.

Zuerst sah es wie eine neue Verkündigung aus. Nach zweitausend Jahren vermeinte man wieder dieselben häretischen Massen zu sehen, die dieselben Fackeln einer sich selbst zurückgebenden Seele schwangen. Angesichts dieser fröhlichen Gesänge, dieses Freudentaumels, die vom Anbeginn der Welt aufzusteigen schienen, glaubte man zu träumen. Seit dem Aufbruch des Christentums hatte man nie mehr solche Begeisterung gesehen, die wie ein Sturm über die sich wieder aufrichtenden Häupter hinwegfegte und wie ein Echo bis zur Schöpfung widerhallte. Hier sind die neuen Kirchenväter, die in einer neuen thelvischen Wüste umherirren, in den frohen Farben der Freiheit. Es sind Freidenker, die mit der gleichen Inbrunst, mit der Origenes das Ideal aus der göttlichen Taufe gehoben hat, nun seine Totenglocke läuten. Es sind Horden von Bilderstürmern, die zur Musik vergessener Orchester, in einem mörderischen Jubel auf den Trümmern tanzen. Es ist ein Feuerbach zum Beispiel, der Apostel des „homo homini deus", Geschöpf ohne Schöpfer, Gott ohne Gottes Hilfe, einzig und allein durch den Menschen zum Menschen gemacht. Den ewigen Betrüger, der die Attribute seiner Würde der Erde entzog und sich aus ihnen ein Diadem formte, das nunmehr von seiner entlarvten Stirn gleiten kann, lieferte Nietzsche, der Antichrist, der Sühne der kommenden Zeiten aus. Karl Marx schleuderte seinen Haß auf eine Vorzeit, die so lange die Menschheit mit ihrem „Opium" der Entfremdung vergiftet hat. Überall geht es nur um diese Spalte über dem Nichts, aus der im Herzen jedes einzelnen das Prinzip des Göttlichen hervorgegangen ist. Gott war nichts als ein Blutsturz der Seele: und diese Seele muß dringend abgewürgt werden.

Und plötzlich schlägt der Traum um und verwandelt sich in einen Alptraum. Sonderbare Verdunkelungen unterbrechen hie und da das Licht der Geschichte. Die Schatten rükken zusammen, und die neue Klarheit schwindet. Es ist derselbe Hauch von Glück, doch er gleicht einem Luftzug aus einer Gruft. Es ist dieselbe Raserei der Massen, doch diesmal jubeln sie dem Hakenkreuz zu – dieselbe Leidenschaft, doch vor den Riesenporträts Stalins. Und schon wird der roten Guillotine auf der Place de Grève gehuldigt ... Was wäre aus Saint-Just geworden, wäre dieser Königsmörder nicht auch der erste Gottesmörder der zeitgenössischen Geschichte gewesen, der seine Politik des Verbrechens ausdrücklich mit dem Mord an Gott begründete[1]? Warum gibt es in Moskau ein Museum des Atheismus, wo man den Weg zum Sozialismus und die jüdischen und christlichen Märtyrer, die ihn säumten, feiert? Hat man sich eigentlich je gefragt, warum die SS Christus „Judenschwein" nannte und warum Hitler Bormann anvertraute, das größte Verbrechen der Juden sei die Erfindung des Christentums gewesen[2]? Das liegt daran, daß der Irrationalismus der Nationalsozialisten von Dietrich Eckart bis Rosenberg auch die Herausforderung, der Haß gegen den Monotheismus als solchen ist. Es liegt auch daran, daß es von Robespierre bis Mao keinen Totalitarismus gibt, der nicht hartnäckig, krankhaft und besessen immer wieder die Hinrichtung des einzigen und allmächtigen Gottes fordert. Der Tod Gottes in der Politik ist eine dieser Teufeleien, deren Geheimnis die Geschichte kennt; er scheint tatsächlich die Verkündigung zu sein, verwandelt in Ratlosigkeit und der Traum der Befreiung, der zum Tod der Hoffnung wird. Am Anfang ist das Licht. Unter dem Licht das Gemeine. Und schließlich, die Beinhäuser, die Schlachthäuser, die Krematorien, Höllen ohne Paradies, wohin die Herren ihre Völker führen ...

Warum? Was ist eigentlich geschehen? Woran haben sie gerührt, diese Zauberer von Gottes Tod? „Dieser Mann", sagt Kirilow zu Peter Stepanowitsch, „war der erhabenste der ganzen Welt. Er war für sie ein Grund, zu sein. Ohne ihn ist der ganze Planet nichts als Wahnsinn[3]." Der Ausspruch ist bewunderungswürdig, und er könnte diesem ganzen großen Schiffbruch als Emblem dienen. Er besagt eigentlich, daß dieser ermordete Gott schon seit jeher die Unmöglichkeit zu morden war. Daß dieses entmystifizierte Absolute das war, was aus mir angesichts der Aggressionen der Welt eine Art Absolutes machte. Daß dieses entweihte Heiligtum der Lebensquell war, aus dem für jeden einzelnen die Gründe seiner Unverletzlichkeit flossen. Gott war nicht in Gott, sondern im Menschen, sein Teil der Universalität. Er war „der Erhabenste", weil er jener war, der aus dem Bettler den wahren Menschen machte. Ist er tot, so ist zwar nicht alles erlaubt, aber alles ist gleichgültig, das Gute und das Schlechte, das Edle und das Gemeine, das Leben, der Tod und das Töten. Auf diesem großen Schiff ohne Mast, das steuerlos im Strom des Nihilismus dahintreibt, ist alles nur mehr „Wahn". Zur Zeit dieses Untergangs der Vorbilder, der alle Werte zu unnützen und bedeutungslosen Ikonen macht, gibt es keinen „Sinn des Lebens" mehr. Und diese hohen Wertschätzungen von Gerechtigkeit, Recht und Wahrheit, die den Lebenssaft ihrer Unversöhnlichkeit[4] nirgendwo mehr schöpfen können, klingen hohl, so hohl unter dem Hammer des Freidenkens. „Was soll mit einer Seele geschehen“, fragt Malraux, „wenn es weder Gott gibt noch Christus?“ Was kann ein Subjekt vollbringen, wenn es vom Absoluten entbunden und dem Zufall des Wahnsinns ausgeliefert ist? Nichts, antwortet das Jahrhundert. Es ist nichts als Materie, sehr relative Materie im großen Werk der Geschichte. Man kann nichts tun, als mit bekränztem Helm in die Tiefe zu stürzen.

Schon die Frage ist schwindelerregend, schon der Gedanke reißt einen Abgrund auf. Jedesmal wenn sie einem Helden über die Lippen kommt, bemerkt Gide in seinem *Dostojewski,* „können wir sicher sein, daß wir kurz darauf dessen Untergang miterleben werden[5]“. Jedesmal, wenn sich Iwan Raskolnikow oder Stawrogin ihrer Herausforderung stellen, können sie nur schreckensblaß und machtlos einem unbeschreiblichen Unglück zusehen, das sie fast zum Selbstmord treibt. Mit Dostojewski machte die gesamte moderne Literatur folgende Entdeckung: wenn es keine Sünde mehr gibt, dann ist die Seele das Verbrechen. Wenn es keine Erlösung mehr gibt, dann ist das Leben die Sühne. Wenn Gott nicht mehr der Herr ist, wird immer der Tod siegen. Erlösung? Eher ein In-Ketten-Legen, das unerträglicher denn je ist. Sind sie leer, die Himmel ohne Gott? Sie sind voll, erfüllt von seiner Abwesenheit, dieser großen stummen Abwesenheit, die so viel anspruchsvoller als jegliche Anwesenheit ist. Befreite Gottlosigkeit? Wir sind nie so unfrei gewesen wie seitdem wir nicht mehr glauben. „Was wird geschehen, wenn die Menschen merken werden, daß es keine Sonne mehr gibt?“ fragte schon Nerval in *Aurélia,* als er beim Verlassen der Kirche Notre-Dame de Lorette über den Tuilerien eine rote Kugel sah[6]. Kafka antwortet im *Prozeß* und in der *Verwandlung:* Die Menschen werden die Flammen ihrer Gewissensbisse unter einem trunkenen Himmel entzünden und bis zum Ende der Zeiten eine

Schuld ohne Schuldgrund so lange mit sich herumtragen, bis sie selbst ihre eigene Spur verloren haben.

Man ist weit entfernt von Racines Phädra und ihrem zerrissenen Ich, das in der Tiefe seiner Zerrissenheit jedoch kultiviert ist. Die zeitgenössische Bühne zeigt Wesen des Zufalls, die bar jeder Psychologie und auf Maschinen reduziert sind. Es ist nicht, wie man zu oft wiederholt hat, das Drama der „Unfähigkeit zur Kommunikation“, dieses Spiel von Geräusch und Sinn, in dem die Menschen, die zwar willens, aber unfähig sind, sich zu verstehen, um sich schlagen. Es handelt sich eher um das nie dagewesene Phänomen einer vollkommenen *Kommunikationslosigkeit* zwischen Wesen ohne Innenleben, die jeglicher Innerlichkeit beraubt, buchstäblich von sich selbst und daher auch von den anderen abwesend sind. Die Hohlköpfe Becketts und die Augen junger Hitler-Anhänger, mit dem glasigen Blick toter Fische, von denen Ödön von Horváth in seiner *Jugend ohne Gott*[7] spricht. Blicklose Gesichter der Personen bei Ionesco, die nicht nur nach einem Autor suchen, sondern vor allem nach einem Schöpfer; sie sind reine geometrische Punkte im Sand eines nunmehr grenzenlosen Raumes. Wie bei Giacometti gibt es viele Masken, doch unter der Maske nichts, nichts als einen Kopf, der kleiner wird, der immer mehr schrumpft, sich immer mehr erschöpft, so sehr flieht seine Wahrheit unter der Folter der Bühne oder des Bildhauertons. Wie bei Malraux, in den heftigen Duellen von Tschen Dai und Garine, von Ferral und Kyo; Individuen gibt es nur noch in auf ihr Bildnis zurückgeführter Form und in den Taubstummen-Monologen, die sie zum Schein miteinander führen. Wo sind die gesegneten Zeiten geblieben, als man sich noch für die Gefühlswallungen der Madame Bovary, für die Unbeständigkeiten von Corinne und Adolphe, für die Gewissensfragen des *Disciple* von Bourget interessierte? Man könnte meinen, daß mit der Ewigkeit die Zeit selbst geflohen ist und mit dem Gottesglauben die menschliche Selbstbetrachtung. Übrig bleibt die trockene und eintönige Stimme der Menschen – diese Rache Antigones –, die schon vom Lärm der Stiefel und der Kanonen übertönt wird.

Wenn man diese brutale Zersetzung, wenigstens im Rahmen der Literatur, zeitlich bestimmen müßte, würde ich sie hier, irgendwo zwischen Bourget und Proust, vermuten. Mit ersterem erlischt der Roman der Seele, ihr substantieller Atomismus, ihr noch vorhandenes Wesen, mit einem Wort, ihre Transzendenz – diese Transzendenz, deren impliziter Entstehungsprozeß es überflüssig machte, die Jahre überdauernde Identität des Subjekts zu begründen, ja sogar in Frage zu stellen. Mit Proust wiederum, diesem genialen Erzähler und unvergleichlichen Künstler, beginnt ein halluzinierendes Eintauchen in die Wogen eines flüssigen, zerstückelten, zerstreuten Ich, wo das Bewußtsein nur mehr ein dünnes und brüchiges Häutchen ist, das wie „Nymphéa" im Strome der „Vivonne" dahintreibt oder einfacher, wie dem Wind des Zufalls preisgegebener Staub verweht. Weniger lärmend als Dada, eindeutiger jedoch als Barrès[8], ist der Verfasser der *Suche* ein Meister im Aufspüren dieser Fieberanfälle des Herzens, des Hell-Dunkels der Leidenschaft, des „Polypengehäuses" ungewöhnlicher Bilder, die aus jedem einzelnen „eine Serie von aneinandergereihten und doch unterschiedenen Ich[9]" macht, „das stündliche Vorbeiziehen[10]" der tausendundeinen Statisten dieses Schattentheaters, zu dem das Selbst geworden ist. *Swann* oder *Die Gefangene* sind nicht, wie manchmal gesagt wird, Romane der Analyse oder der feinen Psychologie – sondern die traurige Ironie einer unmöglichen Analyse, einer unauffindbaren Psychologie, deren Objekt sich in den unsicheren Bereichen konfuser Rückstände und trüber Widerhalle auflöst, wo der harte Kern des monotheistischen Subjekts auf halbem Wege zwischen der Leere des Schlafes und den Sicherheiten des Erwachens schwankt. In dem schon wie ein Sarg ausgepolsterten Raum, in den Proust sich zurückzuziehen beschließt, um sein Unternehmen zu Ende zu führen, entdeckt der Erzähler bereits diese Wahrheit, die das Jahrhundert ruchbar machen und bald aus den Beinhäusern des Weltkrieges aufsteigen sollte: ein zermalmter Mensch, aus seinen Fugen gerissen; ein in der absurden Sarabande seiner Schwingungen auseinandergesprengter Mensch. Es ist also nicht wirklich ein Zufall, daß man den Morgen nach dem Drama abwarten mußte, bis dieses anfangs nur mit Gleichgültigkeit aufgenommene Werk seinen Wert als Manifest und Omen erlangte: man mußte vielleicht die Stille der verstummten Kanonen hören und sehen, wie sich der wankende Umriß dieses Menschen aus Fleisch und Blut im Nebel aufrichtet, um den vorausahnenden Sinn dieser grandiosen Zersetzung zu verstehen.

Wenigstens glaubte Proust noch an die Tugenden einer Erinnerung, die sich gegen diese Entropie versteift und ihren Schwankungen so etwas wie eine Schein-Ewigkeit entgegenstellt. In seiner ganzen Arbeit aus der Nachkriegszeit gibt es jedoch nichts dergleichen; sie sonnt sich in diesem neuen „mal du siècle" und in der Nichtigkeit der Seele, die sich auf die Leere der Welt ausdehnt. Es ist die Zeit, in der die „Enfants terribles"[11], die „Fliehenden"[12] und der „Zweifler"[13], das Flüssigsein eines in einem Ozean von Philistertum aufgelösten Ich kultivieren und ihren Romanen sprechende Titel geben, die ebenso sprechend sind wie *Irrlicht*[14], *Das beunruhigte Kind*[15], *Körper und Güter*[16] oder *Der bedrängte Mensch*[17]. Es ist die Zeit, in der Drieu in *Gilles*[18] eine „abgenützte Rasse" beschreibt, die im „individuellen Willen" nur den „Mythos eines anderen Zeitalters" sehen kann; in der Gide, nun endgültig vom Christentum der *Engen Pforte* zurückgekehrt, bemerkt, er glaube „immer mehr daran, daß die Idee der Freiheit nur ein Köder"[19] sei;

in der der alternde Rolland in seiner *Annonciatrice* schrekkenerfüllte Helden schafft, die dort umherirren, wo nur mehr „die Wüste des Individualismus“[20] ist. Die Zeit, in der Montherlant, dieser vom Frieden enttäuschte Musketier, dieser angesichts des Schauspiels der menschlichen Leidenschaften tief erschrockene Stoiker, in dem Rolland gewidmeten Kapitel der *Fontaines du Désir* diesen „Durst“ beschreibt, der ihn dazu treibt, „sich zu verleugnen“, sich „zu zerstören“, sich „die Zunge abzubeißen“, kurz, „sich selbst zu verstoßen“, wie er es mit „den Frauen“[21] tun würde. Zur selben Zeit spricht auch Crevel in seinen *Détours* von einem „abscheulich freien“ Bewußtsein, das „sucht, was es sucht“ und sich schließlich „verirrt“, weil es so lange auf den Besudelungen einer Gesellschaft, die in ihrer „Dummheit“[22] schwelgt, herumstolperte ... Das Ergebnis ist vielleicht eine Generation typischer Intellektueller ohne Bewußtsein, die wissentlich einem Individualismus abschwören, der für alle Sünden des Jahrhunderts verantwortlich ist. Rote und braune Büßer, die mit gleichem Eifer darangehen, die Triebkraft des Willens und des eigenen Denkens in sich zu brechen. Reisegefährten, „fellow travellers“, denen nichts anderes übrigbleibt, als sich völlig der doppelten Faszination hinzugeben, die ihnen tatsächlich das Sein abnehmen würde: dem Faschismus und dem Stalinismus.

Denn was geht – diesmal jenseits der Literatur – im Kopf eines André Gide vor, den „die geistige Aufrichtigkeit“ immer davon abgehalten hat, sich dem Katholizismus anzuschließen, und der dennoch „alle Argumente seiner Vernunft“, alle Skrupel seines Gewissens, bald auch seinen Ekel vor den Lagern, den Schauprozessen, dem Terror beiseite schob, um nicht länger seine „Hinneigung zum Kommunismus“ im Zaum halten zu müssen[23]. Welche außergewöhnliche Entartung des Geistes brachte einen Rolland, der lange Zeit das Modell des über den Dingen stehenden[24] Intellektuellen war und der noch in der *Annonciatrice* den Kommunismus mit den abstoßenden Zügen eines gewalttätigen und skrupellosen Barbaren darstellte, dazu, seine Heldin Assia sagen zu lassen, sie „fühle sich unter den starken Schenkeln einer Diktatur freier als eingepfercht in dem Gehege einer Schein-Demokratie“[25]? Wie sind diese rätselhaften Bekehrungen zu erklären, die zum Beispiel einen Aragon fast wie durch ein Wunder übergangslos vom „Moskau der Geistesschwachen“[26] zum berühmten „Hurra dem Ural“[27] führten, und aus Barbusse, dem Humanisten, den zu trauriger Berühmtheit gelangten Autor zahlloser Hymnen an den sowjetischen Terror oder an die grenzenlose „Liberalität des Genossen Stalin“[28] machten? Kurz, woran kann es liegen, daß so viele „trotz der Abscheu, trotz des Grauens, trotz der grausamen Fehler und Verbrechen“, wie Rolland weiter sagt[29], ihrer Revolte abschworen und fast alle ihre Vorbehalte verschwiegen und nur so wenige den Entschluß faßten, oder ganz einfach daran dachten, angesichts Stalins und Hitlers die einfachen Werte der Freiheit, der Demokratie und der Menschenrechte zu verteidigen? Wir stehen hier vor einem fürchterlichen Versagen, das uns die genau entsprechende Handlungsweise der Männer der Rechten ins Gedächtnis ruft, die wie ein Brasillach zum Beispiel in Hitler den „tollwütigen Hund Europas“[30] sahen und sich trotzdem seinem Bann nicht entziehen konnten. Wir stehen hier vor einer Wahl, vor einer vorgefaßten Meinung des Unvermeidlichen – heute würde man sagen, eine „Politik des Schlimmsten“ –, die ein anderer Faschist, Maurice Bardèche, am treffendsten beschrieben hat, indem er forderte, „den Feind um jeden Preis in die Flucht zu schlagen“, dafür „den angemessenen Preis zu bezahlen“ und „das Unvermeidliche in Kauf zu nehmen, sogar den Kommunismus“[31]. Wir stehen hier vor einer sonderbaren Resignation, genau nach dem Vorbild von Maurras, der „das Böse“ weniger im „Kommunismus“ sah als in der „Demokratie“, und der sich mangels Besserem an den Nationalsozialismus anschloß, weil er ihn in Gides Sinn betrachtete, und zwar nicht als Ideal, sondern als *die einzige mögliche Lösung*[32]. Links? Rechts? Auf beiden Seiten, links und rechts, dieselbe Art, das Grauen, das man zu hassen vorgibt, als notwendig zu erklären, indem man dessen Spiegelbild anbetet. Auf der einen Seite wie auf der anderen ein Opfer, oder besser: schlicht und einfach das Vergessen der Freiheit und des Gewissens, weil es so offensichtlich erscheint, daß das Individuum den Gefahren der Zeit völlig machtlos gegenübersteht. Sie sind ewige Weggefährten, Gefährten beider Wege, und sind insofern gleich, als sie sich zwar widerwillig, aber doch anschließen – so hinfällig erscheinen ihnen plötzlich die Werte des Herzens.

Zumal sie noch etwas anderes gemeinsam haben, einen Gemeinplatz würde ich sagen, in dem ihr paralleles Aufgeben verankert ist und anhand dessen sie verständlich werden ... Wer hat 1939 geschrieben, daß „die Individuen guter Rasse es uns nicht danken, wenn wir sie verschonen, und daß sie die Anführer, die von ihnen verlangen, sich zu opfern, höher schätzen“? Es war weder Bardèche noch Doriot. Es war wieder Rolland, in *Robespierre*[33]. Wer hat zu dem neuen Menschen, dessen Gestalt sich am Horizont abzeichnet, gesagt: „Erhebe dich nackt, mutig, sprenge deine Fesseln; um gerade zu wachsen brauchst du nur mehr den Schwung des Geistes und den Ruf der Sonne“? Man könnte glauben, man höre Brasillach, wie er den „jungen Faschisten“ rühmt, der auf seinen kräftigen Körper stolz ist[34]. Doch der Satz stammt in Wahrheit von Gide, aus den *Nouvelles Nourritures,* wo der Nathanael von einst zum „Genossen“ geworden ist, ohne etwas vom Vitalismus, von dem diffusen Nietzscheanismus, der ihn dreißig Jahre früher umgeben hatte[35], verloren zu haben ... Ja, der Vitalismus, diese Mischung aus naivem Fortschrittsglauben und Kult der

Energie: dies ist die Konstante einer Zwischenkriegszeit, die aus der Schande der Schützengräben von 1917 und im Schatten dieses „Rufs des Bodens“ von Barrès, Henry Bordeaux und so vieler anderer[36] geboren wurde. Ja, der Nietzscheanismus: jenseits der ideologischen Streitfragen ist er der geheime Brunnen, aus dem jene schöpfen, die gemeinsam mit dem gelangweilten Clérambault im neuen Deutschland die „Poesie der Zukunft[37]“ sehen; jene, die ihren wankenden Glauben bei Marc, dem „jungen Wolf“, Assia, der „jungen Katze“, und den kräftigen Freibeutern, den Barbaren mit dem harten Herzen und einer schönen tierischen Kraft, den Kommunisten eines Barbusse und eines Rolland[38], neu beleben. Das rote Moskau? Das braune Berlin? Es ist immer dieselbe Stadt des Lichts, wo Mandarine mit allzu reinen Händen ihre Enthaltsamkeit als Geistliche abbüßen, indem sie sich in die Schule des Lebens begeben. Sozialismus? Nationalsozialismus? Hier und dort wird immer dasselbe faszinierende Schauspiel einer organischen Gemeinschaft bewundert, bevölkert von jungen Titanen, die frohgemut und unter der wohlwollenden führenden Hand dionysischer Oberhäupter Stufen zu dem verheißenen Land erklimmen[39]. Gibt es welche, die zurückkehren? Rückkehr aus der UdSSR oder aus Deutschland? Was in Gides Buch etwa besonders auffällt[40], ist weniger die Entdeckung eines Terrors, den er schon im voraus in Kauf genommen hatte, als die Offenbarung einer Gesellschaft von Mittelmäßigen, Bürokraten und Spießbürgern, die vom erträumten Ideal einer Gemeinschaft der Begeisterung, der Inbrunst und des Eifers unendlich weit entfernt ist. So steht am Ende, wie schon zu Beginn des Abenteuers, immer dieselbe Mythologie des „Elends“, derselbe Haß gegen die „Dekadenz“, derselbe Wunsch nach einem „neuen Menschen“ im Gegensatz zur Blutarmut der alten Welt und des alten Menschen. Von einem Ende des Spektrums zum anderen erscheint dieselbe

Philosophie: das ganze Leben, nichts als das Leben, auch wenn es frenetisch und entfesselt ist, solange es der „Kolik" (Drieu[41]) oder der „Fäulnis des Todes" (Rolland[42]) standhält. Auf der linken wie auf der rechten Seite ist es dieselbe Romantik, die nach dem Tod Gottes und der Zerstreuung des Ich als der letzte Ausweg erscheint. Théophile Gautier hatte schon ausgerufen: „Lieber Barbarei als Langeweile[43]."

Besser als eine Romantik, eine Mystik: es ist nicht das kleinste Paradoxon dieser atheistischen Sozialisten, wenn man sie mit einer sonderbaren Verinnerlichung beschäftigt sieht, ohne Gott und ohne Transzendenz, deren Gefahren niemand bannen kann. Man vergißt zum Beispiel immer wieder, daß Barbusse nicht nur der Verfasser einer unverzeihlichen Stalin-Biographie ist; fast zur gleichen Zeit hat er sich auch ein *Leben Jesu* geleistet, in dem dieser wie ein Antichrist des Mitleids und der Barmherzigkeit beschrieben wird, ein sozialistischer Christus, der den Menschen und ihrer Not so nahe ist, daß er darüber vergessen hat . . . an Gott zu glauben[44]. Aus obskuren taktischen Gründen ist auch Rolland in einem klassischen Dilemma von Zweck und Mittel kein verirrter Humanist: sein blinder Glaube, seine Sühnebereitschaft, seine vorbehaltlose Zustimmung konnten nur von einem Gläubigen stammen, der einer immanenten Religion anhängt; diese Religion ist einmal – im *Jean-Christophe* – jene eines nicht unterdrückbaren Lebens im Kampf gegen das Nichts, dann wieder – im *Tagebuch der Kriegsjahre* – jene des Hinduismus Gandhis und Ramakrishnas[45]. Man wird den Weg, den Gide zurückgelegt hat, nicht verstehen, wenn man in seiner Bekehrung nicht den so lange gesuchten Augenblick der Vereinigung zwischen den beiden Argumenten des Dilemmas sieht, das sich ihm immer schon stellte: das christliche Sehnen, dessen Ausweglosigkeit in der *Engen Pforte* zum Ausdruck kommt, und die orgiastische Religiosität der *Nourritures terrestres* ... Ich will damit nicht behaupten, daß sie alle drei nicht auch aufrichtig geglaubt hätten: vielmehr daß ihr Kommunismus, auch ihr Sozialismus und natürlich ihr Marxismus nur eine dünne Lackschicht auf der Oberfläche einer im Grunde religiösen Tragödie waren, die jeder von ihnen auf seine Weise erlebt hat. Hier genügt es auch nicht mehr, von Nietzscheanismus zu sprechen: weil in dieser Opferung des eigenen Willens auf dem Altar der Geschichte und des Staates die Rückkehr einer vergessenen Sakralität, einer archaischen Mentalität und eines zeitlosen Aberglaubens nicht zu übersehen ist. Auch hier blieb die Rechte nichts schuldig – etwa Chateaubriand, dieser alte nazistische Chouan*, der im Kitzbüheler Exil sterben mußte, weil er ein unmögliches Christentum mit der Anziehungskraft dieser dumpfen und nächtlichen Mächte vereinen wollte, mit dem modernen Wotan, der die Farben des Torfmoors und der bretonischen Sümpfe trug. Chateaubriand sah darin die Heiligung des hitlerischen Wahnsinns[46]. Denn das ist letztlich der Schlüssel zu diesen schwarzen Jahren und dieser „totalitären Versuchung“, deren Aussehen sie bestimmten und der hoffentlich noch jüngere Erinnerungen wachrufen wird: auf beiden Seiten das Wiederaufleben dessen, was wohl oder übel *ein neues Heidentum* genannt werden muß.

Jawohl, das Heidentum ... Denn wenn man aus diesem Beispiel etwas lernen kann, dann wahrscheinlich dies. Das 20. Jahrhundert, dessen dreißiger Jahre den Wahn der Barbarei illustrierten, wenn auch leider nicht erschöpften, ist kein atheistisches Jahrhundert. Es ist das Gegenteil eines platten Materialismus im herkömmlichen Sinn – dem Sinn,

---

* Les Chouans: die königstreuen Gegner der Französischen Revolution in der Bretagne, die 1792–1800 gleichzeitig mit den Vendéern einen erbitterten Kleinkrieg gegen die Republik führten.

dem es manchmal so scheinheilig zu Ansehen verhelfen will[47]. Es ist ein religiöses Zeitalter, zweifellos religiöser als alle anderen, doch es betet eine heidnische Religion an, deren Götter, die „Götzen aus Stein und aus Holz", Staat, Natur, Lager oder Partei heißen ... Partei? Seht, was heute die Kambodschaner tun, um das Unnennbare des Todes des einzelnen zu benennen: man geht nicht zum Ewigen, sondern zur „höchsten Organisation"[48], diesem Gott aus Bronze und Maschinen, den die französische Revolution ersonnen hat und dessen „Durst" schier unlöschbar erscheint. Die Lager? Angesichts der Berichte der Überlebenden von Auschwitz oder Kolyma kann man nicht umhin, an weltliche und gleichzeitig furchtbare, realistische Verkörperungen der alten Höllendarstellungen zu denken; man vermeint gewissenhafte Reproduktionen der einstigen Ikonographie aus dem Boden sprießen zu sehen: der Gulag hat keinen weltlichen Namen, und die einzige Möglichkeit, ihn nicht zu verharmlosen, liegt darin, ihn nicht als die göttliche, sondern die „teuflische Komödie" unserer Zeit[49] zu betrachten. Die Natur? Genug der Klagen über die vom technischen Rationalismus deflorierte, ausgehöhlte, entweihte Materie: nie war sie so stark von Göttern erfüllt, nie triefte sie so von Weihe, nie war sie mit so viel Aberglauben beladen wie in diesen neuen Tempeln, die das Jahrhundert der Erde, der Rasse, dem Blut, dem Volk, sogar dem Menschen errichtet hat – diesem Menschen, den ein Rosenberg von seiner Abhängigkeit von den „Sternen" befreien wollte, um ihn „mit gebieterischer Demut in die großen Gesetze des Universums"[50] besser einzugliedern. Was schließlich den Staat anbelangt, bedurfte es der ganzen Einfalt der Don Quijotes des Antitechnokratismus, um hinter dem sogenannten Jakobinismus einen sehr realen Überrest alter Götzenkulte zu vergessen, die nunmehr am Boden festgewachsen sind und die Apparate durchziehen, die sich weltlich geben wollen.

Am Ende dieses sekulären Zweikampfes zwischen Staaten und Kirchen, am Ende eines gnadenlosen, im Orient schon sehr früh, im Westen erst später beigelegten Kampfes steht in erster Linie ein laizistischer Wunschtraum, der Traum von einem weltlichen, einem sekulären Pontifikat, in dem es keine geistlichen Mahnungen mehr gibt, die in der politischen Ordnung als Waffen eingesetzt werden könnten.

Merkwürdig, wie der Kreis sich schließt. Wie sich die Umklammerungen von Himmel und Erde zusammenfügen und lösen. Wie die Geschichte plötzlich nach dem Takt eines unsichtbaren und stummen Pendels zu stottern beginnt. Denn was ist das Heidentum eigentlich, wenn nicht die Rückkehr von etwas Verdrängtem, das man vom christlichen und jüdischen Erzengel ausgemerzt glaubte und das dennoch wieder da ist, ein paradoxer Archaismus am Ende der Welt der Zukunft? Wie ist es möglich, in diesen weltlichen Papsttümern nicht den Schatten des Gesetzes der *Antigone* zu erkennen? In dieser entweihten Natur das Echo der stoischen Physik? In dieser Hölle, die aus der Erde aufblüht, jene der Kosmologie des Aristoteles? In diesen kollektiven Toden die Erinnerung an den unpersönlichen Tod, wie ihn Plato dachte? Wie soll man sich nicht wundern, daß die Zeit nach dem Verlauf von 2000 Jahren der Erleuchtung in einen solchen Rückschritt verfällt, ihre eigenen Spuren verwischt und, wie nach einem gesegneten Zwischenspiel, zu einer ordinären Barbarei zurückkehrt, die möglicherweise nie aufgehört hat, ihr heimlich innezuwohnen? Ja, Griechenland kommt wieder; es ist zwar auf einem anderen Grundriß aufgebaut, bleibt aber seinem Verkennen des allmächtigen Gottes und seiner Geschöpfe treu, dem letzten Liebestrank des Nihilismus und der letzten Station der Odyssee von Gottes Tod. Er kommt wieder, der Polytheismus, genau wie Comte in seinem *positivistischen Katechismus* vorausgesagt hat, der seinerzeit so schlecht aufgenommen worden war und heute noch von einer Stille umgeben ist, die sich in dem Maße, in dem seine „extravaganten" Prophezeiungen eintreten, verdichtet[51]. Man könnte meinen, daß der Normalzustand der Menschheit wirklich, wie er sagt, ein etymologischer „Katholizismus" sei, eine auf ihren Wert als sozialen Bezug reduzierte Religiosität, und daß nur ihre „Organisation", „Verfassung", „Systematisierung", „Disziplin", kurz die Institution, in der Lage ist, die Unterwerfung unter den Volkskörper zu gewährleisten[52]. Man könnte meinen, daß der Monotheismus, der so lange versucht hat, ihm seinen „evangelischen Anarchismus" entgegenzustellen, nichts als ein „Übergang" war, eine „späte und vergängliche Phase", eine Klammer, dazu ausersehen, sich ebenso sicher, wie sie sich damals geöffnet hat, wieder zu schließen[53]. Und wenn dieser Geisterseher, der sich geschworen hatte, seine Doktrin in Notre-Dame zu predigen, recht gehabt hätte? Und wenn er richtig gesehen hätte, als er den „Konservativen" die Hochzeit des „Fetischismus" und der Wissenschaft der „Ordnung"[54] voraussagte? Und wenn wir gerade daran wären, die reine Übergangszeit aus der biblischen Ära zu vollziehen, wie er es wünschte? In diesem Fall wären die fröhlichen Horden, in denen ich vorhin die ketzerischen Massen des frühen Christentums zu erkennen glaubte, weit eher jene Gruppen von Verschwörern, die Sokrates vierhundert Jahre früher zum Tode verurteilt hatten ...

Ist es eine Hypothese? Eine Erfindung? Diese Hypothese und diese Erfindung bestätigen sich, wenn man sie nur auf das primitive Schauspiel dieses erbärmlichen Abenteuers bezieht. Denn jener „ci-devant Capet"*, über den hinaus die

---

* Während der Französischen Revolution bei Prozessen verwendete Anrede des Angeklagten, zur Vermeidung der Anrede „citoyen" (Bürger). Capet war der alte Familienname des französischen Königsgeschlechts (Kapetinger). Zum Beispiel auch „ci-devant Lafayette". (A. d. Ü.)

französische Revolution auf die Person Gottes zielte, war sicherlich kein Sokrates. Saint-Just wiederum erwies sich in dieser denkwürdigen Anklage, in der Camus den ersten Akt der Moderne[55] sah, in diesen eisigen Syllogismen, die als Köpfe unter der Guillotine fielen, wenn nicht als ein Anytos*, so doch wenigstens als ein Staatsanwalt des Athen des 4. Jahrhunderts. Wenn er die Gleichung von „Staat" und „Gemeinwohl" aufstellt, kann man nicht umhin, an die sophokleische Äquivalenz von Recht und Staat zu denken. Wenn er die „Tugend" anruft, ist das nichts anderes als eine oft implizierte Huldigung an diese Moral ohne Ethik, deren Formel ihm die alten Griechen boten. Wenn er, etwas später, von der „Macht der Dinge" spricht, meint man die Stimme Epiktets zu hören und denkt an die „Weltordnung" eines Marc Aurel oder Seneca. Wenn er der Welt schließlich an den Kopf wirft, daß „Glück ein für Europa neuer Begriff ist", vergißt er einfach hinzuzufügen, daß dieser neue – und, wie wir gesehen haben, totalitäre – Begriff vor allem ein griechischer Begriff war ... Man sucht bei den Aufklärern immer die intellektuellen Ursprünge des „Terreur". Eigentlich müßte man viel weiter zurückgehen. Zur antiken Moral, die in den Sitzungen des Konvents und der Wohlfahrtsausschüsse herumspukte. Von Cato und Cicero, nicht aber von Rousseau oder Diderot, als Vorbildern träumte Maximilien Robespierre[56]. Das griechische Ideal des Bürgers schwebte ihm vor, als er in dem berühmten Satz erklärte, es gelte „den Menschen durch die Gesetze frei und glücklich zu machen"[57]. Und wenn er einem philosophischen System die Ehre gibt, auf der Liste der Festtage des Decadi – der Feiertage der Zehntagewoche – zu erscheinen, dann einzig und allein jenem der Stoiker und keinem anderen, auch keiner zeitgenössischen Ideologie! In der Dunkelheit ihrer Kerker

* Hauptankläger im Prozeß gegen Sokrates. (A. d. Ü.)

stärkten Madame Roland und Choderlos de Laclos aus der Erinnerung an Plutarch, Tacitus und Cato den Älteren[58] ihren wankenden Mut: die Antike, immer wieder die Antike steht im Mittelpunkt der Gedanken jener, die – schon mit einem Fuß im Grab – noch den Imperativ des Widerstandes durch die unsinnige Nostalgie des legendären *amor fati* ersetzen.

Man weiß viel zuwenig, wie sehr die Aufklärung auch vor 1789 unter dem Einfluß des Hellenismus und vor allem des Stoizismus stand. Man schrieb das Jahr 1774, als Lagrange und Naigeon für Diderot ihre monumentale Übersetzung der „Werke des Philosophen Seneca"[59] veröffentlichten. Im Laufe des gesamten Jahrhunderts zählt man in Europa nicht weniger als siebenunddreißig Ausgaben und Übersetzungen der Schriften Epiktets[60]. In etwa jener Zeit wurde Friedrich der Große der „Marc Aurel seiner Zeit" genannt. Die merkwürdigen geistigen Spielereien eines Buffon und Bernardin über die Funktion des Rüssels beim Elefanten oder der Beine der Insekten[61], die wörtlich von den wissenschaftlichen Abhandlungen der Stoa abgeschrieben sind, sind uns allen gegenwärtig. Diese Stoa ist als allgemeine Physik und Kosmologie gegenwärtig, wenn ein Shaftesbury darauf hinweist, daß alles Schlechte der Epoche von dem folgenschweren „Krieg" stammt, den man „dem Universum erklärt hat"[62]. Nie ist man der stoischen Moral und Politik so nahe gewesen wie mit Locke persönlich, wenn er seine Definition des Körpers, der „uneasiness" und der „bürgerlichen Religion"[63] bei Cicero entlehnt. Ideologische Revolution? Eine Revolution sicher, aber im etymologischen Sinn der Bahn eines Planeten, der zu seinem Ausgangspunkt zurückkehrt. Individualismus? In gewissem Sinne ja, sicher, doch der Verfasser des *Second Treaty* verfügt auch noch über mehr Wörter als Chrysippos, um das Prinzip, das ein Subjekt zu einem Individuum macht, auszudrücken[64]. Ein wenig wie

Aristoteles, der in der Genealogie des Staates beim Molekül der Familie auf Widerstand stößt, so bleibt auch er bei einem Individuum stehen, das schon im Herzen des Staates und der Natur sozialisiert ist und nirgendwo in seinem Atomismus und seiner Verstreuung aufscheint. Ein wenig wie Sokrates, der sich das Subjekt außerhalb der Bindung einer bürgerlichen Religion, die es erschöpft und verbietet, nicht vorstellen kann, schmiedet Locke das Konzept eines Menschen, der „capable of laws" und nichts anderes mehr ist als die Grundlage rechtlicher Gefüge und Bezüge[65]. Wie das gesamte Griechenland schließlich, das den eigenen Willen im Raum einer im wahrsten Sinne des Wortes totalitären Polis erniedrigte, macht die Moderne aus ihrem Rechtsträger einfach einen Winkel einer entstehenden Weltlichkeit und aus einer alten Sakralität sein Gegenteil. Eine neue Religion also, der man von nun an bis, wie ich gesagt habe, zum höchsten Wunschtraum ihres „Verfalls" huldigen wird: die Religion des Staates.

Wird man einwenden, daß diese Philosophie der Aufklärer die einzige ist, die eine „Erklärung der Menschenrechte" hervorgebracht hat, von der wir heute noch zehren, und die selbstverständlich einen unermeßlichen Reichtum darstellt? Da sie schwankte, ob diese Rechte sich auf den „Menschen", das heißt auf die christliche Seele beziehen, oder auf den „Bürger", das heißt auf den griechischen Archonten, ist diese Erklärung Teil eines Systems, das dem Subjekt seinen Willen entzieht und es in das Räderwerk eines souveränen allgemeinen Willens einspannt und damit sehr bald aus dem „Recht" eine „Pflicht", aus der „Freiheit" eine „Notwendigkeit" und aus dem „Terror" den anderen Namen der „Tugend" macht. Ist es nicht wahr, daß dieser moderne Staat der erste ist, der das Postulat eines freien und gesetzgebenden Individuums in seine Defination einbezieht? Doch dieses Individuum ist eben ein Postulat, eine Begrenzung und eine

Fiktion, das seine Erhabenheit keiner Exteriorität schuldet, es ist nichts als soziale Tatsache, induzierter und hervorgerufener Unterschied, Kunstfigur ohne Innerlichkeit und ohne wahre Autonomie, dessen Widerstand gleichzeitig vorausgesetzt und ausgeschlossen wird. Liegt in der Tatsache, daß das Konzept der „menschlichen Natur" dennoch ausgerechnet aus dieser Zeit stammt, nicht ein Widerspruch? Dieser Widerspruch besteht nur scheinbar, denn immer noch nach dem Vorbild Athens, macht das 18. Jahrhundert aus seinem „Naturzustand" einen idealen Spielraum, ein gespensterhaftes Gestade, das von den Elenden, den Vagabunden, den Perversen bevölkert ist, diesen Horden der Ausgeschlossenen, die in der Natur das verdammte Negativ der leuchtenden Gesellschaft der Vernunft sind. Denn auch das ist Weltlichkeit: diese Mischung von Etatismus und Naturalismus, die im besten Falle Bürger schafft: einen Tiefstand der Menschheit, Unter-Menschen; im schlechtesten Falle Tiere: den Nullpunkt der Menschheit, Nicht-Menschen. Wenn wir der Aufklärung die Demokratie und mit Sicherheit die Toleranz verdanken, so hinterläßt sie uns aber auch, bis zu Stalin und darüber hinaus, die Gestalt eines blutleeren, extrem verdünnten Individuums, das seine Occamsche Auflösung vergißt und – von neuem unmöglich – an den Grenzen allen Denkens, in der großen neu-heidnischen Wüste ontologisch unauffindbar ist.

4
Kritik des politischen Heidentums

Die Landschaften dieser neu-heidnischen Wüste werden in der zweiten Hälfte dieses Buches immer wieder auftauchen. Für den Augenblick genügt es mir, einige bevorzugte Gegenden hervorzuheben ...

Es ist zum Beispiel offensichtlich, daß der Nationalsozialismus ein militantes Heidentum ist und zwar nicht lediglich, wie es in der Legende so heißt, der „nordischen" Folklore wegen, die er wieder zu Ehren bringen wollte[1]. Die Rassentheorien des Nationalsozialismus, sein Kult von Blut und Boden, der Rasse und des Vaterlandes sind nicht erklärbar, ohne immer wieder darauf hinzuweisen, daß es uralte „mutterrechtliche" Prinzipien waren, die den Führer zu einem Gefolgsmann der „Menschheit gemäß der Natur[2]" machten. Es entgeht dem Leser das Wesentlichste von *Mein Kampf,* diesem Buch, das eine wirkliche Bibel des Heidentums sein sollte, wenn man nicht den fanatischen Willen erkennt, dreitausend Jahre der Rationalität, der Einhaltung des Gesetzes, der „vaterrechtlichen" Vorherrschaft und schließlich und endlich den Monotheismus abzuschaffen[3]. Wie unsicher, wie unkonsequent die Politik des Reichs den Kirchen gegenüber auch gewesen sein mag, so durchzog sie doch immer wie ein roter Faden der Traum von der „nationalen Reichskirche", deren „dreißig Grundartikel"[4] übrigens von Rosenberg verfaßt wurden. Auch die Wahl des Hakenkreuzes als Emblem des Regimes ist nicht bedeutungslos; sie bezeugt eine scharfe Herausforderung an die Theologie des „Gekreuzigten“ und gleichzeitig ein kraftvolles Wiederaufleben des „indo-europäischen“ Archaismus, dessen dunkle Mysterien[5] ein arbeitsloser Gefreiter der zwanziger Jahre entdeckte. Die mit nichts vergleichbare und wahrlich beispiellose Ausrottung der Juden entstand aus dem Wahn eines kranken Geistes, der in den Juden das unüberwindbare Hindernis für die „Auserwähltheit“ des „germanischen“ Volkes sah. Sie mit der Ermordung der Polen, der Kommunisten oder der „Asozialen“ auf eine Stufe zu stellen, wäre demnach nicht nur moralisch falsch, sondern auch ein geschichtlicher Irrtum, der den grundlegenden Unterschied zwischen einer physischen Liquidierung und einem *metaphysischen* Haß außer acht läßt, dessen Ziel es war, das Volk der Bibel[6] auszulöschen. Nein, der Nationalsozialismus ist nicht Atheismus und auch nicht Politik. Er führt einen *Religionskrieg*. Er ist eine Kriegsreligion. Und die französischen Faschisten, unsere sanften nationalen Faschisten haben das sehr wohl verstanden, als sie, wie Montherlant in *Le Solstice de Juin*, den Sieg des heidnischen Deutschland über das dekadente christliche Frankreich[7] begrüßten, oder auch, wie Drieu La Rochelle, wieder einmal Position bezogen: „Soweit ich mir Gedanken darüber machen will, gehöre ich wahrscheinlich der Religion Platos an und nicht jener des heiligen Paulus[8] ...“

Es ist ebenfalls offensichtlich, daß die romantische Strömung[9] viel früher schon Heidentum war; sie ist mit dem Nationalsozialismus zwar nicht vergleichbar, weist aber dennoch verwandte Themen auf. Auch hier bedarf es reichlicher Blindheit, um Individualismus, ja einen Kult des Ich und des einzelnen in einer „Naturphilosophie“ zu sehen, die von Baader bis Schelling von nichts anderem spricht als von einer gewaltigen Physis, in deren Rahmen alles das Subjekt aufreizt, um es zur Selbstvernichtung einzuladen, und das

Bewußtsein nur erweckt wird, um sich desto besser mit der Nacht der Dinge zu vereinen. Das Athenäum ist zwar die erste Avant-Garde-Bewegung in der Geschichte der Literatur, es ist aber in erster Linie eine gespenstische Regression, die vorgibt, den Fels des Monotheismus und seine Gebote zu umgehen, dabei jedoch den verschwommenen Monismus der Theosophen, der Alchimisten und der Erleuchteten des Mittelalters[10] wiederfindet. Diese „Modernen" sind in erster Linie „Altertümler", die ebenfalls von einem „neuen Griechenland" träumen, einem liberalen Athen in den Farben des Schwarzwaldes, das hier schon genauer Gegensatz des biblischen Jerusalem und seiner beharrlichen Zeugenschaft[11] ist. In den unklaren und doch bedeutsamen Vorhaben einer „regenerierten" Kirche, deren heiliger Paulus ein Friedrich Schlegel sein sollte, Christus aber Novalis und die profanen Apostel Tieck und Schleiermacher[12], ist immer wieder dieselbe nachahmende Rivalität sichtbar. War Hitler ein Romantiker? Sicher waren es jedenfalls Moeller van den Bruck, Spengler und Keyserling. Sicher ist ferner, daß diese „Neuromantik" – die einzige konsequente Romantik der Moderne – vom nationalsozialistischen Heidentum[13] nicht sehr weit entfernt war. Auch Jünger war ein Romantiker, der „jenseits der schmerzlichen Wirklichkeit des Schlachtfeldes" über den Beinhäusern „das lächelnde Antlitz einer Gottheit"[14] schweben sah, das den Soldaten „wie in den homerischen Kämpfen"[15] zu einer „Erde" mit den Zügen einer fruchtbaren und grausamen „Mutter"[16] zurückführt. Da wären auch noch die Brüder Schlegel, die ihren Gruß an die „großen vaterländischen Entdecker", die zwar das „Urbild des Deutschtums aufgestellt", aber vergessen haben, daß „dieses Deutschtum nicht hinter, sondern vor uns liegt"[17], als Erbe einem Rosenberg hinterließen. Mir ist auch nicht klar, wo ein Mißverständnis oder Verrat an dem „Meister von Bayreuth" liegen soll, wenn sich die Nationalsozialisten darauf berufen, daß Wagner schrieb, die Juden seien „der leibhaftige und triumphierende Teufel der Entartung der Menschheit"[18] und es einfach nötig wäre, „daß sie um ihr Leben bangen und glauben, das mit Knüppeln und Peitschen bewaffnete Volk vor sich zu sehen"[19]. Für die schlecht informierten Nostalgiker möchte ich noch hinzufügen, daß es zur Stunde, als die katholische Kirche ihre antisemitische Propaganda wenigstens vorläufig zu dämpfen schien, die Romantiker diejenigen waren, die die „heilige Flamme" von einem Ende Europas zum anderen anfachten[20].

Man könnte noch weiter gehen und zeigen, wie dieses neuheidnische Motiv, wenn auch in abgewandelter Form, im Marxismus zu finden ist ... Marx bemerkte, er sei nicht der erste „Marxist". Erstaunt wäre er jedoch gewesen, hätte man ihn darauf hingewiesen, daß er einer der letzten Vertreter der stoischen Tradition war. Die merkwürdige Ähnlichkeit dieser beiden Materialismen und ihrer Strukturen ist doch auffällig genug. Dasselbe gilt für eine Philosophie der Geschichte, in deren Rahmen das Subjekt ein einfacher Statist auf der Bühne der „Dialektik" und diese doch nichts anderes ist, als das Gegenstück zu einem „System", das damals schon in seiner Gesamtheit rund um theatralische Metaphern[21] aufgebaut war. Wie ist es möglich, in dem progressistischen Rezitativ, das versichert, Glück sei die Belohnung für ein konsequentes *amor fati,* nicht das Echo dieses „Schicksals" zu hören, von dem Chrysippos und andere sagten, es sei ein anderer Name für die Vorsehung[22]? „Klassenbewußtsein" ist die sonderbare Wissenschaft vom Unglück, die es ermöglicht, in seinen Fesseln glücklich – weil wissend – zu leben. Es ist nichts anderes als die uneingestandene Wiederkehr der alten „Exegese", die die Befreiung vom Schmerz verspricht, wenn man in das Geheimnis seiner Gesetzlichkeit eindringt[23]? Was bedeutet der Imperativ, „im Sinne der Geschichte" zu sein, wenn nicht die Entscheidung für eine Unterwerfung unter diese „Ordnung der Dinge“, von der schon Seneca sagte, daß sie nur die Wahl zwischen „willig folgen“ und „mit Gewalt gezwungen werden“[24] offenläßt? Marc Aurel[25] empfahl im wesentlichen: Tue alles, was von dir abhängt, damit eintrifft, was davon nicht abhängt. Passe dein freies Handeln den Wahrheiten der Theorie an, befiehlt der Marxismus. Cicero sagt, das höchste Gut bestehe darin, nach der „Wissenschaft dessen, was geschieht“[26] zu leben. Die Revolution, steigert Lenin, ist eine Wissenschaft, die von ihren Anhängern lediglich verlangt, ihr „objektives Interesse“ ihren Wünschen anzugleichen. „Lebe nach der Natur“, riet der weise Zenon. Die Geschichte, antwortet der junge Marx, ist eine „zweite Natur“, die „Naturwissenschaft der Menschheit“[27] ... Die Einzelheiten des Vergleichs sind nicht so wichtig. Wichtig ist, daß auch hier, in aller Stille und Diskretion, die Rückkehr vollzogen ist. Die Geschichte, diese „zweite Natur“, nimmt denselben Platz wie die erste Natur der Stoa ein. Nach Kants Voraussage[28] an die Kreuzung zwischen Physik und Theologie gestellt, ist sie für sich allein eine Theologie und eine Physik geworden. Indem sie von beiden den Weltenplan übernimmt, wird sie selbst eine allgemeine Weltlehre. Als unerbittliche Mathesis wird sie Qualen errechnen, Tote abwiegen, zwischen den guten und den schlechten Leichen Linien und Gräben ziehen und jedem Lebewesen in der neuen Ordnung der Welt seinen Platz zuweisen. Der Marxismus ist ein Historizismus: doch dieser Historizismus ist wie ein Stoizismus strukturiert. Und es ist wahrscheinlich, darauf werde ich noch zurückkommen, dieses stoische Heidentum, das die Verbindung zu den anderen modernen totalitären Richtungen herstellt[29].

Jedenfalls ist es Karl Marx, der diesmal ausdrücklich die Verbindung zum rasenden Antisemitismus herstellt, der wie ein Sturm über das Denken des Jahrhunderts hereinbricht ... Die Teile des Dossiers sind wohlbekannt. Ebenso die berühmte Formulierung in der *Judenfrage,* in der es heißt, daß die „gesellschaftliche Emanzipation der Juden die Emanzipation der Gesellschaft vom Judentum ist“[30]. Und die eleganten Fragestellungen des brillianten Polemikers: „Welcher ist der weltliche Grund des Judentums? Das praktische Bedürfnis, der Eigennutz? Welcher ist der weltliche Kultus der Juden? Der Schacher. Welcher ist sein weltlicher Gott? Das Geld[31].“ Aus der bewundernswerten theoretischen Intelligenz des *Kapitals* lernen wir, „daß alle Waren, wie lumpig sie immer aussehen oder wie schlecht sie immer riechen, im Glauben und in der Wahrheit Geld, innerlich beschnittene Juden sind ...“[32]. Die Ausbrüche in der Korrespondenz: „Der Jude mit dem schmierigen Lächeln“, „der verfluchte Wiener Jude“, „die Pariser Börsensynagoge“, „Lassalle, der polnische Schmuhl“[33]. Dieser „theoretische“ Antisemitismus hat eine furchtbare Erbschaft hinterlassen, auf die man sich in der UdSSR zum Beispiel jedesmal beruft, wenn ein Akademiker es für nötig befindet, das „jüdische Kapital“ und das „zionistische Komplott[34]“ anzuprangern. Selbst die Nazis haben sich gelegentlich auf die Marxsche Präzedenz berufen, um eine wissenschaftliche Analyse der Ursprünge der „jüdischen Vermögen“[35] besser zu begründen oder um die Gaskammern rational zu rechtfertigen[36]. Schließlich kennen wir auch das Schicksal des „durchdachten“, „vernünftigen“ Antisemitismus im Frankreich von heute in den Reihen der kommunistischen Linken, der streng auf einem „gerechtfertigten Haß“ gegen den „Monopolkapitalismus“ beruht, ein Monopol, das bekanntlich von den „kosmopolitischen Stämmen“ (Benoît Franchon[37]) oder den Anbetern des „goldenen Kalbes“ (Maurice Thorez[38]) betrieben wird. All das kennt man. Oder sollte es wenigstens kennen. Manchmal ist es freilich dringend notwendig, so manches Gedächtnis aufzufrischen.

Weniger bekannt ist jedoch die Tatsache, daß ein Wahn dieses Kalibers nicht nur auf dem Antikapitalismus, diesem „Muß" in der Arbeiterbewegung, begründet ist. Er zehrte auch von einer ganz anderen Leidenschaft, die in den sozialistischen Kreisen aufkam und vom Großteil der damaligen Intelligenzija geteilt wurde, und die ganz einfach der Haß gegen den Monotheismus ist ... Das ist auch die Auffassung von Wilhelm Marr, der wahrscheinlich das Wort „Antisemitismus" erfunden hat und 1862 den *Judenspiegel* veröffentlichte, in dem er, wie der Untertitel besagt, „vom nichtkonfessionellen Standpunkt aus betrachtet", „den Sieg des Judenthums über das Germanenthum" analysiert[39]. Auch Eugen Dühring teilt diese Meinung: er sieht im Christentum „die Schande der Jahrtausende", ein Hindernis gegen den antisemitischen Kampf und eine Verdunkelungsmaschinerie, geschaffen von den schändlichen Juden[40]. Hierher gehört auch Bruno Bauer, der das „jüdische Christentum" anprangerte und das – natürlich als „jüdisch" – *Entdeckte Christentum* verfaßte, das von den Behörden sehr rasch konfisziert und eingestampft wurde[41]. Und Georg Daumer, dieser Fanatiker des atheistischen Kreuzzugs, der in den *Geheimnissen des christlichen Altertums* aus Jesus den Häuptling einer jüdischen kannibalischen Sekte machte und in revolutionären Kreisen und bald auch im Zirkel um Richard Wagner[42] viel gelesen und diskutiert wurde. Kurz, die ganze hegelianische Linke, diese ganze große religionskritische Bewegung, alle diese Theoretiker des atheistischen Humanismus und der Emanzipation der Menschheit liefern dem marxistischen Blendwerk seinen Boden, seine Konzepte und seine Problemstellung. Dieser neue Antisemitismus ist ebenso antiklerikal wie antibürgerlich; antiklerikal sogar noch *bevor* er antibürgerlich ist; er sieht im Judentum eher die Matrize als das Negativ des Katholizismus. Genau wie der Nationalsozialismus haßten die Sozialisten des 19. Jahrhunderts nun das „gottschaffende" und nicht mehr wie einst das „gottmordende" Volk. Wir stehen hier vor einer entscheidenden Umkehrung mit unvorhersehbaren Folgen, deren konkrete Auswirkungen die russischen Juden zum Beispiel heute noch erdulden ...

Diese Umkehrung ist in Wahrheit weniger neu als sie scheint. Um ihre Ursprünge zu erfassen, muß man weiter zurückgreifen. Bis zur Morgendämmerung der Moderne, und das führt uns wieder einmal zur Aufklärung ... Tatsächlich entdeckten die Israeliten Frankreichs in jener Zeit mit begreiflichem Staunen, daß sie im Begriff waren, aus den „Gottesmördern" zu den verhaßten Erfindern Gottes zu werden. Die *Encyclopédie* drückt den Zeitgeist treffend aus, wenn sie, unter der Feder des Neustoikers Naigeon, aus Jesus einen „obskuren und fanatischen Juden" macht und aus den Juden selbst die verfluchten Väter dieses Unglückskindes[43]. Besser noch führt das 1765 veröffentlichte „Gesuch der Händler von Paris gegen die Aufnahme von Juden" alle traditionellen Vorwürfe an, merkwürdigerweise außer einem, nämlich der Ermordung Christi[44]. Jean-Baptiste de Mirabaud, ständiger Sekretär der Académie, veröffentlicht 1769 ein Sammelwerk mit dem Titel *Die Meinung der Alten über die Juden,* dessen zentrales Argument lautet, der Mosaismus sei der Ursprung des Islam und des Christentums und daher der gefährlichste und abergläubischste aller Aberglauben[45]. Der Aberglaubenjäger par excellence Baron von Holbach bestätigt die Diagnose, indem er die Christen als „schismatische Sekte" des Judentums und das Judentum selbst als Praktik von „feigen und würdelosen Asiaten" betrachtet, die nach und nach „das gesamte Imperium infiszierte"[46]. Voltaire schließlich geht wahrscheinlich am weitesten, zumindest verbal, findet man doch unter den 118 Artikeln seines *Philosophischen Lexikons* nicht weniger als dreißig, in denen „das abscheulichste Volk der Welt"[47] im

Namen des Kampfes gegen die „Niedertracht“ auf das Schlimmste beschimpft wird. Ich weiß natürlich, daß derselbe Mann auch der Verfasser einer *Abhandlung über die Toleranz anläßlich des Todes von Jean Calas* ist: doch ich weiß auch, daß der mörderische Wahnsinn des Anklägers[48] auch in dieser Abhandlung, bis ins Herz eine Anklagerede gegen den Fanatismus, fortbesteht. Ich will gerne versuchen zu glauben, wie sein französischer und kommunistischer Herausgeber[49] rät, daß etwa Holbachs Antisemitismus „für die Zeit fortschrittlich“ war und mit dem „barbarischen Rassismus des späten 20. Jahrhunderts“[50] nichts zu tun hat: aber wir befinden uns am Ende des 20. Jahrhunderts, und doch werden merkwürdigerweise seine Werke in der Sowjetunion regelmäßig neu aufgelegt – in einem der wenigen Länder, das kann nicht oft genug wiederholt werden, in dem die „rassistische Barbarei“ zum Rang der Staatsreligion erhoben wurde ...

Das ist noch nicht alles. Wenn man den Fall Voltaire etwas eingehender untersucht, so stellt man fest, daß er hier nicht halt macht, sich weder mit der Beschimpfung begnügt, noch mit der besessenen Darstellung dieser Menge von jüdischen „Gliedern“, „Eicheln“ und „Vorhäuten“, die seinen verstörten Geist so stark zu verwirren scheinen. Er beschränkt sich auch nicht auf die Kritik des Aberglaubens, der Intoleranz und der Mißbräuche der institutionalisierten Religionen. Denn dieser Gottgläubige besitzt auch eine ideale Religion. Dieser „Kammerjunker des Königs“, wie er pompös in einem Brief an Isaac Pinto[51] schreibt, besitzt auch ein geistiges Vaterland. Und diese geistige Heimat ist, welch ein Zufall, die griechisch-römische Antike ... In einem imaginären Dialog mit Cicero prangert er den angeborenen „Fanatismus“ – angeboren wie das „blonde Haar“ der „Germanen“ – eines Volkes an, das sehr wohl eine „tödliche“ Gefahr für die Menschheit werden könnte[52]. Sein liebstes Argument gegen dieses „stupide" Volk ist, daß es das Wesentliche seiner Kultur aus der Antike entlehnt habe und man schon sehr „unwissend" sein müsse, um sich das Gegenteil einzubilden[53]. In *Gott und die Menschen* macht er aus dem Volk Israel den geschicktesten, den durchtriebensten aller Plagiatoren, dessen heilige Bücher Seite um Seite von Homer abgeschrieben seien und dessen gesamte Religion von jener des Herakles und der Eurydike inspiriert sei. Wenn er diese „beschnittenen Israelis, die den Wilden alte Unterhosen verkaufen"[54] beschreibt, so um ihre uralte Barbarei der erhabenen Menschlichkeit der „Bürger des römischen Reiches" gegenüberzustellen. Fehlen ihm noch Argumente? Fühlt er, wie sich der Bogen des Hasses spannt? Bei Philostratos, Tacitus oder Juvenal wird er neue Kraft und Nahrung für seine unverzeihliche Raserei finden[55]. Entdeckt er, daß die Beredtsamkeit des Buches der Makkabäer ihn berührt? Am Ende eines Wasserfalles von Sophismen, intellektuellen Bravourstücken und moralischen Täuschungen schließt er, in der *Bible enfin expliquée,* daß diese Beredtsamkeit zu „menschlich" ist, um dem Kanon des Alten Testaments zuzugehören, und ihr Ursprung wahrscheinlich bei den Griechen zu suchen sei[56]. Der Toleranzritter haßt also nicht nur den Juden in seiner Eigenschaft als Jude: er haßt ihn, weil er nicht Grieche ist – andere werden bald Arier oder Indo-Germane sagen. Es ist nicht nur eine Etappe unter anderen in der Geschichte der alten Phobie: es ist die entscheidende Etappe, die ihn dem christlichen Bereich entreißt und in der Antike verankert. Voltaire ist kein gewöhnlicher Antisemit: sondern in diesem Sinne der Erfinder des modernen Antisemitismus.

Nun kann man vielleicht den Faden erkennen, der diesen Taufakt mit neueren Phänomenen verbindet. Welche Höllenmaschine hat sich hier in Gang gesetzt, deren absehbare Folgen bis heute wirken ... Das Mittelalter war den Juden sicher nicht sehr wohlgesinnt, und kein Auschwitz wird je die Pogrome von Hannover und Mainz auslöschen oder verharmlosen können. Dennoch gelangt der Voltairesche Antisemitismus zu einer neuen Dimension, da er den Dialog, den die Juden der Christenheit bis in die Ghettos mit ihren Gegnern führten, mit einem Schlag beendete. Auf den Ruinen der Koexistenz – die natürlich konfliktträchtig und gelegentlich mörderisch war – der Kirche und der Synagoge, deren Spuren auf so vielen Kathedralenportalen noch immer sichtbar sind, erscheint plötzlich ein kalter, brutaler, unbarmherziger Haß. Statt dem Antagonismus von damals, als das „auserwählte Volk" trotz allem, bis in die Erniedrigung, am Höhepunkt der Verlassenheit, eine Art Pfand, ein „lebendes Monument" geblieben war, wie der heilige Bernhard sagte, „für die Herrlichkeit des Allmächtigen notwendig", fügte Pascal hinzu[57] – wird es das absolut „andere", das radikal „Ausgeschlossene", der Belastungszeuge, den man mit aller Macht aus dem Bewußtsein und dem Unterbewußtsein der Menschen ausschalten muß. Der Jude war „anders" als der Christ, aber dieser Unterschied selbst war das Bekennen einer Identität und einer gemeinsamen göttlichen Abstammung: er ist der Sohn einer „Rasse", sagt jetzt der „neue Grieche", und diese „Rasse" hat unter der Sonne der „regenerierten" Menschheit keinen Platz mehr. In einer monotheistischen Welt, in der der Neue Bund den Alten Bund ablöste, war die Idee der Ausrottung einfach undenkbar, ja sogar ein Frevel: in der entchristlichten, den großen heidnischen Rückschritten gewidmeten Welt wird sie möglich, denkbar, vernünftig, vielleicht sogar wissenschaftlich. Ich sage nicht, Voltaire und Diderot seien die Vorläufer der Todeslager gewesen: doch seit der *Encyclopédie* und dem unerhörten Umschwung, den sie in der kollektiven Vorstellung verursacht hat, kann man den Juden hinterrücks töten, und zum ersten Mal ohne Worte.

Man versteht auch besser den Sinn der Alternative, die nach meinem Abbau des griechischen Modells die Gesamtheit dieser Gedanken beherrschte. Ich habe die Frage „Athen oder Jerusalem?“ nicht um der Provokation willen gestellt, sondern weil das Dilemma da ist, monumental, unumgänglich, vom Jahrhundert auferlegt und hervorgerufen. Es ist auch kein Zufall, wenn ich glaube, dem „Geist des Christentums“ huldigen zu müssen: seit dem Tag, an dem ein katholischer Papst am Ende einer langen, allzu langen geistigen Nacht sein „Wir sind geistige Semiten“ aussprach, ist diese Huldigung nur zu gerechtfertigt. Meine Feststellung des historischen Todes Gottes beruht nicht auf Nostalgie: sie sollte eben eine Feststellung sein, die Bestandaufnahme der Katastrophe, eine Aufforderung zu neuem Überdenken, vielleicht aus der Sackgasse herauszukommen, auf jeden Fall den barbarischen Folgen, die uns dieses Ereignis aufzwingt, zu widerstehen. Darum ist es mir im Grunde gleichgültig, ob man nun zwischen Aufklärung und Romantik, Marxismus und Nietzscheanismus, rechten oder linken Hegelianern – warum nicht Hitler oder Stalin? – „wählt“. Ich glaube einfach an die dringliche Notwendigkeit, heute entgegen allen *Reaktionen,* wieder zu erkennen, wie extrem neuzeitlich das Buch des Monotheismus, die Bibel, ist.

Dritter Teil

Das Wunder des Namens

Das Unternehmen wird schwer sein, und der Weg steil. Es ist gar nicht so einfach, sich vom Heidentum zu befreien. Denn nicht jeder, der will, findet in jenem. Buch der Bücher seine Heimat, diesem Buch, das bis zum Himmel aufragt, den ich leer und ohne Gott weiß. Dieses vergessen? Sich an jenes erinnern? Ich werde anfangs behutsam vorgehen. Wachsam und auf der Lauer vor mir selbst. Als methodischer Habenichts werde ich Schritt für Schritt zu Werke gehen. Nun bleibt mir nur noch zu hoffen, daß genug der Erinnerung bestehen bleibt, um die Versuchung der Sakralität abwehren zu können.

So sind diese vier Versuche, diese vier Meditationen zu verstehen, die für mich wie Kreise oder große Rahmen aus Stahl sind. So viele Zäune, Dämme, Mauern aus Stein und Papier, eine Zuflucht, aus der der Schrei des Widerstandes hörbar werden kann. Was muß ein Mensch sein, um nicht Freiwild in den Lagern zu sein? Wie muß er sich selber denken, um nicht selber Mörder zu sein? Aus diesen Fragen – den einzigen wirklich bedeutsamen Fragen – geht eine Schlußfolgerung hervor, in der sich der Knoten eines Subjekts knüpft: der Kreuzweg eines Gesetzes, *des Einsatzes auf das* Universale, *einer Forderung nach* Einzigartigkeit *und eines Rückzugs in die* Innerlichkeit.

1
Der Name des Gesetzes

Wie soll ich mich denn mit der Stummheit Gottes und dem Schweigen des Menschen abfinden? Das Heidentum könnte überall siegen, trotzdem glaube ich, daß es mich nicht überzeugen würde. Selbst wenn alles, ja die gesamte Vernunft auf seiner Seite wäre, so gäbe es doch immer die konfuse Unvernunft, die es Lügen strafte! Auch wenn ich mich auf dem Höhepunkt des Zweifels befände, so machte mich doch eine zeitlose Gewißheit weiterhin wachsam. In der Tat bin ich im Zweifel, bin gewiß meines Nichts und der Ruinen meines Konzeptes, und doch sagt mir etwas, daß mein Kopf nicht ganz so leer ist. Vielleicht liegt das an einer obskuren Gewißheit, einer Reihe hartnäckiger Gewißheiten, deren ich mich noch erinnere, wenn sich inmitten des Zusammenbruchs etwas in mir verhärtet, protestiert und auflehnt. Zweifellos besteht hier eine Wahrheit, die wahrer ist als alle Ontologie-Wahrheiten und die sich jedes Bewußtsein des Jahrhunderts starrköpfig in den Kopf setzt, sobald es die Versuchung, aufzugeben, ausgeschlossen hat. Ich möchte damit beginnen, diese Wahrheit zu exhumieren ...

Also fange ich wieder an. Zuerst muß ich noch sagen, daß ich von allen Tieren das einzige bin, das stirbt, und von allen Wesen überhaupt das einzige, das leidet. Dieses Leid ist manchmal so groß, sein Gewicht, dessen Last ich erliege, so schwer, daß es mir schwerfällt nicht zu glauben, daß es nicht mich persönlich betrifft und nicht mich persönlich verfolgt.

Es ist so hartnäckig, so furchtbar quälend, daß ich mir schwer vorstellen kann, daß es mich wie ein Ding berührt, wie einen Stein unter Steinen, wie einen Haufen Nerven und Knochen, reine Schmerzmaterie, allen Materien gleich. Es setzt mir zu hart zu, es umschließt mich zu geduldig, als daß ich nicht annehmen müßte, daß es mich meint, daß es ein Ich will, das es erträgt, daß es selbst in einem auf sein Maß und um es aufzunehmen zugeschnittenes Ich verhärtet sein will ... Das ist es, was ich fühle, wenn ich in der Stille der Angst sehe, wie das Ich sich massiv und plötzlich so klar abzeichnet, das Leuchtende, das meine Nächte der Beklemmung belebt. Das ist die Lehre, die ich ziehe, wenn ich davon träume, mich zu verschmelzen, mich aufzulösen, mich auszulöschen, wenn ich brutal zur Ordnung gerufen werde, zur Ordnung meines Namens, dieses Namens, der von diesem unnennbaren Unglück gezeichnet ist, das Hiob in seiner Pein und Eigenheit als erster für alle Menschen nach ihm erfuhr[1]. Es muß menschliches geben, es muß im Menschen etwas von dem Menschen erhalten sein, wenn es um ihn herum so viel eiferndes Böses gibt. Gott oder kein Gott, es ist, in anderen Worten, ein erster Beweis, negativ und durch das Absurde – so schwach und so zerbrechlich noch – meines Subjekt-Seins: Ich bin, weil es Böses gibt, weil dieses Böse radikal ist, und weil diese Radikalität selbst ohne die Hypothese dieser Existenz nicht mehr denkbar wäre ...[2]

Dazu kommt noch, daß dieses Böse mir zwar so Böses antun kann, als es nur will, daß es jedoch nichts gibt und auch nichts geben wird, das mich zwingen kann, mich ihm zu unterwerfen. Es kann mich verfolgen, mir keine Ruhe gönnen: nichts auf der Welt wird mich daran hindern, an den Gerüsten dieser Welt zu rütteln, sie zu verrücken, sie zum Ächzen zu bringen. Diese Welt kann abgeschirmt sein, umschlossen vom Gesetz eines Meisters. Und doch kann ein einziger Mensch, der sich erhebt, ganz allein bezeugen, daß sich in der Umfriedung etwas bewegt und die völlige Abschließung vereitelt. Ist dieses Subjekt nicht reiner Effekt der sozialen Bindung? Die einfache Tatsache, daß ich mich auflehne, beweist, daß die Bindung gelöst werden kann, sich nicht endgültig knüpfen läßt, und daß ein Auffahren – ohne daß man wüßte, woher es kommt – hie und da genügt, den Faden abzureißen. Kann ich diese Unterbrechung beweisen, sie philosophisch ableiten? Auch wenn ich es könnte, wollte ich es nicht, so sehr erscheint sie mir, wenn sie einmal eingetreten ist, jeder Ontologie, jeder Anthropologie zuwiderlaufend – reiner Aufstand, absoluter Freiheitsbeweis. Werde ich diesen Beweis in einem Ich verankern können, wie ihre Eigenschaft und ihren Effekt in einer grundlegenden Substanz? Ein Vorgehen, das beweist, was es beweist, das Wasser in die Quelle gießt und dieses paradoxe Unterland eines primären Widerstandes auf ein Oberland verweisen würde, wäre überflüssig. Der gute Biran würde sagen: „Wenn jemand bezweifelt, daß ich Herr über die Anwendung meines Geistes bin, antworte ich, daß ich es bin, und das genügt mir.“[3] Fragt man einen, der sich nicht unterwirft, ob er Herr seiner Nicht-Unterwerfung sei und worauf sie sich berufe, wird er mit *einer anderen* Nicht-Unterwerfung antworten, die weniger ihre Betrachtungen zeigt als die Gnade ihres Beispieles. Nicht: er ist, daher lehnt er sich auf; sondern: er lehnt sich auf, daher muß er wohl sein. Nicht: es gibt den Aufstand, weil es zuerst Ich gibt; sondern: es muß wohl Ich geben, sonst hätte ich mich nicht so aufbäumen können. In dieser Parodie auf Descartes liegt ein zweiter a-priori-Beweis, ein zweites Cogito der Seele – das Cogito durch einen Widerstand, der durch seine Übermacht und seine reine Unmittelbarkeit alle Wahrheiten des Pessimismus und die Bestätigung der Erfahrung übersteigt.

Dazu kommt noch, und das ist der dritte Beweis, daß es Beweise gibt, die, um zu gelten, nicht den Wert oder die Anzahl der Ableitungen brauchen. Dazu gehört die Existenz des Individuums – nicht aber eine Kenntnis, eine These, ein Konzept, sondern eher das Ergreifen einer Partei, eine existentielle Wahl. Bei dieser Wahl geht es nicht um Ontologie, sondern um Ethik, Auswahl und reine Postulation – absolut notwendig, wenn auch strenggenommen unvertretbar. Es geht weniger darum, eine Substanz zu identifizieren, als darum, einen Einsatz aufrechtzuerhalten – *den* Einsatz, ohne den es nicht mehr Veranlassung gäbe, einen Körper zu respektieren, als ihn wie eine Sache, einen Hund oder Kanonenfutter zu behandeln. Wenn etwa Vitoria und Las Casas sagen, die Indianer seien „Menschen" – und nicht „Wilde" oder „Tiere" –, sprechen sie nicht im Namen des Wahren, sondern des Guten und der Moral[4]. Wenn im Gegenteil Nietzsche setzt, daß ich nichts als ein „Treffpunkt" von Flüssen, Kräften und Naturen bin, weiß ich nicht, ob er recht oder unrecht hat, weil ich *vor allem* weiß, daß er sich für die Barbarei entschieden hat und für die Opferung dessen, was ich bin, auf dem Altar dessen, was ich sein werde[5]. Wenn ich nun dagegen sage, daß ich mich nicht auf diese Natur reduziere, dann besteht das Problem nicht mehr darin, was mein Einsatz nun wert ist: sondern es geht darum, was ich will, ich, der ich mich dem Opfer verweigere, ich, der ich mich weigere, rundherum den Tod zu geben. Selbst wenn diese Wahl kaum wahrscheinlich wäre, hielte ich sie doch für gewiß. Sie könnte völlig zweifelhaft sein, und ich würde mich nur noch mehr an sie anklammern. Sie könnte überhaupt absurd sein, und ich würde in ihrer Absurdität selbst das Motiv zu ihrer Bestätigung sehen. Auch wenn alle Wissenschaftler der Welt sicher wären, daß es in dieser Welt keine Entscheidung gibt, würde ich sagen, daß sie gerade bei der Unterscheidung zwischen den Werten ausschlaggebend ist. Persönlich überzeugt, daß das Individuum in der Ordnung des Seins keinen Wert besitzt, wiederhole ich nichtsdestoweniger, daß in der

Ordnung des Imperativs nichts so viel wert ist, wie ein Individuum: wenn mein Pessimismus mir zuflüstert, daß es in dieser Welt keinen Platz hat, so verlangt das Jahrhundert, das das Individuum überall erniedrigt, entwertet und gemartert dargestellt hat, daß ich es setze und im Absoluten setze. Es gibt keine Ontologie, die vor diesem Cogito, das auf seinen einfachsten Ausdruck, die reine Ablehnung des Tötens reduziert ist, nicht verblassen müßte: ich denke mich, also bin ich, ich will sein, also werde ich sein; das Subjekt und sein Glaube sind ein und dieselbe Realität.

Ein und dieselbe Realität? Das bedeutet logischerweise, daß dieses mit seinem Glauben verschmolzene Wesen überhaupt keine Realität mehr ist; daß ich nur so fest daran glauben kann, wenn ich daraus wirklich eine reine philosophische Fiktion mache; daß diese Fiktion schließlich nur dann beweisbar ist, wenn ich annehme, daß sie im herkömmlichen Sinn jeglicher Existenz entbehrt; daß ich sie den Ableugnungen, die ihr die Dinge entgegenstellen, nur entziehen kann, indem ich radikal zwischen ihr und der Ordnung und Gesetzlichkeit der Dinge unterscheide; das ist es ungefähr, was die Gnostiker sagen, wenn sie etwa enthüllen, daß meine Wurzel – mein „Stamm" – nicht von hier ist. Da ist mein Cogito von den festen Gewißheiten jenes von Descartes weit entfernt, von diesem Glücklichen, der vom Glanz eines „natürlichen Lichtes" erleuchtet ist, das mir nichts anderes sagen würde als die Leere einer Welt, in der ich nicht mehr bin. Dem Kantschen Kraftstück ist es jedoch ganz nahe, dieser unerhörten Geste, mit welcher dieselbe Welt plötzlich sich öffnet und in „Phänomene" hier, wo der Determinismus herrscht, und „Noumenone" dort, wo weder das Gesetz der Sinne noch das der Wissenschaft entscheiden, teilt. Ich bin versucht, von dem Individuum, das ich will, zu sagen, was Kant von seiner Freiheit sagte: daß man dem Pessimismus des Philosophen und dem Skeptizismus des

Gelehrten nur entgehen kann, indem man sich anderswohin verbannt, in einen Himmel von Prinzipien, in dem man endlich sicher sein kann, nicht mehr in Phänomenalität[6] aufzugehen. Von den drei existentiellen Evidenzen, in denen ich seine Spuren finde, ist es nicht mehr das Requisit und auch nicht das Korrelat im Sinne einer begreiflichen Logik, deren Dringlichkeit es nunmehr ablehnt: sondern das Postulat, die bedingungslose Voraussetzung, die bestimmende Idee einer neuen praktischen Vernunft, die einfach vorschreibt, nicht zu töten, dem Unglück zu widerstehen und das Böse in seiner Radikalität zu erkennen. Mit einem Wort, der Individualismus ist ein Idealismus ohne Metaphysik, ein Transzendentalismus ohne Transzendenz, der transzendentale Idealismus einer Seele, die nichts anderes ist als das unbegründbare Axiom einer Ablehnung der Unterwerfung ...

Was bedeutet das wiederum? Daß der Status und der Einsatz meiner Wette so sind, daß sie, kaum gesetzt, sich dem Zugriff der Untersuchung entzieht ... Sollte ich versuchen, ihn mit einem Arsenal von Eigenschaften zu versehen, um dann, wie die Psychologen, deren Inventar aufzustellen? Jede Zuordnung würde den Individualismus dieser boshaften Ontologie zurückgeben, von der ich ihn befreien möchte. Soll ich versuchen, ihn besser kennenzulernen, jenseits dieses „es gibt den Menschen", das mich zur Zeit beschäftigt? Wie beim Grenzenlosen Pascals weiß ich mit Sicherheit, *daß* er ist; *was* er ist, weiß ich jedoch nicht. Wie könnte ich auch überhaupt von dieser halb offenkundigen und halb verborgenen Fiktion sprechen, die ich nur von der Seite her betrachten kann? Wie das Eine der negativen Theologien nimmt diese ordnende Idee nur den Glauben wahr, andere würden das „Herz" sagen, ich einfach nur „Ethik". Kann ich diese Ethik nicht wenigstens in einem meisterlichen und meisterhaft geordneten Vortrag ausdrücken? Was sie von der Ontologie unterscheidet, ist eben, daß sie das Seiende nicht mehr auf das Sein bezieht, sondern auf den Staub der anderen Seienden in der unwahrscheinlichen Unordnung ihrer flüchtigen und empirischen Begegnungen. Besteht hier ein Mangel, ein Fehlen der Analyse? Das substantielle, in seiner klaren Definition vergegenständlichte Individuum ist in unserer Zeit jenes, das die Tyrannen wollen, das von den „Humanwissenschaften" programmiert wird und das ich um keinen Preis will. Wie kann man dieser Vergegenständlichung jedoch entgehen? Indem man folgendes Paradoxon denkt: eine Seele, die keine Wesenheit hat, sondern eine Wesenheits-Unmöglichkeit; die keine Substanz ist, sondern eine Entreißung der Substanz; die gar kein Ding ist, sondern etwas, das auf keinerlei Dinglichkeit reduzierbar ist . . . Also spreche ich von transzendentalem Idealismus, um gewissermaßen die Dilemmas, in die mich alle Philosophien zwängen, zu zerstreuen. Wenn ich setze, daß es „Menschen gibt", dann genügt diese Formel, die das Gegenteil eines Objekts, einer Region der Welt oder einer Kategorie des Seins bezeichnet. Wenn ich im Rahmen dieser Formel „Mensch" sage, so ist dieses Nicht-Objekt nur eine Perspektive der Welt, eine Ansicht über das Sein, ganz einfach der Standpunkt eines verzweifelten, aber unbeugsamen Widerstands.

Die Folgen dieser Unbestimmtheit kann ich sofort absehen; in erster Linie jene, wonach das Subjekt in dieser Hinsicht nicht mehr wie allgemein angenommen das primitive und ursprünglich Gegebene ist, sondern eine Eroberung des Gegebenen, eine Ursprungsverweigerung. Es ist nicht etwas Reales, das für die Ewigkeit geschaffen wurde und sich in einer schlechten Gesellschaft immer mehr auflöste, sondern eine späte Surrealität, wobei die Gesellschaft eher der Ort des Aufblühens als des Sterbens ist. Es ist nicht Ursprung, Prinzip und Urheber von Wirkungen, sondern zuerst eine Wirkung, die Wirkung ihrer Wirkungen, die Frucht eines langen und schmerzlichen Prozesses, eines endlosen Marsches. Besser als Ziel und Frucht, ist es der Prozeß als solcher, der Marsch, insofern es vorwärts geht und es weniger seiner angeblichen Schale entreißt, als der Illusion eines Kerns und seiner Naturhaftigkeit. Ich bin nicht, ich werde – ich bin das eingeschlossene Werden einer unerschöpflichen Produktion der Sinne, die mich niemals an eine vergessene Heimstatt kettet. Das Private ist weniger der Krieg, als der Krieg gegen den Frieden, gegen die Hemmung des Einfachen, gegen die Nostalgie der ersten Morgenröte – gegen diese fortdauernde Trägheit, die das „Glück der Steine" ausmacht, von dem Camus sprach[7]. Die Seele ist nicht der Strand unter den Steinen, sondern die Steine auf dem Strand, der Anschein gegen die Wahrheit, das Trugbild der Eitelkeit gegen die paranoische Fixierung an der Schwelle und im Boden angeblicher „Wurzeln". Ich gelange auf diesem Weg zu einem Individuum, das direkt in den Apparaturen der Gesellschaft, der es angehört, geformt ist. Es ist weniger Stein als Meißel, eher Feder als Seite, Stil als Inhalt. Es ist Arbeit am Körper des Seienden, nicht ein Sein der Welt, auch kein Seiendes der Welt, sondern buchstäblich ein Staatsstreich gegen die Welt.

Das ist freilich immer noch keine Definition, aber dafür die Formel eines Individuums, das ich frei nennen kann: vollkommen und souverän frei. Es besitzt eine a-priori-Freiheit, die endlich diesen traditionellen und unlösbaren Aporien entkommen kann ... Woher kamen sie eigentlich, diese Ausweglosigkeiten? Was ist dieses „Problem der Freiheit", das die Philosophen wälzen, seit es die Philosophie gibt? Das alles liegt zuerst einmal daran, daß sie ihre Freiheit immer über der freien Handlung suchen, am Saum ihres Eintretens, in einem Bestand von Wirkungsvermögen, in dem ich anhalten würde, bevor ich handle. Es liegt daran, daß das Subjekt sich anschließend einer Fähigkeit zur

Gleichgültigkeit erfreuen soll, einer substantiellen Autonomie, die sich im Möglichen wohlfühlt und im Wirklichen aushöhlt; ihr besonderes Merkmal ist es, daß sie zwischen trostlosen Möglichkeiten nach Lust und Laune wählt. Dem Wissenschaftler fällt es unter diesen Umständen überhaupt nicht schwer, in dieser Laune ein Trugbild, in dieser Gleichwertigkeit eine Einfältigkeit und in dieser angeblichen Wahl die retrospektive Illusion eines Bewußtseins zu sehen, das die reale Chemie nicht kennt, in der die objektive Notwendigkeit – während es noch zu überlegen glaubte – schon an seiner Stelle die Entscheidung getroffen hat. Wenn ich mich an meine Wette halte, hält das alles nicht stand. Das Argument bricht angesichts meines transzendentalen, ekstanziellen und substanzlosen Subjekts mit einem Schlag zusammen. Die Freiheit ist nicht mehr vor der Handlung zu suchen, bei ihrem erträumten Ursprung, an dieser wesentlichen Stelle, an der sie sich auslösen würde, bevor sie einrasten könnte, da diese Stelle per definitionem nicht mehr existiert. Ich zwinge mich, ihr nicht mehr im Vorzimmer, sondern mitten in der freien Handlung aufzulauern, in ihrer tatsächlichen Fruchtbarkeit, in der konkreten Verpflichtung, in der ich mich einschließe und verausgabe, in diesem fundamentalen Handeln, das mit dem Selbst, das handelt, eine Einheit bildet. So mache ich die Ansprüche einer Kausalität zunichte, die in der falschen Debatte über die Autonomie der menschlichen Natur zwar unschlagbar ist, mir über die wahre Frage, über das, was geschieht, wenn ich eine Geste der Freiheit unternehme, dennoch keinen Aufschluß geben kann. Angesichts ihrer späten Ätiologien und ihren Archaismen der Wahrheit bin ich einer Freiheit sicher, die von der Intensität, der Dynamik, dem Ungestüm meiner Entscheidung genau gemessen wird. Gegen die deterministischen Versicherungen, die immer wissen werden, daß sie gewußt haben, und immerzu voraussehen, was schon eingetreten ist, weiß und fühle ich, daß ich bin, da ich mit einer Macht ausgestattet bin, die zeitlich mit ihrem Eintreten zusammentrifft und nichts als eine gewisse Form, eine gewisse Beschaffenheit, eine gewisse Modalität des Wollens ist. Es ist eine andere Version des Widerstands-Cogito: ich existiere, wenn ich es will, da ich wollen muß, um zu sein.

Man muß allerdings wollen. Ja, ganz einfach wollen. Und das ist weder so leicht noch so rasch zu verwirklichen, wie es auf den ersten Blick erscheinen mag ... Wenn ich nämlich in und um mich schaue, muß ich feststellen, daß es für gewöhnlich nicht so ist, daß ich Schlechtes will, sondern daß ich überhaupt nicht will. Überall sehe ich Mächte, stumme oder im Gegenteil beredte Regelmäßigkeiten, von denen ich mir vorstelle, daß sie „wissenschaftlich", „notwendig" und manchmal sogar „göttlich" sind und die mich vom eigenen Handeln und Denken befreien. Ich kann darüber nicht Klage erheben, ohne alsbald die universelle Strafpredigt zu hören, mit der ich zur Ordnung gerufen werde und durch die mir befohlen wird, mich hier den Notwendigkeiten der Natur, dort jenen der Geschichte, des Staates oder der Gesellschaft zu beugen. Wollte ich versuchen, diese alle zu beherrschen, richtig zu behandeln oder zu wollen, statt daß sie mich wollen, so wäre ich nie sicher, daß es mir gelingt; ja mir fehlt ganz im Gegenteil der Stützpunkt, der Fels, an dem ich mich aufrichten könnte. Das ist es, was mir eigentlich fehlt; das ist es, was mir um wollen zu können fehlt: in der Wüste der Unabsichtlichkeit, in der Hölle des Bedeutungslosen, in dieser Welt, in der das Böse weniger aus Bösartigem als aus Mechanischem hervorgeht, fehlt mir ein Objekt, nur ein einziges, von dem ich mit einiger Sicherheit sagen könnte, daß es das reine Objekt eines Willens ist, der mir gehört. Das brauche ich und auch alle Schlafwandler, alle vor Unverantwortlichkeit Trunkenen, alle an Verzicht und Ungeduld Kranken, die ach so Ungeduldigen, sich im dunklen „Maquis", dem Dickicht zu verlieren, wo sie nur die notwendigen und natürlichen Gesetze befolgen und nie mehr „willentlich böse“ sein können. Das fehlt: ein Gesetz, reines Produkt ihrer Gehirne und gleichzeitig völlig außerhalb von ihnen, radikal abwesend und gleichzeitig im Herzen so spürbar, aus dem sie, wenn sie sich darauf berufen wie einst auf Gott, das Korrelat ihres Gewissens machen können.

Ich lasse nicht locker. Warum brauche ich um sein zu können das Postulat dieser Abwesenheit, dieser Äußerlichkeit und, um alles zu sagen, dieser Unterwerfung? Weil dies mein Schicksal ist und ich nur zwischen dieser, zugegebenerweise völlig imaginären Unterwerfung und der anderen, realen Unterwerfung der „Macht der Dinge“ von Saint-Just und Hegel die Wahl habe. Weil die Alternative immer die stumme und blinde Zustimmung zu den Gesetzen einer materiellen oder gesellschaftlichen Äußerlichkeit ist, die ich nie so gut zu meistern glaube, wie nachdem sie mich all meiner Freiheit beraubt hat. Weil ich sehr wohl weiß, daß ich ohne die Hypothese einer erhabenen Fremdgesetzlichkeit, in die ich mich flüchten und an der ich die Ek-sistenz meines Wollens festmachen kann, keinen anderen Ausweg habe, als diese unmittelbare Verbannung, diese stillschweigende Zustimmung zu den Gesetzen des Wahrnehmbaren, die unseren Eichmanns und Kapos eingaben, daß sie nicht wollten, was sie taten, nicht wußten, was sie wollten, nur Ausführende waren, Erfüllungsgehilfen, die Getriebenen einer unsinnigen Sache. Wenn Kant nun, ohne daß dies nur im geringsten ein Paradoxon wäre, sagen kann, der kategorische Imperativ sei das Freiheitsprinzip, so bedeutet das, daß dieser Imperativ mich wohl unterjochen kann, daß er aber die einzige Möglichkeit ist, den Bogen meines Wollens immer und immer wieder gegen den in mir schlummernden Roboter zu spannen. Und wenn Kierkegaard so hartnäckig auf dem Unterschied zwischen diesem Gebot und jenem, das der Tyrann mir auferlegt, besteht, dann liegt das daran, daß dieser gleichzeitig innen und außen ist, daß er diese erschütternde Besonderheit besitzt, Urheber des Dialogs, einer „Auseinandersetzung" und schließlich eines Selbstgesprächs zwischen meiner Seele und ihrem Double, zwischen mir selbst und mir selbst[8] zu sein.

Eben das ist das Wunder, das ich entdecke und weshalb ich mich auch an die Tradition dieser Botmäßigkeit anschließe. Im Gegensatz zum Schema der Rousseauschen Souveränität – in dessen Rahmen man sich nur dem Gesetz, das man sich selbst vorschreibt, unterwirft und mit dem gesamten sozialen Gefüge ein Bündnis eingeht –, ist das Duell mit dem Gesetz, mit dieser dringlichen reinen Wirklichkeit, die ich willkürlich setze, eine Finte: ich fliehe nur, um mich besser wiederzufinden und mir selbst näherzukommen. Entgegen der Alltagsmeinung ist der Schauplatz der Initiative des Individuums, das moralisch sein will, nicht in erster Linie die Beziehung zum anderen, zu anderen, die ihm gegenüberstehen – zum „Nächsten", sondern die Beziehung zu sich selbst. Dieses „Selbst", dessen „Vernunft" versucht, die „Leidenschaft" zu überwinden, sein Trachten nach dem Universellen über die Sonderwünsche, die Ablehnung der Barbarei über das Hinnehmen ihrer Niedertracht siegen zu lassen. Das Ich, dessen Aufgabe es ist, das empirische Selbst zu informieren, der Kampf für die Freiheit, für die Ethik, das sind die intimsten, die persönlichsten Aufgaben, die es gibt – dazu kann das Subjekt nur in sich selbst hineinsehen, und dies erst am Ende eines Prozesses, der es alleine angeht. Nun zu sagen, diese Betrachtung des Gesetzes sei das Prinzip der Freiheit und entreiße mich der unterschwelligen Schwerkraft, in die mich der *amor fati* hineinzieht, ist zuwenig. Man muß hinzufügen – und das ist das Wesentliche –, daß sie Individualisierungsprinzip ist, da ich mich, dem fatum in mir widerstehend, allein hier einfach als ein Selbst entdecken kann, das zu widerstehen in der Lage ist. Nicht das Individuum macht das Gesetz, sondern das Gesetz das Individuum. Und wenn Gesetz sein selbst sein bedeutet, muß man umgekehrt auch zugeben, daß selbst sein immer und zuallererst Gesetz sein bedeutet.

Ich sage es noch einmal: selbst sein ist Gesetz sein. Ich wiederhole: das Gesetz macht das Individuum. Ich lasse nicht locker: Wenn es im Menschen Menschliches gibt, dann ist es dieses Gesetz und nur dieses, das sein Menschsein möglich macht ... In anderen Worten, wenn ich mit allem Seienden unverwechselbar bin, so liegt das nicht daran, daß ich ein Zweifüßer, ein Säugetier, ein mit Vernunft ausgestattetes Wesen bin, sondern daran, daß ich mich als einziger als Lebewesen der Gesetzmäßigkeit sehe und will. Wenn es, wie ich zu Beginn entdeckt habe, verboten ist, mich zu töten, wenn mein Widerstand gerechtfertigt und mein Leiden unerträglich ist, so nicht, weil ich lebe und das Leben als solches „heilig“ ist, sondern weil ich Gesetz bin und dieses Gesetz in mir verehrungswürdig ist. Wenn es wahr ist, daß ich ein Körper bin und daß dieser Körper unantastbar ist, so bin ich deshalb lange noch nicht aus Blut, Schlamm und Staub gemacht, sondern aus einem feineren, unsichtbaren, ungreifbaren Stoff geschneidert, der mir nicht zur Gänze gehört, auch wenn er sich nur in mir manifestiert. Es stimmt nicht, daß es eine „Weltenseele“, eine große und gute Natur, eine starke und schlechte Mutter gibt, die aus mir ein Atom, ein Körnchen Zufälligkeit macht, aus dem ich mich nur mühselig wieder befreien kann. Daß ich der Sohn eines Gesetzes bin, würde laut Freud bedeuten, daß dieses Gesetz, das meinen Trieben entspringt, aus jeder Definition eine Negation, aus jeder Determination eine Kastration[9], aus jeder Vermenschlichung die Frucht einer nicht zuteilbaren und immerfort weitergeführten Verdrängung macht. Statt repressiv, willkürlich und zensurierend zu sein, bildet das

Gesetz, das Skelett, den innersten Aufbau, die dem Menschen als Mensch und Träger dieses Namens nächste Zäsur. Sonst wäre es, wie man sehr wohl weiß, nur Entfesselung des Triebes, Triumph zugefügten und erlittenen Todes und schließlich Willkür, ja willkürliche Bestätigung des barbarischen, grenzen- und gesichtslosen Conatus.

Daraus ergibt sich eine entscheidende Umkehr, deren Folgen ich nur erahnen kann. Wenn ich – angesichts der Henker, die ihre Opfer wie Tiere behandeln – in den Opfern eine Art der „menschlichen Natur" annehmen muß, dann ist ebenfalls wahr, daß diese Natur nichts weniger als „natürlich" ist. Wäre sie natürlich, so würde sie den Mörder, statt ihn zu entmutigen und seine Schande aufzudecken, im Gegenteil mit dem klassischen Sophismus trösten, daß auch das Tier Natur, die Natur auch Bestialität ist, und daß sich also nichts dem Wunsch zu töten entgegenstellt. Sagen denn jene etwas anderes, die behaupten, in Auschwitz nur Läuse vergast zu haben, in Kolyma nur „Hyänen" und in den Lagern der ganzen Welt nur Natur, immer wieder Natur eingesperrt zu haben, nichts als auf ihre reine Naturalität zurückgeführte Menschen? Was tut denn der Rassist sonst, wenn er den anderen auf seine chromosomische Identität reduziert, wie eine Kreatur aus dem Tierreich betrachtet und die Naturwissenschaft auf den Grad Null des Humanismus[10] bringt? Nein, die Wahrheit lautet: sollte die Idee der menschlichen Natur einen Sinn haben, dann als Ungeheuer der Menschheit, als Wunder an Denaturisierung[11]. Sie muß, um dem totalitären Wahn auch nur ein wenig entgegentreten zu können, durchdacht, überdacht, der Augenscheinlichkeit ihrer rohen Unmittelbarkeit entrissen werden. Angesichts eines Biologismus, der früher oder später unweigerlich auf den Faschismus hinausläuft, muß sie absolut gesetzgemäß, gesetzlich, gesetzgebend sein, einfach das Homonym der menschlichen Natur der Doktoren. Wenn mir der andere, so weit er auch von mir entfernt sein mag, als gleichartig erscheint, so weil er weder eine primitive noch eine unmittelbare Gegebenheit meines Bewußtseins ist: weder ein soziales Atom, noch ein kosmisches Molekül. Sondern ein halb reales, halb unreales Zwischenwesen, von dem ich einzig und allein das Recht, das ihm zugrundeliegt, und das Gesetz, das ihn lenkt, kenne und respektiere.

Was besagt es nun, dieses Gesetz? Was muß es mir vorschreiben? Was muß es wollen, damit ich durch sein Wollen sein kann? Auf Anhieb bin ich versucht zu schließen, daß es nichts besagt, nichts vorschreibt, und eigentlich auch nichts will. Da es sich aus Prinzip einer Empirik entzieht, die mich sonst verleugnen würde und verschwinden ließe, kann es doch nichts Besseres tun, als seine eintönige Förmlichkeit endlos zu wiederholen. Wenn seine einzige Aufgabe darin besteht, mich aufzubauen, mich der Gefahr der Wesenheit zu entreißen, würde die geringste Determination nicht dazu führen, daß es in seiner Mission scheitert und ich in meiner Unbestimmtheit Schiffbruch erleide? Wenn das von ihm gegründete Subjekt nur eine Anschauung der Dinge ist, wie könnte es selbst dann etwas Besseres sein, als eine leere und sinnlose Perspektive dieses Subjekts? In dieser Beziehung hatte Hegel unrecht, als er in der Französischen Revolution zum Beispiel den Sieg einer formalen Gesetzlichkeit sah, die jeden „Inhalt“ als „Einschränkung“ vermied. Man hätte eher das Gegenteil sagen müssen und beklagen, daß die Revolution zu sehr getrachtet habe, ihr Gesetz in Gesetze umzusetzen, ihre „Virtus“ in „Tugenden“, ihre Pflicht in den Terror. Das ist die Tragödie nicht nur Robespierres, sondern aller Revolutionäre nach ihm – in dieser Degeneration eines formalen Wollens in das, was man da oder dort will, und immer schließlich in den Willen zum Verwunden. Mein Gesetz ist das genaue Gegenteil: eine vollkommen abstrakte Form, stets Richter und nie Partei, meisterlich und nie untertänig, die sich in ihrer ganzen Größe zwischen der Erde der Menschen und dem Himmel der Grundsätze erhebt und versucht, die Unruhen des Universums zu überragen. Das Gesetz ist keineswegs leer, willenlos und impotent: man sollte es eher voll nennen, erfüllt von einem und einzigen Wollen, das vorschreibt, alle Gesetzesinhalte und Ansprüche der Menschen, ihr einzelnes Wollen uneingeschränkt zu sehen, zu bestätigen und zu relativieren. Formal ist es in dem ganz bestimmten Sinn, daß es befiehlt, ohne Befehl zu führen, Zeugnis ablegt, ohne sich zu verkörpern, und berechnet, ohne zu beziffern: nichtsdestoweniger hat es eine Funktion, die darin besteht, zwischen mir und einer Welt, die vor seiner Heiligkeit verblaßt, Abstand, Unstimmigkeit, Unterbrechung und ständige *Dissidenz* zu schaffen. Was sagt es also? Was schreibt es vor? Ganz einfach, die Ewigkeit eines fürchterlichen Nein zu diesem Geschichtsregime, dessen Macht über die Menschen und dessen Fähigkeit zur Unterdrückung wir von Epiktet bis zu den Marxisten gesehen haben ...

Von den klassischen Moralbegriffen, in deren Rahmen ein von vornherein gesetztes Gutes dem Subjekt seine Pflichten vorschreibt, bin ich jetzt schon weit entfernt: das Gute, wie ich es verstehe, ist eher das Korrelat einer ursprünglichen, grundlegenden und unbegründbaren Pflicht. Es ist nicht mehr der Entwurf einer dieser „moralischen Auffassungen der Welt“, der Philosophien, in denen immer noch der Schatten des Politischen umherschleicht: sondern eine Stellung, eine moralische *Haltung,* in deren Rahmen der Anschluß an ein unmögliches Prinzip alle möglichen Gesetze und Moralen in den Schatten stellt. Es handelt sich hier nicht einmal mehr um Kantismus, der noch zu sehr vom Stoizismus getränkt ist, als daß eine subtile Notwendigkeit manchmal den Sieg über die Forderung der Freiheit davontragen könnte: sondern um die Spur einer höheren Tradition; ich bin nicht sicher, ob ich sie auf dem Terrain der Philosophie finden kann – sie führt mich eher in die Richtung der Propheten der Bibel. Denn was ist dieses Überragen, diese Maßlosigkeit, dieser Wille zum Zerwürfnis mit der Welt anderes als dieses Gesetz, von dem Malachias sagte, es dürfe nicht „auf die Person sehen",[12], und schon der Gott Moses verkündete: „Ich will den aus meinem Buch tilgen, der an mir sündigt"[13]? Ist dieser formale und leere Imperativ nicht die Ablehnung Edoms und Ismaels und anderer Nationen, die die Schenkung der Thora nicht annahmen, in der sie nur eine Sammlung von einzelnen Verordnungen sehen wollten, die mit dem Geist ihrer Gewohnheiten, ihrer Bräuche und ihres Ethos[14] unvereinbar waren? Ist diese unwandelbare Unverjährbarkeit nicht, immer der Bibel nach, das historische Verdienst Israels, das die Bedeutung erfaßt hatte? Was ist nach dem Deuteronomium die „Auserwähltheit", wenn nicht die unerhörte, unsinnige, ausgefallene Voreingenommenheit eines abstrakten Gehorsams, der jeglicher besonderen Bestimmung vorausgeht[15]? „Auserwählt" sein bedeutet das Postulieren eines Wertes, der allen Werten Wert verleiht, von keinem jedoch Wert erlangt – darum heißt es, daß Israel, allein unter allen Nationen, beschließt es „zu tun" und dann „zuzuhören"; also zu handeln, *bevor* es weiß, was es zu tun gilt; in absoluter Weise zu handeln, bevor es in relativer Weise zuhört. „Auserwählt" sein bedeutet auch, auf eine so hohe, dem Lauf der Geschichte so fremde Instanz zu setzen, daß sie mich ebenso beruft, wie ich mich ihr beuge – darum sagt Jesaja, Gott „hat meines Namens gedacht, da ich noch im Mutterschoße seinen Namen nannte"[16], und Jeremia: „Des Herrn Wort geschah zu mir und sprach: ‚Ich kannte dich, ehe denn ich dich im Mutterleib bereitete und sonderte dich aus . . .'"[17] (Jeremia I, 4, 5); und dies ist schließlich der Sinn jenes Paradoxons, das die Kommentatoren so verwirrt hat: das in Genesis Noah *vor* der Verkündung des Gesetzes zu einem „Gerechten" macht[18].

Ich werde auf das Prinzip dieses Gesetzes noch ausführlich zurückkommen. Auf dieses geheimnisvolle Vorhersein, durch welches ich, wenn ich es wähle und es mich wählt, älter als mein eigener Name werde. Auf die radikale Außerweltlichkeit eines Textes, den ich wie der Prophet die „Schriftrolle schlucken"[19] muß und die sich dennoch wie auf eine „Tafel" in meine „Nieren"[20] eingräbt. Auf diese Ethik des Umwegs, in deren Rahmen die gerechte Handlung nur im Bezug auf einen Referenten beurteilt werden kann; und diesen Referenten kann sie, nach Rabbi Akiba, ebensowenig erschöpfen wie die „Zeder", deren „Duft" ich „atme"[21] ... Doch hier muß ich wieder einhalten. Ich fragte: woran muß ich mich erinnern, um mich weiterhin, trotz aller Widerlegungen, die sich dagegenstellen, als Mensch zu denken und um mich weiterhin Mensch nennen zu können? Bis hier habe ich geantwortet: es bedarf nichts weniger als der Evidenz eines Cogito, das seine Wahrheit selbst im Postulat eines Gesetzes findet, das leer und formal genug ist, um nie in terroristische Legalität abzufallen und sich darin zu versteinern. Nun kann ich bestätigen: es bedurfte dazu der Wiedererinnerung an diese monotheistische Funktion –, diese Fiktion? –, deren erstes und letztes Wort vielleicht lautet, das Subjekt den gewichtigen Schwerkräften der Welt, der Natur zu entreißen, der Geschichte, die sie „Götzenanbetung" nennt und die ich in moderneren Worten „Barbarei" nenne. Warum sollte es nicht ausgesprochen werden? Was ich diesen ganzen Weg hindurch im Kopf hatte, war eine Zahl, ja, ganz einfach eine Zahl, die Zahl „Eins" eines Monotheismus, dessen Testament weder die Bezeichnung noch die Kategorie „Religion"[22] kennt; dessen Tradition wenigstens dieses eine Besondere hat, daß sie sich gegen jede Mystik aufgelehnt hat und nie das Wagnis der Gründung einer Ontologie, einer Kosmologie oder eines kühneren Wertsystems eingegangen ist; dessen Welt-Effekt dann auch vielleicht nichts anderes ist, als eine endlos wiederholte Aufhebung aller Anlehnungen an Ontologie oder Kosmologie, in denen sich die Menschen verlieren, vereinigen und beschäftigen – mit einem Wort das „Eins“ eines Widerstandes.

2
Die heiligen Haine zerstören

Man muß noch weiter gehen und aus dieser Verankerung in der Legalität alle Lehren ziehen. Auch müssen die Umrisse des Subjekts fertig dargestellt werden ... Es ist in erster Linie ein Sichlosreißen von der Natur und vom Willen zur Uneinigkeit mit der Welt; es ist weder ein Ding, noch ein Seiendes unter Seienden – das aber impliziert eine Reihe von Folgen, aus denen die Funktion der monotheistischen Fiktion klar hervorgehen wird.

Zuerst einmal jene, daß ein Bewußtsein niemals in den dunklen Kammern einer „libidinösen Ökonomie" das finden wird, was es braucht, um sich behaupten und auflehnen zu können. Im Gegensatz zu dem, was uns die heutige Zeit eingibt, wird es den Lebensquell und das Instrument seines Widerstandes nicht dadurch wiederfinden, daß es seinem Körper und irgendeinem Flüstern des Fleisches lauscht. Daß die erste Natur, der es eigentlich widerstehen muß, seine eigene Natur ist, sein Selbst als Natur, als eigene Natürlichkeit seiner Triebe und Wünsche. Was ist denn dieser Wunsch, dessen Imperativ dieser Tage in der obszönen Fröhlichkeit seiner wiedergefundenen Maßlosigkeit so hartnäckig über uns hereinbricht? In aller Strenge konzipiert, ist er ein Negativitätsprozeß, von dem man weiß, daß er von seinem Objekt besessen und darauf versessen ist, sich mit ihm zu vereinen. Letztlich ist er immer das Trachten nach Ruhe, nach Frieden, nach Unmittelbarkeit[1]. Seine unendliche Unruhe, dieser unermüdliche Schwung, der nie aufhört, ihn über sich selbst und seine Werke hinauszuschleudern, sind immer nur das umgekehrte Bild einer Seelenruhe und einer Müdigkeit, der Belohnung am Ende einer Dialektik, von der man dunkel annimmt, daß sie sich schließlich doch außer Kraft setzen und verzehren wird. Er wird in der Brutalität seiner Entfesselung, in dieser Selbstverschwendung erlebt, die unsere Vitalisten und Romantiker so stark anzuziehen scheint, und er enthält immer ein okkultes Sehen nach dem Nichts, die Nostalgie einer uneingestandenen Ordnung, die geheime Postulierung einer Identität der Seele für die Seele, die, wie Rousseau in seiner Meditation am Ufer des Sees von Bievre sagte, ihn nichts so sehr wünschen läßt, wie überhaupt nichts mehr zu wünschen[2]. Er schwebt am Horizont einer kommenden Seligkeit und träumt noch von einer abberufenen, im wahrsten Sinne des Wortes abgetöteten Zeit, die entflohen ist, nur um sich selbst zu fliehen und sich in einem einzigen, unendlich gedehnten Augenblick zusammenzuziehen, in dem das Subjekt sich einer grenzenlosen Erfüllung erfreut und, wie Mozart in einem Brief an seinen Vater[3] schrieb, nur mehr die reine Zerstörung seines eigenen Seins wünschen kann ... Dieser Traum vom Glück geistert durch das gesamte 18. Jahrhundert und ist das einzige, was Marie-Antoinette und Robespierre wirklich gemeinsam haben. Dieser Vorrang des Genusses sucht uns merkwürdigerweise in unserem neuen Zeitalter der Unschuld, des Sophismus und des Schwindeln heim. In allen Fällen schließlich, in denen man auf die Natur setzt statt auf das Gesetz und seine Zensur, liegt die Spur eines wiederkehrenden Nihilismus, der jeden Willen untergräbt und dem Tode weiht.

Am Wünschen sterben? Man wird mir sicher vorwerfen, daß ich es mir zu leicht mache, wenn ich diesen Wunsch auf seine hegelianische und klassisch dialektische Definition reduziere. Daß ich auf alle modernen Versuche pfeife, diesen

Wunsch nach Nietzsche, jenseits seiner schändlichen Negativität, befreit von seinem schlechten Gewissen und seiner Unruhe, in der herrlichen Positivität eines grenzenlosen „ja" zur Welt zu denken. Dadurch, daß in diesem sogenannten „Befreiungsdenken" ein neuer Bezug zum Körper und seiner Materialität entsteht, die eben die Besonderheit besitzt, die Rechte des Lebens gegen jene des Todestriebes, zu denen der platonische „Eros" neigte, zu stellen ... Wahrscheinlich ist das wahr; es ist aber ebenso wahr, daß in dieser anderen vorgefaßten Meinung eine andere Version der Illusion, desselben naturalistischen Trugbilds liegt. Was ihm innewohnt, ist wie immer – und wie ich schon an anderer Stelle zu zeigen versucht habe[4] – die Ablehnung und daher das Phantasma einer gezwungenen Wandlung, die den Lauf des alten Schemas wiederholt, indem sie es umkehrt. Die Falle, in die man gerät, ist jene einst von Stirner, Sade und einigen anderen gestellte, wo die proklamierte Unschuld des Werdens und seiner Strömungen jeden Maßstab für das Gute, das Böse, die Perversion und sogar den Mord abschafft. Anhand welchen Kriteriums kann der Unterdrücker vom Unterdrückten unterschieden werden, wenn man dem hemmungslosen Genuß huldigt und die Gleichheit jedes Genusses behauptet? Warum sollte man den Widerstand statt der Unterwerfung wählen, wenn man aus dem Wunsch und der Gleichgültigkeit jedes Wunsches ein Prinzip macht? Warum sollte man den Rassismus, den Antisemitismus oder die Konzentrationslager verurteilen, wenn man der Auffassung ist, daß auch die Opfer daraus Genuß zogen und die Freiheit nur nach dem Genuß gemessen werden kann? In wessen Namen sollte man noch von Menschenrechten sprechen, wenn es die Eigenschaft des Menschen ist, alles das zu werden, was er ist, und wenn es seine erste Pflicht ist, alles das zu wollen, was er kann? Die Wahrheit – die schreckliche Wahrheit einer gewissen zeitgenössischen Linken – ist, daß es, wenn der Wunsch wirklich, wie man uns versichert, das Maß aller Dinge ist, es kein Maß mehr gibt, um diese Objekte zu messen. Und wenn sich die gesamte menschliche Chemie in ihrem Kreislauf erschöpft, warum sollte nicht die Zeit gekommen sein, einen Drieu zu rehabilitieren, einem Darquier de Pellepoix[5] zuzuhören und schließlich das ganze natürliche, ach so natürliche Grauen des Jahrhunderts zu verharmlosen?

Die Wahrheit ist vor allem, daß hier, in diesem Naturalismus der Linken, eine beängstigende – wieder einmal neuheidnische – Versuchung liegt, die möglicherweise eines Tages dazu führen wird, daß man sich nicht mehr damit zufrieden gibt, den Faschismus zu „verharmlosen". Wie bei allen *realen* Faschismen ist es das Individuum als solches, das in dem Verlies dieses stolzen und schnöden Wissens verschwindet. Wie in den dreißiger Jahren, hört man hier die alte Leier der Vergötzung, die mit all ihren Voraussetzungen an blindem Gehorsam und Opferphantasmen wieder auftaucht. Und wie in der Vorstellung der Griechen ist es die Idee eines Widerstands-Subjekts selbst, die wieder zu einem absurden und unwahrscheinlichen Mythos wird, dessen Hypothese gleichermaßen unnötig und illegitim ist ... Sie ist wirklich *illegitim,* wenn unsere Mutanten und Dekadenten jeden Wert als willkürlich, repressiv und künstlich erklären – dünne Kruste über einem unbeirrbaren und lebendigen Vulkan, dessen Lavaströme und Erschütterungen man nicht aufhalten kann. Die Idee ist *unnötig,* wenn man der geheimnisvollen Zahl, die es ermöglicht, im Gleichklang mit der Welt, im Rhythmus ihrer Bewegungen und nach den Launen ihrer Synkopen und Maschinerie ontologischer Libido zu leben, nach dem Vorbild Sokrates gleichen souveränen Wert zuordnet. Sie ist skurill, wenn das Subjekt die beiden antagonistischen Gestalten des berühmten Dialogs in einem verwunderlichen geheimen Einverständnis gegen sich verbündet und auf diese Weise in die Zange einer doppelten Notwendigkeit gerät, die ihm vorschreibt, einerseits der gesegneten Unordnung seiner eigenen Heftigkeit zu folgen, andererseits sich der beinahe organischen Ordnung einer Meister-Materie zu unterwerfen. Kallikles plus Sokrates? Sokrates in Kallikles? Jenseits des Bildes ist es der Schlüssel zu einem Kompromiß ohnegleichen zwischen der Ordnung der Dinge, die angeblich wie ein Wunsch struktuiert ist und der Ordnung des menschlichen Wünschens, die angeblich mit den Dingen homogen ist. Jenseits des Kompromisses ist es der Kult einer Physik, die, da in der Ordnung des triebhaften Mikrokosmos und des allgemeinen Makrokosmos gleichwertig, das Gegenteil der Ethik und ihrer Unmöglichkeitsbedingung ist. Jenseits dieser Physik handelt es sich noch einmal um die Rückkehr der antiken stoischen Harmonie und ihres Gebotes an die Menschen, sich mit dem zu vereinen, was sie nicht meistern, das anzubeten, was nicht von ihnen abhängt, sich in das Unvermeidliche zu fügen – zu verzichten, aufzugeben, zu kollaborieren.

Ist es unter diesen Umständen verwunderlich, daß dieser Materialismus der Libido sich manchmal mit dem einfachen Materialismus so gut verträgt? Daß es im Italien der späten siebziger Jahre eine „Autonomie-"Bewegung gegeben hat, die sich gleichzeitig auf die „Befreiung" und die abgedroschensten Gemeinplätze der marxistischen Dogmatik berief? Daß zur gleichen Zeit in Frankreich die alte antisemitische Leidenschaft im libertären Einflußbereich ebenso wie im Lager der Arbeiterklasse fröhliche Urstände feierte[6]? Daß, und das ist noch merkwürdiger, eine Wochenzeitung der extremen Linken zur Stunde, als die Repression in Argentinien ihren Höhepunkt erreichte, meinen Berichten darüber den Wunsch der „Massen" von Buenos Aires entgegenstellen konnte, einen sportlichen Wettbewerb auszutragen und sich somit genau an die Position der kommunistischen Internationale[7] anzuschließen? Wir stehen hier vor einer Reihe von offensichtlichen Paradoxa; sie lassen sich jedoch erklären, sobald man zugibt, daß der Materialismus bleibt und er trotz aller möglichen Verkleidungen, hinter denen er seine Verleugnung des Vaters und des Gesetzes verbirgt, nur die Versionen ein und derselben Anbetung der Ordnung endlos abwandeln kann. Wer aus dem Behagen der einfachen Leute das Kriterium jeder Politik und aus dem Sinn der Geschichte das Maß aller Werte macht, sagt genau dasselbe. Eine gemeinsame Methode legt dem einen in den Mund, daß keines der Menschenrechte vor dem „Vergnügen", das die Menschen an dessen konkreter Verletzung finden, bestehen kann, und dem anderen, daß die beste Definition der Freiheit „Intelligenz der Notwendigkeit" lautet. Es ist ein und dieselbe Notwendigkeit, die in allen Fällen entscheidet und sich synchron und austauschbar auf einen vulgären und vulgär geschichtlichen Marxismus einerseits und ein linksgerichtetes und oberflächlich freudianisches Gemengsel andererseits stützt. In dieser heiligen Allianz liegt sehr wohl die Gefahr eines Faschismus, der niemanden überraschen wird außer die unheilbar Kurzsichtigen, die stets bemüht sind, was immer von links kommt, auf der Rechten zu suchen[8]. Für mich ist die Wahl jedenfalls klar: dem Kult des Wunsches, der Natur und des Besonderen stelle ich einen Individualismus der Vernunft, des Prinzips und der Abstrahierung entgegen, der nicht mehr in das Fleisch der Dinge eingebrannt, sondern in die Tafeln aus Stein, die sich am Ort der höchsten Verehrung befinden, eingemeißelt ist.

Man errät es sofort: der Kern der Frage ist – weit jenseits dieser armen „Ideologie des Wunsches[9]" – ein Motiv, das von viel weiter herkommt, geschmückt mit dem Ruhm aller gerechten Kämpfe, die das Jahrhundert in seinem Namen ausgetragen hat, und von dem Glanz der Würde, die es gelegentlich so vielen erniedrigten Gemeinschaften wiedergegeben hat, umgeben ist – ich meine das Motiv, die Bestätigung, die Forderung dessen, was man seit dem Erwachen der „Minderheiten" den „Unterschied" nennt ... Wenn es nämlich wirklich so ist, daß mir ein konsequenter Antifaschismus diese Pflicht und diese Abstrahierung auferlegt, dann sehe ich nicht recht, was ich in dem „Horchwinkel meines Unterschieds[10]", mit seinem „Ethos" von diesem Antifaschismus hören werde. Wenn man in Kauf nimmt, daß ein authentisches Subjekt ein menschliches Ungeheuer ist, taub gegenüber jeder Natur, seine eigene Natürlichkeit verleugnend, dann muß man bezweifeln, daß sein wertvollstes Gut der unbeugsame Partikularismus ist, den in Ehren zu halten und zu pflegen man ihn anfleht. Wenn es stimmt, daß der Individualismus das Entreißen aus der Essenz, dem Ding und der Substanz voraussetzt und eine Verankerung im Gegenteil, im Gesetz und seiner transzendenten Eksistenz, wie ist es dann möglich, nicht zu sehen, daß der Versuch, ihn in einer essentiellen „Minderheit" zu verwurzeln, bedeutet, ihm den Rücken zuzukehren? Besser, wenn man im Auge behält, daß sich ein Selbst, das widersteht, weniger als eine Region der Welt, als vielmehr als eine Ansicht über die Welt definiert. Diese Ansicht beinhaltet in erster Linie das Verbot zu töten. Kann man sich da nicht eine „Politik des Unterschieds" vorstellen, die paradoxerweise terroristisch und mörderisch wäre? Das träfe auch ein, wenn man dem Henker, dem Perversen oder dem Nazi sein heiliges Recht auf Unterscheidung, sein Recht also, zu töten, zu vergewaltigen oder einzusperren[11] zuerkennen würde. Das entspricht auch der konkreten Haltung von Kallikles und seiner zeitgenössischen Erben, die so rasch bei der Hand sind, um der Diktatur des Einfachen jene der Macht gegenüberzustellen, dem Imperium des Universellen die Empirie der Gewalt, der Willkür des Gesetzes das Gesetz der Laune und des Wahns. Es ist nicht einmal ein Zufall, sondern das strenge Korrelat des Anti-Setzens, das vorgibt, eine Ethik auf dem Primat des Unterschiedes zu begründen und glaubt, daraus den einzigen Artikel einer Weltanschauung zu machen und so sein Universum mit Übermenschen zu bevölkern, die usurpieren, indem sie sich setzen und ausschließen, indem sie sich bestätigen. Ihre ersten bewußten Entdeckungen wären – sind immer – Leichen an ihrer Seite.

Ich möchte nicht, daß man mich falsch versteht. Ich behaupte nicht, diese oder jene sexuelle, nationale oder ethnische Minderheit hätte nicht recht, sich zu behaupten: abgesehen davon, daß niemand von mir Gründe zur Auflehnung erwartet, wäre es eine schöne Unverschämtheit und dazu noch flegelhaft. Natürlich verurteile ich weder die Frauenbewegung noch die bretonischen oder okzitanischen Unabhängigkeitsbestrebungen: und um der Klarheit willen füge ich hinzu, daß ich spontan dazu neige, ihre Seite zu ergreifen. Ich behaupte auch nicht, daß der „Unterschied", mit dem sich diese Kämpfe brüsten, ein Köder oder ein Irrtum sei: es gibt ihn offensichtlich, und aus dieser Offensichtlichkeit bezieht er alle Beweise seiner Existenz. Ich sage ganz einfach, daß der Kampf des bretonischen Volkes oft genug den Abgrund eines gefährlichen Keltentums streift und jener der Frauen für ihre Unabhängigkeit beängstigende Phantasmen von Mord und Kastration[12]. Daß diese Art der Versuchung genau dort beginnt, wo man aus der Tatsache des Unterschieds selbst nichts weiter macht als eben eine Tatsache und aus seiner gerechtfertigten Proklamation die blinde Bestätigung einer teilweisen, stellenweisen und ausschließlichen Besonderheit. Und daß die einzige Möglichkeit, diese Gefahr zu bannen, darin liegt, aus dieser Besonderheit etwas Besonderes zu machen; aus dieser brutalen Ausschließung eine Gestalt der Einschließung; aus diesem realen Unterschied einen *Zusatz* zur Identität; aus der Darlegung der Tatsache die Forderung und die Anmeldung eines *Rechts* ... Im Klartext bedeutet das: um nicht in Barbarei zu verfallen, muß das Subjekt annehmen, daß es in erster Linie, bevor es „anders“ ist und sich fröstelnd in das Kollektiv einordnet, das sein Anderssein benennen soll, Subjekt ist, eine Ausgeburt der Menschheit, und daß sich seine wiedereroberte Eigenheit in diese Menschheit einzeichnen kann und muß. Um sich zu definieren genügt es nicht, eine endlose Liste seiner Unterschiede aufzustellen, denn aus diesem Zusammenzählen wird nie ein Individuum hervorgehen und daher auch nie der Imperativ, nicht zu töten, aber auch nie das Recht, nicht getötet zu werden. Ein antirassistischer Kampf läuft zum Beispiel Gefahr, sich eines Tages in einen verkehrten Rassismus umzukehren, sich eventuell in einem Stammesdogmatismus einzukapseln, wenn er nicht gewissenhaft jenseits des Unterschiedes, den er verteidigt, eine Basis der Gleichartigkeit postuliert, von der er sich abheben kann. In diesem Sinne ist es demagogisch, „wir sind alle Minderheiten“ zu rufen, wenn man nicht sofort hinzufügt, daß im Herzen jeder Minderheit der Traum schlummert, zur Mehrheit zu werden und zumindest das Verlangen nach allgemeiner Toleranz. Es gibt kein Sonderrecht, das man nicht zuerst auf diese „Menschen verschiedenen Ursprungs“, von denen die Hebräer sprechen, beziehen müßte, auf diesen abstrakten und für eine Gattung stehenden Menschen, der das wahre Subjekt ihres Gesetzes war[13], und das ist auch der Sinn des Vorwurfs Jahwes an Malachias: „Weil ihr meine Wege nicht haltet und sehet Personen im Gesetz“[14].

Verweilen wir einen Augenblick beim Fall des Unterschieds zwischen den Geschlechtern, der, wenn nicht der wichtigste, so doch der beispielhafteste ist. Ich gebe zu, daß es keine Anthropologie geben kann, ohne diese Teilung zu berücksichtigen und sie an den Beginn der Analyse zu stellen. Ich weiß sehr wohl, daß sie *de facto,* das heißt in der absoluten, ursprünglichen und wahrscheinlich gründenden Ordnung des Seins besteht. Dennoch glaube ich, daß man *de jure,* das heißt in der Ordnung der Werte und der Ablehnung der Gewalt, versuchen muß anzunehmen, der Unterschied sei relativ, induziert und nebensächlich ... Das ungefähr geschieht auch in der Bibel im zweiten Kapitel der Genesis, in dieser berühmten Episode über die Erschaffung Evas aus einer „Rippe" Adams[15]. Man geht am wahren Sinn dieser Passage vorbei, wenn man sie nicht im Lichte der ersten Version im vorhergehenden Kapitel betrachtet, in dem ein geheimnisvoller Plural den Elohisten sagen ließ, „Gott schuf *den* Menschen nach seinem Bilde ... als Mann und Frau schuf er *sie*"[16]. Diese Formulierung taucht im fünften Kapitel neuerlich auf, in dem der Chronist seine Erzählung zum dritten Male wieder aufnimmt und hinzufügt „als Mann und Frau schuf er *sie* ... und gab ihnen ... *den Namen Mensch*"[17]. Man darf auch nicht vergessen, daß dieser „Name Mensch" selbst, dieser gemeinsame Name des Mannes und der Frau, dieser gattungsgemäße und abstrakte Name, mit dem ihr Unterschied geformt wurde, merkwürdigerweise im hebräischen Text „Adam"[18] heißt. Noch verwirrender ist die Tatsache, daß diese Parabel – man vergißt immer wieder, es zu bemerken – am Ende der fünf Tage aufscheint, in denen der Schöpfer nichts anderes getan hat, als zu *trennen,* zu teilen, zu entzweien – „Himmel" und „Erde", „Wasser unter dem Himmel" und „Wasser auf der Erde", „Erde" und „Meer", die „größere Leuchte" und die „kleinere Leuchte", „Seetiere" und „geflügelte Vögel"[19]. Und siehe da, in der Dämmerung dieses „sechsten Tages", in der Stunde der entscheidenden Geste, durch welche die Menschheit entsteht, hält der göttliche Handwerker zum ersten Mal die Maschine an, diesen endlosen Prozeß der Duplikation, der Andersheitsverdoppelung, der bis dahin der eigentliche Rhythmus der Schöpfung war ...

Warum? Wie kam es zu dieser Unterbrechung? Wenn Gott plötzlich auf das Unterscheiden verzichtet, dann weil es sich vielleicht weniger darum handelt, die Eva aus Fleisch und Blut zu diskriminieren – und abzuwerten –, als vielmehr die „Weiblichkeit", auf die sie sich berufen könnte. Es geht weniger um ihre Weiblichkeit, als um die Art und Weise, in der sie die Beziehungen der Menschen untereinander und deren Bezug zur Welt durcheinanderbringt und verwirrt. Es geht somit in dieser Beziehung weniger um Eva als um die Beziehung in ihrer Gesamtheit, insofern als die Herrschaft des Andersseins darin der Natur Primat verleiht, wie übrigens sehr bald anläßlich des Sündenfalls deutlich wird. Nicht die „Frau" als solche wird als „minderwertig" dargestellt, sondern zuallererst die geschlechtliche Beziehung, die als nebensächlich erklärt wird. Nicht sie – die den „Namen Mensch" trägt – wird erniedrigt, sondern dieser Mensch wäre es, wird es vielleicht, wenn am Anfang der Wunsch, die Versuchung und ihr Teufelstanz stünden. Anstelle einer angeblichen „Ungleichheit" – „als Mann und Frau" wurde derselbe Mensch geschaffen – ist es der Ausdruck einer absoluten Gleichheit, die einzig und allein durch die Mediatisierung des Unterschieds ermöglicht wurde, der jene, die seine symbolische Last tragen, im allgemeinen versklavt und verdammt. Wie kann man also, wie es hie und da geschieht, von „Frauenfeindlichkeit" oder biblischem „Sexismus" sprechen, wenn das Geschlecht selbst hier als unwesentlich, als einfache und lächerliche Kontingenz der Struktur und des Schicksals des Menschen dargestellt wird. Viel eher ist es das schöne und gewagte Bild einer vollkommenen Wechselseitigkeit zwischen Partnern, die derselben Menschheit angehören – dann erst erfolgt die Trennung. Das Setzen auf eine in erster Linie zwischenmenschliche Beziehung, wobei man entscheidet, die uralte Wunde, die der Krieg des Fleisches in die Körper geschlagen hat, nicht auszuschließen, sondern ihr den sakralen Charakter zu nehmen. Die vielleicht einzige Grundlage einer Moral der Achtung und der Anerkennung, in deren Rahmen es keine „Eigenheit“ gibt, die nicht im selben Augenblick und in dem Maß, in dem sie erkannt wird, auf einen Horizont von Recht und Allgemeingültigkeit bezogen würde. Wenn die biblische Frau eine „Rippe“ ist, so ist sie zuerst ein Gesicht und dann erst ein Mutterleib[20].

Werden die Neunmalklugen nicht einwenden, das Judentum sei selbst der Kult einer Andersheit, die um so höher herausgestellt wird, als sie den Frauen und den Nichtjuden im allgemeinen verweigert ist? Eben nicht, denn das Besondere an dieser Andersheit ist, daß sie die Idee ablehnt, sich in einem Leib zu verankern, in einer Materie aufzugehen, sich an einen realen Boden zu binden, aus dem die menschlichen Brüder nur Zwietracht und Krieg ernten werden, da dieser die Menschheit in Eingeborene und Fremde teilt: denn nicht für euch allein ist Gott gekommen, sagt Moses den Hebräern, sondern auch für jene, „welche heute mit uns hier nicht zugegen sind“[21]. Besteht in diesem mosaischen Gesetz, das so eifersüchtig über seine Vorrechte, so aufmerksam über seine Reinheit wacht, die in der anmaßenden Proklamation seiner eigenen Auserwähltheit eingeschlossen ist, nicht dennoch eine unbeschreiblich ausgeprägte partikularistische Geisteshaltung? Man geht an der Größe der biblischen Botschaft vorbei, wenn man in dieser Auserwähltheit, deren Hauptgedanke es ist, das Subjekt seinen zeitlosen Ortsgebundenheiten, seinen altertümlichen Geographien, seinen wilden und spontanen Verwurzelungen, die immer und unweigerlich zur Gewalt führen, zu entreißen, ein Privileg, Chauvinismus und Nationalismus sieht: bei den Propheten sind es die „Bösen“, die „Wurzeln fassen“ und die Jahwe unentwegt „aus ihrem Boden herausreißt“[22]. In seinem berühmten Wort „gegen die heiligen Bäume“ und gegen den alten heidnischen Geist mit seinem Troß von Obskurantismus und unheilbringender Anhängerschaft: „Ihr Sünder werdet zuschanden ob der Gärten, die euch gefallen[23]", sagt Jesaia nichts anderes. Und auch der Talmud nicht, der Babel die „selbe Stellung wie Erez Israel" zuspricht: Jerusalem also den Status eines Landes ohne Gebiet, das seine Heiligkeit aus der Spiegelung seiner Eitelkeit erhält[24]. Das ist auch der Sinn der Worte Jeremias, der den nach Babylon Verschleppten ans Herz legte, sich im Exil zu stärken[25], in anderen Worten, eine Nation ohne Nationalismus, eine Identität ohne Inkarnation, eine Loyalität ohne Vaterland und für immer mit dem mörderischen Geheimnis der dunklen Waldgeister zu brechen. Und vielleicht ist es dieses unendliche Exil, diese fundamentale Weigerung, seiend zu sein, diese unglaubliche Freiheit gegenüber den starren und seßhaften Lebensformen, das diesem Volk von Verlorenen, das in einer Wüste umherirrte, ohne sich jemals festzusetzen, unter armseligen Zelten betete, die es überallhin mitnahm[26], wie Levinas sagt, die Kraft gegeben hat, den Menschen eher im Menschen als in der Natur wiederzuerkennen: die Fähigkeit, das Universum vom Nächsten aus tiefer und besser zu verstehen, als von den Dingen aus ...

Daraus können einige greifbare und unmittelbare Lehren gezogen werden. Allen jenen, die über diese berühmten „Wurzeln" klagen, die eine perverse Moderne vergessen haben will, muß man ins Gedächtnis rufen, daß jedes Wort, jede Institution, ja selbst jede Erinnerung eine notwendige und wesentliche Entwurzelung voraussetzen und daß der Geist dem Gesetz nach frei, aber seiner Wurzel untertan ist. Dem eintönigen Wehgeschrei über die durch die Pflugschar der Maschine oder das industrielle Krebsgeschwür ausgehöhlte und welkgemachte Natur muß die wiederum von Levinas erwähnte Tatsache entgegengehalten werden, daß die Ethik dort und nur dort beginnt, wo man sich unter den

Menschen heimischer fühlt als in der Einsamkeit des eigenen Hauses, im Untergrund der Stadt besser als im Ghetto der Wälder. Im Bereich der Philosophie muß man unbedingt mit der von Heidegger und der deutschen Romantik beeinflußten – aber auch von so vielen unbekennbaren Mißgeburten beladenen – Nostalgie schlußmachen, die einer „Welt" nachhängt, die vor den „Dingen", einem „Gedicht", das vor den „Worten", einem „Denken", das vor dem „Wissen" da war, vor einer verzückten Erscheinung des Herrn, deren Wächter der Mensch wäre, mit der Einschränkung, daß er im Schatten des „Baumes" und seiner großen Weisheit auf den „Wegen", die durch die Felder führen, gehen und seinen Weg durch das Halbdunkel des „Waldes" des Seins methodisch weiterverfolgen kann. Im Bereich des Politischen ist die Zeit gekommen, die Verfechter der Revolte gegen die Technik daran zu erinnern, daß der Kampf gegen die Technik als solcher obskurantistisch ist. Den Vorsängern einer „nach links gerückten" (!) Ökologie muß man sagen, daß die Natur auch tötet, und daß alles, was tötet, „rechts" ist[27]; den Theoretikern eines seinem Boden verhafteten Widerstands, daß der längste Widerstand der Menschheit in der Diaspora stattfand. Wenn man nämlich allgemein annimmt, daß Subjekt sein bedeutet, einem Gesetz und nur diesem Gesetz, das man sich selbst gegeben hat, zu gehorchen, dann muß man wohl zugeben, daß die erste Handlung des freien Subjekts darin besteht, sich vom Ort seiner Geburt zu lösen; sich der Schwerkraft, die es unterwirft, zu entziehen; alle Bande, die es nicht bewußt gewollt hat, zu zerschlagen; den Raster, der das Subjekt *einordnet* und den es nicht *gewählt* hat, zu sprengen: das Exil wiederum, dieses Exil von dem die Propheten immer und immer wieder sprechen[28], dieser radikale Kosmopolitismus, der nunmehr gegen *alle* Gemeinschaftsillusionen wieder erfunden werden muß.

Ich leugne natürlich nicht, daß es auch und immer noch

Anhängerschaften ohne Treuepflicht gibt, die älter sind als jede Frömmigkeit, älter als jede vorgefaßte Meinung, und die aus dem Subjekt, das sie erheben, ein Wesen machen, das in gewissem Sinne ebenso alt, sogar noch älter ist als das älteste Ding. Ich leugne es um so weniger, als ich, selbst Jude, oft gesagt habe, daß ich in meiner Zugehörigkeit ein unentzifferbares und unauslöschliches Zeichen fühle, das, abgelehnt oder angenommen, immer schon für mein Glück oder mein Mißgeschick da ist, wie eine Schicksalhaftigkeit aus einer längst vergangenen Zeit, in der ich „geboren" bin, bevor ich noch „werde". Man muß eben ganz schlicht und einfach sagen, daß dieses Zeichen wohl sein und für jeden Menschen unauslöschlich sein mag, daß es aber dennoch erst durch sein Einzeichnen in das Siegel des Universalen, seine Zuordnung zu den Waffen des Imperativs Gültigkeit erlangt: darum hört die Bibel nie auf, ihre Helden von Abraham bis Jakob, von Esau bis Sara, um- und überzubenennen[29]. Ich bestehe so hartnäckig auf die Kategorie des Exils, weil dieses Exil nichts anderes ausdrückt als den Primat des Durchzugs über das Territorium, des Rechts über die Tatsache, aber auch der Schrift über das Wort oder des Buchstabens über den Geist: und daß es der strenge Buchstabe einer Ethik ist, in den sich eine Identität wieder einzeichnen kommen kann und soll, eine Identität, die sich nachher sehr wohl älter fühlen kann als ihr gesetzliches Alter – die Befehle der Thora sind im „Herzen" eingeschrieben, in den „Lenden" festgehalten. Wenn ich von „Wahl" spreche, dann ist das um zu unterscheiden zwischen dieser buchstäblichen Ethik, diesem Skrupel des Buchstabens, der aus jedem Ursprung einen Ort des Austauschs macht[30], dieser Aufmerksamkeit gegenüber der Schrift, die Gebot von tatsächlicher Handlung trennt und daher einzig und allein imstande ist dem Subjekt zu ermöglichen, der Diktatur dessen, was ist, zu entkommen; und, andererseits der Ethik nach dem

Ethos, den Sitten, dem Anstand, die zweifellos der Wahrheit ihrer Etymologie näher ist, diese Wahrheit jedoch im Zustand der dunklen Verwirrung einer ungemeisterten Natur zurückhält ... Das, auch das ist heute der Sinn einer Rückkehr zum Judentum: diesseits jedes Mystizismus, führt die Bindung an eine Religion, die an nichts anderes glaubt als an die Form dieser Ethik, an diese Herrschaft des Buchstabens über den Geist und an die Notwendigkeit dieser neuerlichen Einzeichnung, wie der Dichter sagt, zur Definition einer „geistigen Nation", deren „Heimatland die Thora ist"[31] ...

Ich sagte: diesseits des Mystizismus. Um genau zu sein, müßte ich sagen: jenseits jeder Sakralität. In der Ökonomie des Seins besteht die Aufgabe des Judentums nämlich darin, letztlich nichts anderes zu wollen als eine entsakralisierte Welt, in der die ältesten Verehrungen ausgerottet worden wären. Man versteht nichts von der Erhabenheit seines allmächtigen Gottes, wenn man vergißt, daß ihm nie etwas anderes auferlegt wurde, als den Nebel um die Krypten des heidnischen Kosmos' zu entzaubern und zu beleuchten. Ich habe schon erwähnt, daß ich mich nur darum darauf beziehe, weil es nie aufgehört hat, der pompösen Redseligkeit der berühmten „Wälder von Symbolen", der unverhofften Vereinigung des Welt-Menschen und der Märchen-Welt die Reinheit einer Schrift, die auf den Ruinen jeder Allegorie vom Menschen zum Menschen geht, gegenüberzustellen. Es gibt einen talmudischen Text, der zwischen Momenten des Unglaubens und des Frevels unterscheidet und dabei natürlich die Preisgabe der Wahrheit erwähnt, aber auch und vor allem die spontane Bindung an mythologische Glauben, an diese alten Baal-Götter von einst, gegen deren Reize schon die Propheten unablässig wetterten. Eine andere Schrift berichtet, wie Abraham, der Sohn eines Götzenhändlers, in Abwesenheit seines Vaters eines Tages alle Statuen zerschlug, außer einer, der größten, die er für das Massaker verantwortlich machen wollte; als der Händler zurückkam, weigerte er sich nicht nur zu glauben, sondern sich überhaupt vorzustellen, daß auch das wunderbarste Götzenbild mit der Schar seinesgleichen fertiggeworden sein könnte[32]. In anderen Worten: keine Sakralität ist mächtig, würdig und eminent genug, um dieses Heidentum zu besiegen. Weit davon entfernt, Nachfolger des antiken „Numen“ zu sein, seine Wahrheit darzustellen oder von ihm abzustammen, erscheint der Gott der Hebräer nur, wenn man dem Aberglauben entschlossen den Rücken zuwendet. Der Monotheismus ist kein Theismus, der gekommen ist, um ihn in der langen Folge der ewigen Frömmigkeiten abzulösen, sondern die historische Revolution, die mit einem Schlag mit dem ganzen Arsenal von Pietäten, Glauben und Talismanen Schluß macht, die im allgemeinen dem Begriff Religion anhaften. Für einen Juden oder einen Christen ist die Religion tatsächlich, und, diesmal im tiefen Sinn, der Name eines gesprengten Bandes. An die Unvergänglichkeit ihrer Botschaft zu glauben, hat mit dem diffusen Spiritualismus, der dieser Tage wieder in der Moderne umgeht, nichts gemeinsam. Die Rückkehr zum Gesetz ist im Gegenteil das Brechen mit diesen betrügerischen Rückkehrsversuchen und dem Schwarzhandel mit dem Obskurantismus, dem Irrationalismus und dem Übernatürlichen, dessen eingefleischter Feind der Judäo-Christianismus ist.

Nein, die Welt ist nicht von Göttern, Leben und dumpfen Mächten erfüllt, die heimlich im Herzen ihrer Gläubigen sprechen. Der Gott, an den ich glaube, ist nichts anderes als der große Wind, der endlos den Schwarm von Seelen und Laren, die mich umkreisen, verjagt. Ich lehne nichts so sehr ab wie diese „liebende Harmonie der Welt und des Menschen“, die meinen lieben Camus von seinem Anteil an der Menschheit „befreite“[33]. Das Subjekt, das ich will, ist nicht der Feind der Technik, sondern im Gegenteil ihr naher

Verwandter, der – wie sie – alles daransetzen wird, die Welt zu entzaubern. Die Seele ist ein Setzen und keine Inbrunst, denn sie hütet sich vor jeder Inbrunst und dem verfänglichen – „dionysischen" sagen sie – Überschäumen, die sie immer in den Ozean der Grausamkeit hinaustragen. Wir wissen es sehr wohl, wir, die wir schon von Kindheit an gewöhnt sind, das Gekreische jener zu hören, die unter dem Menschen den „Jud" aufstöbern: der Antisemitismus zum Beispiel ist weder eine Politik noch eine Moral, noch selbst eine Perversion, sondern vielmehr eine Mystik, eine Theologie, eine unverfälschte Inbrunst – und nur so ist dieser sonderbare und unnachgiebige Rassismus zu verstehen, in dessen Rahmen man den anderen niemals besser hassen kann, als wenn er derselbe[34] ist. Auch die Überlebenden der Konzentrationslager wissen es, die sich weigern, ein Leiden an der Grenze aller möglichen Leiden zu relativieren: ein so perfekter, so perfekt durchorganisierter Holokaust war kein Sonderfall des Mordes, sondern eine absolute Niederlage des Geistes, ein Verlöschen aller Lichter, eine Opferung ohne Warnung und Vorzeichen. Er konnte nur religiöser Natur sein. Die verheerenden Folgen der Mystik und ihres Trosses von irrem Messianismus hat man auch kürzlich wieder gesehen, wenn auch in unvergleichlich kleinerem Ausmaß, als eine amerikanische Sekte – die in der Presse des Ostens hohes Ansehen genoß[35] – von Fanatikern aus einer dunklen Mystagogie den Weg einer ungeheuerlichen Opferzeremonie einschlug, von der sie, von einem Augenblick zum anderen, von den „Heiligen Bäumen" Guyanas in die Hölle der falschen Märtyrer und der echten Meuchelmörder stürzte. Gegen alle diese Wahnausbrüche, gegen alle diese Ekstasen, gegen diesen Glauben, der sich auf den Wegen des Heiligen verirrt, erlangt das Pendel des Gesetzes und des monotheistischen Prinzips seine Gültigkeit. Gegen diese Ungeheuer der Theologie und diese Totensynkretismen, gegen diesen Überfluß an dunklen Tribalismen und Ökumenismen, gegen jene, die überall ihren Hunger nach „Mythen“ hinausschreien, gegen all das erlangt das biblische Setzen auf das Universale, den „mannigfaltigen Ursprung“, die grundlegende Entwurzelung seine Gültigkeit. Der Ursprung der unendlichen Ratlosigkeit unseres Jahrhunderts liegt nicht in einer obskuren „logozentrischen“ Sünde, die sie durch die Zerstörung ihrer frühen und nordischen Grundlagen ihrem Schicksal zuführen würde – dem vollendeten Nihilismus: ich würde eher sagen, daß das Unglück des Europa der Lager, des Krieges des Blutes und der Rasse daher kommt, daß das Christentum es trotz seiner tausendjährigen Arbeit nicht ausreichend und tief genug durchwühlt hat. Und es gibt heute wahrscheinlich für das Individuum kein wahres Heil, außer im sehr orthodoxen Setzen einer Instanz, in der sich das, was ich, um mich kurz zu fassen, *das „Mysterium“* nenne, selbst aufhebt.

Warum soll man es nicht aussprechen? Ich habe mich wohl für eine Begegnung und einen fruchtbaren Dialog zwischen den beiden Monotheismen eingesetzt; ich bin wohl überzeugt, daß aus dieser Allianz einmal eine Einheitsfront des Widerstandes gegen das Neuheidentum hervorgehen könnte; ich bin wohl von einem Nachvollziehen der großen Abschnitte des christlichen Abenteuers und dem Schmelztiegel, den es für das Individuum in seiner Entstehung bildete, ausgegangen; wenn ich mich aber trotz alledem langsam und so hartnäckig dem Bereich eines Judentums zuwende, das meine Perspektive beinahe jetzt schon begrenzen könnte, dann liegt das vielleicht ganz einfach daran, daß es in seiner Geschichte eine Reinheit im Denken, eine Strenge in der Entmystifizierung gibt, die das christliche Apostolat leider zum Großteil verloren hat. Man müßte den tausendfünfhundertjährigen Krieg darstellen können, den die Kirche von Rom gegen die bürgerlichen, kaiserlichen oder ländlichen Religionen führte, die sie zu ihrem Leidwesen von der Antike geerbt hatte. Diesen Schwarm von Kulten, Soteriologien und kosmischen Verehrungen, die nicht auszurotten waren, die unter ihren Fundamenten immer wieder zu neuem Leben erblühten und die sie um jeden Preis in ihre Feste und Benennungen aufnehmen wollte, darf man nicht vergessen. Man muß diese voreiligen Assimilationen aufzählen, diese zweifelhaften Synkretismen, diese verschwenderischen Kurzschlüsse, die einen guten Gewittergeist „heiligen Eligius" tauften, einen altertümlichen Helden, dessen Ruf als Drachentöter sich in der Nacht der Zeit verlor, „heiliger Georg", und diese uralte Göttin der Fruchtbarkeit und der Ernten „Heilige Jungfrau". Schließlich muß man zeigen, wie die Erben Jesu, in einem langen Ringen, das wahrscheinlich von Anfang an verloren war, nicht davon abließen zu paktieren, und von Pakt zu Pakt, vom gewollten zum erzwungenen Kompromiß, sich endlich in ihrer historischen Schlacht geschlagen geben mußten und somit zum Zeitpunkt der Renaissance eine Neuordnung ihrer Liturgien, ihrer Sakramente und ihres Kalenders nicht umgehen konnten. Es ist hier nicht der Ort und der Zeitpunkt, sich über diese Odyssee[36] auszulassen. Sie mindert natürlich auch nichts am Verdienst des Christentums am Emporkommen der Menschenrechte. Sie klärt nur den Grund eines Privilegs auf: eines Privilegs, das ich hier und jetzt und für meine Person diesem anderen Monotheismus zuerkenne, der – willentlich oder aus Notwendigkeit – niemals aufgehört hat, aus der Tiefe seiner Isolation und gegen den lokalen Geist, an das Testament des Universalen zu glauben und es zu predigen.

3
Wir sind alle Kinder Israels

Was allerdings noch näher erläutert werden muß. Denn die Dinge liegen nicht so einfach. Diese Gegenüberstellung Wort für Wort hat an sich nicht sehr viel Sinn. Um sie zu verstehen, muß man den Faden ihrer Dialektik besser verfolgen.

Ich bin kein Religionshistoriker, das möchte ich hier noch einmal feststellen. Doch es ist offensichtlich, daß sich das Christentum mit diesem Geist der Besonderheit nicht gekreuzt hätte, hätte es diesen nicht gesucht und willentlich gefunden. Es hätte keine Kompromisse nötig gehabt, hätte es nicht eigenwillig und vielleicht zu seinem Unglück beschlossen zu kämpfen, zu siegen und dann erst zu verhandeln. Daß es sein Kreuz überall in die weiche Erde der „heiligen Haine" pflanzte, geschah natürlich nicht aus Vorliebe für das Begrenzte, sondern aus einer Leidenschaft für das Grenzenlose. Nicht der Walddämon selbst beherrschte das Christentum und höhlte es von innen aus, vielmehr waren die Christen im Gegenteil vom Haß gegen die Dämonen, einem militanten Antiheidentum und dem Traum von einer weltweiten Bekehrung erfüllt. Zuviel an Evangelium, Predigt und absolutem Glauben haben dazu geführt, daß der Sinn der christlichen Botschaft immer mehr verfiel, verausgabt und relativiert wurde. Weil das Christentum zu weit leuchten wollte, lief es Gefahr, zu erlöschen; durch seine Intoleranz entstand seine sonderbare Laxheit; eher zu viel als zu wenig Glaube führten dazu, daß sich Aberglaube einnistete und es manchmal sogar zerstörte ... Es ist nicht notwendig, näher zu erläutern, daß sich die Geschichte der Christenheit und ihres kosmopolitischen Traumes keineswegs mit jener des Christentums und seiner geistigen Botschaft[1] deckt. Sie beginnt *nach ihm,* im Niedergang der römischen Welt, als Konstantin und dann Theodosius aus der kirchlichen Institution die Stütze ihrer weltlichen Macht machten[2]. Sie endet *vor ihm,* in der Morgendämmerung der Moderne, als die Französische Revolution die jahrhundertealte Beziehung zwischen Altar und Schwert zerschlug und die Guillotine zu ihrem neuen Altar machte. Aus diesem langen Abenteuer, in dem die Bekehrten so oft die Katechumenen als Aufklärer der Kanonenboote betrachteten, aus diesem kaiserlichen Traum, in dem auch die Kirche, zur gleichen Zeit, als sie die Seelen der „Ungläubigen" verdammte, beinahe die ihre verlor, läßt sich wenigstens eine Lehre ableiten: das Universelle ist nicht Antonym sondern Synonym des Besonderen, wenn es wagt, in der Form dessen zu denken, was ich „Universalismus" nennen möchte.

Ein recht gutes Beispiel für dieses gewitzte Kombinieren findet man gerade kurz nach 1789 in einem literarischen Text, der zwar keineswegs ein Wahrzeichen von Orthodoxie oder wahrer Frömmigkeit war, aber dennoch als Indiz, Symbol und Dokument gelten kann: *Die Märtyrer* von Chateaubriand. Wir stehen hier vor einem Buch, das seinem Zeitalter die haushohe Überlegenheit des „Geistes des Christentums" beweisen will, von dem Sainte-Beuve nichtsdestoweniger in Übereinstimmung mit dem gesamten Jahrhundert[3] sagen kann: „Die Liebhaber der heidnischen Mythologie, die der Autor, ohne es zu wollen, mit einer solchen Überlegenheit ausstattet, werden ihre Freude daran haben." Ein merkwürdiges Mißverständnis besteht, in dieser Welt der Psalmen und der Mystik, in der der reine Klang einer Glocke genügt, „den schrecklichen Taumel“ Atalas zu unterbrechen und in der sich der Leser dennoch nicht von der Reue Chactas’, der göttlichen Weisheit Eudoras oder den keuschen Gefühlen der schönen Kymodekea überzeugen lassen kann. Woran mag es gelegen sein, daß es diesem Dichter, der so sehr rühren, das „Herz“ und die „Phantasie“ mitreißen, eine von der griechisch-römischen Antike „gelähmte“ Empfindsamkeit aufwühlen wollte, lediglich gelungen ist, uns, wie Flaubert sagt, vollkommen konventionelle „typische Märtyrer“ ohne menschliche Wahrheit zu zeigen, die ebenfalls in der Darstellung einer Hölle, eines Fegefeuers, eines Paradieses erstarrt sind, die nicht glaubhafter sind als „des Todes Hippe“, der „Faden der Parzen“, die „Waage der Themis“, die sie hätten ersetzen sollen? Vielleicht ist es eben darauf zurückzuführen, daß Chateaubriand allzu bestrebt ist, zu ersetzen, zu zeigen und zu bekehren. Er handelt in der Literatur wie andere in der Politik: was macht er mit dem Katechismus und dem Evangelium? Er verteidigt und illustriert sie. Er ist weniger ein Gläubiger als ein Neubekehrter und begnügt sich nicht damit, Behauptungen aufzustellen und radikale Entscheidungen zu treffen: er will auch noch wetteifern, verbreiten und siegen. Chateaubriand ist vom alten Traum von einem Reich beseelt, der durch das Mittel der Sprache umgesetzt wird. Deshalb ist es ihm nicht genug, an das Unendliche zu glauben: er möchte jede Endlichkeit vor Gottes Gnade verblassen sehen. Als allzu eifriger Prediger sähe er gern die ganze Natur seinen Gott nachahmen, und die Erde, den Himmel und das Meer, die er so genüßlich beschreibt, mit der Stimme des Herrn singen. Es ist die ratlose, aber um so beredtere Gestalt eines Propaganda-Universalismus, der dem Geist des Besonderen paradoxerweise seine wesentlichsten Forderungen zugesteht: diese „Bilder“, diese „Malereien“, diese „Mosaike“ – das Wort kommt in der *Prüfung der Märtyrer* häufig vor –, in denen die niederen Geister, der Dämon der Erde und der Wälder in eine Atmosphäre des Geheimnisses, des Wunderbaren, des diffusen Pantheismus, der eigentlichen Definition der heidnischen Religiosität[4] zurückkehren müssen.

Wendet man sich wiederum dem biblischen Monotheismus zu, so erscheinen die gegensätzliche Dialektik und der Gegensatz dieses Paradoxons. Diese Werte des Universalen bleiben in ihrer ganzen Reinheit gerade hier bestehen; ihr Überleben ist so stark, daß man sich davor hütet, sie zu predigen, zu verbreiten und unter das Volk zu bringen – sind die Fremden im ersten hebräischen Königreich doch Mitbürger, ohne Glaubensbrüder zu sein[5]. Gelten die mosaischen Gebote nicht für alle Menschen, für den „Menschen verschiedenen Ursprungs“? Ohne Zweifel sind die Nachkommen Noahs ausdrücklich von der Einhaltung eines Großteils der Vorschriften des Leviticus[6] ausgenommen. Verdienen diese Gesetze nicht, über das Universum zu herrschen und die Barbarei, die überall an ihrer Stelle thront, in den Erdboden zu stampfen[7]? Als die jüdische Armee eine heidnische Armee besiegte, verwehrte sie es sich, diesen Heiden ihre Bibel mit dem Schwert zu verkünden und, wenn sie den Geschlagenen auch manchmal „Sühne“ auferlegte, so sprach sie doch niemals von „Bekehrung“ oder geistiger „Taufe“[8]. Könnte es daran gelegen sein, daß ihr der Begriff des Reiches fremd war? Fest steht jedenfalls, daß das Wort Gottes und das Gesetz nicht Reichseinsatz sind und daß das Deuteronomium, wenn es zwischen „unnötigen“ und „notwendigen“ Kriegen unterscheidet, ausdrücklich festhält, daß der bürgerliche Gehorsam der einzige ist, den Israel bei den ersteren fordern kann, bei den zweiteren aber die Befolgung der Moral der sieben Gebote Noahs[9]. Liegt darin also ein Zeichen der Nichtachtung, die Kehrseite einer uneingestandenen Intoleranz? Ich kenne wenige Hymnen an die Toleranz, die so schön sind wie das Fragment im Buch Jeremias, in dem Jahwe in seinem Zorn seinen Kindern dieses Frömmigkeitsvorbild zuweist, diese Lehre der Gottergebenheit, die ihnen die *nichtjüdischen* „Söhne Jonadabs, des Sohnes Rechabs“[10] erteilen ... Man könnte unzählige Beispiele anführen, die Hinweise weiter streuen. Die Lehre wäre jedesmal eindeutig: statt einem Zuviel an Apologetik, das eben noch zur Nebensächlichkeit des Ortes geführt hat, ist es nun die Haltung einer radikalen Ortsgebundenheit, die die Chancen des Einen und des Absoluten erhält. Während ein inkonsequenter Imperialismus der Wegbereiter des heidnischen Stammesdenkens war, wird nun ein überlegeneres Stammesdenken zum Bewahrer eines konsequenten Monotheismus. Daß einzig und allein das Universale Gültigkeit besitzt, darüber sind sich alle Monotheismen einig – unter der Voraussetzung aber, fügen die biblischen Chronisten hinzu, daß dieses Universale sich in einer Besonderheit, einer neuen Minderheit verankere, in einem unüberbrückbaren Abgrund, dessen Forderung das Volk Israel darzustellen hat.

Auch hier darf man natürlich nicht vereinfachen. Beim Auszug aus Ägypten zeigt uns das Buch Exodus eine Menge von „Mischvolk“ und „Dienern des Pharao“, die der Prophezeiung Mose lauschen und sich ihm anschließen[11]. In der kultischen Ausübung ebenso wie im gesetzlichen Detail[12] oder dieser oder jener architektonischen Gestaltung des Tempels Salomo[13] wird man immer wieder auf die Spuren der unzähligen Begegnungen des jüdischen Volkes mit den griechisch-römischen Mysterien stoßen. Die talmudischen Rabbiner machten später kein Hehl daraus, daß sie im Bereich der Religion, dem Verständnis von Schriften so manches den heidnischen Gelehrten, Philosophen und Theologen verdankten[14]. Die Kabbalisten gehen da noch viel weiter; sie betrachten den langen Aufenthalt in Ägypten als eine Art Kriegslist der Vorsehung, um alle in den Tempeln der Unreinheit[15] verstreuten Funken in den Geist Israels einzubeziehen. Schließlich ist auch offensichtlich, daß der jüdische Bekehrungseifer jenem des Katholizismus in mancher Zeit seiner Geschichte, zum Beispiel in Nordafrika, in nichts nachstand[16] ... Sicher ist jedenfalls, und darauf lege ich persönlich besonderen Wert, daß es in der Bibel ein Modell einer Gläubigkeit ohne Missionare gibt, einer Predigt ohne Glaubenseifer, einer Offenbarung ohne Auswüchse, die in der Geschichte der Religionen absolut einzigartig sind. Daß man von der Struktur unseres Talmuds zum Beispiel nichts versteht, wenn man in den kurzen, engen, furchtbar esoterischen Dialogen seiner Sprache, die manchmal beinahe mathematisch wirkt, einen Katechismus oder gar eine „Lehre" im herkömmlichen Sinn sucht[17]. Daß der Begriff hebräischer „Märtyrer" oder eines „Geistes des Judentums" im Bereich einer Schrift undenkbar ist, der es immer weniger darum gegangen ist, ihre Gültigkeit am Äußeren zu messen oder ihren Einfluß auf weitere Gebiete auszudehnen, als darum, das *Verständnis* ihres Gesetzes stetig zu vertiefen, seinen Wortlaut zu verbessern, ihm im Laufe eines Prozesses der Sinne, der für politische Überlegungen wenig Platz läßt, neue Auslegungen beizufügen. Es handelt sich hier also um eine ganz andere Dialektik, um eine ganz andere intellektuelle Wette, in deren Rahmen das Universale und das Besondere immer noch keine Antonyme sind; sie sind immer strikte Synonyme, aber diesmal in die Form dessen gegossen, was man, in Ermangelung eines treffenderen Ausdrucks, eine *„Besonderheit"* nennen muß.

Universalismus kontra Besonderheit? Diese beiden diskursiven Denkarten betreffen offensichtlich nicht dasselbe. Es handelt sich um zwei gesonderte Modelle, auch wenn die Begriffe, die sie verwenden, manchmal identisch sind. Zum besseren Verständnis und um diesen Unterschied klarzustellen, empfiehlt sich die Lektüre eines Aufsatzes aus dem

„Theologisch-politischen Traktat“ Spinozas, das wahrscheinlich diese doppelte Umkehrung aufschlüsselt[18] ... Er meint, daß sich im Grunde alles zwischen zwei wetteifernden und weitgehend entgegengesetzten Auffassungen des Priesters und seines Amtes abspielt. Auf der einen Seite steht der Missionar, der sich „überall der Vernunft bedient“ und fest damit rechnet, durch seine Predigt die Aufnahme der guten Botschaft zu beschleunigen: ihm, der die heidnischen Lande und Seelen unermüdlich bearbeitet, ist jeder Mensch Gemeinde, und er mißt den Wert und die Metrik seiner Wahrheit an der Zahl seiner Eroberungen – mit einem Wort, er ist ein *„Apostel“*. Der andere wiederum ist der biblische Priester, mehr bekundend als erläuternd, spricht er durch „Dogmen und Dekrete“, nach dem Bilde „Gottes selbst“, dessen Willen er auslegt ohne sich anzumaßen, diesen zu inkarnieren und ihm die Tore des irdischen Reiches mit Gewalt öffnen zu wollen: unbußfertig analysiert er die Tiefen des Gesetzes, er amtiert ohne Gemeinde, er ist Hirte ohne Schäflein und verkündet ein Wort, das sich nicht durch die Zahl seiner Anhänger bestätigen muß – mit einem Wort, er ist ein *„Prophet“*. Mit einer etwas großzügigen Auslegung des Textes wird diese entscheidende Trennung deutlich. Das hebräische Wort für Prophet[19] bedeutet „Berufener“, er ist also vom Allmächtigen angerufen, mehr als er selbst anruft und daher kein allwissender Augur, der die Welt der Zukunft voraussagt, sondern ein ohnmächtiges Orakel, ein Sprecher der reinen Gegenwart, von dem nicht mehr verlangt wird, als hier und jetzt einen Auftrag zu *bekunden;* im Gegensatz dazu ist der Apostel, dessen griechischer Name schon deutlich aussagt, daß er seine Wahrheit „weit hinaussendet“[20], ein Orakel der Zukunft, das schon ihren Stempel trägt. Besser, wenn man die Parallele bis zu ihrem Extrem weiterführt, gelangt man zu dem Schluß, daß der Apostel nunmehr, weil er Missionar und Pilger ist, ein Reisender wird, ein Nomade, ein Vagabund; der Prophet wiederum begnügt sich damit, die göttliche Botschaft, deren unwahrscheinlicher und unverantwortlicher Träger er ist, auszusprechen und zu enthüllen; darum erfreut er sich einer unmittelbaren, unerschütterlichen, fast bewegungslosen und schon gleichsam ewigen Nähe zum Gesetz: in aller Strenge und gegen den Gemeinplatz müßte man sagen können: der „seßhafte Jude" und der „wandernde Christ"[21].

Hier kann man beginnen, endlos Begriffe gegenüberzustellen. Der Apostel macht das Gesetz allgemein verständlich, der Prophet verbreitet es. Dieser ist sein Prediger, jener sein Reservist. Der erste haucht es in alle Winde aus, der zweite stellt es in einem Monument zur Schau. Der eine will sein Beauftragter sein, der andere sein Pfand oder seine Spur. Im einen Fall der Botschafter, der Demiurg auf Erden, im anderen der Widerhall, gerade noch eine Spur. Dort eine Kaste von Menschen, die den Menschen ihr Wort verkünden; hier Gestalten der Menschlichkeit, die dem Sein eine Kategorie beifügen. Dort die Vertreter eines gesellschaftlichen Priesteramts, bald Stammeshäuptlinge, hier die Darsteller einer reinen ontologischen Funktion: Ezechiel oder Jeremias erfanden den Begriff des Märtyrertums, während Johannes, Lukas und Matthäus die wahren Pioniere des Messianismus waren. Der Apostel war schon das, was wir heute einen Militanten nennen würden, und vielleicht verdankt der Westen dieses sonderbare Ideal, wonach alle Werte dieser Welt ihr Ansehen aus der Politik beziehen, auf diese Weise gerade der Institutionskirche. Der Prophet ist wahrscheinlich der erste Vertreter dieses „überflüssigen Menschen", von dem Solschenizyn heute spricht, oder dieses „Wesens, das danebensteht" von Mallarmé, der die Künstler und Dichter so bezeichnete: diese Menschen von denen er nicht wußte, wie er „sie zu ihren Ehren bezeichnen sollte, als überflüssig, fremd, vielleicht nutzlos", von denen er jedoch sicher war, daß sie gegenüber der zweifelhaften „Einstimmigkeit“ der Nationen „eine Minderheit bildeten“ und somit „das Bedürfnis, Ausnahme zu sein“ darstellten, das „wie das Salz“ die verfluchte und souveräne Vorbedingung ist, ohne die es kein wahrhaft universales Wort geben kann[22].

Daher auch, zwischen den beiden Polen, eine ganze Reihe von möglichen Kombinationen; einige darunter sind auch wirklich real. Es gibt zum Beispiel jüdische Apostel: es sind alle diese Abtrünnigen, die von Spinoza bis Marx, von den Bekehrten des Mittelalters bis zu den Oktober-Bolschewiken, den Gedanken hegten, daß die Straßen des Universalen über die Verleugnung ihrer Identität, ihrer jüdischen Besonderheit führten, wodurch sie sich gelegentlich dem Henker auslieferten[23]. Es gibt auch christliche Propheten: all diese Mystiker, diese Männer des Klosters und der Stille, diese Märtyrer von gestern und von heute, die an den unmöglichen Gott des am Ostertage geöffneten Grabes glauben, an einen Glauben des Herzens, der seinen Beweis und seine Gültigkeit nicht aus der Weltordnung abzuleiten braucht; sie haben ihn so hoch hinaufgetragen, daß sie auch vor der Verfolgung nicht zurückschreckten[24]. Es gibt weltliche Abtrünnige: jedesmal, wenn sich ein imperiales Universales mit einem örtlichen Partikularismus verbindet – das heutige Beispiel dieser ungeheuerlichen Mischung aus der „Internationale“ nach Stalin und der „Nation“ nach Déat nennt sich schamhaft „Eurokommunismus“. Schließlich gibt es auch atheistische Formen des Prophetentums, jedesmal, wenn ein „überflüssiger“ Mensch es auf sich nimmt, durch die Geste und durch das Wort seine unpassende Maxime auszudrücken – das ist immer bei diesen Intellektuellen der Fall, die von Moses bis zu den russischen Dissidenten nicht warten, bis die Geschichte den Zeitpunkt des Wahren, des Richtigen und des Guten erreicht, um aus eigenem Antrieb zu wagen, diese aufzuzeigen. Meine christlichen Freunde sollen mich nicht mißverstehen: letztlich qualifiziere ich hier weniger religiöse Objektivitäten oder Glaubenskategorien, als Grundsätze, Perspektiven, Ansichten über die Ordnung der Welt und der Zeit. „Apostolisch" nenne ich diesen spezifischen Bezug zur Wahrheit, die immer einen Samen der „totalitären Versuchung" in sich trägt, weil sie diese immer als abstraktes Universales betrachtet. „Prophetisch" nenne ich im Gegenteil diese ganz andere Haltung, die immer von einem Traum von Einsamkeit und absolutem Individualismus beflügelt ist, weil sie sich als Allianz, das heißt als einzelnes Universales versteht.

Wichtig ist nämlich, *von wem* die Bibel spricht, wenn sie ihre Propheten auf die Szene stellt, und wer also von diesem Modell des einzigartigen Wortes betroffen ist. Sind es immer die Hebräer, die Nachkommen von Abraham, Isaak und Jakob? Wenn aus der Allianz zwischen dem Menschen und dem Gesetz Prophetentum hervorgeht, dann genügt es, sagt Jesaja, daß „der Fremde ... den Sabbat beobachtet und ihn nicht entheiligt", damit Jahwe „ihn zu seinem heiligen Berg führt", der nunmehr „ein Bethaus für alle Völker heißen soll"[25]. Ist diese Allianz nicht ein Privileg, das einigen Auserwählten vorbehalten ist, diesen unvergeßlichen Herolden, die einigen berühmten Büchern ihren Namen geliehen haben? Aus diesen Büchern sind auch dumpfe Töne hörbar, sie steigen aus der Menge gesichtsloser und manchmal namenloser Personen auf, die wie Eldad und Medad im Lager Tabera plötzlich „in prophetische Verzückung geraten", Orakel eines einzigen Tages, vergängliche Zungenredner, deren Auftreten im Buch Numeri (4. Buch Mose) dennoch festgehalten wird[26]. Handelt es sich um Ausnahmen, um kümmerliche Anomalien, um die Mißbildung eines Göttlichen, das mehr Regelmäßigkeit braucht, um sich zu offenbaren? Moses sagt an derselben Stelle das Gegenteil; er antwortet Josua, der sich über diese „Propheten“ erregt und ihn auffordert, „ihnen zu wehren“, daß er keinerlei Eifersucht hege und sogar in Kauf nähme, „daß doch Jahwe das ganze Volk zu Propheten machen möchte“ und „seinen Geist auf sie legt“[27]. Wirklich alle? Die Frauen wie die Männer? Die Armseligsten wie die Großen? Eben das sagt Gott zu Joel, wenn er über den großen Tag spricht, an dem „jeder, der den Namen Jahwes anruft, gerettet wird“ und an dem er „seinen Geist über alles Fleisch ausgießen wird“ – „und es werden weissagen eure Töchter“, wie auch „eure Söhne“, und selbst „die Knechte und Mägde“[28]. Die Prophezeiung ist also in anderen Worten ein Zustand der Gnade, nicht jedoch der Ausnahme. Der Prophet ist einfach der Mensch, der sich der Strenge des Gesetzes unterwirft. Von dem Zeitpunkt an, an dem er völlig, absolut und bedingungslos Mensch ist, ist jeder Mensch ein Prophet. Es gibt nichts, weder das höchste Wort der Wahrheit, noch das universalste aller universalen Worte, noch Wort und Tat des Messias, die nach dem Talmud nicht dem Fassungsvermögen „des Rabbi selbst, oder vielleicht meiner, wenn der Messias unter den Lebenden auftritt, oder Daniel, wenn er unter den Toten ist“[29] entspräche.

Nun kann man verstehen, wie unzureichend meine Definition des Individuums, reduziert auf diesen „Menschen verschiedenen Ursprungs“ war, das sich von der Knechtschaft seiner Herkunft und seiner Unmittelbarkeit auf der Welt losriß. Ebenso wie die Forderung der Unterschiedlichkeit ohne Identitätspostulat mit Roheit gleichzusetzen war, würde ein Identitätsraum ohne jede Unterscheidung zur Saat eines barbarischen Deliriums werden. Ebenso wie die heidnischen Orte Karikaturen der Freiheit waren, die jeden Widerstand im großen kosmologischen Schlaf außer Kraft setzten, ist der apostolische Imperialismus eine Ökumenismusparodie, die der Sklaverei geweihte Menschen ohne Alter schafft. Wenn die hitlerianische Romantik sogar die Auserwähltheit nachäffen konnte, indem sie ihren schützenden Bezug zur Ordnung des Gesetzes zunichte machte, wie hätte da der stalinistische Kollektivismus es sich versagen sollen, aus diesem Gesetz eine Norm zu machen, indem er einfach unter den Tisch fallen ließ, daß es der Zerstreuung bedurfte? Das Wichtige, was aus diesem „prophetischen Vorbild", das ich gezeichnet habe, hervorgeht, ist, daß man nun mit der Kehrtwendung beginnen muß; statt von der Natürlichkeit des Körpers zur Induzierung seines Bewußtseins aufzusteigen, müßte man von diesem allzu allgemeinen Bewußtsein zu einer neuen Eigenheit zurückfinden. Wenn es tatsächlich ein *Vorbild* für die Moderne darstellen soll, so deshalb, weil es uns mit einem Individuum konfrontiert, das ein gespaltenes und von Grund auf zweideutiges Geschöpf ist: auch im Talmud-Kommentar über das „doppelte Yod" im Zeitwort „erschaffen" in der Genesis ist es aufgeteilt[30], und zwar zwischen oben und unten ebenso wie zwischen rechts und links, gleichsam von einem Paar entgegengesetzter Kräfte angezogen, von zwei wetteifernden Zugehörigkeiten, die es zwischen den Himmel des gelesenen Gesetzes und den Boden des lesenden Selbst stellen. In der Spannung seiner Zwischenstellung stellt dieses Schema den Bogen einer Subjektivität dar, der durch die anfängliche Abtrennung in die Vertrautheit seiner Katakomben am besten mit seiner Menschheits-Wölbung zusammentrifft: vollkommen Subjekt zu sein bedeutet, auf dem Höhepunkt des Paradoxons zu leben, das mir befiehlt, das Universale lediglich anzustreben – meine Leidenschaft, mein erster Kreis –, indem ich beginne, mich davon zu trennen und mich in das Geheimnis meiner Subjektivität flüchte – meine Pflicht, mein zweiter Kreis.

Wiederum also heißt es den Weg des Exils antreten – eines Exils jedoch, das ebenfalls die Richtung und das Zeichen wechselt. Es geht nicht mehr lediglich darum, der Wucht der Dinge und ihrer stummen Anwesenheit zu entfliehen: sondern gut und gerne darum, vor den Metropolen und dem Lärm, den die Massen dort mit ihrem Abwesenheitsgeschnatter verursachen, zu flüchten. Das Problem besteht nicht mehr im Setzen auf den Buchstaben gegen den Geist und seine dumpfen Hexereien: denn auch der Buchstabe verletzt, wenn er von Menschenhand stammt – es gilt, wie Samuel sich immer weiter von den Ansammlungen der Zufälligkeit zu entfernen und seine Arche der Zurückgezogenheit immer wieder woanders aufzustellen[31]. Die Gefahr, Ding unter Dingen und ärmliche Handvoll von der Materie geformter Mensch zu sein, ist gebannt: doch, wie es im Buch Numeri heißt, besteht weiter die Dringlichkeit, „abgesondert zu siedeln" und „nicht mehr zu den anderen Völkern gerechnet" zu werden[32], Pharisäer eines konsequenten Pharisäertums zu werden, das zwischen dem Staat und mir einen solchen Abgrund auftun wird, daß ich mich vielleicht endlich an die Gesellschaft in ihrer Gesamtheit werde wenden können. Nunmehr ist die Formulierung eines Leitsatzes, der von Anfang an und direkt für alle Menschen gleiche Gültigkeit besäße und sie am Lebensnerv der Brüderlichkeit träfe, eine Unverschämtheit: was ich nun suche, ist eine Ethik des Umwegs, eine Auswahl durch Ausweichen, eine Vermittlungsform, in deren Rahmen ich alles daransetzen werde, diesen Punkt extremen Abstandes auszumachen, diesen Ort, der sich den Blicken entzieht, dieses Urteilsverfahren ohne Strafe und ohne Gericht – die einzig wahren universalen Berufungsinstanzen. Denn ich bin fast überzeugt, daß in dieser Zeit der großen Stille, in der das menschliche Wort ein für alle Mal die Ausdrucksfreiheit verloren zu haben scheint; in dieser Jahreszeit des Verdachts, in der es keine Aussage mehr gibt, die nicht sogleich auf eine Gestalt der

Welt, eine Falte ihrer Struktur, bestenfalls auf ein Beben in der Geologie ihrer Erkenntnisse reduziert würde; in diesem totalitären Zeitalter, dessen Totalitarismus vielleicht in der Ordnung der Ontologie beginnt, mit dem Dekret, das ein vollkommenes Wesen ohne Furcht und Tadel schafft, in dem mein Gemurmel gegen die Donnerschläge der Geschichte quellen könnte; angesichts dieses Desasters, in dessen Rahmen manche das Kommen eines triumphalen, absoluten Geistes begrüßen, glaube ich, daß es wieder an der Zeit ist, auf eine Sprache zu setzen, die nicht mehr geliehen wäre, sondern absolut mit dem Propheten, der sie verkündet, beginnt, mit dem Autor, der sich darauf beruft, ein Verbannter, sicherlich, aber ein Zu-sich-selbst-Heimgeführter zu sein.

Diese selbstgewählte Verbannung kann in erster Linie buchstäblich verstanden werden, als die Prüfung eines Selbst, das sich ungefragt den Händeln der Menschen und ihren gefälligen Grimassen entzieht. Das ist auch zum Beispiel die Haltung, die Rousseau im *Glaubensbekenntnis* im bewundernswerten 8. Kapitel einnimmt, in dem er berichtet, wie er „alle Kräfte seiner Seele aufbringt, um die Eisen der öffentlichen Meinung zu brechen", sich dazu entschließen mußte „alles das zu tun, was ihm gut erschien, ohne sich im geringsten um das Urteil der Menschen zu kümmern"[33]. Muß man darin ein weiteres Symptom dieser krankhaften Menschenfeindlichkeit sehen, über die Voltaire gar so viel zu sagen fand? In Wirklichkeit ist es das Gegenteil und der waghalsige Ausdruck dieses in der Polis der Gemeinschaftsfähigkeit unhörbaren Paradoxons: die einzige Möglichkeit seine Mitmenschen zu lieben und zu finden, besteht leider darin, sich von ihnen abzusondern und so zu tun, als sähe man sie nicht. Sieht man darin nur ein präromantisches Glaubensbekenntnis nach dem Vorbild dieser fließenden Herzen, die ihr Ich nur kultivierten, um es besser im feuchten kosmischen Staub untergehen zu lassen? Rousseau spricht von „Seelenstärke", von „Mut", von einem „Brechen der Eisen", von einer Anstrengung des Geistes also, einem bitteren und starren Entschluß, einer heldenhaften Rückkehr zu den Werten der wahren Ratio, die alle seine Zeitgenossen anscheinend zum Gespött machten. Man wird nun fragen, wie man gegen alle und allen gegenüber eine Wahrheit der Vernunft leben kann? Ist man vom Universalen noch gerechtfertigt, wenn man beschlossen hat, auf das „Urteil der Menschen"[34] überhaupt nichts zu geben? Sicherlich antwortet er, indem er die Formel des prophetischen Ideals im strengsten Sinne anwendet: in einer Welt der Lüge, in der nur das Besondere gilt, gibt es nämlich – um mit dem Universalen übereinzustimmen – keinen anderen Weg, als in sich zu gehen und ganz einfach dem zu folgen, was „gut erscheint". Auch heute, heute mehr denn je, würde er ja sagen, hundertmal ja, im Schatten dieser modernen Vernunft, die so oft die ekligen Züge des Deliriums angenommen hat, während das, was er „Meinung" nannte, überall über den Beinhäusern schwebt: Für einen konsequenten Antifaschismus gibt es nämlich keine andere Klarheit, kein anderes Widerstandsdenken, keinen anderen Ausweg, als sich als Einsiedler niederzulassen, eine Stellung einzunehmen, die es ihm ermöglicht, *gegen die ganze Polis recht zu behalten.*

Man kann das Thema auch in einem bildlicheren Sinn verstehen; das tat jener andere einsame Mensch, der an einem Julimorgen des Jahres 1940 ohne Geld und heimatlos in New York eintraf und stolz in das Formular des amerikanischen *Immigration Service* eintrug: „Ich werde meinen Namen bewohnen." Wenn es sich bei diesem Mann um Alexis Saint-Léger Léger, alias Saint-John Perse, dem Dichter von Sturm und Exil, des Abschieds und stolzer Not, Sohn der Inseln wie der Erde Frankreichs handelt, der sein Leben lang zwischen Umherstreunen und Treue irrte, ist dieses Wort mehr als ein Wort, das Zeichen eines Anspruchs. Wenn man außerdem weiß, daß dieser Name des Ruhmes und des Elends, eifersüchtig über seine Armut und seine reiche Not wachend, unweigerlich mit dem menschlichen Abenteuer dieser wenigen Unbesiegbaren, die dem Nationalsozialismus die Macht ihrer Verweigerung entgegenstellten, in Verbindung gebracht wurde, so ist dieser Anspruch mehr als ein Anspruch, er gewinnt den Stellenwert des Widerstandes[35]. Als der nunmehr anerkannte und hoch verehrte Künstler 1960 anläßlich der Verleihung des Nobelpreises in Stockholm erklärte, „wenn die Poesie in erster Linie eine Lebensweise ist, die beinhaltet, das Leben vollkommen zu leben", dennoch nichts „unter dem unaufhörlichen Zustrom des Seins"[36] Form und Maß behält – wie ist es dann möglich, in einer so langen Verlassenheit die hartnäckige und vielleicht hoffnungslose Versuchung zu erkennen, den Kreis aus Blei zu sprengen, der das Sein jedem besonderen Wort verschließt? Man kann sich vorstellen, was dieser große Schriftsteller des 20. Jahrhunderts, dieser Mensch, der ebenso anspruchsvoll war wie sein Werk, über Dante, diesen „geborenen Rebellen"[37] sagte, daß er zwar zweifellos „für alle geboren wurde", in erster Linie aber alles daran setzte, „sich niemals zu entfremden"; daß er Mensch der „Anwesenheit" und des „Überflusses" war und sich doch immer die Mühe nahm, sich in „Abwesenheit" und „Ablehnung" zurückzuziehen; daß er also an sein Jahrhundert gebunden war und die Kraft, sich einzupassen, nur in der Übertreibung der Befreiung, in der unerreichbarsten Abgeschiedenheit, der höchsten Einsamkeit schöpfen konnte – der Einsamkeit aller Individuen, die berechtigt sind, diesen Namen zu tragen, ihren eigenen Namen zu tragen, und vor allem die „Sprache der Lebendigen" zu sprechen ...

Bedeutet das, daß es auch Totensprachen gibt, denen man widerstehen muß? Sicher ist, daß es Worte des Todes gibt,

Worte, die den Tod säen, und daß das 20. Jahrhundert das Jahrhundert dieser Worte ist ... Hobbes hat sie schon vorausgesagt, die „Unstimmigkeiten“ und die „Kämpfe“, die „um so unerbittlicher ausgetragen werden, als sie auf Doktrinen begründen“[38] und Bataillone von Doktrinären gegenüberstellen werden. Das 19. Jahrhundert führte diese todbringenden Worte an, als ein Mitglied des Instituts[39] während der „eisigen Revolution“ für die Bezeichnung der neuen „Ideenwissenschaft“, die ihren Kundigen eine „mathematische“ Macht über die Seelen verleihen sollte, den unbeschreiblichen Begriff „Ideologie“[40] erfand. So wurde der junge Henri Beyle, der im Alter von 20 Jahren eine Schrift über den *Charakter der französischen Frauen* verfaßte, in der er Destutts Gesetz der menschlichen Mechanik Buchstabe für Buchstabe anwendet, im Grunde der erste Ideokrat; als erster träumte er davon, den „anderen wollen zu machen“, ihn in ein Gefühl zu „stürzen“, mit ebenso großer Sicherheit, wie ein Chemiker seine Synthesen[41] vollzieht. Auch die Diktatoren, die sich später – mit mehr Glück und sicherlich größerem Ernst bei der Sache als Hitler[42] – an den Wundern einer „Theorie der Ideen“ freuten, die ihrem Sieg eine „mathematische Sicherheit“ gaben, oder wie Stalin[43] an dieser „sehr bedeutenden Macht“, die die Ideologien bei der „Erfüllung der neuen Aufgaben der Entwicklung des Sozialismus“ innehaben, haben daraus ihre Lehre gezogen. Sartre warf 1952 Camus vor, die „marxistische Philosophie nicht zu beachten“[44]. Camus hätte darauf antworten können, daß es die marxistische Philosophie als solche gar nicht gibt. Was es überall gibt, sind Ideologien, das heißt konkrete Philosophien, das heißt Rechenmaschinen, die das Verbrechen multiplizieren. Daß er sie also weniger „nicht beachtet“, als daß er sich von ihnen löst und diesem Delirium mit menschlichem Gesicht, das heutzutage die Sprache der Philosophie spricht, den Rücken zukehrt. Und dadurch nahm der Autor des *Menschen in der Revolte* nun für seine Person die prophetische Stellung ein, die er in einem dritten Sinn auffaßte: eine Einsamkeit, nicht seinen Nächsten gegenüber, die er am Ende seines Umweges wiederzufinden hoffte, sondern diesen ideokratischen Metropolen gegenüber, diesen Nekropolen des Wissens und der Wissenschaft, denen man ausweichen muß, wenn man ganz bescheiden versuchen will, der menschlichen Universalität wieder einen Sinn zu geben.

Denn darum geht es. Und Camus, immer noch Camus, der auf den Sarkasmus mit Hochmut reagierte, der der Meute sein berühmtes „Einsame? Ihr wäret erst alleine ohne diese Einsamen[45]" entgegenschleuderte, war es auch nicht unbekannt ... Was er damit ausdrücken wollte war, daß das eigentliche Merkmal des Wortes aus dem Exil darin liegt, die befangenen Versammlungen der Ideologien nur zu verlassen, um eine wahrere Solidarität, die sich von Angesicht zu Angesicht und zwischen einsamen Individuen knüpft, besser wiedereingliedern zu können. Was er tatsächlich *sagte* war, daß es kein noch so einzigartiges und aufgesplittertes Wort der Ausnahme geben könne, das, *weil* einzigartig und sogar aufgesplittert, nicht Rechenschaft ablegen würde wollen, nicht praktisch als der ganzen Welt verantwortlich gelebt werden sollte. Was er wirklich wiedergefunden hat, ist vielleicht der tiefste Sinn der Kantschen Moral mit allen ihren Konsequenzen: erst von dem Tag an, an dem ein Subjekt zu glauben wagt, daß der Wortlaut seiner Maxime letztlich vom Schicksal der Menschheit bestimmt ist, tritt es in die Moral ein und wird wirklich Subjekt. Wahnsinn? Vom selben Wahnsinn war Gabriel Péri besessen, als er dem Erschießungskommando, das die Gewehre auf ihn anlegte, zurief: „Ihr Dummköpfe, für euch sterbe ich!" Es war der Wahnsinn Kafkas, der sagte „wer einen Juden schlägt, wirft die Menschheit zu Boden". Es ist dieser Wahnsinn, der, wie Barthes einmal schrieb[46], jeden Künstler beflügelt, der die Einreihung und Festlegung in „Kategorien“ ablehnt und wagt zu sprechen und die Einzigartigkeit seines Namens allgemein zu verbreiten.

Von der Mythologie des Gott-Menschen – „seiner Majestät, dem Selbst“ sagte Freud – sind wir jetzt weit entfernt. Diese Ethik der Einsamkeit ist die Kehrseite des Macht-Egoismus, die dem Individuum auf der Grundlage der naturalistischen Tradition ein heiliges Recht auf den Holokaust einräumt. Das zum Ende seiner Logik geführte prophetische Vorbild kehrt sich neuerlich um und läßt ein anderes Subjekt erscheinen, das nie so sehr es selbst ist, als wenn es für andere *verantwortlich* zeichnet. Dieser „andere“ ist ein Begriff, den es in sich trägt, wie der Begriff des Unendlichen bei Descartes, wie ein Überschuß an Denken, ein Zusatz zum Willen, eine Verpflichtung zur Toleranz und zur Ablehnung der Barbarei. Universal? Eigen? Es ist nicht mehr sehr sinnvoll, diese beiden Begriffe gegenüberzustellen, denn diese beiden dialektischen Fäden, der aufsteigende und der absteigende, verflechten sich schließlich zu einem unentwirrbaren Band, das nunmehr diesem sonderbaren „Individuum“ seine ganze Tragweite verleiht. Auf die Frage Kains: „Ist meine Sünde wirklich zu groß, um ertragen werden zu können?“ antwortet der talmudische Kommentator: „Die Sünde wider den Menschen ist die einzige, die nicht vergeben werden kann.“[47] Ebenso kann man den neuen Heiden von heute, die für jeden einzelnen die unbegrenzte Ausdehnung fordern, nunmehr entgegenhalten, daß die aus der anderen Seele hervorgegangene, mit dem ganzen Gewicht der Welt beladene Seele wieder ein Ganzes bildet, jedoch im Rahmen der Gesamtheit der Leiden der Menschen. Diese Seele ist aber in erster Linie nicht Forderung nach Überleben, sondern die Unfähigkeit zu verletzen. Nun wird man endlich verstehen, warum ich so viel von „Gesetz“

gesprochen habe und eigentlich noch gar nicht von „Recht“: weil es außerhalb dieser Vorrangstellung und der Rangordnung der Gründe; außerhalb dieser monotheistischen Stellung und der implizierten Verfügungen – weniger übrigens aufgrund der Gnade der Transzendenz, aus der sie hervorgeht, als aufgrund der Tugend der Ethik, die sie voraussetzt – keine Menschenrechte gibt, die nicht immer, schon oder bald die Rechte des Leichnams des Menschen wären.

4
Der Kulak und der Kommissar

Jedenfalls kann man jetzt, mit diesen Errungenschaften ausgerüstet, in die vertrauteren Bereiche der Phänomenologie zurückkehren; und ohne allzu große Gefahr die Standorte des Egoismus reintegrieren. Wir können einige Lektionen einer Aufklärung – des Lockeismus zum Beispiel – neu bewerten, die an dieser Stelle, eingesäumt und begrenzt ist und so ihre Stichhaltigkeit wiedergewinnt. Mit anderen Worten, gefeit vor dem doppelten Hindernis eines abstrakten Universalismus und des wilden Partikularismus weisen wir wieder auf das System der wahren Rechte hin, die einem wahren Individuum anhaften, wenn es einen wahren Widerstand anstrebt und aufnimmt.

Erinnern wir uns zuerst einmal dieser Offensichtlichkeit, daß ein Individuum trotz allem und in erster Linie Körper ist. Doch ein Körper, der mehr ist als ein Körper; der besser ist als die Summe seiner Gliedmaßen. Doch Gliedmaßen, die sich nicht anders denken lassen, denn als Vorzimmer des Himmels. Im Talmud heißt es sinngemäß, daß die materiellen Bedürfnisse und Erfordernisse meines Nächsten für mich geistige Bedürfnisse und Erfordernisse sind: im Zeitalter der Revolutionen, die aus dem Körper nichts als einen Körper, aus der Materie nichts als Materie, aus seinen Bedürfnissen ein Kapital, aus seinem Fleisch die Tonerde machen, aus der sich der neue Mensch bildet, ist es wert, die Wahrheit erneut auszusprechen. Dazu sagt John Locke, daß die „Gesundheit“ das erste Recht des Menschen ist und die Abwesenheit von Leiden die Voraussetzung jeder Freiheit: auch dieser Gemeinplatz muß in Erinnerung gerufen werden, vor allem jetzt, zur Stunde dieser von Sartre, Nietzsche und ihren Epigonen bereicherten Philosophien, die den Trieb und das Verlangen befreien, indem sie sie methodisch den industriellen Vorgängen unterwerfen, indem sie jede menschliche Beziehung vom Modell der Stückarbeit ableiten, indem sie gelegentlich die Vergewaltigung, die Entführung und selbst den Mord im Namen der kollektiven Aneignung des Körpers aller und eines jeden tolerieren. Haben Sie jemals die Armen von ihrem eigenen Körper sprechen gehört[1]? Sie sprechen von ihm wie von einem Ding, einem Ding unter Dingen; von außen her, mit ängstlicher und beinahe abergläubischer Neugier spähen sie in diese armselige Behausung von Nöten, Schmerzen, Krankheiten hinein, als ob es sich um einen anderen, einen Fremden, einen Nachbarn handelte: ihr Körper ist eine Perücke, die ihnen nicht mehr angehört; ihr Körper ist eine große Wunde, eine Neurose des Fleisches; wie der biblische Hiob sprechen sie von ihm in der dritten Person ...

So sind wir heute allesamt Arme und müssen das grundsätzliche Recht auf das private Eigentum des Körpers laut hinausschreien. Dieses Recht ist nicht selbstverständlich, wenn man weiß, wie lange die Frauen, auch die Frauen des Westens gebraucht haben, um das grundlegende Recht auf die uneingeschränkte Entscheidungsgewalt über ihren eigenen Unterleib zu erkämpfen. Für diese Hälfte der Menschheit, deren Körper gebrochen, bearbeitet und gefoltert wird, in höllischen Labors, im Schatten von Hochgerichten, die weit schlimmer sind als alle Schrecken des Mittelalters, gilt es um so mehr. Verhöhnt wird es in gewisser Weise sogar hier in unseren Sozialstaaten, die uns Tag für Tag das Recht absprechen, in Frieden, endlich in der Stille, ohne dieses

Schwirren von Worten und geschäftigen Reden zu leiden, die uns den Sinn und die Ursachen dieses armseligen Elendsquartiers zuflüstern, das ihnen zufolge die Kehrseite des Paradieses sein soll. Das Recht auf den eigenen Körper ist wahrscheinlich in diesen Überwachungsgesellschaften, die dem Menschen auch das vorletzte Privileg entziehen, die freie Wahl des Zeitpunkts, des Ortes und der Art seines letzten Atemzuges, am falschen Platz: so wenige Tolstois, die hoch erhobenen Hauptes auf einen Bahnhof gehen, um zu sterben, und so viele Elende, die bis zum Ende der Zeiten in absurden Sterbeanstalten aus Pomp und Getöse liegen. Eine Sterbeanstalt, wird man sagen, ist keine Folterkammer, und es bedarf wirklich großer Inkonsequenz und Dummheit, um den Vergleich zu wagen. Ich sage aber ganz einfach, daß eine Welt, in der ich nicht mehr in Ruhe leiden und sterben darf, eine Welt ist, die mich morgen zum Märtyrer machen kann. Und diese neue Erklärung der Menschenrechte, die nun dringend wenn schon nicht erfunden, so doch zumindest gesucht werden muß, muß hier beginnen: mit einem *erweiterten* Habeas Corpus.

Natürlich muß man auch wissen, was ein Habeas Corpus ist, wie es sich ableitet und welche Folgen es beinhaltet ... Wie die Geisteshistoriker wissen, wächst die Formel auf einem ganz bestimmten Boden, sie setzt eine Philosophie und eine allgemeine Anthropologie voraus, jene Lockes wieder einmal, der sie mit Hilfe einiger gut durchdachter Thesen und trotz der von mir weiter oben angedeuteten Grenzen festlegte. Die erste lautet: der Mensch ist nur dann wahrhaftig frei, wenn er über sich selbst verfügt und allein über seinen Körper und seine Handlungen bestimmt[2]. Die zweite, ihr Korrelativ: das *Recht* auf diese Selbstbestimmung leitet sich einzig und allein aus seiner *Pflicht* ab, seine Erhaltung zu gewährleisten – weil er niemand anderem über sich mehr Recht geben kann als er hat, weil er nicht die Freiheit hat, gegen das „Naturgesetz" zu wählen, die Freiheit abzulehnen[3]. Die dritte, etwas konkretere: diese Pflicht setzt selbst ein anderes Recht voraus, jenes alles das „zu benützen", was auf dieser Welt die Selbsterhaltung erleichtern kann, und aus allen diesen „Nahrungen" und „Annehmlichkeiten", die der „Schöpfer" in überreicher Weise dem Appetit des „natürlichen Lichts" darbietet, zu schöpfen[4]. Die vierte, entscheidende: diese Benutzung selbst ist wiederum nur möglich, wenn das Individuum über ein spezifisches Mittel verfügt, über die „Arbeit" – eine Arbeit aber, die ihm gehört wie sein Fleisch und seine „Hände", und die, von der christlichen Verfluchung befreit, einen Körper mit seinem Körper und einen Teil seiner Fähigkeit bildet[5]. Die fünfte schließlich, die das Ärgernis bildet: alles was diese Arbeit vermag, alles was eine „Hand" oder ein „Werkzeug" schaffen, alles was ein „Pferd", ein „Angestellter" oder ein „Kapital" bewerkstelligen, setzt sich per definitionem vom „gemeinsamen Besitz" ab und zeichnet sich, plötzlich mit einem persönlichen Zeichen ausgestattet, in Form von nicht edierten und rechtmäßigen „Aneignungen" ab[6] ... Ich schematisiere natürlich, aber das ist nun einmal das Wesentliche seiner Ableitung: der unfehlbare Weg, der vom Besitz des Selbst durch das Selbst zum Besitz an sich führt; die eisige Mechanik, die aus einem de jure freien Subjekt ein de facto besitzergreifendes Individuum macht. Der Ursprung einer Theorie, die uns am Ort und zum Zeitpunkt ihrer Geburt letztlich folgendes, historisch Unbestreitbares auferlegt: ohne Recht auf Besitz kein Habeas Corpus.

Wirklich ein Ärgernis? Das ist nicht die Frage! Vielmehr handelt es sich um die Spur dieser alten Tradition in der Gegenwart, die eine gute Genealogie besitzt, um das Gewicht, das die fünf Thesen der ursprünglichen Szene auch hier und jetzt, in den Läufen der modernen Geschichte noch haben ... Grob genommen kann die erste wie ein Setzen auf ein Individuum verstanden werden, das, um zu widerstehen, so handeln und denken muß, als wäre es keinem Menschen und keinem sozialen Gefüge die Person, die es ist, und die Besonderheit, die es zu besitzen behauptet, schuldig: und es ist wahr, daß dieses Setzen immer und heute mehr denn je auf einem als absolute Monarchie eines reinen Rechtsträgers aufgefaßten Widerstand begründet ist. Die zweite, die dieses Recht in eine „göttliche" Pflicht verwandelt, ist vielleicht nichts anderes als der Wortlaut dessen, was wir in modernen Worten ein „unveräußerliches Recht" nennen würden: dem „Schöpfer" ein außerordentliches Besitzrecht über die Körper verleihen ist eine Art, diese mit einer ontologischen Unantastbarkeit zu belehnen, ohne die der Begriff eines Rechts des Menschen oder eines Verbots des Verbrechens wahrscheinlich undenkbar wäre. Die dritte setzt die Herrschaft der Kreatur über die irdischen Nahrungsquellen fest und bleibt deshalb eine Kriegsmaschine gegen die Romantiker aller Zeiten, diese Seiltänzer der Morgennebel, die aus dem Selbst eine Substanz machen, die mit der großen „Substanz" eins ist. Diese jeder Freiheit unentbehrliche These, wonach das Selbst nicht der Welt angehört, jedoch gegen die Welt Gültigkeit besitzt und immer noch mehr gilt als die Welt und ihre menschenmordenden Natürlichkeiten, ist dem Lockeschen Vorbild nachempfunden. In der vierten, die aus der Arbeit einen Besitz macht, nichts als einen Besitz des Körpers, liegt schon ein Gegenfeuer zum marxistischen Wahn, der darunter – diesmal im Sinne der Essenz – *den* Besitz eines Menschen versteht, der ihm zur Zeit entfremdet, dessen Wiedereroberung aber versprochen ist, durch die er eines Tages zu seiner Wahrheit als „menschliches Kapital" gelangen wird: Ärgernis oder nicht, der Lockesche Besitzer ist und bleibt eine Alternative zu diesem „Arbeiter", der bei Stalin wie bei den Nazis eine der Hauptfiguren der faschistischen Moderne ist. Was schließlich die fünfte These anbelangt, die genaugenommen das Prinzip der Aneignung begründet, wie soll man darin nicht eine Art Vorahnung dieses weitverbreiteten Irrsinns sehen, der die einfachen Leute ihrer Behausungen und ihres Besitzes enteignet, ihnen sogar Wohnsitz, ihre Identität und ihren Namen wegnimmt und damit Völker ohne Gesicht schafft, die verhöhnt und mit Schande überhäuft werden? Dieser Punkt wie die anderen bestätigt die Lehre des *Second Treaty* vom Jahrhundert immer wieder von neuem: und es ist keineswegs sicher, daß wir ohne sie in der Lage wären, die Integrität und das unantastbare Recht des Subjektes, der Gewalt zu entgehen, zu denken.

Dem wird man sicher entgegenhalten können, daß das Subjekt, um das es geht, ein „bürgerliches" Subjekt ist – als gäbe es ein anderes, das ihm vorgezogen werden müßte: die ganze Geschichte des Sozialismus beweist leider das Gegenteil, daß die Form Individuum als solche eine bürgerliche Form ist, die aus dem bürgerlichen Gedankengut gewachsen ist, und daß die einzig mögliche Wahl zwischen dieser Form mit ihrer ursprünglichen Belastung und überhaupt keinem Individuum, wie es die Kambodschaner, die Chinesen und einige andere wollen, liegt. Ich kenne den Prozeß seines Selbsterhaltungswillens, diesen Wahn des Überlebens, der ihn zu einem mit der Angst Verschworenen macht, der egoistisch in der zwingenden Zeilenzahl eines sterilen Conatus fortfährt, aus eigener Erfahrung[7]: doch wir haben die ganze Geschichte der Revolutionen zur Verfügung, um uns zu zeigen, daß die einzige Alternative zu diesem minderwertigen und fröstelnden Frieden im Krieg gegen die Körper liegt, in der schrecklichen Verstümmelung des Fleisches und im großen Blutbad, das die Seelen hinterlassen, wenn sie sich zum Angriff auf den Himmel aufmachen. Wie jedermann weiß ich, daß „Besitz Diebstahl ist" und daß er in Mangelsituationen – ein Mangel, den Locke wie zufällig aus seinem Schema ausschließt – Ursprung von Elend und einer unbezweifelbaren Unterdrückung ist: was soll man dann aber zu diesen Staaten sagen, die den Diebstahl legalisieren, den Mangel monopolisieren und so schließlich ungeteilt über die enteigneten Massen herrschen und die gegen das Kapital kein anderes Gegengift gefunden haben, als die erbarmungslose Abschaffung des eigenen Willens? Ich gebe zu, daß der Kapitalismus das Grauen ist und daß die Figur des Besitzers, zumindest seit Thiers und den Füsilierten vom Père-Lachaise*, seine Gallionsfigur ist: wann wird man aber endlich verstehen, daß eine Gesellschaft ohne Besitzer wiederum Kapitalismus ist, der ärgste aller Kapitalismen, der einzige Kapitalismus der Welt, der sich nicht damit zufrieden gibt, die Menschen auszubeuten, sondern ihnen alles, bis zum Boden, in dem ihr Lebenswille wurzelt, nimmt und ihnen, diesen „Kleinbürgern", dieses Gut, das ihr ganzes Schicksal ist, gegen die großen geschichtlichen Werke, gegen das Schicksal der Häuptlinge austauscht? Wenn der Zwiespalt also zwischen einer Geschichtsphilosophie und einem „kleinbürgerlichen" Denken liegt, so übernehme ich gerne die Rolle des Kleinbürgers. Wenn die Debatte, die Trennlinie zwischen dem Kulak und dem Kommissar verläuft, dann ziehe ich ohne zu zögern den Kulak dem Kommissar vor.

Jenen, die immer noch zögern, empfehle ich ein wenig in dieser merkwürdigen *Utopia,* die Thomas Morus vor nunmehr vierhundert Jahren ersonnen hat, zu blättern ... Man kennt die Verfassung dieses Staatsgebildes, in dem der „Besitz" abgeschafft und dadurch auch auf Gesetze verzichtet wird, deren „geringe Zahl" in der gröbsten Weise am richtigsten interpretiert wird[8]: jeder Bürger ist „Rechtsgelehrter"

* Père-Lachaise: Name eines Pariser Friedhofs, auf dem nach Niederwerfung der Pariser Commune (1871) Massenerschießungen stattfanden. (A. d. Ü.)

und das Recht ist nur mehr ein Überrest des Prunks der alten Welt. Jeder hat die Form dieses Staates noch in Erinnerung, der, weil er einer Gesellschaft ohne Klassen, „Kasten“ und „Körperschaften“ übergeordnet ist, von der Last politischer Schiedsprechung befreit und allein für die Produktionsorganisation und den Vermögensumlauf verantwortlich ist[9]: es ist ein apolitischer, aber gewichtiger, erdrückender, im Leben der einfachen Leute allgegenwärtiger Staat. Ebenso bekannt ist auch der Ablauf dieses täglichen Lebens, mit den geregelten Freuden, dem programmierten Vergnügen, den standardisierten Mühen, die eine Verwaltung mit vorsichtiger Liberalität ihren Beamten-Bürgern austeilt: der Frucht ihrer Arbeit beraubt, verfügen sie ebenso wenig über ihre Zeit wie über den Spielraum ihrer Gefühlsregungen[10]. Wir stehen hier vor dem mittlerweile verwirklichten Modell eines gerechten egalitären Willens, der, dieser Art verwirklicht, mit der Freiheit zu bezahlen ist. Es zeigt sich die Tatsache, daß „Gleichheit“ verschiedene Bedeutungen hat, die politische und die soziale, und beide Bedeutungen einander kreuzen, aber nicht zeitgenössisch sind. Hier ist der heute vielfach erwiesene Beweis, daß die erste den Besitz voraussetzt, erfordert, während die andere ihn verneint und damit die Beseitigung des Rechts voraussetzt und mitbedeutet. Bezieht sich Locke auf Morus, wenn er versichert, der Privatbesitz sei das erste Menschenrecht[11]? Fest steht jedenfalls, daß die These im Lichte dieses Modells, dieser Tatsache und dieses Beweises weniger befremdet, weniger ärgerlich wirkt als zuvor. Sie bezeichnet im Grunde folgendes: ein soziales Gefüge, das sich in erster Linie um die soziale Gleichheit kümmert, geht mit Sicherheit an den Garantien der politischen Gleichheit vorbei – und das haben die totalitären Systeme wesentlich später auch herausgefunden. Eine Gesellschaft wiederum, die von einer peinlich genauen politischen Gleichheit ausgeht, ist die einzige, die später und über Umwege zu einer sozialen Gleichheit führen kann – und das ist mit anderen Worten die demokratische Vorgangsweise. Die Regel ist einfach. Aber so sehr ständig übergangen, daß es vielleicht nicht unnötig war, an sie zu erinnern.

Was geschieht nun aber, wenn man im Bewußtsein der Grenzen dieses Modells – Grenzen, die, wie man sich erinnert, nicht jene sind, die man gemeinhin zu sehen glaubt –, versucht es zu verallgemeinern, zu verlagern und zu radikalisieren? Wenn man, gestützt auf diese Lehren, die, ob man es will oder nicht, unumgänglich sind, zu diesem geheimnisvollen Habeas Corpus zurückkehrt, das ich anfänglich erwähnt habe und das ich lediglich „erweitert" wissen wollte? Wenn man, sich streng an den Faden des Lockeschen Beweises haltend, versucht, ihn auch zu erweitern, seine Definition auszuweiten und vor allem den Herrschaftsbereich seines Objektes zu vergrößern? Es führt vor allem dazu, daß der „Besitz", unter dem Einfluß eines Körpers, der mehr ist als bloß Körper, mehr als Form und Materie, mehr als plumpe Anwesenheit eines Komparsen auf Erden, nun ebenfalls mehr wird als Besitz, mehr als „Güter" und „Reichtümer", mehr als die einfache „Verfügung" über diese „Nahrungen" und „Annehmlichkeiten", bei denen der Autor des *Second Treaty* stehengeblieben war. Darin einen Angriff, eine ausweichende Expansion, die Vereinigung der Welt mit einer Seele zu sehen, die um sich die Kreise ihrer Produkte, Werke und Arbeiten zieht, hieße ihn einzuschränken, seinen Sinn zu verharmlosen. Hier geht es im Grunde um die rückgeholten Kreise, die abgetrennte Zeit und den abgetrennten Raum, den Körper und die Seele, die in sich selbst im Bereiche eines Leidens, eines eigenen Todes oder eines Gewissens abgerundet sind, und daher hieße es an seinem Sinn vorbeizugehen, versuchte man diesen Besitz zu verdinglichen, zu einem Subjekt zu machen. Und wenn ich ihn so sehr lobe und mich so sehr bemühe ihn aufzuwerten, dann weil er überhaupt nicht mehr vom philisterhaften Egoismus herrührt. Sondern von einem verfeinerten Individualismus her, der nichts Besseres besitzt als die menschenleere Einsamkeit einer inneren Landschaft. Das Ich ist nicht ein anderer, sondern ein reiner Herrscher, und das Selbst ist sein Königreich und sein Innerstes seine Zitadelle.

Ich sage das ohne Wortspiel, ob das nun den Aposteln der Teilung des Selbst und der Entfesselung aller Sinne gefällt oder nicht. Ich sage es mit den anderen, mit allen Männern und Frauen, die hier und dort gegen die Totalitarismen kämpfen und ihnen oft nichts weiter entgegenzustellen haben als diesen Besitz des Gewissens. Dies ist eine Zitadelle für Menschen in größter Bedrängnis, die oft so weit geht, daß sie ihre eigenen Spuren verloren haben, und die keinen weiteren Ausweg und keine weitere Zuflucht haben als jene eines reinen rebellischen Wollens. Weiß man, wie groß die Macht des Wollens ist, wenn es – auf sich selbst zurückgezogen – den Mördern die ruhige Opferung seiner ersten Person entgegenstellt? Weiß man, was die Beharrlichkeit, die massive Beharrlichkeit einer Seele vermag, wenn die schlichte Weigerung sich zu beugen, zu dienen, sich einzureihen zum Tragen kommt? Wahrscheinlich mit einem Lachen, mit dem knirschenden Lachen, das die Welt zum Weinen bringt, tritt diese höchste Form der Weigerung, der Herausforderung durch die Verachtung in Aktion. Ich kenne keine andere Definition der Dissidenz als jene eines Bollwerkes, eines Zufluchtsortes der Subjektivität – eines Felsens heißt es in der Bibel – die, auf den Staat und die Institution zugeschnitten, ihr verschanztes Lager den „Lagern" der „Rechten" und der „Linken" entgegenstellt, von denen Bukowski spricht. Ich kenne schließlich keine bessere Definition der Freiheit, als die Weigerung sich anzuschließen, diese „starren Nacken", wie die Propheten es nannten[12], die bewirken, daß man sich zurückzieht, sich der Welt entzieht, um die Quellen des Widerstandes anderswo im tiefsten Inneren des Selbst zu finden.

Ich denke dabei natürlich nicht an die La Boëtieschen Sackgassen eines hypothetischen Rückzuges des „Verlangens", das damit eines Tages dem Baum der Herrschaft den Saft wieder nehmen würde, den es ihm einst gegeben hat. Aber weit konkreter denke ich etwa an die Millionen in der Revolte, die in den Vereinigten Staaten zu Ende der sechziger Jahre versuchten, dem gewaltigsten Kolonialkrieg der Geschichte Einhalt zu gebieten; und denen es tatsächlich gelang, weil sie, diese „Radikalen", nichts weiter taten, als in Verachtung aller Logik und jedes vorhandenen Interesses mit ihren eigenen Köpfen zu denken, in ihrem eigenen Namen zu sprechen. Ich denke weniger an die stoizistischen Apathien, die, von Epiktet bis Malraux, selbst im Herzen der Hoffnung noch einen Grund von Resignation finden; aber schon eher, und wieder ganz konkret, an diese anderen Menschen in der Revolte, diese Studenten und Arbeiter im Frankreich des Jahres 1968, die gegen die Parteien, gegen die Gewerkschaften, gegen die festgelegten Doktrinen den wichtigsten Generalstreik der Geschichte auslösten; es waren „bürgerliche Individuen", Millionen bürgerlicher Individuen, Massen von „besitzergreifenden" Subjekten, die, einmütig weil einsam, ihre Stimmen nur zusammentrugen, weil die Stimme jedes einzelnen aus dem zurückgezogensten Punkt seiner inneren Festung kam ... Es gibt tatsächlich kein einziges Beispiel eines Widerstandes, der von programmierten Individuen, von Soldaten einer Dogmatik, selbst einer umgekehrten oder umgeleiteten ausgegangen wäre: die Trotzkisten, die diese Illusion mit dem Leben bezahlten, wissen das. Es hat nie eine große antitotalitäre Revolte gegeben, die nicht von ebendiesen Besitzern, den Kämpfern der Verinnerlichung, den Banditen der Hauptstraßen der Einsamkeit, den heldenhaften Heckenschützen des eigenen Willens getragen gewesen wäre: und die französischen Kommunisten, die wie Nizan und so viele andere, die Barbarei der Nazis nur um den Preis des wohlbekannten tiefen Schmerzes der absoluten Abtrennung und endlich des Martyriums ablehnen konnten, erfuhren es auch. Und in ebendiesem Sinne sage ich, diesmal weit vom Lockerismus entfernt, daß der „Besitz" von allen Rechten das erste und wichtigste ist, sowohl in der Ordnung des Seins, wie auch in jener der Begründungen ...

Ist ein weiteres Beispiel notwendig? Da wäre der Fall des jüdischen Volkes, dieses enteigneten, sich-selbst entrissenen Volkes, dessen schmerzliche Entwurzelung sich über die gesamte Zeit und den ganzen Raum des Abendlandes erstreckt hat. Ist das nicht das großartigste Beispiel dieses lodernden Gewissens, das brennt ohne sich zu verzehren und das einen Wall gegen den tausendjährigen Völkermord gebildet hat? Ist es nicht die deutlichste Illustration dieses Besitzes der Armen, dieses armseligen metaphysischen Reichtums, den kein Elend angreift, keine Verlassenheit vernichtet, solange ein Wille überlebt, der weiterhin nein sagt und an höhere Werte als an jene der Welt glaubt? Wie der Gerechte, von dem Jesaja sagt, er wolle, wenn ihn das „Unglück" treffe und die „Seuche" befalle, in seine Kammer gehen, sich an die Mauer kauern und „die Türe hinter sich verschließen", ist auch der Jude dieser Verfolgte, der lange Zeit nur in sich selbst Schutz suchen konnte, in diesem Haus aus Träumen, dessen Stein und Dach er im Herzen trug[13]. Dieses bildliche Heim, diese „offene Stadt" Jerusalem, wie Zacharias sagt, ist das Trugbild eines gelobten Landes, das nichts von einem realen Land an sich hat, sondern ein Land ist, das in den Köpfen besteht, das von den Wassern aus himmlischen Höhen bewässert wird, die Illusion eines Messianismus, von dem die Propheten unermüdlich sagen, daß er weniger Inkarnation als vielmehr Abwehr gegen die utopischen Wahnvorstellungen sein wird. Das „Volk des Buches“, das jüdische Volk, glaubte stets und glaubt vielleicht auch jetzt, nach der Heimkehr nach Palästina, an die fiktive Heimat, gebaut aus Gesetzen und Beschwörungen, im Schatten von Kathedralen aus Staub, die seine Denkmäler sind. Das „auserwählte Volk“ wußte stets, daß Israel auch der gesegnete Name eines keine Frucht tragenden Besitzes ist, eines Exils, eines Verlangens nach dem Universalen, das es wie eine Brandwunde in seiner Seite trägt und das es ihm ganz einfach ermöglichte, niemals aufzugeben.

Ich habe mich schon lange nach den Gründen für den Haß gefragt, den uns alle totalitären Regime, ohne Ausnahme, insbesondere aber der Sozialismus entgegenbringen. Ich habe den versteckten Antisemitismus, der auch in den kommunistischen Parteien des Westens, etwa in den Farben des „Antizionismus“, bestehen bleibt, immer schon rätselhaft gefunden. Ich habe allerdings die landläufigen Erklärungen dieses Phänomens, insbesondere jene, die den mythischen „wandernden Juden“ bemühen, den Händler und Wechsler, die in der Gesellschaft wie eine Münze zirkulieren, niemals für besonders überzeugend gehalten. Wenn es wahr ist, daß jeder Faschismus hartnäckig versucht, in jedem einzelnen die Schlupfwinkel des Willens und der Subjektivität zu verfolgen, dann läßt sich damit der Haß gegen ein Judentum, begriffen als eine Theorie dieser Schlupfwinkel, als Kult der Subjektivität, als Heimstätte des Widerstandes gegen die totalitäre Blendung, viel eher erklären. Da in einem faschistischen Regime ausnahmslos jeder Bürger jederzeit, wie jener Abgeordnete des Konvents, der sich von Robespierre beobachtet fühlte, aufschreien könnte: „Er wird vermuten, daß ich etwas denke!“, so kann man verstehen, daß der Jude, vom Standpunkt dieser Wahnvorstellung aus betrachtet, als ein Nest der Finsternis und unpassende

Nacht der Welt, der Feind Nummer eins der Robespierres aller Zeiten ist. Unsere Terroristen haben es nicht auf den „wandernden Juden" abgesehen, sondern auf das spiegelverkehrte Bild des verwurzelten – in seiner Einsamkeit verwurzelten Juden. Nicht den Umherziehenden verfolgt man in ihm, sondern das genaue Gegenteil – das heißt im Grunde, den Besitzer. Im Zionismus fürchtet man nicht den „Imperialismus", sondern eine bildliche und weltweite Alternative zum Sozialismus der Seelen. Denn der merkwürdige Status Israels will, daß es weniger eine Gegend auf der Welt als eine Kategorie des Denkens ist. Die Bedeutung dieser Kategorie ist, daß wir alle, auch ihr alle, Juden dieses Palästina sind. Wenn es wahr ist, daß Widerstand zu leisten immer heißt, den Untergrund der Innerlichkeit zu wählen, dann gibt es keine Freiheit, die nicht in Israel gelegen wäre.

Ist es notwendig noch genauer darzulegen, daß man von dieser buchstäblich aufgefaßten Definition in philosophischen Lehrbüchern wenig finden wird? Muß man daran erinnern, wie sehr jene in ihrer Art daran mitgearbeitet haben, diese Innerlichkeit herabzusetzen, zu verfolgen, jeder Nacht entkleidete Menschen ohne Schatten zu schaffen? Tatsächlich kann man bei Künstlern und Schriftstellern ebenso viel finden, um diesen Widerstand zu denken und zu illustrieren, wie in der Bibel. So etwa bei Stendhal, diesem Ideokraten, wie ich sagte, aber auch Erfinder des Egotismus – der eine seiner *italienischen Chroniken* dafür aufwendete, ebendiesen Untergrund, aus dem sich die Aufsässigen, die Illegalen, die Menschen von ganz unten, erheben, zu beschreiben ... Keiner hat sich mehr als er mit dem Geheimnis beschäftigt, keiner war von diesem Rätsel mehr besessen als er, und man kennt, selbst in seinem Leben, seine Vorliebe für Anagramme, Bilderrätsel, Rätsel und Pseudonyme. Zumindest seit Madame de Lafayette hatte keiner mehr – noch dazu mit einem Talent, das selbst Sartre nicht mehr erreicht – so gut die Gefahren des Blickes, dieses indiskreten Skalpells, dieser erbarmungslosen Waffe, die einem der „Spion“, der „Bekenner“ oder der mißbrauchende Liebhaber in die Tiefe der Seele senken können, beschrieben: hinter zugezogenen Vorhängen, hinter geschlossenen Läden und vor allen Blikken geschützt, zieht Julien das Porträt Napoleons unter seinem Bett hervor und nimmt die Lektüre seines geliebten *Mémorials* wieder auf. Das ganze *Rot und Schwarz* ist eine Apologie des Schattens, der Nacht, der Intimität, jener von Vergy etwa, wo Julien einwilligt, nicht mehr Sorel zu spielen, und sich erstmals der unvergleichlichen Freude hingeben kann, endlich selbst zu sein. Jene der Verbergung auch, der tugendhaften Doppelbödigkeit, die ritterliche Seelen, eine Gesellschaft von Philistern erfordert, die den Menschen mit Herz und Talent „tötet, ausschließt, einsperrt oder demütigt“ ... Die Ethik eines unmöglichen Glückes, die hartnäckige Jagd nach einem Glück, das sich, je näher man ihm kommt, nach und nach aufdeckt – das gesamte Werk Stendhals ist vielleicht nichts als das Begehren des unteilbaren und heiligen Rechts auf Ruhe und Geheimnis.

Es ist auch nichts, vor allem nichts – und sehr direkt diesmal – als das Lehrbuch des Kämpfers, des Guerrillero der Innerlichkeit. Die *Kartause* ist bekanntlich der Bericht eines Komplotts, eines gewaltigen Intrigenspiels, am Mittelweg zwischen der Vendetta und einer Haus-, Hof- und Staatsaffäre etwa im Stile Suetons. Ein Polizeiminister, der, im Schatten des Ministerrates, an dessen Sitzungen er teilnimmt, seine Königsmordpläne schmiedet, während er sich „kleidet wie eine Person aus der Komödie“. Eine großherzige Herzogin, die gleich einer Balzacschen Kurtisane in den Kutschen des Feindes herumfährt und ihn umwirbt, ihm aber nur den Schein ihrer Zustimmung verkauft und ihn hinterrücks mit unauslöschlichem Haß verfolgt. Ein dreiundzwanzigjähriger junger Vikar schließlich, den ein eisiges

Feuer erfüllt, eine der Gunst oder Mißgunst des Schicksals gegenüber gleichgültige Leidenschaft, die ihm nicht mehr bedeuten als eine gute Hand beim Whist ... Diese drei, wie der Autor sagt, außergewöhnlichen Personen stehen vor derselben ersten Entdeckung, die Julien, noch weniger deutlich, vorausgeahnt hatte: der Kampf, den sie mit ganzer Seele und mit ganzer Kraft bestreiten, ist ein Kampf ohne Hoffnung und ohne Zweck – aber von einer prachtvollen Zwecklosigkeit, die nichts von seinem Stil und seinen Beweggründen nimmt. Und vor dieser weiteren Entdeckung, die den Carbonari der *Chroniques* noch entging: dem Fürsten den Krieg erklären, ist zu viel des Aufwandes; in die Illegalität gehen heißt ihn zu heiligen und anzuerkennen – die wahrhaftige Dissidenz, die einzige, die wirklich das Herz trifft, ist jene, die aus dem Zynismus eine Kampfwaffe und aus der tiefsten Verachtung die unumschränkteste Waffe macht. Und diese dritte Entdeckung schließlich, die den Roman krönt: am Ende der Reise, im finsteren Verließ, im Angesicht des Todes und im Angriff auf die Ewigkeit löst sich das Gewand, man entledigt sich seiner nach Wunsch und findet sich unbeschädigt wieder, wunderbar identisch, wie seinerzeit in sich-selbst, eines Abends am Comosee – Fabrice ist ein Lorenzaccio, der Erfolg gehabt hätte, denn er hat bis zum Schluß die Wette auf die Innerlichkeit, das doppelte Spiel, die Reserve, gehalten[14]. Verzweifelt, zynisch aber doch sich selbst gegenüber treu, erfindet der Stendhalsche Held hier mit anderen Worten eine Widerstandsart, die andere seither, und diesmal in der Wirklichkeit, wiedergefunden haben: im Angesicht des Blickes des Fürsten und des Einheitsdenkens, im Angesicht der Überwachungsmaschinen, die bis in die Gesichter hinein die Nichtunterwerfung ausforschen, das Recht und die Pflicht zu einer grundsätzlichen *Heuchelei.*

Vielleicht werden manche, die mich anderswo gegen die

Lüge und für die Notwendigkeit der Klarheit wettern gehört haben, von diesem Plädoyer überrascht sein. Das hieße aber die Ordnungen verwechseln, hieße gefährlich mit Worten spielen, hieße vergessen, daß „Wahrheit" mindestens zwei Bedeutungen hat, die man peinlichst auseinanderhalten muß. Einerseits der *Wille zur Wahrheit,* das zähe Bemühen, sie ganz auszusprechen und aussprechen zu lassen, von dem man heute weiß, wie es in einer Welt angewendet wird, die – weniger zensuriert als ihre Subjekte – zum Sprechen, zum sich Ausliefern zwingt. Andererseits der *Imperativ, nicht zu lügen,* zu dem die Stendhalsche Heuchelei nicht das Gegenteil ist, sondern eine Gestalt, eine Form unter anderen, seine Widerstands- und Verborgenheitsart: ebenfalls eine Wahrheit, doch eine verschwiegene und verinnerlichte, unter einem Strand der Stille vergrabene Wahrheit, weil sie nackt auszuliefern sie der Gefahr aussetzen würde, zu verenden. Es gibt ein *Verbrechen der Wahrheit,* das zum Beispiel der Talmud erwähnt: es ist das Verbrechen der Zauberin, die dafür, daß sie ihren Blick zu weit, zu hoch gesendet hat und zu große Neugier zeigte, in ihrer Vermessenheit die Strafe verdient. Es gibt vor allem ein *Drama des Willens nach Wahrheit,* jenes Drama, dessen Held Hamlet ist, den das Schicksal in die unmögliche Lage versetzte, allein das zu wissen, was allen entgeht, Licht auf das werfen zu müssen, was im Schatten bleibt: als er Horatio und Marcellus auf der Schloßterrasse nach dem Verschwinden des Geistes eröffnet, es könnte schon bald ihm dienlich scheinen, „ein wunderliches Wesen anzulegen"[15], weiß er, daß die Unvernunft der Ausweg, die einzige Möglichkeit ist, um in einer Welt der Falschheit das Wahre zu sagen. Das alles ist in den letzten Worten Hamlets enthalten, als er den jungen Fortinbras, den Mann der Tat, als den Erwählten prophezeit und ihm sagen läßt: „Er hat mein sterbend Wort[16]". „Der Rest ist Schweigen[17]": Hamlet weiß, daß man mit dem Wahren nicht leben kann, daß es ein Delirium des Alles-Sagens gibt und da man daran auch stirbt. So wie Hölderlin, der Empedokles vorwirft, den Menschen die volle und ganze Klarheit gebracht zu haben, lehrt Shakespeare eine höhere Heuchelei, deren Formel wäre: *nichts als die Wahrheit, doch nicht die ganze Wahrheit.*

Diese scheinbar harmlose Formel ist in diesen verfeinerten Zeiten, in denen man auch die Körper mit den Waffen des Deliriums ausrottet, vielleicht von entscheidender Bedeutung. Sie ist weit, sehr weit von diesem Zeitalter der Polizisten entfernt, die sich unter den Fahnen des Hegelianismus in das Joch der Geschichte und der posthumen Prozesse stürzen, in denen sie Lebendige im Namen der in ihren Augen blinden, aber dialektisch zutage getretenen *Wahrheit* ihrer Taten verurteilen. Ich glaube, daß der Faschismus – der vielfärbige Faschismus – mit dem Bemühen beginnt, einen Menschen in das Gefängnis dieser Wahrheit zu stecken, ihn in die Bastille und hinter die Mauer *seiner* Wahrheit einzuschließen, ihn ganz einfach auf die Etiquette seines Konzeptes zu beschränken. Der Antisemitismus, zum Beispiel, ist auch die Beschränkung des Juden auf seine jüdische Enge, diese Art, ihn durch die Ausschließlichkeit seiner Verschiedenheit zu definieren, also die Verneinung dieses grundlegenden Bestandteils der Freiheit, der darin besteht, immer woanders, etwas anderes zu sein als man-selbst, mehr und besser als das Selbst seiner Wahrheit. Und das ist die letzte Bedeutung dieses Heucheleiprinzips: das Grundrecht jedes einzelnen, abzustreiten, zu verraten, zu enttäuschen, nicht immer nach dem zu handeln, was er ist und was man von ihm will, das er sei. Baudelaire – wieder ein Künstler – forderte im Jahre 1861 eine Menschenrechtserklärung, die das Recht einschlösse, sich zu widersprechen, und das Recht fortzugehen.

Verträgt sich diese Möglichkeit der Unbestimmtheit

schließlich mit dem Recht auf Besitz, mit dem ich begonnen habe? Es ist sein Korrelat, seine intimste Zäsur, der Schlußstein des Gewölbes, das ihn trägt und ihm jetzt seine ganze Tragweite gibt. Es ist die letzte Bedingung der Erweiterung des Eigenen und des erweiterten Habeas Corpus, das jetzt in der Strenge seiner Ableitung erscheint. Es ist die eigentliche Arbeit der Dissidenz, die, in der Innerlichkeit der Seele verankert, und stets an ihrem Ort und ihrer Eingrenzung gebunden bleibend, dennoch nicht abläßt, sie zum Zerspringen zu bringen, zu zerbrechen und auszuspielen. Es handelt sich, wenn man so will, um das letzte Menschenrecht, ohne das das Subjekt zu einem selbstgekreuzigten, in der Routine und der Gehemmtheit des Geradlinigen versandeten Darsteller ohne Gesicht wird; und so endet diese kurze Abhandlung, die, über die Metapher des „besitzergreifenden Individualismus" führend, sein Gebiet auf die Ausmaße eines Widerstandes erweitert, dessen Theorie nach seiner Phänomenologie noch erstellt werden muß.

sind auch mit dem Recht auf Besitz, mit dem [illegible] begründet [illegible] Kontinuität seine [illegible] der Schrift-stand des Bewußtseins, das [illegible] und [illegible] seine ganze Tragweite gibt [illegible] Erweiterung des Eigentums und des [illegible] Frauen [illegible] der Theorie einer Ablösung erscheint [illegible] Antworten [illegible] Denken [illegible] und stets [illegible] und [illegible] Elend [illegible] auch [illegible] zur [illegible] zu [illegible] Es [illegible] sich, wenn man so will, um die letzte [illegible] des [illegible] Subjekt [illegible] selbst [illegible] der Romane und der [illegible] des [illegible] stellen [illegible] wird [illegible] lung [illegible] die Metaphern des [illegible] des Indivi-dualismus [illegible] auf die [illegible] Ver-[illegible] der [illegible] Theorie [illegible] Phäno-menologen [illegible] werden muß.

Vierter Teil

DIE BIBEL DES WIDERSTANDS

Nun bin ich nicht mehr so verzagt der Menschheit wegen. Ich erkenne jetzt, warum auch der vor Grauen wie erstarrte Mensch eine Gestalt bleibt, die von nichts und zu keiner Zeit vernichtet werden konnte. Ich erahne auch, warum der Mensch niemals, selbst nicht in höchster Gefahr, aufhören wird, seine gerechten Revolten auszufechten. Ja, ich erahne es. Aber man muß noch weiter vordringen. Ich bin nun seines Horizonts und seines Namens besser versichert und kann deshalb wagen, ihn wieder auf das Maß der Welt zu setzen, um nach der Ableitung seines Seins nun das Prinzip seines Widerstands zu formulieren.

Man wundere sich nicht, wenn ich nun beherzteren Schrittes in das Dickicht der Heiligen Schrift eindringe; das Fragment dieser Traumoper nun vertone, deren Kern, das wiederhole ich, die Nichtunterwerfung ist. Ihr Wort gleicht einem seltenen Stein; zur Stunde der Bitternis zeigt es eine Hoffnung auf. Und wie einen seltenen Stein muß man es bewahren. Mit einem Wort und ohne zu sehr vorzugreifen, der Monotheismus ist das Gedankengut des Widerstands unseres Zeitalters, weil er eine Definition des Bösen, *eine Doktrin der* Gerechtigkeit, *eine Ethik und eine Metaphysik der* Zeit *und auch an erster Stelle die Umrisse einer Antwort auf die zeitlos-ewige Frage bietet: was kann, was muß ich im Angesicht des Despotismus, der Lüge und der Unterdrückung der Geschichte tun?*

1
Die sieben Gebote

Was also tun? Ich weiß wohl, was so viele sogenannte Gelehrte, die alles über Syrakus wissen, Experten in Sachen Ideal, die den Henkern ihre Köpfe und die Strenge ihrer Wissenschaft zur Verfügung stellen, aus dieser Frage tatsächlich gemacht haben und auch weiterhin machen. Ich weiß nur zu gut, was sie wert ist, wenn unsere wackeren Konzepte, plötzlich aus ihren Sternumlaufbahnen gerissen, auf die Straßen hinabsteigen, im Gleichschritt der Erschießungskommandos marschieren und – wie Hegel vorausgesagt hat – aus Argumenten Ereignisse werden, aus Dokumenten Monumente und apodiktische Mörder. Ich habe oft und oft gesagt, daß die wahre, die einzige Revolution unseres Jahrhunderts in der Machtergreifung des Denkens liegt und in der Tatsache, daß es keine Lager mehr gibt, die nicht konzentrierte Philosophie wären, verwirklichte Philosophie, endlich gegessener „Pudding"[1], endlich Fleisch gewordenes Wort – dessen müde, sie so lange „ausgelegt" zu haben, nannten sie sie nun die „veränderte" Welt. Für alle jene, die nicht glauben können, daß so viel Grausamkeit nichts weiter als das banale Produkt eines schrecklichen Mißverständnisses ist, für alle jene, die im Gebell der Kapos von Buchenwald und von Kolyma die grausame Auslegung der jahrhundertealten Träume, die ihre Meister in ihren unschuldigen Abhandlungen niederschrieben, hören. Für alle jene also, die sich an die einfache Vorschrift halten, daß ein

Intellektueller niemals Handlanger eines Mörders sein darf, ist die Versuchung groß, sich in der Stille und hinter der beißenden Ironie der ach so modernen Ablehnung „jeder Ideologie" zu verschanzen ...

Trotzdem kann man sich nicht dauerhaft an diesen Skeptizismus halten, der bald wieder zu einem Alibi des Aufgebens würde. Diese Frage des „was tun?" ist auch eine *Herausforderung,* deren Sinnlosigkeit wir nicht ewig wiederholen können – so sehr wir auch durch jene dunkle Erinnerung erhitzt und von dem Grauen dieser Gedanken, die besser töten als Bomben, versteinert sein mögen. Als Intellektueller also, aber vollkommen unorganisch, ohne Herrschaft oder Vormundschaft, doch trotzdem nicht als Fahnenflüchtiger, halte ich es für meine Pflicht, darauf zu antworten, meine Stimme zu erheben gegen die Meute der Schreiber, die ihr Werk der Unterwerfung am hellichten Tag, im Himmel der Rechten und der Linken, fortführen. Als Geschichtsfachmann, als Bewahrer der Erinnerung und vor allem mit dem Privileg meiner Stimme ausgestattet – nur meiner Stimme, aber meiner ganzen Stimme – glaube ich, daß es dringend notwendig ist, die wenigen einfachen Maximen, das Brevier der kämpfenden Menschen in Erinnerung zu rufen und kategorisch auszuformulieren. Und darum gehe ich auch das Risiko ein, diese Maximen zu bestätigen, diesen Regeln einen Körper zu geben; sie sind zwar imperativ und vernünftig auf der Ableitung des Individuums begründet und dennoch nicht weniger auf die konkreten Fälle der Weigerung, sich zu unterwerfen, bezogen. Ich habe sie auf die symbolische Zahl sieben reduziert und dabei an die sieben Gebote Noahs gedacht, in denen die Hebräer das Minimum der Moral sahen, die für jede Gesellschaft, die den Fallen der Barbarei entgehen will, gültig ist; vielleicht heißt der Noahismus von heute ganz einfach Antifaschismus.

Erstes Gebot: *Das Gesetz, dein Gesetz, ist heiliger als das*

Ereignis. Die Weltgeschichte ist nicht, wie man dich lehrt, dieser unfehlbare Führer, der die Seufzer der Toten aufnimmt, über die Worte der Lebenden entscheidet, dies als linientreu bezeichnet, jenes als abweichend und die Überlebenden gebeugten Hauptes und gebrochenen Rückgrates zu seinem vorgezeichneten Ende voll der Geheimnisse und der Wunder führt. Du darfst nicht mehr der Fabel der Philosophen – dieser Bibel der Despoten – Glauben schenken, wonach es, wie einer sagt, eine „Vorsehung" gibt, einen „absoluten Geist" ein anderer, eine „Dialektik" ein dritter, deren „kleine Wahrnehmungen", eine finstere „Tücke der Vernunft", dein „Klassenursprung" vielleicht[2] vor dir die Chiffre, jene geheime Zahl, zu verbergen trachten, die dich nicht vergißt und nicht versäumen wird, dich zu strafen. Hüte dich vor den Verführern, die die Wahrheit mit den Lobgesängen ihres Sieges verwechseln und sie dort erwarten, wo die Heere vorbeiziehen, sie dort hören, wo das Fallbeil niedersaust, und dir nun die Wahl lassen, dich mit deiner Last an Leiden in die Karawane einzureihen oder dieses Volk von Verrückten, das die Verabredung mit dem Unvermeidlichen versäumt hat, in der Hölle wieder zu treffen. Denn frei sein heißt eben, diese Begegnung mit dem Unvermeidlichen zu verweigern, diesen Hinterhalt und die Absegnung so vieler Verbrechen und Schmerzen, die offenbar der Preis eines unerbittlichen Prozesses ist. Frei sein heißt auch Werten anhängen, die, selbst wenn sie durch unzählige Tatsachen verhöhnt und bestritten werden, weiterhin gelten, es heißt ferner, an ihr souveränes Recht glauben. Es heißt voraussetzen, daß es Gut und Böse gibt – nicht unbedingt überall und immer –, was die Zeit auch daraus macht und ob diese nun deren Beharrlichkeit des Existierens bestätigt oder nicht. So hat das Volk der Bibel gelebt, dessen Geschichte nichts anderes war als das beharrliche Neinsagen, das Anfechten des offenkundigen Urteils der Jahrhunderte. So haben seine

Lehrer gedacht und merkwürdige Bücher geschrieben; Bücher voll der Mißverständnisse, der Anachronismen, aber deren ruhevolle Sicherheit von einer außerordentlichen Freiheit gegenüber den Annalen zeugt. So erklärt sich auch die unerhörte Unerschütterlichkeit einer Tradition, deren baldiges und notwendiges Verschwinden so viele Gelehrte bis Spengler und Toynbee vorhergesagt haben. So ist es wahr, daß widerstehen vielleicht vor allem heißt, der Geschichte selbst Widerstand leisten – die als Widersinn, Verirrung und unglaublicher Fehlgriff entlarvt wird.

Haben diese wenigen Männer und Frauen, hat diese verschwindende Minderheit[3] von Helden, die am Abend des 18. Juni 1940 mit einem Donnerschlag in die Legende des 20. Jahrhunderts einzogen, eigentlich etwas anderes gemeint? Worauf beriefen sie sich in ihrem Widerstand? Wenn ein reales Land im Rausche seiner Niederlage sich mit Inbrunst um einen „von der Vorsehung gesandten" Marschall* schart und wenn die „braven Leute" von Vierzon einen Panzeroffizier, der versucht, die Brücken über den Cher zu halten, massakriert[4], dann kann man nicht mehr, ohne zu lachen, von einer „Legitimierung durch das Volk" für jene sprechen, die trotzdem weiterzukämpfen beschließen. Wenn ein souveränes Parlament, in voller souveräner Freiheit in der regulärst möglichen Wahl bestellt und zum Überfluß noch dazu der glorreichen Epoche der „Volksfront" entstammend, überwältigt von Gefühlen der Anerkennung und auch schon der Sühne[5], diesen „Erretter" mit 569 gegen 80 Stimmen[6] mit allen Vollmachten ausstattet, um das „un-

---

* Der Marschall: Philippe Pétain, am 17. 6. 1940 zum Ministerpräsidenten bestellt, suchte um Waffenstillstand an (Compiègne, 22. 6. 1940). Von der Nationalversammlung am 12. Juli 1940 in Vichy mit überwältigender Mehrheit mit diktatorischen Vollmachten ausgestattet, kollaborierte mit den Deutschen, 1945 zum Tod verurteilt, von de Gaulle begnadigt, starb 1951 auf der Ile d'Yeu.

glückliche Land wieder aufzurichten", dann ist es schwierig – zugunsten jener wenigen Leute in London –, auch nur den geringsten Verdacht gegen die demokratische und republikanische Legalität des neuen Regimes zu finden[7]. Wenn schließlich eine antijüdische französische Polizei in den darauffolgenden Jahren 100000 „Metöken" deportiert und rund 200000 weitere[8] registriert, ohne daß die Nation die mindeste *öffentliche* Geste der Solidarität[9] mit den Opfern zeigt, so muß man wohl übereinstimmen, daß Vallat und Darnand eben sehr wohl für die damalige Zeit und für eine Zeit, deren Dauer keiner kannte, die konsequenten Nationalisten[10] waren – und Charles de Gaulle, in seinem Exil, ein „treubrüchiger", vom „Ausland" gekaufter Offizier. Heute ist es für die Im-Nachhinein-Propheten natürlich leicht, die Résistance als das Zeichen einer frühzeitigen und genialen Voraussicht darzustellen. Zum Zeitpunkt, als selbst die Kommunisten „weder Pétain noch de Gaulle", „weder die Pest noch die Cholera" wollten und die Versöhnung der „deutschen und französischen Arbeiter"[11] predigten, konnten die 7000 Verschworenen des „Freien Frankreich" ihre Haltung nur durch ein rein moralisches Setzen im Absoluten rechtfertigen; „entgegen und gegen alles" sagte einer von ihnen[12]. Diese Männer der ersten Stunde der Résistance, diese Handvoll Unermüdlicher, hatten es sich, ohne Ansehung jeglicher Erfolgsaussichten oder Einschätzung der Ereignisse, in den Kopf gesetzt, „écraser l'Infâme", die Schande zu vernichten. Die schlimmste Ungerechtigkeit ihnen gegenüber wäre, zu behaupten, daß alles in allem der „wahre Sinn der Geschichte" bei ihrer Tat lag, zwar nur allmählich wie üblich, aber doch für Schlauköpfe, die ihn zu deuten verstanden, klar und manifest: denn der *einzige* erkennbare *Sinn* war auf Seiten der Kollaboration; alles wirkte zusammen, um ihr die unüberwindbare Schicksalhaftigkeit, die gesetzmäßige Normalität zu bestätigen – wogegen sich eben der am wenigsten hegelianische General unserer Zeit auflehnte. „Die folgenden Tage waren grausam“ hält er nach dem Zusammenbruch der Erhebung der Kolonien im September fest[13]: jawohl, nicht nur grausam, sondern geradezu sinnlos war diese Herausforderung, die sich, über die Menschen, die Armeen, die Staatskanzleien hinweg geradezu gegen den Lauf der Dinge richtete. Mit dieser unglaublichen Geste, deren Arroganz er übrigens im Falle einer Niederlage teuer bezahlt hätte, tat er nicht weniger, als die plötzlich für schuldig, absurd und *impertinent* befundene Geschichte in personam auf die Anklagebank zu zerren.

Nun zum zweiten Gebot, das ganz natürlich aus dem ersten hervorgeht: wenn kein Ereignis es wert ist, ihm das Gesetz zu opfern, so wäre die Welt reif, jederzeit reif für das Urteil – *und es wird für dich immer Zeit sein, für das Gute einzutreten.* In den harmlosesten wie auch in den tragischsten Stunden besteht der einzig wahre Mut darin, zu sagen und zu tun, was dir, nach deinem Gewissen, der Existenz Wert und Ehre zu verleihen scheint. Hüte dich vor den Meteorologen, die flüstern, es sei noch nicht Zeit, man müsse der Zeit Zeit lassen, daß der Maulwurf der Zeiten mit seiner Grabarbeit noch nicht fertig ist, jener Zeiten, die erst kommen werden, wenn der Tag der Fälligkeit vorbei und das unterirdische Grollen verstummt ist, das dich handeln hieß. Den Predigern der Geduld, die des Wartens nicht müde werden, daß sich der Sinn in seinen Wegen und Umwegen dem Sinn hinzufügt und so zur Totalität wird, wirst du Sinn für Sinn widersprechen, Schlag auf Schlag antworten und entgegenhalten, daß es Werte gibt, die keine Zeit haben zu warten. „Laß dich nicht aufhalten, ein Gelübde rechtzeitig einzulösen“[14], sagt der Psalmist. Nein, nichts möge dich dazu bringen, es in eine Geschichte einzufügen, es einer Taktik zu unterwerfen, oder es auf Grund eines Skrupels, da immer das Gegenstück der Verschlagenheit, der Intrige und der Kabale sein wird, zu differenzieren. In der Genesis[15] steht geschrieben: eines Tages, als Hagar und Ismael, nachdem Abraham sie auf Sarahs Befehl davongejagt hatte, durch die Wüste Berseba irrten und das Wasser im Schlauch versiegt war, „warf" die Mutter, am Ende ihrer Kräfte, „den Knaben unter einen Strauch"[16]. Der Herr aber war darüber bewegt und öffnete „vom Himmel aus" die Augen der Unglücklichen; sie sah vor sich „einen Wasserbrunnen" und „gab" daraus „dem Knaben zu trinken", der danach in der Wüste „heranwuchs"[17]. Der Talmudkommentator fügt hinzu, die Engel seien betroffen und unwillig gewesen, daß der Allmächtige mit so viel Inkonsequenz ausgerechnet jenen rettete, der eines Tages – wie sie, die feinen Deuter des Schicksals, wissen – Israel Leid zufügen und sich gegen sein Volk erheben würde. Und was antwortete der Allmächtige? Immer noch dem Talmud zufolge, antwortete er mit diesem großartigen und bedeutungsschweren Wort, das aus dem Berechnen, der Frist und schließlich der Lüge die größten Verbrechen gegen die Ethik macht: „Das Ende der Geschichte ist unbedeutend, denn man muß jeden mehr danach beurteilen, was er ist, denn danach was er sein wird[18]" ...

Ja, das Wort ist mehr als ein Wort, es ist der Katalog einer Forderung. Der vermutete Ablauf ist unbedeutend, wenn sich das Notwendige am Kreuzungspunkt der Minute beugt und sich die Strenge einer Wahl aufdrängt. Das Notwendige ist ein Köder und die Vorahnung der Engel eine Illusion, denen gegenüber einzig das zwingende Ultimatum, einen Körper in Todesgefahr zu retten, zählt. Da die Idee eines ethischen Werdens ein Trugbild ist, bleibt als einzige Idee, die es nicht ist, jene eines Handelns, das nicht mehr in der Demut seiner Unterwerfung lebt und sich im Gegenteil immer in der Selbstgefälligkeit einer höheren Unmittelbarkeit empfindet. Moderner gesprochen kann man sagen, daß der Kampf um die Menschenrechte chronologisch, logisch und ontologisch die erste Pflicht des Menschen ist: und das nicht etwa aufgrund einer vagen provisorischen Moral, eines humanitären letzten Auswegs oder irgendeines politischen Minimalismus, sondern als strenge und vollkommen fundierte Folge der Weigerung, die Geschichte als obersten Herrscher anzuerkennen. So kam es etwa, daß ich mich seinerzeit in den Kampf der Bengalen gegen die pakistanische Unterdrückung einmengte: während einige Schöngeister in den Kadavern des Ganges-Delta schlechte Tote sahen, die die Fundamente der Einheit eines als fortschrittlich geltenden Staates erschütterten, glaubte ich an die Notwendigkeit der Auflehnung gegen ebendiese Diktatur des Fortschritts[19]. Das ist auch der Grund, warum das Argument fehl am Platz war, es sei suspekt, Solschenizyn Gehör zu schenken statt den Worten des Führers der KPF Marchais, oder am Vorabend von französischen Wahlen die russischen Dissidenten zu unterstützen[20]: es konnte nämlich nur für jene gelten, die das, was noch zu beweisen blieb, a priori annahmen und den Begriff einer totalen, totalisierenden, totalitären Richtung postulierten, die diesem oder jenem realen Elend Markenzeichen und Qualität zuordnen würde. Im Namen desselben Prinzips konnte mein Freund Marek Halter ungefähr zur selben Zeit, aber lange allein die Folter in Argentinien anprangern: er sah sich Parteien gegenüber, die es allesamt vorzogen, über ein Leid zu schweigen, das für die einen die zweifelhafte Unzulänglichkeit hatte, nicht der Gulag zu sein, für die anderen nicht Chile; beide Fälle fügten sich nicht genau in die vorgezeichnete Landschaft der Geschichte ein[21] ... Mit einem Wort: wenn der Kampf um die Menschenrechte tatsächlich der Haupteinsatz dieses ausgehenden 20. Jahrhunderts ist, dann weil es sich eben nicht mehr um einen bloßen Einsatz handelt, um keine neue Strategie und keinen Akt der Barmherzigkeit – sondern um eine andere philosophische Weltbetrachtung, wie jene des Propheten zum Beispiel: alle Fristen zum Widerstand gegen die Barbarei sind abgelaufen, wie auch immer ihr Gesicht aussieht und wer auch immer ihre Opfer sein mögen.

Noch tiefgreifender, aufgrund eines anderen Bezugs auf die Zeit, läßt sich dieses dritte Gebot abfassen: was auch immer die mutmaßlichen Folgen oder die objektive Tragweite deiner Handlungen sein mögen, *du sollst in jeder Hypothese setzen, daß die Zukunft nicht deine Angelegenheit ist.* Wie sollte sie das auch sein, diese kurzlebige und ausgesprochen abenteuerliche Zukunft, die niemals aufhören wird einzutreten und ihre eigene Vergangenheit zu improvisieren? Wie könnte sie in die Problemstellung und die Entscheidung zu handeln eingreifen, da sie doch selbst problematisch und unentschieden ist und ständig damit spielt, dich zu verraten und deine Gegenwart mit unerwarteten Nachkommen zu belasten? Siehst du nicht, daß eine Handlung, die von dem abhängt, was eines Tages aus ihr entstehen würde und dazu relativ sein wollte, relativ zu dem unendlich Relativen wäre, und somit jede Chance verspielte, auch nur einfach gewagt zu werden? Und selbst wenn du sie wagtest, in wessen Namen könntest du sie rechtfertigen, da sie doch in einer Reihe von unendlich vertagten Beweisen, per definitionem unendlich unrechtfertigbar wäre[22]? Nein, im Angesicht dieser Ironie der Geschichte, die das Ergebnis deiner Unternehmungen gleichzeitig verfremdet und inspiriert, fordern Wahrheit und elementarste Logik, daß du deine Nichtzuständigkeit für das Ergebnis und deine Beschäftigung mit jener Intention, die dich zur Zeit bewegt, erklärst. Der moralische Anspruch und die wahre Unnachgiebigkeit setzen voraus, daß du dich anstelle dieser geschichtlichen Verantwortung, mit der sich die Vorsichtigen beladen, um besser Zeit schinden zu können, des Positivismus und der berühmten „Objektivität“ entledigst, um die Inkonsequenz der schönen Seele ohne Furcht und Bedauern auf dich nehmen zu können. Dem ewigen Hegelianer[23], der dich vor die Wahl zwischen dem „Menschen unserer Zeit“, der seine Taten nicht „in ihrer ganzen Tragweite annimmt“, und dem „heldenhaften Charakter“ stellt, der den Konflikt zwischen „subjektiven“ und „objektiven Auffassungen“ nicht kennt, wirst du antworten, daß du nichts mit einem „Heldentum“ anzufangen weißt, in dem sich der heimtückischeste aller Wünsche verbirgt: das Akzeptieren einer Welt, deren Verirrungen ihr auf dem Fuße folgen. Wenn er aber beharrlich einwirft, die Zukunft, deren Urteil du verachtest, werde dich notfalls auch gegen deinen Willen zwingen und deine Entschlüsse „anders werden lassen als du gewollt hast“, so wird sein Beharren deine Meinung eher bestärken als ins Wanken bringen: denn das Rad dieser verdammten Geschichte möge sich so viel drehen als es will, es wird nur seine Untertanen einschüchtern; für dich wird es eine Herausforderung sein, sie in einer nie endenden Guerilla immer mehr zu bekämpfen. Mag sein, daß sie dein Meister ist; aber sie wird nicht mehr dein Gott sein; denn einem Gott gehorcht man; gegen einen Meister hingegen lehnt man sich auf. Sicherlich demütigt sie dich und macht sich über deine reinen „Absichten“ lustig; aber keiner verbietet dir, ihren Sarkasmus mit einem Wiederaufblühen reiner Absichten und ihre Erniedrigung mit neuem Aufstand zu beantworten. Die Zukunft ist nicht deine Angelegenheit, das bedeutet: dein Los ist die Ungeduld, die Besorgnis, die Unruhe eines Wollens, das auch nicht aufhört, seine Sinnesänderung abzustreiten. Widerstand leisten bedeutet: *wiederbeginnen* Widerstand zu leisten und der „tragischen“ Hippe des geschichtlichen Handelns, die nur die Apathischen und die Willenlosen der Voraussicht entwaffnet, Schlag auf Schlag zu antworten. „Was deine Kraft übersteigt, damit plage dich nicht“, heißt es im Ecclesiasticus[24]; setze aber dennoch alle deine Kräfte ein, höre nie auf, sie einzusetzen . . .

Bedarf es noch eines genauen, eines zeitgenössischen Beispiels? Dieses Gebot bezieht sich ausgerechnet auf jene Intellektuellen, die ohne den geringsten Widerruf zuerst für die Befreiung des vom US-Imperialismus bedrohten Saigon und nach der Befreiung Saigons für die Menschenwürde der Flüchtlingsmassen, die das kommunistische Land verließen, auf die Straßen gingen. Das ist der Schlüssel des Paradoxons, nicht aber jene der Verleugnung der früheren Haltung, die sie von den „Vietnam-Basiskomitees", die in den sechziger Jahren den gerechten Kampf der von den Amerikanern mit Napalmbomben bekämpften Vietnamesen unterstützten, zu dem Ende 1978[25] gegründeten Komitee „Un bateau pour le Viêt-nam" (Ein Schiff für Vietnam) führten, das denselben Vietnamesen, die diesmal von innen, vom Stiefel des roten Despotismus zertrampelt wurden, helfen sollte. Dazu erklärte der Leiter einer großen Tageszeitung in einem Schreiben an einen der Gründer des Komitees[26], er könne sich der Initiative von Leuten, deren Kampf von gestern seiner Meinung nach die Katastrophe von heute verschuldet habe, sich aber weigerten, die Schuld „in ihrer vollen Tragweite" auf sich zu nehmen, nicht anschließen. Als perfekter „Mensch unserer Zeit" antwortete der so Angesprochene[27], daß der Kampf von heute die logische Folge des Kampfes von gestern sei, daß der Antifaschismus nur widersprüchlich erscheine, weil der Faschismus in seinem Wesen konstant sei und es sich nicht um Vorausschau, Strategie oder schließlich Kapitulation handle, sondern um Dringlichkeit, Imminenz und unermüdliche gerechte Entrüstung. Der eine ging von der Tatsache aus, daß die Zukunft aus der Vergangenheit entsteht, um daraus den Sophismus zu ziehen, daß die Vergangenheit aus der Zukunft entsteht, aus der sie ihre Färbung und nachträgliche Wahrheit empfängt; der andere läßt den schrecklichen Irrtum gelten, der de facto die Todeslager in die „objektive" Linie des Befreiungskrieges einschreibt – da er aber selbst keine andere Linie hat als den Widerstand gegen die Unterdrückung, schreibt er diesen Irrtum weniger dem Soll des Bewußtseins der Menschen zu, als dem Passivum einer Geschichtslogik, die wiederum der Gegenstand dieses Widerstands selbst ist. Auf der einen Seite ein Kommissar, der feststellt, daß dieselben Frauen und dieselben Männer innerhalb von zehn Jahren erst unter den Schlägen eines Kolonialkrieges und dann unter jenen einer inneren Diktatur zusammenbrechen; daraus schließt er, daß alle, die die Lösung des ersten Konflikts beschleunigt haben, objektiv an der Entfesselung des zweiten schuld sind. Und dieser Mann sieht in dieser Schuld einen Grund zu schweigen und das Grauen herrschen zu lassen. Auf der anderen Seite steht ein engagierter Mensch, der aus der Tatsache, daß es dieselben Frauen und dieselben Männer sind, die hier wie da leiden, schließt, daß dieselben Ursachen dieselben Folgen hervorrufen und der Leitsatz, der hier gültig war, auch dort gültig bleibt. Er sieht in einer Verirrung keinen Grund zur Reue, sondern einen Grund weiterzumachen, also rückfällig zu werden ... Mit einem Wort und über die Anekdote hinaus: die objektiven Folgen eines Handelns mögen politisch beträchtlich sein, moralisch sind sie darum noch lange nicht zu übersehen. Der geschichtliche Irrtum ist nicht nur ein Recht, das uns die Totengräber in ihrer Großherzigkeit zugestehen werden: er ist eine unveräußerliche Pflicht[28]. Das politische Umherirren ist kein Argument gegen die höchste Ethik: sondern die höchste Ethik, in ihrer Unschuld des Reiches der Zwecke, eine immer schärfere Waffe gegen das politische Umherirren.

Was aber begründet wiederum diesen Leitsatz, was wird ihm seine Angaben diktieren? Was soll dir diese Sicherheit und diese Zuversicht dich zu irren geben? Wird dein Widerstand nur blind und konfus, ohnmächtige Re-Aktion sein?

Wirst du ein Spielzeug, ein von den Winden der Geschichte nach Belieben hin und her geschüttelter Strohhalm sein? Feststeht jedenfalls, daß die Mißachtung der Zukunft an sich nicht ausreicht, eine Nichtunterwerfung zu begründen. Wenn es wahr ist, daß die Rechtfertigung deines Leitsatzes weder in ihrem Zweck noch in der Folge, die du erwartest, liegen kann, so bleibt doch – und *ist notwendig* –, daß sie im Grund und in der Form ihres Motivs liegt. Wenn die Geschichte ein Rechenfehler ist, für den du keine Rechenschaft schuldest, so bist du dafür – und zwar *absolut* – für die Strenge eines Prinzips verantwortlich, in das die ganze Kohärenz einfließen muß, die andere dafür aufwenden, den Lauf der Zeit und ihren Wandel aufzuspüren. Wenn deine Initiative strenggenommen ohne Zukunft ist, so entbehrt sie dennoch nicht des Antriebs, und jener überlegenen Klarsicht, die es dir ermöglichen wird, im gegebenen Fall die falsche Alternative abzulehnen, in die dich die Gelehrten im Namen des „Geschichtssinnes" einschließen[29]. Daß die Zukunft also nicht deine Angelegenheit ist, bedeutet nicht, der hegelianischen Dialektik das stoische Versinken im Augenblick entgegenzusetzen, sondern vielmehr, daß du den Augenblick selbst mit einer Dichte an Vorhaben, Projekten, vielleicht an Ewigkeit belegen sollst, die aus seiner Unmittelbarkeit mehr als eine Laune und ein einzigartiges Delirium machen. Deshalb wird nur der Leitsatz, aus dem du ohne Schaden und Widerspruch ein Objekt der „Prophezeiung" machen kannst, ein guter Leitsatz sein. Das einzige Kriterium: angenommen, andere wenden anderswo dasselbe Gesetz an wie du, dann soll dieses Gesetz bewirken, daß es weniger Mord, Grauen und Barbarei gibt. Und hier mein viertes Gebot: was auch immer du willst, und was auch immer eine unablässige Zeit aus deinem Wollen macht, *du wirst nichts unternehmen, das nicht von vornherein würdig wäre, sogleich und immer von neuem wiederbegonnen zu* werden ... Das ungefähr verkündet Jesaja, wenn er klagt, sich „umsonst gemüht", vergebens und nutzlos „seine Kraft verzehrt" zu haben und sich aber mit dem Wissen darum, daß sein „Recht bei Jahwe steht", tröstet[30]. Was er hier sagen will ist, daß sein Wort, sei es auch unzeitig, mit Erbenlosigkeit geschlagen und nach seiner Verkündigung sogleich verraten, in sich und für sich aufgrund seiner Transzendentalität das absolute Kriterium seiner Immerwährendheit ist. Im Grunde will er uns sagen: öffneten alle Nationen der Erde endlich die Augen und hielten sie sich wie er an die Thora und ihre Vorschriften, zum Beispiel an das Gebot, nicht zu töten, wäre die Welt weniger schlecht als sie es jetzt ist. In einem vieldeutigen Universum, in dem der Sinn der Geschichte wie ein Krebsgeschwür wuchert, lautet die Frage, die du niemals zu stellen vergessen darfst: „Ist der Sinn, den ich zur Zeit souverän bekunde, wert *universalisiert* zu werden oder nicht?"

Das ist ein eindeutiges Kriterium, und ich glaube, daß seine methodische Anwendung so manche akademische Diskussion vermeiden würde. Es ist zum Beispiel klar, daß der Leitsatz, der die Intellektuellen der dreißiger Jahre dazu führte, in der Salle Wagram gegen die Verhaftung Thälmanns zu protestieren und in der Salle Pleyel die Verurteilung Bucharins zu beklatschen, ohne Sophismus nicht hätte universalisiert werden können; ebenso klar ist dafür auch, daß die Regel von Camus, der fünfzehn Jahre später die Henker der Linken wie jene der Rechten verurteilte, universalisiert hätte werden können – und de facto wurde sie es auch. Von mir aus sage man mir, daß das Eingreifen der russischen Panzer in Prag fortschrittlich und die Intervention der CIA in Chile reaktionär waren, aber unter der Voraussetzung, daß man hinzufügt, die Unterscheidung sei politisch, also konjunkturell und eigentlich verlogen; während umgekehrt die Ablehnung des Imperialismus in allen seinen

Spielarten eine moralische Haltung ist, die in jeder Hypothese menschliches Leben verschont und ohne Gefahr von der ganzen Welt geteilt werden könnte. Die wiederum der Linken so heilige Vorstellung, daß es Dissidenten des Guten und solche des Schlechten, „Gerechte" und „Verdächtige" gibt, ist wahrscheinlich eine wirksame Vorstellung, wenn es darum geht, einen Kopf abzuschneiden, aber eine ziemlich unbrauchbare, wenn man versucht, sie zu formalisieren; denn wenn auch das Schicksal eines Solschenizyn recht schnell beschlossen ist, was soll man von einem Bukowski, einem Pljuschtsch oder einem Maximow sagen? Wo endet der gute Widerstand und wo beginnt der schlechte? Wo ist der „degenerierte" Sozialist, wo der verwurzelte „Konterrevolutionär"? Ab wo ist die Religion „Opium für das Volk" und bis wohin rechtmäßige „Sehnsucht der gequälten Kreatur"[31]? Muß man im Südchinesischen Meer die Wirtschaftsflüchtlinge retten und die politischen Flüchtlinge opfern? Die Aufzählung dieser Sackgassen wäre vergnüglich, wäre sie nicht so schrecklich und läge nicht in jeder einzelnen die Verweigerung dieser doch so einfachen Wahrheit, daß die Ordnung der Ethik da und nur da beginnt, wo man diesem Prinzip der Universalität zustimmt: ein Leben ist ein Leben, ein Körper ist ein Körper, von dem Zeitpunkt an, da sie Gefahr laufen, ihr Leben oder ihre Würde zu verlieren ... In einem etwas allgemeineren Bereich schließlich erkennt man, daß in diesem berühmten Dilemma das Primat des „Zwecks" vor den „Mitteln" eine *moralisch nicht zu rechtfertigende* Haltung ist. Denn sobald man versucht, sich über die Bestimmung der Zwecke zu verständigen, bewirkt das die Uneinigkeit und die Pluralität der Meinungen. Die entgegengesetzte Haltung hingegen läßt sich leicht als universelle Regel auslegen, denn da die Mittel nichts weiter als die konkreten Streitpunkte konkreter Menschen und der konkreten Geschichte sind, wäre ihre erschöpfende Aufzählung, zumindest de jure, vermutlich mit einem Minimum an Durcheinander und legitimiertem Mord möglich.

Nun sieht man es deutlich: was jedesmal im Spiel ist, ist die Autonomie der Moral gegenüber den benachbarten, feindlichen Disziplinen, die versuchen sie einzuschränken. Hier ist nun also das fünfte Gebot: trotz der Tradition und gegen die Vorsänger der Kapitulation wirst du die Satzung aufstellen und dich überzeugen müssen, daß *die Wahrheit, deine Wahrheit der Ordnung des Politischen fremd ist* ... Denn was ist dieses Politische, das ich so oft zu entmystifizieren versucht habe? Was soll „das Wahre ist politisch" heißen? Was meinen die Gelehrten, wenn sie mit soviel Sicherheit ausrufen: „Alles ist politisch"? Es ist im Grunde eine sehr alte These, so alt wie die Philosophie und durch zweitausend Jahre der Theorien untermauert. Sie erblickte vermutlich bei Plato das Licht der Welt, und ihre Spuren findet man zum Beispiel in dem Dialog mit dem Titel *Euthydemos*. „Politik" ist der Name, den Sokrates dieser „höchsten" und „königlichen Kunst" gibt, die der Athener Klinias sucht und die „allem befehlen muß"[32]. Wenn sie gegenüber den vielen wetteifernden Wissenschaften ein Privileg voraus hat, dann weil sie das Verdienst besitzt, fügt er hinzu, alles „zum Vorteil zu wenden"[33]. Dieser „Vorteil" wiederum bedeutet, daß der Schwarm von Leidenschaften und Nöten, die die Menschen „Meinungen" nennen, entsprechend „gesammelt", zu einer Ordnung und geheimen Harmonie gelangen kann[34]. In ihrer „Synthese" ebenso wie in ihren „Unterteilungen" aufgefaßt, würden diese Nöte als „Irrtümer", als parteiische Teilansichten des Ganzen erscheinen, über die sich die Menschen nur aus Unehrlichkeit oder Unwissen beklagen könnten. Angesichts dieser erhabenen Wissenschaft, so betont Sokrates, zu der ausschließlich der „König" Zutritt hat, dieser höchsten und „lenkenden" „Wahrheit", deren Alleinbesitz die Herrscher sich sichern, bleibt den kleinen Leuten nur übrig, still zu sein und dahinzuvegetieren ... Diese kräftige Beweisführung findet man bei Aristoteles, bei Leibniz oder bei Hegel wieder. Selbst bei Spinoza, diesem Apostel der „Freiheit des Gewissens", kann man es herauslesen, widmet er doch der Erstellung und Freilegung der *politischen* Bedingungen für das Auftreten der Wahrheit einen ganzen *Tractatus*[35]. Es gibt vielleicht keinen Philosophen der großen Tradition, der es nicht als anerkannte Tatsache betrachtet, das Wahre sei Angelegenheit des Staates, und zwar im strengsten und banalsten Sinne – und sich nicht daran gemacht hätte, es zu beweisen[36]. Und du kennst natürlich das Schicksal, das diesen Beweis bei den letzten Erben der Tradition ereilt, bei diesen verlorenen Söhnen, die versuchten, die „Welt" mit Hilfe von „Interpretations-Rastern" zu verändern, die ihnen so viele Jahrhunderte des Ordnungsdenkens hinterlassen haben. Ich meine Marx, Lenin und ihre Epigonen, die diese alte theoretische Sicherheit, in der sich das Abendland gewiegt hatte, in eine praktische Regel umwandelten und seither nicht aufgehört haben, eine Rechtsausschließung der Ethik, deren konkrete Ergebnisse man kennt, zu rechtfertigen ...

So war etwa auch die Haltung der deutschen kommunistischen Linken in den dreißiger Jahren; unglaublich war ihr Unvermögen, das Aufkommen des Nationalsozialismus aufzuhalten. Warum hielt die Partei bis zum Reichstagsbrand an der selbstmörderischen Linie fest, der Kampf gegen die „Sozialdemokratie" habe die Priorität, was im konkreten Fall Kollaboration mit Hitler bedeutete[37]? Welch geheimnisvoller Beweggrund führte zu diesen unzähligen Einzelaktionen an der Seite der Nationalsozialisten, dazu, daß sie 150mal im Reichstag gemeinsam mit den Nazis stimmten. Was führte zu der gemeinsamen Kampagne mit den Leuten Hitlers gegen die linke Regierung Otto Brauns in Preußen im Sommer 1931[38]? War es nur die Treue zu Stalin, die Neumann, die Nummer zwei der Partei, veranlaßte, im August 1930 ein von Niekisch und Strasser als Eintritt der kommunistischen Partei in die „Deutsche Widerstandsfront“[39] begrüßtes „Deklarationsprogramm für die nationale und soziale Befreiung“ zu veröffentlichen? In wessen Namen konnte dieser selbe Neumann zwei Monate später mit Goebbels am Bodensee über eine eventuelle „Umkehr der Allianzen“, ein Einschreiten der Roten Armee als Unterstützung der nationalen Ambitionen Hitlers verhandeln[40]? Muß man auf einen schrecklichen aber banalen Bewertungsfehler schließen, wenn das Politbüro zum selben Zeitpunkt seinen Militanten aufträgt, die SA zu unterlaufen und die berühmten innen roten und außen braunen „Beefsteak-Sektionen“ zu bilden, in denen Nazis und Kommunisten sich verbrüderten, während wenig später die ersten Konzentrationslager geschaffen wurden[41]? Nein, die Nachkommen Bebels, Liebknechts und Karl Marx’ kannten die Wahrheit über die Lager, die SA und Hitler – aber für diese *politischen* Köpfe war die *Wahrheit* in erster Linie die globale gesellschaftliche Krise, die Deutschland erschütterte und deren Lösung man *politisch* beschleunigen mußte. Sie hörten tatsächlich das Klagen, das aus den Ghettos und selbst aus den kommunistischen Zellen aufzusteigen begann: aber in der Hohen Schule des Marxismus ist eine Klage keine Klage, sondern mehr als eine Klage, besser als eine Klage, das empfindliche und unbedeutende Echo des Erdbebens, das den sozialen Körper erfaßt und die Machtergreifung im Staate, die sein Ziel bleibt, schließlich ermöglicht. Sie sind nicht aus Mangel an Informationen so lange blind geblieben, sondern eher wegen eines Übermaßes an Wissenschaft, an Theorie, an Dialektik – dieser sokratischen „königlichen Kunst“, die lehrt, daß das Wahre nicht im Wahren, sondern in einer „höchsten Wahrheit“ liegt, die es auf den Rang eines Symptoms beschränkt und ihm seinen

Platz, seinen dienstbaren und untertänigen Rang in der historischen Ordnung der Dinge zuweist. Wenn diese allmächtige Partei, die in der Arbeiterklasse ihrer Zeit tief verankert ist, eine Tradition, die in Europa ihresgleichen sucht, besitzt und noch zu Beginn der dreißiger Jahre in vollem Aufstieg[42] begriffen war – wenn diese Partei „das Pferd satteln" konnte, wie der Anarchist Friedrich[43] sagte, „auf dem Hitler das Brandenburger Tor durchreiten würde" – dann, weil sie auf einer Weltanschauung aufbaute, die aus den Subjekten einfache, auf die Bühne der Geschichte übertragene Statisten und aus den Opfern den unvermeidlichen Verlust eines sicheren Revolutionsprozesses macht und keine rohe und trockene Tatsache begreifen kann, die sich nicht im Sterbehaus des Politischen und seiner „Organisationen" *objektivieren* ließe.

Daher ein sechstes Gebot, ein Korrelat dieser tragischen Erfahrung, das als Parodie des berühmten Ausspruches so lauten könnte: *Widerstand wirst du ohne Theorie oder revolutionäre Partei* leisten. Was nämlich, eben wie bei der KPD, zum Bankrott führt, ist diese alte Vorstellung der Aufklärer, je mehr man *wisse,* desto mehr Chancen habe man, *Widerstand zu leisten:* die Menschen sind aber offensichtlich niemals mehr unterjocht worden als zur Stunde, da sie mehr denn je ideologisiert waren – das Wissen genügt also nicht, wenn es nicht von der ethischen Determinierung befruchtet wird. Schuld war auch das in den marxistischen Gehirnen verankerte Vorurteil, daß die Strategien des Bruchs am wenigsten vermögen (der Widerstand), weil sie am meisten vermögen (die Revolution): ihr Radikalismus ist oft nichts anderes als die Kehrseite des Machtwillens ihrer Chefs. Dieser Radikalismus hat in diesem Jahrhundert nicht aufgehört, die einfachen Leute im Namen eines hypothetischen Endes der Zeiten von den imperativen Aufgaben der vorhandenen Ziele der Geschichte abzulenken. Es ist schließlich diese alte, in der gesamten Linken des Westens verwurzelte Überzeugung, daß allein die großen Apparate, die Versorger mit Radikalismus, Ideologie und Hoffnung, fähig sind, eine kollektive Nichtunterwerfung zu handhaben und zu organisieren. Aber es ist stets das Gegenteil zu beobachten, nämlich ein massiv und methodisch organisiertes Kapitulieren. Kennst du einen einzigen dieser Apparate, der sich rühmen dürfte, am Ursprung einer einzigen großen antitotalitären Revolte gestanden zu sein? Kennst du eine einzige dieser Revolten, die sie nicht versucht hätten zu ersticken, umzulenken, manchmal sogar zu verbieten? Gibt es nicht heute noch viele Intellektuelle, Linientreue, Militante und Anhänger, die die Pinochets mit den Argumenten der Breschnews und die Breschnews mit den Argumenten der Pinochets verurteilen, wobei die einen wie die anderen die wiedergekehrten Argumente des Faschismus benützen. Als letzte Inkarnation des „objektiven Geistes" sind diese Parteien nicht die Summe der subjektiven Geister, aus denen sie sich zusammensetzen. Sie leben ein eigenes Leben, dessen Stempel sie den Körpern und Seelen ihrer Getreuen aufdrücken. Weniger den Kategorien des Gewissens als erneut jenen der Geschichte unterworfen, opfern sie jedes Gewissen auf ihren neuen Altären der Zucht und Ordnung. Diener des Geistes der Welt, vorgebliche Substrate der derzeitigen und künftigen Odyssee der Menschheit, sind diese großen Mobilisierungsmaschinen die schrecklichen Maschinerien des großen heidnischen Theaters und seiner Tragödie des Aufgebens.

Wie kann man nur – um geradewegs das Schmerzlichste aufzugreifen – die jüdischen Organisationen in Warschau, Berlin oder Budapest vergessen, die Listen der zu deportierenden Juden aufstellten, von den Unglückseligen Geld zur Deckung der Kosten ihrer eigenen Verschleppung einhoben, oder die jüdischen Polizeikräfte, die jüdische Männer,

Frauen und Kinder für die Todestransporte zusammentrieben[44]? Wie kann man nur vergessen, daß sich die Aufständischen des Warschauer Ghettos Waffen und Dynamit zu horrenden Preisen bei Schwarzhändlern oder deutschen Deserteuren besorgen mußten, weil gegenüber diesen Bettlern, diesen Rebellen der Hoffnung, die es vorzogen, mit der Waffe in der Hand, in einsamer Erfüllung ihrer Würde, als freie Menschen zu sterben, die polnische KP und die Armia Krajowa, der wichtigste *Widerstandsapparat* des Landes sich mißtrauisch, wenn nicht sogar feindselig verhielten[45]? Tatsache ist, daß die einzigen Organisationen, die den Subjekten etwas anderes als Unglück und Zustimmung zum Despotismus gebracht haben, jene sind, die, eher einer einmaligen Berufung als einer ständigen Mission folgend, nach Vollbringen ihrer Aufgabe verlöschen, sich selbst auflösen und das konkrete Leiden erleichtern, statt sich daran zu laben – es „einfangen" sagt Hesekiel so wunderbar. Der Unterschied zwischen dem „Koordinationskomitee" des Ghetto und der Armia Krajowa ist, daß das erste eine Untergrundorganisation war, die die Topographie der Kanäle, der Kohlenbunker und Keller Warschaus genau kannte und nutzte. Die andere, die Armia, aber war eine Maschinerie, eine Pyramide, die schon die neue soziale Ordnung, vielleicht auch schon die neuen Hierarchien in einem künftigen befreiten Polen vorzeichnete. Der Unterschied zwischen der FLN, der „Algerischen Nationalen Befreiungsfront", und dem CNR, dem „Nationalrat der französischen Widerstandsbewegung", war, daß dieser, als der Widerstand zu Ende war, verschwand, wenn er auch anderen auftrug, seine Ideale zu verwirklichen; die FLN dagegen institutionalisierte ihren an sich gerechten Krieg und war nur zu bald nur das Skelett einer Gesellschaft, die sich rasch zum Totalitarismus und dem Kampf aller gegen alle hin entwickelte. Was am Ende dieser siebziger Jahre einen Organismus wie „Amnesty International" von einer klassischen politischen Partei unterscheidet, ist, daß er eben apolitisch ist und sich nicht die mindesten Gedanken über eine Veränderung des Menschen, des Lebens oder der Welt macht und sich damit begnügt, den Körper zu retten, alle Körper, und nichts als Körper, Solidarität zwischen Einsamen herzustellen, die er stärkt und tröstet, statt die Einsamkeit abzuschaffen.

Wir sind nun also weit vom traditionellen Begriff des „Engagements" entfernt, der jetzt in neuem Lichte erscheint. Dann also lautet das letzte dieser Gebote, das allein der Folge der sechs vorherigen Zusammenhang verleiht: wenn es wahr ist, daß sich zusammenzuschließen den Verzicht sich zu engagieren bedeutet, *mußt du, um dich zu engagieren, damit beginnen, dich loszulösen* ... Ist es notwendig daran zu erinnern, daß Gide in Wirklichkeit zur Ehre der Menschen und der Erniedrigten nur vor seinem „Anschluß" beigetragen hat, zur Stunde, da er noch ungebunden und nichts als ein unglückliches Gewissen war, und seine gerechte Entrüstung in den Tschad oder in den Kongo trug?[46] Muß man einmal mehr an die Lehre der Propheten in ihr Mißtrauen vor jenen Parolen erinnern, die zwar Ordnung in der Welt, aber Unordnung in den Seelen schaffen, die jedes Wort auf seine heidnischen Zugehörigkeiten beziehen und für immer den Weg zur und das Verständnis der Gerechtigkeit versperren? Wenn das Politische und die Wahrheit tatsächlich das sind, was ich gesagt habe, dann gibt es keine ethische Handlung, die nicht das Zurückziehen des Selbst in einen eigenen Bereich der Dissidenz voraussetzt, wo man nachdenken, abwägen und die Dinge voneinander trennen kann. Wenn die Geschichte dein Meister und der Meister aller Meister ist, so kann die a-priori-Bedingung jedes möglichen Widerstandes nur in dem Ratschluß – und dem ununterbrochenen Bemühen – liegen, der dich der Geschichte entfremdet und dich gleichzeitig dem Wurf des Netzes entzieht, mit dem sie dich einfangen will. Das heißt natürlich nicht, daß du dich wie Jünger, der sein Aufgeben durch eine schlechte *Abhandlung über den Rebellen*[47] zu rechtfertigen versuchte, im Namen irgendeines Ästhetizismus in das Universum der Souffleure verkriechen solltest, die sich von oben über das menschliche Gebärdenspiel lustig machen und zuweilen zwischen zwei Meditationen herabsteigen, um es barmherzig zu erleichtern. Vielmehr heißt das ganz im Gegenteil: wenn du ein für alle Mal den Zwillingswonnen der ästhetisierenden Entsagung und des politischen Optimismus abschwörst, wirst du um so mehr Macht über die Geschichte haben, als sie keine Macht mehr über dich haben wird. Du wirst den Kleinkrieg gegen die Potentaten erst richtig führen können, wenn du ihre Tempel verlassen und ihre lachenden Götzen zerschlagen haben wirst.

Wo wehte im Nazi-Deutschland der Wind der Hoffnung? Zur Stunde etwa, da die Agenten der Komintern die armen Narren aus ihren eigenen Reihen, die geglaubt hatten, in Sicherheit zu sein, der Gestapo auslieferten – waren es Katholiken oder protestantische Pastoren, die im Namen des christlichen Glaubens und des Hasses des Heidentums nein zu Rosenberg sagten[48]? Zum Zeitpunkt, da die offizielle Linke ihre kriminellen Fabeln vom geschichtlichen Lauf der Dinge und dem Schicksal des Kapitalismus vorpaukte, waren es zum Beispiel Soldaten, die zu Dissidenten wurden, wie jener alte General der Reichswehr, der auf einer öffentlichen Bank die Inschrift „Für Juden und Hunde verboten" las und sich darauf zu Hause einschloß, um langsam und still zu sterben. Während noch 1934 Manuilsky hochtrabend verkündete, „daß die von der kommunistischen Partei Deutschlands verfolgte Linie, den offenen Kampf gegen die faschistischen Banden zu vermeiden, zweifellos absolut richtig war"[49], waren es Männer des Gesetzes, wie etwa der Bürgermeister von Leipzig Carl Goerdeler, die sich im Namen der Weimarer Legalität weigerten, die Hakenkreuzfahnen von ihren Rathäusern wehen zu lassen[50]. Wenn man die wahre Geschichte dieses inneren Widerstandes schreibt, wird man die Gestalten von Irregulären, Pazifisten oder Anarchisten, „Asozialen" oder „Kleinbürgern" entdecken, die von beiden Seiten verfolgt wurden, die wie Carl von Ossietzky, Erich Mühsam, Ludwig Quidde und manche andere – fast alle in den Lagern zu Krüppeln geschlagen oder ermordet – „nie wieder Krieg" schrien[51]. Man wird die anonyme Schar der Zeugen Jehovas aus dem Schatten treten sehen, die – auch wieder allein – den Tod der Todsünde vorzogen und sich weigerten, dem Namen Hitler das „Heil" der Inbrunst voranzustellen, das nur Gott gebührt[52]. Man wird Helden wiederentdecken, die seit ihrem Martyrium vergessen sind, weil sie es wagten, abseits zu denken, wie dieser Berliner Drucker Ernst Friedrich, dieser Verrückte, der sein Leben der Gründung eines „Museums des Friedens" widmete, das die SS im Jahre 1933 in eine Kaserne verwandelte[53]. Oder wie Martin Grürwiehl, dieser nirgends gebundene Arbeiter, der das Gebot des Schweigens brach und im Jahre 1934 unter dem Titel *Ein Gefangener in Dachau* in allen Einzelheiten von seinem Aufenthalt in jener Hölle berichtete[54]. Man wird vielleicht auch die Spuren dieser schicksalhaften Samisdats finden, die – damals schon – den Weisungen der Parteien zum Trotz, ja gegen die Parolen *aller* Parteien, bei einfachen Leuten im Umlauf waren, die einer nach dem anderen, entschlossen und festen Schrittes, heldenhaft in eine Gegenwart eintraten, die der Katastrophe geweiht war ... Diese „wahre Geschichte" ist natürlich nicht geschrieben worden und wird es aller Voraussicht nach auch nicht werden. Sie wäre das härteste Dementi der Memoiren der Apparate, die den Aufruhr der Reiche und Nationen zwanzig Jahre lang mit ihrem unsinnigen Geschwätz verdeckten. Sie wäre die größte Huldigung an diese Haltung der Widersetzlichkeit gegen die Ordnung der Kapitulation, die von den einfachen Leuten an den Tag gelegt wird. Leuten, die die großen Richtlinien der Geschichte nicht kennen und sich der Macht der Lüge und dem arroganten Zynismus der Chefs entgegenstellen. Könnte ich doch mit diesen wenigen Zeilen einfach – und demütig – dazu beitragen, daß sie eines Tages nicht mehr allein sind.

2
Die Ordnung des Bösen

Diese Aufzählung von Geboten ist selbstverständlich kein Katechismus, und ich betrachte sie keineswegs als erschöpfend oder endgültig. Es ist eher eine Reihe von Ansichten, von flüchtigen und bruchstückhaften Blicken auf diese Souterrains des Wollens, diese Kämpfer im Untergrund, deren leises Rufen wir wieder vernehmen sollten. Hinter diesen Beispielen von Kämpfen und Niederlagen zeichnet sich eine Prozession des Grauens aber auch der Hoffnung ab, deren Lieder immer wieder vom notwendigen Niedergang künden, vom metaphysischen Abklingen, das die Ethik von ihren Gipfeln herunterstößt und in die Unterwelt verbannt. Und vielleicht kann man nun erahnen, was dieser Widerstand von unten eigentlich ist; was er, über das Politische hinaus, an Parteiergreifung einschließt; was er de facto und metaphysisch hinsichtlich der Gründe bedeutet, die die Menschen finden, um zu leben, zu sterben, oder einfach zu leiden ...

Wenn es nämlich darum ginge, diese Methoden und Lehren zusammenzufassen, diese Aufstandsgebote auf einen einzigen Artikel zu reduzieren, würde ich im Grunde folgendes sagen: man muß sich einem Diktat, das nicht mehr wirklich der Politik im üblichen Sinn entspricht, widersetzen; einem Diktat, das im äußersten Fall auch ohne Staat, Polizei und Ideologie auskommt, um die Körper der Untertanen unter die Bürde des gebilligten Leidens zu beugen.

Dieses Leiden aber stützt sich de facto auf eine ganze Reihe von einfachen, diskreten und uneingestandenen, aber wunderbar wirksamen Grundsätzen, um eine gequälte Seele zum Schweigen zu bringen. Man sollte versuchen, die Kette der Vorgänge aufzurollen. Erstens ist da ein ökonomisches Prinzip, das in der Art von Leibniz[1] das Leid der Menschen mit dem Maß des gesamten Gemäldes, der großen kosmischen Freske, deren Formen und Reliefs es durch Kontrast auffrischt, abwiegt, abklaftert und verbucht: So sagt man uns etwa, daß die „Bilanz" der sechzig Jahre Sozialismus in der UdSSR „im großen und ganzen positiv"[2], oder daß die Arbeitslosigkeit im Westen der „Preis des Wachstums" sei – Pech für den, der zahlt, denn der Preis ist in Ordnung, er entspricht der Weltordnung, er ist immer nur der Schatten und das Negativ des Guten. Zweitens handelt es sich um ein Prinzip aus dem Bereich der *Statistik*, das in der Art der modernen „Humanwissenschaften" zuläßt, daß man in diesem einzigartigen Schmerz einfach ein Muster eines universellen Gesetzes, eine typologische Krankheit sieht, in der sich der Vorbehalt des Selbst auflöst, des Ich, das nur mehr das „Wir" eines gemeinsamen Namens erduldet: dieser ist „Neurotiker", jener ein „Abweichler" und jener wieder ein „Unangepaßter", – und sein obszönes und souveränes Unbehagen ist gleichgültig, denn mit dieser Etikette wird er ordnungsgemäß in einer Kategorie zusammengefaßt und zum Schatten eines diesmal banalen und generischen Bösen. Es ist auch ein Prinzip der *Chemie* mit hegelianischem Duft, das seinen Opfern versichert, es gäbe keine offenen Wunden, keine abscheulichen Blutbanken, die nicht in ihr Gegenteil umschlügen und in eine versprochene Harmonie stürzten, deren abscheulich fruchtbare Matrize des Vorwissens sie unwissentlich gewesen wäre: Das ist die Vorgangsweise aller „fortschrittlichen" Apostel der „gerechten" und „revolutionären" Gewalt – denn die Gewalt hat für sie ihre

Gründe; sich selbst rechtfertigt sie mit den Erfordernissen des Morgen, sie ist der königliche Weg zur Machtergreifung am hellichten Tag. Ein Prinzip schließlich, das aus dem Bereich der *Optik* stammt, weil es die vorhergegangenen mit diesem letzten Argument krönt: Das Elend ist genaugenommen nichts Positives, sondern eine Illusion des Blickes, ein Trugbild des kranken Auges, das von dem Zeitpunkt an verschwindet, an dem man wie Descartes zustimmt „eher seine Wünsche zu ändern als die Ordnung der Welt“[3]: Im Namen dieser „Weisheit“ gibt man den leeren Bäuchen den Befehl, nicht mehr von Brot, und den Sklaven, nicht mehr von der Befreiung zu träumen, denn Sklaverei ist nichts, Hunger auch nichts, niemals mehr als eine irrige Ansicht des lieblichen Schauspiels der Welt . . . Ökonomen, Statistiker, Chemiker, Optiker: der Henker vereint das alles in sich. Unterdrücken bedeutet immer, die vier Ecken dessen, was man wohl oder übel eine *Sinnmaschine* nennen muß, in die Gehirne hineinzupraktizieren.

Das ist der Grund, warum es oft ausreicht, eine Sklaverei oder ein Unglück auszusprechen, ihm in der semantischen Bedeutung des Wortes „Sinn zu verleihen“, sozusagen davon „Rechenschaft abzulegen“, um an seinem Auslöschen mitzuwirken. Das war schon die Methode der guten Stoiker, die auf die Frage, wie man etwa die skandalöse Art der Verteilung der Güter zwischen den Guten und den Bösen erträglich machen könnte, immer so antworteten: Es genügt, sie in Sätze zu fassen, ihr Geheimnis und ihre logische Triebfeder zu durchleuchten, das dichte Netz von Gründen zu verstehen, die unmerklich von der harmlosen Ordnung der „Gründe“ zur tückischen Verkettung der „Zwecke“ führen und sie auf der Stelle ebenso „notwendig“ und „natürlich“ machen wie die Erzeugung von „Feigen“ durch den „Feigenbaum“ und von „Oliven“ durch den „Ölbaum“[4]. Das ist auch die unfehlbare Methode der Marxisten von heute, die auf die zwingende Verpflichtung, den roten Faschismus und die Lager im Osten zu entschuldigen, in genau derselben Weise antworten: Es genüge zu „analysieren“, das Phänomen zu „erklären“, seine „Ursprünge“ und „geschichtlichen Umstände“ zu erhellen, – um es damit so hell, so eindeutig klar, so regelmäßig von der „Rückständigkeit“ der russischen Massen, der „imperialistischen Einkreisung“ und den „Konsequenzen des Bürgerkrieges“ abgeleitet erscheinen zu lassen, daß es dadurch gewöhnlich, mechanisch und fast *unvermeidlich* wird. Ich bin auch nicht ganz sicher, ob die Vorliebe einiger Leute, das nationalsozialistische Grauen zu rationalisieren, es in eine Geschichte und in eine Soziologie des Gemeinen einzuschachteln, es auf diese „Krise des Kapitalismus“ oder jene „internationale Lage“ zurückzuführen, in der es wie eine blasse Folge seiner Vorläufer erscheint, ob diese Vorliebe also nicht eines der besten Mittel ist, seine Besonderheit zu verwässern, seine Brutalität zu schmälern und seine rohen Farben in einen beruhigenden Halbschatten okkulter Beweggründe und weiser Standortbestimmungen zu drängen, die es manchmal schließlich besser als das Vergessen rechtfertigen. Also stimmt es nicht, daß der Widerstand gegen den Faschismus, wie die Linke glaubt, immer nur über die Theorie möglich ist: theoretisieren um zu theoretisieren bedeutet, sich in die Gefahr einer Rhetorik zu begeben, die das Böse verniedlicht und so das Böse im Bösen abstumpft. Es ist auch nicht richtig, daß die Stalinisten zum Thema Gulag lügen, wie sich das die Rechte so vorstellt: Sie lügen immer weniger, sie sprechen immer wahrer, sie hören eigentlich gar nicht auf, die Wahrheiten anzuhäufen – ein Blick auf die stalinistische Bibliothek des Stalinismus genügt um zu sehen, wie so viele und feine Thesen nichts weiter bewirken, als die Schwelle des Unerträglichen nach hinten und die Schwelle des Erträglichen nach vorne zu verrücken[5]. Schließlich ist es auch falsch, daß der

Totalitarismus, um verstanden zu werden, dem Auge und dem Ohr vertraut gemacht werden muß: wenn diese Vertrautheit auch manchmal ein Sieg der Vernunft ist, so ist sie doch immer eine absolute Niederlage des Geistes, die uns dem außerordentlichen Exzeß der Barbarei gegenüber taub und blind macht. Vielleicht beginnt diese „Verharmlosung", wie eine illustre Deportierte einmal sagte[6], genau hier: In diesem unsichtbaren aber unerbittlichen Verrutschen, das dem, was keinen Sinn hat, Sinn verleiht und uns immer der Gefahr aussetzt, das Unrechtfertigbare zu rechtfertigen.

Ist es also nicht spaßig, in Europa regelmäßig das Gespenst einer erdachten – und zu einfachen – „Rehabilitierung" des Faschismus wiederkehren zu sehen? Wenn die stoisch-marxistische Lehre stimmt, dann liegt die wahre Gefahr vielleicht hier, in diesem unschuldigen und diskreten Sprachprozeß, der das Verruchte in die Ordnung des Gesprächs einführt und es ganz einfach in ein schreckliches Ordnungsgespräch eingliedert ... Von mir aus kann man ruhig mit Begeisterung alle Teile der Akte Drieu La Rochelle zusammentragen[7]: je weiter die Untersuchung geht, je tiefer sie gräbt, um so besser wird sie die Charakter- und Konjunkturzüge anhäufen, und um so mehr wird sie an den unübersteigbaren Gipfel unsagbarer Schmach stoßen, und um so mehr wird sie an diesem unergründlichen Mutationsursprung scheitern, der unter gleichen Bedingungen und gleichwertigen „Komplexen" aus dem einen einen Schuft und aus dem anderen einen Mann des Widerstandes gemacht hat[8]. Ich weiß schon, was an Ungewißheit und Zufälligem dabei mitspielt; aber vor dieser Zufälligkeit stehen zu bleiben, ihren Knoten aufzulösen, ihren Faden zurückzuverfolgen, sich an diesem banalen Mysterium zu berauschen, hieße wie jene Philosophen zu handeln, die setzten, daß „man das Böse nur lieben kann, weil man es für das Gute hält" und weil „Gründe des Anlasses" die göttliche Sicherheit des Urteils verwirrt haben[9] – und das bedeutet im Endeffekt immer das Verbrechen zu entschuldigen, den schlechten Willen freizusprechen, manchmal sogar Mitleid zu empfinden für die graziösen Ungewißheiten eines Besessenen, der Doriot vorwarf, er sei nicht nationalsozialistisch genug[10]. Ich bestreite nicht, daß es interessant sein mag, eine Perversion zu analysieren, die Inkohärenz eines Deliriums zu untersuchen und seine Symptome auszulegen: aber nicht jeder, der es will, ist Analytiker, und der Sokratismus ist dafür ein wenig der Freudianismus des Armen, der jede Grausamkeit auf eine Unbesonnenheit reduziert, jede Bosheit auf Ungewolltheit, jede Verirrung auf ein unwahrscheinliches Familien-, Kindheits- oder Sexualitätserlebnis. Damit bewirkt man mehr als nur zu entschuldigen, man *radiert* diesmal das Böse *aus,* führt es zurück auf das, was es nicht ist, erklärt es durch ein Nicht-sein und nullifiziert es buchstäblich. Jene irren, die glauben, daß der Faschismus aus der Entfernung, aus dem durchscheinenden Abstand der Zeit, befreit von den Zonen des Schattens, der Irrationalität und der Leidenschaft, sich klarer zeigen werde. Für den Historiker gibt es dann keinen Faschismus, für die Psychosoziologen keine Bosheit, alle Umstände tragen dazu bei, zu mildern und abzuschwächen, wie zum Beispiel die antisemitischen Niederträchtigkeiten eines übrigens sehr schlechten Schriftstellers – immer noch Drieu. Symmetrisch dazu im Irrtum sind jene, die meinen, daß sich diese Niederträchtigkeit aus der Nähe betrachtet in der undurchsichtigen Intimität ihres wahren Ablaufs, im sympathischen Zusammenschluß ihrer konkreten Motive besser verstehen läßt. Jeder weiß, daß der Henker, aus der Nähe betrachtet, geradezu ein anständiger Mensch ist. Man hätte auf der Anklagebank in Nürnberg hinter den abgezehrten Zügen Görings, dem verängstigten Gesicht von Rudolf Heß, der armseligen Gestalt des Julius Streicher in seinem viel zu weiten Zivilanzug vergeblich die Gesichtszüge des Teufels vom Vortag gesucht[11]. Aus der Nähe, von weitem: Wir stehen hier vor einer doppelten und wechselseitigen Halluzination, die bewirkt, daß Sinn geben paradoxerweise heißt, überhaupt nichts mehr zu sehen, und wenn schon nicht die Partei, so doch den *Standpunkt* des gerechtfertigten Mordes zu ergreifen.

Ein wenig allgemeiner und diesmal in der Ordnung der trivialsten Phänomenologie ausgedrückt, bedeutet es, den Standpunkt des Todes einzunehmen: den Standpunkt des Toten über den Lebenden. Weiß man wirklich, was es bedeutet, dieses einfache und unschuldige Thema, wonach man – wie man so sagt – „seiner Existenz einen Sinn verleiht"? Das Argument, von Sokrates bis Plutarch bestätigt, daß der ganze Schwarm der Handlungen, der Leidenschaften und Prüfungen, die den Lauf unserer Existenz ruchbar machen, sich erst in der „letzten Stunde", im zurückgeworfenen Licht des Abgrundes, zu einer rückwirkenden Konstellation organisieren und am Rande des Grabes ein Gesicht der Kohärenz und der klaren Bedeutung bilden kann, ist unversöhnlich. Denkt man sich einen Sinn *im* Leben, an der Pulsader des Lebens selbst? Die Formel ist widersprüchlich; Benjamin Constant, der von den Lippen einer sterbenden Mätresse das entscheidende „letzte Wort" erlauscht, das ausreichen würde, die absurde Kakophonie der unnützen Worte der Lebenden bedeutsam zu machen, hat es genau begriffen – oder Chateaubriand, der Rancé diese düstere Bemerkung machen läßt, „was man zum Zeitpunkt des Todes ist, ist man für immer"[12], und daß das, was man gewesen sei – wiederum im Chaos der Augenblicke, die vorausgingen – nur in bezug auf diese Instanz des grausamen und letzten Urteils Gültigkeit besitze. Kann man eine Ethik, eine Widerstandshaltung auf diesem Aberglauben des Sinnes aufbauen? Die Vorstellung allein ist absurd, ja impertinent in einer Zeit, die aus dem Menschen ein ewiges Phantom macht, das seiner Gegenwart enteignet und von einem Desaster, der einzigen Aufgabe einer nutzlosen Odyssee, verfolgt wird; das sich beeilt, sich zu entfesseln, und schon vom verkehrten Echo des Enddebakels verhext ist: und so kam es, daß Malraux, der wie Rancé setzte, der Tod verwandle „das Leben in Schicksal", in seinen Romanen immer nur am Vorabend ihres Verlöschens aufgegriffene Todesgestalten darstellen konnte, die stumpfsinnigen Schrittes zum Grab, das sie erwartete, hineilen – also weit entfernt von den Pflichten der Lebensbedingungen der Menschen und fremd diesen bescheidenen Sorgen, die die Moral des Alltags ausmachen. Ich streite die Größe von Malraux's Gedanken natürlich nicht ab: Aber im wirren „Glühen" dieser Menschen im Fegefeuer, die einem posthumen und fast übermenschlichen Ruhm geweiht und „frenetisch an der Lafette" sind, wie Scali zu Alvear sagt – sehe ich auch die Versuchung einer Anti-Ethik, die von Nietzsche oder d'Annunzio geerbt, oft von einigen der finstersten Mythologien unseres Jahrhunderts nicht weit entfernt ist. Letztlich ist es nicht so wichtig, ob diese Auffassung richtig oder irrig ist: Ich bin nämlich überzeugt, daß sie nur vom Standpunkt des Totengräbers richtig ist, der jede Biographie als Nekrolog liest und das menschliche Abenteuer nur zum Ton der Totenglocke der Verstorbenen besingt. Ich weiß nicht, ob der Tod „alles was ihm vorausgeht, nicht wiedergutmachbar macht"[13], aber ich weiß, daß hier, in dieser Romantik des Endzwecks, die Rolle eines atheistischen Humanismus liegt, der nach Transzendenz lechzt und alle zerstörten Attribute des toten Gottes auf den Götzen des Todes überträgt. Selbst wenn der Sinn nicht mehr ganz dieselbe Bedeutung hat, ist es auch hier wieder dieselbe Maschine, die sich dreht und die, nachdem sie die Stille gepredigt, die Resignation gelehrt und den Mord gerechtfertigt hat, nunmehr die einfachen Leute in eine „tragische“ Weltanschauung einschließt, die sie auch nicht viel besser gegen die Realität des Unglücks wappnet.

Also? Also sage ich das Gegenteil. Ich sage, daß man alle diese spontanen Aneinanderreihungen umkehren muß. Ich sage, daß man die Sinnmaschine brechen, auseinandernehmen muß. Ich behaupte, daß es nur im Eigensinn des Unsinnigen eine Lösung, eine Widerstandsmethode gibt, einen ontologischen Luddismus, der diese Trugbilder der Kohärenz, eines nach dem anderen, wird auflösen können ... So auch der Tod. Es ist vor allem nicht wahr, es *darf* nicht wahr sein, daß ihm auch nur der kleinste Wert, die geringste Würde gebührt; er ist weit davon entfernt, dieser Reichtum, dieses unschätzbare Gut zu sein, das ich genießen, an das ich mich anpassen und auf das ich mich besinnen müßte. Er ist nichts als ein hassenswerter und schwieriger Abweg, ein armseliger Jahrmarkt der Verdammten eher als einer der Märtyrer, eine Implosion der Dürftigkeit und Niederlage ohne Noblesse; und wenn es richtig ist, daß man gewissermaßen meist auf der Höhe dessen, was man erlebt hat, stirbt, dann weiß ich genau, daß ich tief unten sterben werde, ohne den Schatten eines Lichtscheins, ohne die Unze einer Erlösung, wie es von Swann bis Meursault, von Jacques Thibault bis zum Boris von Gide alle vom Zufall Verdammten der modernen Literatur so genau wußten. Es ist auch gar nicht wahr, daß der Tod die ihm nachgesagte Macht besitzt, über eine Existenz zu triumphieren und sie dadurch zu verklären; er ist der Gipfel der Absurdität und die bodenlose Tiefe des Wahnsinns, Berg des wahren Grauens und Mangel jeglicher Wahrheit, die er mehr zerstört als aufrichtet, mehr ihre Darstellungen verwischt, als daß er ihre Züge heiligt; und wenn es auch strenggenommen wahr ist, daß der Tod die Existenz zu Ende führt und ihr „Ziel“ ist, so ist er ein Ziel, dessen Sinnlosigkeit selbst, wie Jankélevitch so wunderschön gesagt hat[14], nichts tun kann als durch rückwirkende Ansteckung die mageren Überreste eines Sinnes zu berauben, die ihr, noch lebendig, ihre Illusionen ermöglichte; ja, es ist wohl eine merkwürdige Finalität, dieses Ende des Nichts, diese unendliche Grenze des „Windes", wie es in Ecclesiasticus[15] heißt, der nie aufhören wird, aus meiner ganzen Reise in alle Ewigkeit eine Wanderung ohne Ende und ein ruheloses Irren zu machen. Mit viel größerer Wahrscheinlichkeit ist die Lehre des alten Hiob wahr, der anstelle eines bedeutungsvollen Göttlichen, auf dessen Urteil die „für den Tod Seienden" ruhig warten, eine unsichtbare und kryptische Tiefe sah, einen besessenen Ansturm des Grauens, unerbittlich bemüht, die nutzlosen Verschanzungen, die sich die „gegen den Tod Seienden" auf den „Pfaden" der Zeit aufzubauen versuchen, „abzureißen", „ringsum zu zerbrechen" und mit „Finsternis" und „Fäulnis" zu überfallen[16]. Mein Tod ist Positivität ohne Gott, Negativität ohne Theologie, nicht tragisch sondern entsetzlich: auf das zurückgeführt, was ihm vorausgegangen ist, macht er es wahnwitzig und nicht wiedergutzumachen.

Dieses selbe Geflecht von stummer Positivität und blinder Negativität findet man auch in diesem „anderen" Tod, in der zugefügten Gewalt. Die Geschichte Kains und Abels, des Erbmordes der Bibel[17], ist diesbezüglich exemplarisch. Hat dieses Verbrechen einen „Sinn", dem eine Aufzählung der Geschehnisse eine ausreichende Schilderung der Umstände Rechnung tragen würde, um das Grauen abzuschwächen? Im biblischen Text fällt besonders auf, daß sich alles im Intervall eines Augenblicks abzuspielen scheint, in einem kurzen blitzartigen Aufleuchten: keiner wird jemals wissen, was Kain über Jahwes Wort dachte[18]; keiner auch, was ihn „motivierte", sich gegen Abel zu erheben[19]; alles was man weiß, alles was man hört, ist dieses abrupte „und schlug ihn tot"[20], dieses unerklärbare Übergehen zur Tat ohne echten Übergang, dieser unberechenbare Schritt ohne Vergangenheit oder Verlauf, dieses fast nichts an Katastrophe, aus dem die Vorstellung selbst eines „Umstands“ ausdrücklich ausgeschlossen wird. Ist er also motiviert – „verantwortlich“ würden wir sagen –, und gerät Kain tatsächlich „freiwillig“ in das Böse? Ja, selbstverständlich, meint der Chronist und fügt hinzu, daß Gott den Menschen gewarnt hatte[21]; daß er also „recht handeln“, „die lauernde Sünde beherrschen“ und sich wiederaufrichten hätte können[22]. Wenn Kain die Warnung nicht befolgt habe, so nicht aus Verwirrung, sondern aufgrund einer lasterhaften Wahl, einer Entscheidung für die Perversion, eines Zuviel an schlechtem Willen – das allein die persönliche Strafe ermöglicht, das Zeichen auf der Stirn, das ihn sein ganzes Umherirren lang nicht verlassen wird und ihn erkennbar macht[23]. Einerseits also liegt der Fehler nicht wirklich *im* Seienden, er bildet keine Ordnung mit seiner Ordnung, er ließe sich auf keine „Erklärung“ reduzieren. Das bestätigten auch die Propheten, als sie, um den Fehler zu benennen, das Lexikon der Negation wiederaufnahmen – jenes der „Verfehlung“, der „Abweichung“ und der „Verirrung“[24]. Auf der anderen Seite ist er im Gegenteil gut und gerne *vom* Seienden, bildet Unordnung aus seiner Ordnung, soweit, daß der Boden selbst „seinen Mund auftun“ muß und gegen den Rebellen rebelliert[25]. Das erklärt auch, warum die Bibel, die sonst so mißtrauisch dem Götzenvokabular gegenübersteht, ständig und weit über die einfache Episode Kains hinaus die positiven Bilder der Dämonologie verwendet, um ihn zu bezeichnen – Bilder wie „Unzucht“, „Fett“ um das Herz, tierische „Geilheit“[26] ... *Vom* Seienden, ohne *im* Seienden zu sein, *aus* ihm zu sein, aber *schlecht* aus ihm zu sein, sich *hineinstellen,* ohne sich daraus *zusammenzustellen:* das ist die Stellung des Verbrechens bei den Juden; in gleichem Abstand von der sokratischen Verachtung und der tragischen Befleckung läßt es sich nicht besser denken denn als Spalt in den Dingen, als Riß ihres Fadens, Loch in ihrer Fülle, als riesiges aber unermeßliches *Böses*. Und das ist also die „Sünde“: ein dichtes aber wahnwitziges Loch des Seienden. Und das ist also der Sünder: ein Mensch, der ein „Herz“ hat, der es aber, so die Schriften, auf der „falschen Seite“[27] trägt. Und das ist es, was man gegen die Schöngeister, die vom Delirium eines Gottes und seiner Nächsten „Rechenschaft ablegen“, in aller Strenge setzen muß; in der Welt, das ganze Gewicht seines Nichts wiegend, *existiert diese Art von Mord unminderbar nur soweit sie jeglicher Bedeutung entbehrt.*

Deshalb ist dem Alten Testament, mit Sicherheit das großartigste je dem Haupt des Menschen entsprungene Buch der Moral, die moderne Vorstellung einer „Psychosoziologie“ des Gemeinen so fremd. Wenn es von Anfang bis Ende von der lauten Entrüstung des Gerechten, der den Bösen tadelt, widerhallt, so wird man doch umsonst darin das feinsinnige Geschwätz der Gelehrten und seiner tiefschürfenden Darstellungen der sündigen Seele suchen, mit denen ein Paulus oder ein Augustinus die Christenheit bereicherten. Niemals hat man dem Grauen so offen ins Antlitz geblickt und niemals so fieberhaft dagegen gepredigt wie die Propheten, niemals aber war man so weit vom Bösen entfernt, hat man sich so starrköpfig geweigert, es zu totalisieren. Hesekiel und Jeremia zweifelten niemals daran, daß ein Prophet immer, so wie es ja auch die Legende haben will, ein Prophet des Unglücks sei, der das Unglück frontal angeht, seine Verwirrung als solche erkennt, ohne zu versuchen es zu mindern oder zu übertünchen. Der gesamte mosaische Glaube ist vielleicht nichts anderes als diese paradoxe Forderung nach Klarsicht, die die Ergebnisse des Sinnes, deren Zerstörungen wir gesehen haben, ablehnt und wenn schon nicht den Zwist lehrt, so doch zumindest das Nichtnebeneinander des ethischen Imperativs der Wahrheit und dessen, was die Griechen das „Wissenwollen“ genannt haben... Paradox? Vielleicht, aber es ist gerade das, was die Freudsche Psychoanalyse betreibt, ihr unendlicher Prozeß, ihre Kritik des Scheins und ihre unversöhnliche Treibjagd auf das Gespenst und das Fieber der Harmonie. Obskurantismus? Vielleicht, aber ich möchte doch daran erinnern, daß Solschenizyns Buch *Archipel Gulag* seine zündende Aufgabe, seine Überzeugungskraft und geradezu seine Offenbarung aus ebendiesem Obskurantismus schöpft: Man darf dabei niemals außer acht lassen, daß Solschenizyn ein Künstler und kein Theoretiker ist – und daß dieser Künstler ein Prophet ist, der endlich darauf verzichtet, eine „x-te“ und entscheidende „Interpretation“ der Lager vorzunehmen; er zieht es vor, sie zu zeigen, ihr Grauen immer wieder an sich vorüberziehen zu lassen, ihre Absurdität noch einmal herunterzuleiern und ganz einfach ihre sinnlose Litanei darzustellen[28]. Also eine Illusion? Ja, sicherlich, aber diese Illusion ist die beste Waffe gegen die doppelte rhetorische Halluzination, die das Grauen einordnet und damit in die Ordnung des Guten einbezieht; und in den Fiktionen, den „Illusionen“ der zeitgenössischen Kunst findet man vermutlich den „wahrsten“, den klarsichtigsten und wiederum den prophetischesten – in allen Bedeutungen des Wortes – Diskurs über das, was ich an anderer Stelle die „Barbarei mit menschlichem Gesicht“ genannt habe. Welcher Experte kann besser als Kafka die kalte, fahle und graue Angst des zeitgenössischen Menschen beschreiben? Welcher gelehrte Seismologe wird in der reinen und klaren Feststellung der Akosmie der Welt weiter als Joyce im Monolog von Molly Bloom gehen? Liegt im zerhackten Stil von Dos Passos, in den immer wiederholten Unterbrechungen von *Manhattan Transfer* nicht mehr über das industrielle Elend als in den meisten Abhandlungen? Und wieder ist es ein Schriftsteller, Philippe Sollers, der uns heute die gesichtslosen Stimmen und die Dinge in ihrem Tohuwabohu zeigt, in dieser Hölle der Sprache, die er den Mut – die Ironie – hat, *Paradies* zu taufen ...

Nun, an diesem Punkt angelangt, bleibt nicht viel von dieser Sinnmaschine und der außerordentlichen Macht übrig, die sie den Meistern über das Leid der Demütigen verlieh. Es bleibt eigentlich nichts anderes mehr zu tun, als ihre vier Ecken herauszulösen und sie um ihre Achse des Jammers drehen zu lassen ... Dem Leibnizschen Ökonomisten wird man entgegenhalten, daß die „Tafel" und die Ordnung, der er die einzigartigen Aufgaben des Elends zuschreibt, nicht von Bedeutung sind; und man wird hinzufügen, daß eben weil dieses Elend nichts ist als absoluter und rasender Nicht-Sinn, letztlich ein einziger leidender Mensch genügt, um zu beweisen, daß alle Harmonie umstürzt und in Verwirrung abgleitet. Den modernen Statistikern muß man entgegenhalten, daß es keinen Namen und keinen Titel, keine Gattung und keinen Ort gibt, um das Unglück anzusprechen und einzuordnen; aber, daß dieses Unglück durch die alleinige Tatsache, daß es ist, die Trefflichkeit der Wissenschaft Lügen straft und den Punkt aufzeigt, an dem sie versagt und die unnützen „man" einer nichtssagenden Grammatik stottert. Dem hegelianischen Chemiker, dem Nekrophag des frischen Schmerzes sei gesagt, daß dieser Schmerz keineswegs Heiligkeit, Wunder oder Dialektik entstammt; daß vielmehr im Todeslager, im Hungerloch, der einzige zutreffende Diskurs jener der Verdammnis, der planetarischen Gebrechlichkeit, einer unförmigen Unvernunft wäre, die nach und nach die Pegel und den Wuchs einer plötzlich von unerklärlicher Falschheit geschlagenen Schöpfung gewänne. Dem Cartesianischen Optiker und seinen kraftlosen Lehren der Weisheit sei erwidert, daß nicht der Blick, sondern die Gegenstände, nicht das Lesen, sondern der Text den Menschen „verwirrt", denn der Text der Dinge selbst ist grundlegend obskur, für immer unentzifferbar, von Barbarismen strotzend, von Barbarei trunken, in seiner Undurchsichtigkeit trüber als die schlechten Augen der Einfachen in ihrer Unmittelbarkeit. Den einen wie den anderen sei also gesagt, daß das Leiden kein in erster Linie dienstbarer Rohstoff ist, der heimlich zugunsten der großartigen, hinter den Kulissen geflüsterten Befehle Kummer schafft, sondern daß die Hypothese selbst dieses Befehls, dieses Geflüsters, dieser Kulisse, in ihrer ganzen Sinnlosigkeit erscheint, sobald man sie im Lichte der Vereinsamung sieht ... Beweis der Nicht-Ontologie: ich leide, also ist die Welt nicht, sie ist nicht wirklich die Welt, sondern ein außerweltliches Kapharnaum. Schlauer Geist: Die Harmonie ist nicht von dieser Welt, sie ist nicht einmal wirklich in Unordnung, sondern schon die Vorstellung einer Ordnung ist an sich ein unwürdiges und mörderisches Hirngespinst. Umkehr: Wenn man bereit ist, die Betrachtung der Dinge, die die mühsame Dramaturgie der Verwandlung des Bösen in Gutes beschreibt, „tragisch“ zu nennen, und jene, die die einfache und brutale Mühseligkeit Mensch zu sein sieht – ein dem Bösen verschworener Mensch–, »pessimistisch«, dann muß man – einmal mehr entgegen den Strömungen unserer Zeit – schließen, daß das Tragische selbst das Element der Unterdrückung ist und der Pessimismus vielleicht der Standpunkt des Unterdrückten ...

Denn nun geht es nicht mehr nur um die Dialektik des Sinnes und des Nicht-Sinnes. Man landet hier unmerklich bei einer anderen, älteren Thematik, die uns von den Theologen unter der Bezeichnung des „radikalen Bösen“ überliefert wurde ... Wie heißt es eigentlich in der Genesis, in der berühmten Erzählung von der Erschaffung Adams und von der Erbsünde? Mich bewegt in diesem Text, daß er durchgehend darauf angelegt zu sein scheint, die Begriffe der Unschuld, des Falles und der Geschichte, die die Mehrzahl der Kommentatoren stets in den Bericht hineingelegt haben, zu disqualifizieren. Unschuld? Man nimmt die Besorgnis erregende Tatsache nicht so recht zur Kenntnis[29], daß am Morgen des sechsten Tages, in der heiteren Ruhe des Gartens Eden, als Eva noch nicht auf der Welt war und noch bevor diese unheilvolle Begierde entstanden war, um den Menschen zu belasten, bevor noch das Gefühl der Sünde sich seiner bemächtigte, daß also Adam vom Himmel die schicksalsschwere Ankündigung erhielt und dem „Menschen wurde ein Gebot gegeben", damit er sich dem Verbot beuge[30]. Ein Verbot *vom Urzustand an,* ein unerklärliches Tabu im Paradies auf Erden, ein göttliches Gebot vor der Schuld: das heißt im Klartext, daß es keine Unschuld gibt, die nicht von Anfang an von einem fundamentalen Gesetz gezeichnet und verdorben wäre, das *in den Ursprung* und an den Anfang jeder Sünde gesetzt ist. Die Geschichte? Wenn der Autor dieser Geschichte es für gut erachtet hat, diese geheimnisvolle „Schlange"[31] ins Spiel zu bringen, ohne die die Dramaturgie des Ganzen ohne weiteres angekommen wäre; wenn er darauf bestanden hat, daraus nicht eine nur um der Intrige willen unversehens eingeführte Maschine zu machen, sondern sie als ein *göttliches Geschöpf* auftreten zu lassen, das von Jahwe persönlich in einer Fabelgeste, die das vorangegangene Kapitel eingehend behandelt hat, erzeugt wurde[32]; wenn er schließlich das Risiko eingegangen ist, mit dem „abscheulichen Reptil"[33] einen dieser alten chtonischen Dämonen, wieder aufleben zu lassen, die das Judentum, wie man gesehen hat, unablässig aus seiner Gedankenwelt zu vertreiben trachtet; wenn die Schlange also mit so viel Offensichtlichkeit und Beständigkeit da ist, dann vielleicht um zu zeigen, daß das Böse, das sie verkörpert, auch da, immer da, schon da, immer schon da ist, selbst bevor es erscheint; dann weil dieses noch vor dem Menschen

„geschaffene" Böse buchstäblich keine Geschichte hat, weder Geschichte ist noch Ereignis, sondern Tradition und Ewigkeit ... Der Fall schließlich? Um zu fallen, hätte Adam in der Höhe sein und die Sünde ihn zufällig und von außen ereilen müssen. Aber in dieser sonderbaren Runde der „Entschuldigungen"[34], in der Adam die Verantwortung für die Sünde auf Eva schiebt und Eva darauf auf das Tier, nicht ein außerordentliches Schuldbekenntnis zu sehen, ist schwer. Heute würden wir sagen, es war ein Bekenntnis des schlechten Gewissens, wodurch deutlich wird, daß der Dämon nichts als eine Version, eine Dimension, eine *Versuchung* der Innerlichkeit ist, die zu dieser Tradition des Bösen hinneigt und ihr gewidmet ist. Damit ein Fall möglich wäre, hätte es ein echtes Ereignis geben müssen, einen Übergang vom Vorher zum Nachher, einen Engpaß des Nein und des Ja; wie in der Geschichte von Kain und Abel; aber das Ereignis ist wieder so kurz, das Intervall so blitzartig, der Übergang so harmlos und beinahe unmerklich, daß es das Gefühl einer punktuellen Achronie vermittelt; mehr eine Falte als ein Schritt, eine blendende „Überempfindung", in der die Sünde nicht der Unschuld nachfolgt, sondern diese im selben Atemzug verliert[35]. Die Erbsünde hat keinen Ursprung. Das Böse *kommt* nicht, es ist bereits da, von Anbeginn. Das „radikale Böse" bezeichnet dieses Rätsel, dieses unglaubliche Paradoxon, diesen Teufelskreis an der Grenze jedes Denkens, das die Bibel durch die Gnade ihrer Parabeln zu denken gibt: ein Grauen, das mit der Genesis der Welt selbst eins wird.

Daraus leitet sich auch dieses andere Paradoxon ab, das alle prophetischen Texte durchzieht und das merkwürdige, ambivalente Bild betrifft, das sich die Hebräer von diesem Gott der Gebote machten. Einerseits ist er nämlich ein allmächtiger Herr, der zum Beispiel Jeremia befiehlt „aus der Hand Jahwes" den „Becher seines Zornes" zu nehmen, aus dem er „alle Völker trinken“ lassen solle[36]; der Amos das „Ende des Volkes Israel“ und die Trauer der Erde selbst, die der „Zerstörung“ geweiht ist, ankündigt[37]; den man bei Jesaja „sein hartes, großes und starkes Schwert“ zücken sieht, um damit die Gerechten ebenso wie die Schuldigen zu zerschlagen[38] – das ist der arrogante, der grausame, der böse und todbringende „Herr der Heerscharen“, Meister des Holokaust und Augur der Katastrophen, der sich seinem Volk im schrecklichen Trauma eines Versprechens von Sintfluten offenbart[39]. Andererseits wieder ist er ein Untertan der All-Schwäche, ein Fürst mit den Augen des Schmerzes, den man noch bei Jesaja einen rebellierenden Weinberg pflegen sieht, der trotz der Pflege nicht gedeihen will[40]; ein Fremder auf Erden, atemlos, wie Micha sagt, unfähig „Gutes zu tun“, und durch die falschen Propheten, die sich über seine Invalidtät lustig machen, „entehrt“[41]; ein Kranker eben, den Klagen der Menschen gegenüber taub; unfähig, so Habakuk, die Hilferufe zu vernehmen, die sie ihm aus der Tiefe ihrer Höhlen zurufen[42] – dieser Demütige, der bemitleidenswerte, bemitleidete Adonai des Exils, den man in der modernen jiddischen Folklore eine bodenlose, ewig bodenlose Schale mit den Tränen, die er über das Unglück Israels vergießt, füllen sieht. Ist er gut, ist er böse? Wohltätig oder bösartig? Die Frage liegt nicht hier, sondern darüber hinausgehend, im doppelten Imperativ einerseits an der Front der heidnischen Verlockung zu kämpfen, jener Platos etwa, der einen zurückgezogenen Gott denkt, der das Böse sich fortpflanzen, sich an seinem Platz einpflanzen, den Mangel an Seiendem, den er durch seinen Rückzug verursacht hat, ausfüllen läßt[43]: Es war der Geniestreich des Judentums, dieser Idee die Vorstellung eines allgegenwärtigen Gottes entgegenzuhalten, der auch das Böse schafft und setzt, mit seinem göttlichen Körper den Ort seiner Verwünschung bedeckt, diesen Ort sogar in einer positiven Vollkommenheit, die paradoxerweise nicht das Dementi, sondern der beste Beweis seiner Existenz wird[44], erzeugt. Andererseits geht es darum, an der Front dessen zu kämpfen, was bald die christliche Verlockung sein wird, jene, die von Augustinus bis Malebranche eine Welt erhoffen läßt[45], die durch das dreifache Wirken der Sühne, der Belohnung und der Vorsehung vom Sündenfall befreit ist: der zweite biblische Gewaltstreich besteht darin, ihm wie von vornherein das Siegel eines Vasallen-Gottes entgegenzustellen, mehr bewegt als Beweger, der vom freien Lauf eines Bösen, dem er verpflichtet und dessen erstes Opfer er ist, überflügelt, überschritten und überragt[46] wurde. In beiden Fällen zeigt sich also diese eine und identische Intuition, daß die Welt dem Gesetz des Bösen unterliegt und daß das Böse, umgekehrt, der andere Name der Welt ist. Und „radikal" bedeutet diesmal: nicht mehr nur der Ursprung und die Genesis, sondern der Horizont und die Zukunft der Dinge; dieses Brandmal des Unmöglichen – ein Freudianer würde sagen der „Beherrschung" –, das sich der totalisierenden Paranoia der Menschen immer wieder entgegenstellt und von dem die merkwürdige Fiktion der ohnmächtigen göttlichen Allmacht dieserart Pfand und Zeugnis trägt.

Man versteht so die wahre Tragweite des Verbrechens Adams und Evas und die Beschaffenheit des Gebotes, das sie am siebenten Tag übertreten haben, weit besser. Es hat nichts mit dem Verbrechen des Sakrilegs zu tun oder mit einem Angriff auf die Göttlichkeit Gottes, denn diese Vorstellung ist erst später, nach der Geburt Seths denkbar, und erst hier beginnt man, so die Bibel, „den Namen Jahwes anzurufen"[47]. Es besteht auch kein Zusammenhang mit einer kriminellen Gewalt, einer Beleidigung des Menschen gegen die Menschheit, denn erst viel später, frühestens mit Kain, spätestens mit der Geburt Enochs, nimmt der Begriff Menschheit Gestalt an, und mit ihm das Verbrechen[48]. Es ist auch keine Spur von einer Unterbrechung des Bösen als solchem, tritt doch seine Tradition unendlich viel früher, lange vor jeder Geschichtlichkeit auf ... Nein, was hier wirklich auftritt, das einzige, was in dieser langen Stunde der ersten Sünde auf Erden wirklich Geschichte machen konnte, war vielleicht genau das Gegenteil, das Gegenstück dessen, was man immer sagt: Nicht die Entdeckung, sondern viel eher die Verneinung, die Bedeckung, die luziferische Auslöschung, die wahrhaftige *Ableugnung* des Bösen und dieses Unmöglichen, das der Monotheismus bedeutet ... Denn schließlich, heißt diese Wissenschaft des Guten und des Bösen, die Eva von der Schlange aufgeschwatzt wurde, nicht „Unkenntnis"? Ist der gesamte Vers sechs, jener der eigentlichen Verführung, nicht die Chronik eines Fehlers und einer *Illusion,* der halsstarrigen Einfalt, die darin bestand, eine Frucht, von der geschrieben steht, daß sie verboten ist, trotzdem „gut zu essen", „lieblich anzusehen" und „begehrenswert" zu finden? Angesichts dieser Leidenschaft, dieses Willens – denn es handelt sich sehr wohl um einen Willen – die Bösartigkeit eines Baumes zu übersehen, der noch da, „mitten im Garten" stand, muß man da nicht schließen, daß Adam sehr wohl *aus Unschuld* in das Böse schlitterte, und nicht, wie man üblicherweise glaubt, *aus bösem Willen* seine Unschuld verlor? Die klarste Lehre aus dieser Passage wäre dann: Wenn es stimmt, daß es ein Böses gibt, und daß dieses Böse die Dinge seinem Gesetz unterwirft, so besteht das größte menschliche Verbrechen, das erste Verbrechen der Menschen jedenfalls, darin, es abzuleugnen – und Jesaija sagt, daß es kein größeres Unglück gibt, als „Böses gut zu nennen"[49]. Mehr noch, eben das ist die Absicht der Schrift; sie erzwingt eine Verdoppelung des Namens, in dem man das Böse – im Sinne von „Sünde" aus der Ausschließung des Bösen – im Sinne von „radikal böse" – entstehen sieht. Der Leser wird bald erfahren, wieviele Schwierigkeiten oder besser gesagt, wieviel „Sintflut“ eine Verwechslung dieser Größenordnung mit sich bringt. Auch die Moderne hat uns im Zeitalter eines Totalitarismus, dessen barbarischste Wunschträume oft aus der antiken Episode Adams zu entspringen scheinen, oft genug daran erinnert. Kam uns nicht aus dem Munde Adolf Hitlers mitten im zwanzigsten Jahrhundert die finstere reptilische Verlockung „wie Götter zu sein“? Tauchte sie nicht in den Köpfen der Kambodschaner wieder auf, mit der wahnwitzigen Ableugnung der dreifachen Fatalität von Geschlecht, Tod und Arbeit, die dem Subjekt nach dem Fehler, in Erinnerung an seine Endlichkeit, auferlegt wurde? Im Gehirn des Wladimir Iljitsch Lenin und seiner Epigonen in Form des Traumes von einer sich selbst gegenüber vollkommen durchsichtigen „klassenlosen Gesellschaft“, in der jeder Baum, sofern er konzentrierend wirkt, „lieblich anzusehen“ ist? Tauchte nicht in der allgemeinen Geschichte des Faschismus der eschatologische Wille auf, diese quälende Spur des Bösen, an der schon der erste Mensch scheiterte, auszulöschen, zu *vergessen?*

Schließlich kann man sich aber nun auch vorstellen, wie sehr die Weigerung zu vergessen, der blinde Eifer zu erkennen, die Leidenschaft der Klarsicht symmetrisch die a-priori-Bedingungen des Widerstandes sind und sein werden ... Weil es nämlich Böses gibt und dieses Böse unauflösbar ist, bleibt keine andere Möglichkeit, als sich ihm entgegenzustellen, ihm zu widersprechen und es zu stören, durch eine Auflehnung der Seele, die keine andere Begründung kennt als das Unerträgliche. Weil es, wie es in Deuteronomium heißt, auf der Erdoberfläche „nie an Armen fehlen wird“[50] und niemals eine Endlösung der Geschichte diese grenzenlose Armut aufheben wird, muß man hier und jetzt, ohne länger zu warten, dringend, unmittelbar und sofort Schritt für Schritt Widerstand leisten. Die Verewigung des Bösen und dieses Schwarmes von Leiden, der seine lebendige Ziffer ist, schließt den Geist der Auflehnung nicht ein, sondern befreit ihn im Gegenteil, rechtfertigt seine Geste und verewigt seine Stimme, deren unnachgiebige Proteste kein profaner Messias jemals wieder wird verwalten oder regieren können. Es ist also niemals „vernünftig", Widerstand zu leisten. Diese „Vernunft", diese „Begründungen", tun niemals mehr, als die Unvernunft der Welt zu schminken. Und gegen diese „Begründungen" lehnen sich die Menschen zu allererst auf, wenn sie es müde sind, nicht mehr Herren ihres Elends und ihrer mageren Reichtümer zu sein[51], und beschließen sich aufzurichten, damit es in dieser Welt zumindest ein bißchen weniger metaphysische und materielle Armut geben möge.

Hier liegt ein Paradoxon, das die christlichen Theologen beunruhigte und sie dazu führte, eigentlich zu sagen, daß es, da die absolute Moral eine absolute Freiheit voraussetze und diese Freiheit die Möglichkeit der Unmoral einschließe, keine Moral geben könne, die nicht mehr als das Risiko, ja die Notwendigkeit einer absolut unmoralischen Welt voraussetze, ja einschließe. Auch hier liegt ein Kreis, dessen Bewegung die Propheten und die talmudischen Rabbiner schon fühlten, als sie aus dem Menschen den eigentlichen Teilhaber des Herrn machten, der mit ihm in einem elliptischen Gegenüber, im großen Werk einer ständig neu auf den Webstuhl gespannten, aber *niemals wirklich abgeschlossenen* Schöpfung zusammenarbeitet. Und deshalb fügt die Bibel den beiden Darstellungen, die einander weiter oben kreuzen, eine dritte, mindestens ebenso eindringende hinzu; der Jahwe der Heerscharen oder der Barmherzigkeit erscheint nun als ein „Ort der Zuflucht", eine „Zitadelle", ein „Schild", eine „Burg" und vor allem ein *„Felsen"*[52]: so viele Begriffe um auszudrücken, daß dieses, das das Böse ist, und macht, will und manchmal erleidet, deshalb um nichts weniger eine Mauer ist, an die sich *gleichzeitig* die Möglichkeit es abzulehnen anlehnt.

3
Also sprachen die Steine

Wie soll man es ablehnen? In welchem und in wessen Namen? Durch welches Wunder und Geheimnis? Wie soll man einem Bösen, das man als so „radikal“ bezeichnet hat, widerstehen? Man wird es beim methodischen Verfolgen dieser Metapher vom „Felsen“ sehr schnell verstehen. Indem man die Spur der textmäßigen Überschneidungen verfolgt. Indem man sie in die Mangel der großen Konzepte der monotheistischen Ethik nimmt. Denn dieses rätselhafte, den meisten traditionellen Kommentaren sonderbarerweise fremde Bild, das fast immer als unbedeutende rhetorische Spielerei abgetan, hingegen erstaunlich eindringlich in der biblischen Literatur selbst behandelt wird, hat vielleicht mehr Sinn und Bedeutung, als man wahrhaben wollte ...

Was ist denn dieser „Felsen“? Die erste Antwort gibt wieder einmal Jesaja, in den ersten Zeilen des einundfünfzigsten Kapitels. Am Kreuzungspunkt zweier nachexilischen Zyklen, die das Ende des Buches bilden. Am Tag nach der Thronbesteigung von Kyros, deren frohe Botschaft Esra und Daniel singen[1]. Was sagt nun der Prophet in dieser Stunde des Ruhms und des Frohlockens? Er sagt zuallererst folgendes: „Jahwe zu suchen“, das bedeutet tatsächlich und ganz konkret, einen Stein zu suchen, einen wahren und hellen Kalkstein, einen reichen und wahrhaftigen Steinbruch, aus dem ich, wie ein Gesicht „im Felsen“ richtiggehend

„herausgehauen“ wurde[2]. Dieser Gott ist sonderbarerweise noch nicht der „Töpfer“ Jeremias und der Klagelieder, der das „Feingold“ des „menschlichen Tons[3]“ formt. Er ist es selbst, das „Feingold“, der konkrete und teigige „Ton“, der Handwerker, der mit seinem Objekt und der Masse *aus der,* wie der Text sagt, wir „herausgehauen sind“[4], eine Einheit bildet. Schon die Darlegung seines Namens genügt, das klassische Schema einer bipolaren Zeugung mit doppelter Kausalität, in der das Prinzip eine Substanz befruchtet, die es von außen erwartet, „wie das Weibliche das Männliche begehrt“[5], restlos zu zerstören. Es gibt eigentlich kein Außen, überhaupt keine substantielle Äußerlichkeit mehr, aus der dieser geheimnisvolle Gott einen Nicht-Ort machen könnte, eine hohle und nutzlose Aufgerissenheit, aus der wir, wie er sagt, „ausgegraben“ werden müßten, um danach „herausgehauen“ zu werden[6]. Es ist vorbei mit dem Mutterleib, der fruchtbaren und großzügigen Mutter, deren geduldige und gewaltige „Macht“ uns alle Polytheismen, alle Philosophien und auch alle Wissenschaften zeigen: im Angesicht dieses „Felsens“ gibt es nur mehr eine sterile, buchstäblich unproduktive „Mutter“, der jedes Keimen untersagt ist – das ist ein wenig später auch der Sinn der Anrufung des Namens der „Sara“[7]. Vorbei ist es auch mit der Vorstellung von einem deutlich begrenzten fruchtbaren Werkstoff und Material, in das sich als Trägerin der Ordnung und des Sinnes eine Form einprägte: die Materie, sagt Jesaja ganz genau, zieht weniger die Form *an,* als sie sich *aus* ihr „zieht“, sie aus ihrem „Brunnen“, aus ihrem undankbaren „Schacht“ des Nichts ausstößt[8]: die Etymologie dieses „Schachts“ beweist ihren Einklang mit der essentiellen Dürre des „weiblichen“ Mutterschoßes[9]. Es gibt auch keinen Boden und keine Erde mehr, die nicht gefangen im Genetiv und der Mannweiblichkeit des Himmels zu Stilleben, zu toten, tödlichen und tötenden Naturen würden: die Natur, setzt Vers drei fort, ist immer die „Ruine", die „Wüste", das „dürre Land", die „Steppe"[10] – schändliche und verspätete Überreste dieses Staubes, aus dem seinerzeit, in den ersten Tagen der Welt, durcheinander und in einem unerträglichen Chaos, Menschen und Tiere, „Schlangen" und „Unschuldige" geschaffen wurden[11]. Die Erde, die Materie, die Mutter: daß Gott ein Fels ist, bedeutet, daß der Monotheismus den verworrenen Verführungen des dreifachen *Materialismus,* einen „Blick", eine „Hoffnung" empor zum Himmel, eine Konzeption des Menschen, seines Erzeugers und seines Geschlechts gegenüberstellt, die man einen konsequenten *Paternalismus* nennen könnte[12]. Um deutlich zu sein: er ist *heute* das beste Gegengift zu dem zentralen Wahn jedes realen Faschismus: dem Wahn einer „Rasse"[13], geboren, wie Hitler sagte, von der „Natur" und der „Mutter", ohne Einwirkung der Werke des „Vaters" am Ende einer grausamen und „blutigen" Parthenogenese...

Diese Teilung, diese grundlegende Trennungslinie findet man bereits in den ersten Büchern des Pentateuchs beschrieben. So erklärt sich letztlich der Fehler Adams: überwältigt von einer materiellen „Flut", die „von der Erde aufstieg" und die „ganze Fläche des Erdbodens tränkte"[14], war er erst ein debiler und jämmerlicher „natürlicher" Sohn, Kind des unteren Bereiches, in dem das Grauen der Dinge wogt, unfähig das Prinzip von oben zu „betrachten", zu „erkennen"[15]. Mit einem Wort, er war die perfekte Inkarnation des in den letzten Zeilen des 60. Kapitels Jesajas beschriebenen „Unglücklichen", der „seinen Rücken zum Boden" und zu „einem Weg für die Darübergehenden" gemacht hat[16]. Man versteht nun auch besser, warum der erste Dialog zwischen Menschen, dessen Spur die Bibel bewahrt hat, auch der erste Fall von Gewalt ist, an den sie erinnert: weil die Geburt der beiden, von derselben Frau „durch Jahwe erhaltenen" Brüder[17] sich in den Bereich der Fruchtbarkeit als doppelter Beginn einschrieb; weil die Funktion selbst der beiden Handlungsträger, „Schafhirte" einerseits und „Akkerbauer" andererseits[18], symbolisch dieses fatale Elend des Ursprungs darstellte; es war bis zur Wörtlichkeit ihrer Namen – „Kain" bedeutet den aus dem Boden „Erworbenen" und „Abel" im Gegenteil den immateriellen „Hauch"[19] – genaugenommen nichts, was nicht schon den ruinösen Abstand der materiellen Spaltung bezeichnete, ja vielleicht gegraben hätte. Wenn in dem zweiten biblischen Dialog das zweite Treffen von zwei Brüdern, in dem ein wenig später Esau seinem nachgeborenen Bruder Jakob gegenübersteht, trotz seiner extremen Gewalt nicht mehr in einen physischen Kampf ausartet, so liegt das daran, daß sich die Zeiten geändert haben und der Horizont sich verschoben hat; die Stunde gehört ehrwürdigen Müttern, die, anders als Eva[20], in Sterilität gebären und sich manchmal wie Rebekka[21] über ihr unverständliches Schicksal empören und, dem Herrn den ganzen Ruhm ihres Leibes zuerkennend, die göttliche Abtrennung jetzt und schon vollzogen haben. Es steht nun jedenfalls fest, wenn diese Frage des Brudermords die erste – vielleicht die entscheidendste – der metaphysischen Fragen ist, die das prophetische Gewissen von Anfang an beschäftigten, wenn diese Frage andererseits im Trauma der mißglückten, abgetriebenen, verfrühten Brüderlichkeit auftaucht, die an einem so feinen Faden hängt, daß ein einziger Augenblick ausreichen würde, damit eine blitzartige Bewegung sie teilte – so liegt die einzige konkrete Art darauf zu antworten, die Katastrophe abzuwenden, ihre mögliche und bedrohliche Wiederholung zu beschwören darin, dieses Axiom aufzustellen, daß man den „Bruder" nur respektiert, wenn man in ihm den „Vater wiedererkennt": und das ist die Lehre des alten Isaak, der sicherlich blind war, aber nicht so töricht und unwissend, daß er das Theater der „Mutter" nicht durchschaut hätte, als er in der berühmten Episode[22] nacheinander „den Mann der Steppe“ und den „Mann der Zelte“, Jäger und Hirten, in seinem Namen als *Vater* segnet und versöhnt[23] ... Es ist auch kein Zufall, wenn das Bild des Felsens in der Schrift Jesajas dann ausdrücklich mit dem unmittelbaren Bevorstehen des Endes der „Fesselung“[24] verbunden wird. Wenn der Felsen in den Psalmen, dem, der sich an ihn anlehnt, seine baldige „Errettung“ von seinen „Feinden“ versichert[25]. Wenn David im zweiten Buch Samuel noch direkter feststellt, daß der Felsen ihn „vor der Gewalt retten“ werde[26]. Gott ist ein „Felsen“, und dieser Felsen „bringt“ den Menschen „hervor“ – das bedeutet weiters, daß er dort emporragt, wo, im Boden des Gesetzes, des Rechtes, sagen wir einfach der Rationalität, das Gebot verankert ist, den Nächsten nicht zu töten.

Nun wird man auch verstehen, warum die Versuche, in der Bibel irgendein schmerzliches Bedauern über den Verlust des Paradieses zu finden, immer fehlschlagen. Die Aufmerksamkeit, die Jesaja von den „Völkern und Nationen“[27] verlangt, ist genau das Gegenteil dieser dunklen Nostalgien, über die unsere heutigen Apostel des Altertums in Verzükkung geraten: das Altertum ist von Adam bis Jesaja immer und eindeutig das reine Gesicht des Grauens; und von ebendiesem Grauen hat der Mensch sich befreien müssen, um wirklich Mensch zu werden. In dem „Blick nach oben“ des Menschen, einen kurzen Blick nach hinten oder eine Rückkehr zu den Quellen zu sehen, ist ein vollkommener Widersinn, denn die Vergangenheit ist per definitionem der Ort der Matrizen und der Materien; es sind die Quellen selbst, die von Natur aus vergiftet sind; denn Jesaja spricht ab Vers fünf davon, sie zuzuschütten, „die Wasser der großen Tiefe vertrocknen zu lassen“[28], und Nahum nach ihm davon, „alle Ströme versiegen zu lassen“[29]. Es ist absurd zu sagen, daß das Unglück vom Verlust oder Vergessen des „Ursprungs“ herrührt, denn es tritt im Gegenteil immer im Kielwasser seines Wiederaufblühens, nach dem Rückfall in den Ursprung auf, und das ganze Bemühen der Propheten ging noch genau dahin, ihm ein Hindernis in den Weg zu stellen, sein Anwachsen aufzuhalten, seine blutige und nötigende Spur im Gedächtnis immer tiefer, immer weiter zu verdrängen. Sie gehen übrigens in dieser Richtung so weit, daß es in ihren Weissagungen von den erstaunlichsten Stellen wimmelt, in denen man den Allmächtigen seiner Schöpfung und seinen Geschöpfen entsagen[30] hört, wenn er von neugepflanzten Bäumen und neu entsprungenen Flüssen träumt[31], in der strengen Ordnung des seinerzeitigen Ablaufes das Schauspiel der Schöpfung neu in Szene setzen will[32] und ausruft, er sei nicht ein „Vater Israels“ gewesen, sondern es „geworden“, und der so spät gekommene Ephraim sei sein „Erstgeborener“[33]. Und wenn man schließlich in der jüngsten der biblischen Erzählungen, im Buch der Weisheit Salomos liest, daß die „ganze Schöpfung in ihrem Wesen aufs neue gestaltet wurde“[34], wie soll man da nicht schließen, daß sich der gesamte testamentarische Corpus mit diesem letzten Widerruf, der wie ein Abgrund auf die Eröffnung des Pentateuchs antwortet, über einer Schöpfung schließt, deren Mißlingen tatsächlich Bestimmung und Gesetz zu sein scheint? Denn hier liegt doch schließlich das Problem: der jüdische Gott ist ein mißlungener Gott, dem sein Werk mißlungen ist, und zwar für immer, und der dort oben, wenn Er existiert, doch ganz offen lachen muß, wenn er so unzählige Narren sieht, die von einem unsterblichen Eden, von einem wunderbaren goldenen Zeitalter, von einer vergessenen Natur träumen, deren unvergeßliche Perversion er von seinem „Fels“ aus erkennt.

Deshalb haben die griechischen Scholastiker, indem sie

„Bereshit" mit „Genesis" übersetzten, vermutlich, und ohne es zu wissen, die Dinge durcheinander gebracht. Sie haben die grundlegende Unterscheidung, die intime Homonymie verfehlt, die den ganzen Reichtum des hebräischen Wortes ausmachte, es mit seiner Zweideutigkeit belud – eine Zweideutigkeit zwischen einem falschen „Ursprung" und einem „Beginn". Sie vergaßen, daß die Vorstellung einer „Genesis" für den biblischen Menschen vielleicht ganz einfach keinen Sinn ergibt und daß man sie durch jenes andere, wesentlich komplexere Thema einer unzählbaren Genesis ersetzen muß, einer pluralen und serienmäßigen Genetik. Sie lassen *uns* vergessen, daß die goldene Zahl dieses beginnenden Monotheismus weniger das primitive „Eins" als das „Zwei" der Wiederholung ist, und daß die Propheten es nur deshalb so sehr ablehnten, das Prinzip der Fruchtbarkeit in zwei zu teilen, um nun jenes der Geschichtlichkeit besser und für immer verdoppeln zu können ... Moses spricht in Exodus von *„beiden* Tafeln des Zeugnisses"[35]. Sie sind *„hinten und vorne"*, auf *„beiden* Seiten" von Gottes eigenen Fingern beschrieben[36]. Deuteronomium bedeutet *„zweites* Gesetz", und das Orakel Gottes kündigt auch stets dieses *„zweite* Gesetz"[37] an. Am Berge Ebal wiederum spricht Josua von einer *„Abschrift* des Gesetzes"[38]. Das „Lager Gottes", das Jakob nach seiner Begegnung mit Laban sieht, heißt auch immer das *„doppelte* Lager" (Machanajim)[39]. Und die talmudische Tradition schließlich erläutert, es seien *zwei* Tafelpaare in der Bundeslade verwahrt gewesen, die echten und die „zerschlagenen". Dieses „Dualismus"-Prinzip ist in allen Texten stets anwesend. Es gibt keine Aufzählung, in die es nicht eindränge. Der Monotheismus ist kein Monismus. Seine fundamentale Kategorie ist nicht jene der Schöpfung, sondern jene des Wiederbeginns. Daß Gott ein „Fels" ist, bedeutet viertens, daß die Ethik ein Prozeß ist, der dem geschichtlichen Lauf der Dinge und seinem

Zug der stummen und schrecklichen Natürlichkeiten unablässig widerspricht, ihn korrigiert und ihm Widerstand leistet.

Das ist auch der tiefere Sinn des so häufig mißverstandenen und eiligst an angrenzende Begriffe angelehnten Begriffs des „Bundes". Er ist nicht, wie etwa bei Plato, eine irdische Erotik, ein Weg des Menschen zu Gott, ein Blutsturz der Seele, der durch die Askese in der beschaulichen Kommunion mit einem ursprünglichen Gelöbnis gipfelte: er ist viel eher eine erhabene Kunstfigur, der Weg Gottes zum Menschen, ein rohes Zerreißen des Himmels, aus dem die Einschränkung eines Gebotes „fortschreitet" und „sich beugt"[40] – von oben, aus der Mitte der Blitze, „in dichtem Gewölk", „kommt" Jahwe im Exodus zu einem unbeweglichen, an die Grenze des Berges „gebundenen" Volk[41]. Es handelt sich aber auch nicht um einen Pakt, einen Vertrag zwischen Gleichen, in dem sich, wie bei den Heiden, zwei einander grundlegend ergänzende Interessen kreuzten: das Deuteronomium ist viel pessimistischer und bezeichnet den Austausch als ungleich, die Interessen als zuwiderlaufend, die Versprechung als einseitig und die Herde als natürlich und spontan gegen ihre Ordnung rebellisch. Gott ist „treu", „hält" die Worte des Gelöbnisses, verpflichtet sich, wie es heißt, „bis zur tausendsten Generation", während „das menschliche Getier" einem „Wollen", das eindeutig seiner Neigung und seinem „Nacken" zuwiderläuft, strukturell „untreu" ist[42]. Diese göttliche Treue ist jedoch nicht ewig, im christlichen Sinn des Wortes, also ein für allemal gegeben, und unabhängig von dem, was die Sünder sagen und tun: einem Text des Jeremias, in dem Gott versichert, ebenso „wie der Sand am Ufer des Meeres nicht gemessen werden kann", so wenig „wird mein Bund mit meinem Knecht David gebrochen werden können"[43], stehen so viele entgegen, in denen man Zeuge der Rückzüge wird, der Aufhebungen, der langen Strecken der Finsternis, die ein Bündnis unterbrechen, das zwar immer wieder geschlossen wird, aber merkwürdig häufige Schattenperioden erlebt[44]. Es ist auch nicht richtig, daß der jüdische Gott, wie man gelegentlich sagt, cholerisch, launenhaft und unbeständig wäre: man sollte eher meinen, er sei abgezehrt, von sich selbst und den anderen ermüdet, von Schmach und Umherirren abgemattet – er, dieser große Überspannte, dieser ewige Leugner, dieser Gott gegen die Natur, den man so oft den Gegenschlag auf seine unerhörte Forderung empfangen sieht, persönlich „berührt"[45], körperlich „gelähmt"[46], von der Bösartigkeit der Menschen und selbst seiner besten „Hirten" richtiggehend enteignet[47]... Ein perfekter Bund ist also ein Widerspruch schon in den Begriffen; so steht es auch im Deuteronomium, das mit der Bemerkung schließt, daß Moses der einzige Prophet bleiben werde, der Gott „von Angesicht zu Angesicht" gesehen habe[48]. Jahwes historische Niederlage ist analytisch im Verständnis seines Konzeptes enthalten: und das ist die Bedeutung des Wortes Jeremias, eben das defaitistische Orakel, das sich fragt, warum Jerusalem eine ewige „Abtrünnige" ist[49]. Aus dieser Ewigkeit aber zieht er die Begründung seiner Notwendigkeit und seiner ständigen Erneuerung: und deshalb heißt dieser Kraftakt strenggenommen, in Augenblicken der größten Klarsicht jedenfalls, ein „neuer" oder erneut geschlossener Bund[50]. Weil der Mord das Gewöhnliche und die Demokratie die Ausnahme ist, können wir heute sagen, einen Bund schließen bedeutete, zu einem Gott zu blicken, der auch und fünftens: ein rollender Stein ist, der abrutscht, aber weiterrollt und den Gegenhang des menschlichen Verlangens hinaufrollt.

Dennoch hört der Lauf der Dinge niemals auf. Dennoch wartet das Verlangen niemals ab, daß seiner Entwicklung freie Bahn gegeben wird. Dennoch warten die Menschen nicht auf Gott, um sich zu verbünden und zu verbinden. Und der Bund kann dadurch nur ein Bund zum Quadrat werden, ein Bund über andere Bünde, eine zweite Arche, die an den Bögen festmacht, mit denen die Menschen spontan ihr tönernes Dasein sichern... Was gibt es etwa spontaneres als diese sofortige Beziehung, die jeder mit sich selbst schließt und die er „Bewußtsein" nennt? Diese Unmittelbarkeit monotheistisch zu betrachten bedeutet ja nur hinzuzufügen, daß sie nicht eingeboren sondern erhalten ist, in die göttliche „Rolle", mit der Hesekiel seine prophetischen Eingeweide erfüllt, eingezeichnet[51]: und daß die Ableugnung dieses Erbes, dieses Menschen außerhalb des Menschen, dieses Menschen, der immer schon „Menschensohn" ist[52], der andere Name des Egoismus ist, und dieser Egoismus wieder jener des Mordes, wie man ein wenig später in dem Gleichnis der Priester sieht, die „sich selbst weiden" und ringsum „Zerstreuung" „Kraft" und „Gewalt" verbreiten[53]... Ist dieser Wille zur Knechtschaft, der freie Menschen dazu führt, über sich einen König zu setzen, „wie es bei allen Völkern der Brauch ist"[54], nicht völlig normal? Samuel, der einige Verse dafür aufwendet, „das Volk" zu beugen, aber danach sieben Kapitel, um das Recht der Tatsache und den Fels des Bundes den Ansprüchen Sauls entgegenzuhalten, stellt es auch nicht wirklich in Abrede: als Gesalbter Jahwes, einfacher „Chef seines Erbes", streng der „Autorität der Richter" Unterworfener, ist dieser Fürst des Schicksals, den man früher unter einem „Haufen Geräte"[55] suchen mußte, weder der Urheber der Gesetze noch die Quelle seiner eigenen Autorität, und zweimal genügt es, ihn zu vergessen, damit der „Geist Gottes" sich von ihm zurückzieht und er das „Königtum" verliert, dessen *Mittler* er nur gewesen ist[56]... Ist es schließlich nicht rechtmäßig und natürlich, sich mit den anderen Menschen zu verbünden und überall den Frieden zu predigen? Rechtmäßig schon, sagt Moses, als er im Deuteronomium den Menschen Israels ankündigt, daß er diesen Bund nicht mit ihnen allein abschließe, sondern „auch mit denen, welche heute mit uns hier nicht zugegen sind"[57]; natürlich aber nicht, fügte er hinzu, als er sie in Exodus beschwört, sich davor zu hüten „mit den Bewohnern des Landes, in das du kommen wirst, ein Bündnis zu schließen[58]; denn auch hier drängt sich wieder dieselbe Unterscheidung zwischen einem direkten und ausdrücklich politischen Bündnis einerseits, das von einer spontanen Harmonie der Leidenschaften und der Interessen träumt und mit dem Krieg beginnt und endet, und einem indirekten, dem anderen streng zuwiderlaufenden Bündnis andererseits auf, das die Unterschiede im Spiegel des einen mediatisiert und allein fähig ist, eine authentische und dauerhafte Universalität des Menschen zu sichern ...

Der Monotheismus ist hier nicht mehr nur das, was den Lauf der Geschichtlichkeit hemmt, um die Rückkehr zu den Ursprüngen zu beschwören: er greift auch in die Synchronie der Moral, der Politik oder der Psychologie ein, um zu verhindern, daß die Konfrontation des Menschen mit dem Menschen selbst, mit seinen Königen oder seinen Nächsten, zum Nahkampf wird. Die Religion ist eher eine Trennung als eine Verbindung. Der Fels ist ebenso das, was zerschmettert, wie das, was rollt. Einen Bund schließen heißt auf hebräisch immer „einen Bund brechen". In der Septuaginta wird Bündnis wiederum mit „schneiden" übersetzt. Der Fels ist diese Schneide, dieser Bruch, diese Trennung: und was er „schneidet" ist eben dieser Köder – die „Falle" sagt Moses – eines „Zusammenlebens", das unweigerlich ein Prinzip der Barbarei ist.

Auch hier muß man unterscheiden. Denn die beiden großen monotheistischen Religionen haben sich wahrscheinlich in dieser Frage des Zusammenlebens und seiner Trennung am grundlegendsten entzweit. Nicht daß die Christen eine

Sorge um den „Nächsten“ hätten, die den Juden in grausamer Weise gefehlt hätte: das Mitleid, die Barmherzigkeit und die Fürsorge für den Nächsten sind bei Hosea, Jesaja und selbst bei Jeremia ständig gegenwärtig. Die Evangelien haben auch nicht, wie so ziemlich überall behauptet wird, ein Gesetz der Liebe erfunden, das ihr spezifischer Beitrag zu den monotheistischen Grundlagen wäre: es wird allzu oft vergessen, daß dieses Gesetz in vollem Wortlaut und mit beiden Teilen in Leviticus geschrieben steht und darin von den Vätern als Textzitat wiederaufgenommen wird[59]. Noch weniger hat die Originalität der Apostel darin bestanden, diese Liebe Gottes und die Liebe des Nächsten, die sonst in der prophetischen Tradition getrennt geblieben wären, miteinander zu verbinden: bei Lukas ist es ein Schriftgelehrter, der die Verbindung ausspricht, und Jesus tut es bei Markus mit einem ausdrücklichen Verweis auf die Bibel[60]. Nein, der wahre, an moralischen wie auch an politischen Folgen schwere Unterschied ist genau das Gegenteil: wenn es wahr ist, daß die doppelte Vorschrift den beiden Testamenten gemeinsam ist, so ist es vielleicht das Neue, das es sie wider Erwarten autonom macht. So ist es Jesus, der im Matthäusevangelium unterscheidet, abgrenzt und hierarchisiert – „das größte und erste Gebot“ einerseits, und andererseits das zweite, das ihm lediglich „gleich“ ist[61]; und Moses ist es, der im Exodus sie für untrennbar, unmöglich hierarchisierbar und das eine ohne das andere nicht für denkbar hält[62]. Die große Neuheit des Gottes der Güte und der Barmherzigkeit liegt in einem Setzen auf die Gnade, ein Freikaufen, eine Erlösung, die es der Liebe des Menschen zum Menschen erlauben, nach dem Geschenk der göttlichen Liebe sein eigenes Leben zu leben; und es ist im Gegenteil der alte Gott, verbunden mit einem radikal Bösen und einer pessimistischen Weltanschauung, der keine Liebe des Menschen zum Menschen kennt, die nicht ständig vom Himmel gerechtfertigt werden müßte. Johannes spricht davon, dem Bruder ohne anderen Grund oder Umweg in die Augen zu sehen, als seiner brüderlichen „Einheit", die auf immer, ohne Rückkehr oder Unterbrechung, auf dem Prinzip der Vorsehung begründet[63]; und es ist das Judentum, das auf eine grundlegende Akosmie setzt, die jedes von-Angesicht-zu-Angesicht einem niederschmetternden Kräfteverhältnis zuschreibt, im Nächsten seine Nähe zu Gott vorzieht, in seinem Gesicht den „Blick" und die Perspektive zum Himmel erforscht, und die Arbeit der Kommunion erst auf der Grundlage eines gemeinsamen Umweges über den *Einsatz* des Bundes beginnt... Für das Christentum ist der Nächste also *allein* weil er Mensch ist liebenswert; für das Judentum, weil er *wirklich* Mensch ist und er es unermüdlich durch das Wiederholen seiner Huldigung an das Gesetz unter Beweis stellt. Der Monotheismus der Apostel ist eine Religion der als Agape definierten Liebe; der Monotheismus der Propheten ist ebenfalls eine Religion der Liebe, die aber der „Gerechtigkeit" verbunden ist. Diese Gerechtigkeit ist eine andere Bestimmung des Felsens und bedeutet in erster Linie den *gleichen Abstand zum väterlichen Prinzip*.

Natürlich kann niemand die außergewöhnliche Kulturrevolution leugnen, die diese christliche Emanzipation vom alten Gebot bedeutete. Wenn Jesus diese unerhörte Neuigkeit verkündet „Ich bin nicht gekommen um die Gerechten zu rufen, sondern um die Sünder zu rufen", so ist das mehr als die paradoxe Umkehr, die man gemeinhin darin sieht. Nicht daß er plötzlich beim Sünder unvermutete Tugenden entdeckt und Gott in seiner Launenhaftigkeit Freude daran gefunden hätte, hier ein Übermaß an Würde anzumelden. Nicht daß die gnädige Schärfe seines Blickes weiter als bis zum Fehler sehen und unter der Schale den ewigen göttlichen Funken, der in jedem Menschen schlummert, finden könnte. Wenn man nicht sieht, daß die christliche „Neuigkeit" per definitionem jeden Wert-, Tugend- oder Verdienstbegriff beseitigt hat, wird sie weitgehend unverstanden bleiben. Sie bricht vielleicht mehr mit dem jüdischen Nomos als mit dem griechischen Eros und bietet aber keine neuen Gründe zu lieben, sondern das ungeschriebene Konzept einer *absolut unbegründeten* Liebe[64]. So ist es also schwer, sich den Schlag vorzustellen, den die Verkündigung dieses nun die Gleichwertigkeit der Wege und die Bedeutungslosigkeit der Werke predigenden „Königs der Hebräer" für das antike Mitleid bedeutete und für jene, die an einen Gott der Gerechtigkeit glaubten, der den „Menschen nach seinem Werk vergilt" und „gibt nach seinem Wandel und der Frucht seines Wesens"[65]. Gerät die gesamte jüdische Weltordnung im Gleichnis von den Weinbergen[66]„ in dem der Herr in seiner grenzenlosen Liebe jedem, dem „Letzten" wie dem „Ersten", denselben „Lohn" gibt, nicht ins Wanken? Erblaßt da das flackernde Licht des Rechts nicht vor dem strahlenden Schein der Sonne, die „über den Bösen aufgeht" wie auch „über den Guten"? Hatten die frommen Juden nicht allen Grund, in der einzigartigen Aufforderung, „die andere Backe hinzuhalten", „wenn man dich auf die rechte Backe schlägt", das Echo der Sitten Ninives wiederzufinden, wo „die Menschen nicht zwischen rechts und links unterscheiden konnten"[67]? Tatsache ist, daß mit dieser christlichen Verschiebung aller gültigen Werte – ich habe es oft genug betont – das Antlitz des modernen Individuums aus dem Vorhimmel des Abendlandes aufgetaucht ist. Aber es war vielleicht auch – und das erscheint mir für den Augenblick von Bedeutung – die zerbrechliche und subtile Maschine des Widerstands, durch die Jahrhunderte der Judenheit so geduldig gegen die Ewigkeit des Bösen aufgebaut, die gleichzeitig ihre Daseinsberechtigung und ihre Begründung verlor. „Widersteht dem Bösen nicht", sagt der Gott des Jesu ausdrücklich[68]. „Hüte mich vor den Frevlern"[69], beschwor der Psalmist seinen Felsen. Was inzwischen verlorenging, zwischen diesen beiden Bemerkungen, in der Zwischenzeit dieses Kampfes – das ist die zweite Überzeugung, wie die Bibel sagt, daß „Gottes Weg gerade ist"[70] und sich am *Umweg* dieser „Wege" die „Burg" der „Bedrängten"[71] erhebt...

Denn was ist denn diese „Gerechtigkeit" eigentlich? Inwiefern war sie für diese Widerstandsmaschine unentbehrlich? Man errät es: wenn ich mich bei diesem tausendjährigen Streit so lange aufhalte, dann weil es nicht nur eine rein theologische Angelegenheit ist. Und wenn ich, trotz der erhabenen Schönheit des christlichen Liebesgebots, dennoch für die alte mosaische Haltung Partei ergreife, dann weil ich darin die kaum wahrnehmbare, vielleicht jedoch die einzige Spur einiger jener Konzepte erahne, die es hier und jetzt ermöglichen, angesichts der konkreten Barbarei eine ethische Haltung zu begründen... Die Propheten wußten, daß es so schändliche Taten gibt, die nur verübt zu werden brauchen, um das Bündnis mit einem Schlag zu zerschlagen und um sich endgültig vom Chor der Toten und der Lebenden zu trennen. Das war auch bei Kain der Fall; weil er das Blut des Bruders vergossen hatte, wurde er von einer Schuld getroffen „die zu schwer war, als daß er sie hätte tragen können", und verurteilte sich selbst sogleich – er spricht, und nicht nur Elohim – zum Schicksal des „Unsteten, Flüchtigen auf Erden", für immer ohne Feuer und Aufenthaltsort[72]. Das war auch bei den Bewohnern Ninives der Fall; sie hatten ihr eigenes Blut mit dem der „Tiere" der Stadt gemischt, sie alle in eine Fastenzeremonie miteinbezogen und die Regeln der Reinheit, die aus dem Menschen einen Menschen machen, übertreten – deshalb wurden sie, wie Jona sagte „wie Vieh in großer Zahl"[73]. Heute gilt das für alle diese Henker, die auf die Stufe der Tiere abgesunken sind und ihre Opfer wie

Tiere behandeln, indem sie das Individuum in ihnen töten und es vor allem in den anderen verneinen und somit das doppelte biblische Bild des Blutverbrechens neu verkörpern. Dieser Verbrecher ist „ein Abtrünniger“, so heißt es in den Sprüchen, und „er ist dem Herren ein Greuel“[74]: jener also, der sich nicht damit zufrieden gibt, aus Versehen oder aus Leidenschaft zu töten und seinen Todestrieb zum allgemeingültigen Leitsatz erhebt – etwa die „Rassengesetze“ der Nazis oder die stalinistische Terror-„Wissenschaft“. „Beneide nicht den Mann der Gewalttat“, heißt es im vorhergehenden Vers, „und wähle keinen seiner Wege“[75] – mit anderen Worten: dieses Zusammenleben hat keinen Sinn mehr, der Dialog keine Daseinsberechtigung, und die Absicht, diesen Dialog mit dem wieder anzuknüpfen, der ihn per definitionem vereitelt, bedeutet mit Sicherheit, zu scheitern, schlimmstenfalls betrogen, verraten oder „vergewaltigt“ zu werden[76]. „Ich werde ihn ausrotten aus meinem Volk“, droht etwas später Hesekiel[77] – ich werde dieses ontologische Desaster zur Kenntnis nehmen: wenn dieser Götzenanbeter bewußt und willentlich diese Abweichung, diese unüberbrückbare Trennung wählt, dann wird die menschliche Universalität an sich durch seine Schuld zerstört und aufgehoben. „Du sollst die Grenze deines Nachbarn nicht verrücken“, schließt also das Deuteronomium[78]: nein, höre nicht auf jene, die mit beiden Händen gleich geschickt sind – die Bewohner Ninives wiederum –, die heute wie gestern die Tugenden der Vereinigung, der sozialen Einstimmigkeit, der abgeschafften Trennlinien und des politischen Friedens predigen, wo die Grenzen des Widerstands und der Entrüstung vor dem Grauen jedesmal um ebenso viel zurückgeschoben werden. Denn die Welt ist nun einmal in zwei geteilt: und nicht mehr zwischen rechts und links, der Rechten der Mörder und der Linken der Opfer zu unterscheiden, ist in diesem Sinne das größte Verbrechen gegen die Ethik . . .

Das ist die Gerechtigkeit: es geht ihr weniger darum, Strafen zu verteilen, als Örtlichkeiten abzugrenzen und aufzuteilen. Das ist der Felsen: der weiße Stein, der den Abstand und den Zwischenraum zwischen den Guten und den Bösen abzeichnet. Das ist der Monotheismus: die unwiderlegbare Definition eines „Verbrechens gegen die Menschheit", die aus dem Antifaschisten einen konsequenten Geometer macht. Und nun versteht man, daß es im strengsten Sinne in der Topographie des Wortes verstanden werden mußte, als der Psalmist Gott anflehte, „ihn von den Bösen fernzuhalten": der Mörder ist nicht unter uns, sondern außerhalb von uns – weder mein Bruder noch mein Nächster, sondern mein Ferner im räumlichen Sinn.

Aber er ist gleichzeitig auch weder der Lichtscheue noch der Fremde, sondern mein Vertrauter im zeitlichen Sinn ... Tatsächlich enthält die Bibel eine etwas geheimnisvolle Formel, die wie ein Leitmotiv immer an den Tagen des Zornes Gottes wiederkehrt und die man nicht als Stilmittel abtun sollte. Es ist die berühmte Verdammung, die wider Erwarten und in Mißachtung der Tatsachen so häufig „die Schuld des Vaters bis ins dritte, vierte oder tausendste Glied"[79] straft. Sie ist um so verwirrender, als man in anderen Texten – manchmal sogar in denselben – liest, daß die Söhne „nicht für ihre Väter getötet" würden, sondern „jeder nach seinen eigenen Sünden", für jede, die er tatsächlich und selbst verübt hat[80]. Man könnte meinen, daß hier zwei noch schlecht unterschiedene Definitionen der Sünde zusammenkommen, zwei Auffassungen der Schuld, der individuellen und der kollektiven; zwischen denen die Propheten schwanken und nicht wirklich zu entscheiden imstande sind. Einerseits die banale Vorstellung einer einmaligen Bestrafung, die dem eigentlichen Sünder selbst streng auferlegt wird, der sich auch allein vor dem Gericht der Menschen verantworten muß. Auf der anderen Seite das viel subtilere

Thema einer globalen Verantwortung, einer metaphysischen Gerechtigkeit, eines ontologischen Gerichts, das die Spur dieser Sünde über jede Abbüßung hinaus festhält. Was die Bibel also hier erfindet, ist das neue und vermutlich entscheidende Konzept, daß es eine Zeit des Verbrechens gibt, eine Temporalität der zwingenden Umstände, eine der Ethik eigene Dauerhaftigkeit, die die wahre Dauer der Dinge kreuzen, ohne in ihr aufzugehen ... „Von Generation zu Generation" bedeutet im Grunde: das Verbrechen gegen die Menschheit – jenes Kains, jenes der Nazis – führt eine so große Unordnung, eine so radikale Zäsur in die Ordnung der Welt ein, daß keine Maßnahme der Geschichte ihr Werk der Zerstörung zunichte machen könnte. Strenggenommen würde diese Formel bedeuten: es gibt so perfekte, so furchtbar denkwürdige Holokausts, daß kein „Zeitabstand", keine Kasuistik jemals zu verhindern imstande wären, daß sie bis ans Ende der Zeiten weiter bluten. Verjähren lassen? Begnadigen? Von wo und von wann an würde der Prophet fragen? Braucht es zehn, dreißig, fünfzig Jahre, damit das Grauen nicht mehr Grauen ist? Selbst die Willkür der Frist bekundet, daß die Begnadigung eine juristische Vorstellung ist, die im Bereich der *Gerechtigkeit* überhaupt keinen Sinn ergibt. Die Zufälligkeit der Grenze zeugt gegen ein Prinzip, das unfähig ist, sich zu formalisieren und das Gegenteil dieser universellen Maximen bedeutet, die allein eine moralische Haltung begründen können. Besser noch, diese Amnestie-Amnesie ist den Psalmen zufolge[81] die letzte Waffe des Bösen, die höchste Gestalt der Bösartigkeit, die das Unglück verdoppeln und multiplizieren. Wir, wir Juden, wissen genau, daß es immer die Eklipse des alten Verbrechens ist, die das neue ermöglicht; das Auslöschen der Pogrome von vorgestern bildete den Nährboden des Buchenwald von gestern; der Schleier über Buchenwald wiederum könnte morgen die Gestalt des alten Deliriums zurückbringen. Eine

Ethik des Vergessens ist mehr als eine Antinomie, weil sie nicht abläßt, die Toten zu erwecken, um sie besser von neuem zu töten: sie ist das Wort selbst, in dem sich der Tötungswille verewigt.

Das heißt aber noch lange nicht, daß die verdrossene und ewige Rache die einzige tragbare Haltung wäre. Für jene, die für den Rhythmus dieser Zeitlichkeit ein Ohr haben, bedeutet es sogar das Gegenteil. Man darf nicht vergessen, daß die Episode Kains und Abels mit einer unzweifelhaften Geste der Milde und der Nachsicht endet: zur Stunde, da er ihn aus Eden in den Osten verbannt, macht Elohim „ein Zeichen“ an Kain, das zwar auf seine Schuld hinweist, aber auch verhindert, „daß ihn jeder, der ihn findet, tötet“[82]. Der „Fliehende“ wird für sein ganzes Leben gezeichnet, kommt aber mit dem Leben davon und wird symbolisch vor dem verschont, den Numeri in einem fast identischen Text als den „Bluträcher“ bezeichnet[83]. Deuteronomium systematisiert sogar die merkwürdige Einrichtung der „Schutzstädte“[84], in denen jeder „Totschläger“[85] abseits von jeder Gemeinschaft Schutz suchen kann, aus Angst, der Rächer könne den Verbrecher „wutentbrannt“[86] verfolgen und ihn im Übereifer „totschlagen“[87]. Exodus ist hier noch ausführlicher und spricht in einigen bereits kommentierten Versen[88] von einem Gott, der „Schuld, Frevel und Sünde vergibt, aber nicht ganz ungestraft läßt“ – der sie, wenn man so wil, für straflos erklärt, ohne sie zu vergessen. So daß die gesamte mosaische Gerechtigkeitsmaschine in dieser spektakulären, aber genauen Umkehr fußen konnte, die aus dem Gedächtnis nicht die a-priori-Voraussetzung des Ressentiments macht, sondern jene einer fraglosen, strahlenden und großzügigen *Vergebung*. Tatsächlich liegt in dieser Vergebung Gabe und geben, sagt der Psalmist, und nicht nur zurückgeben[89]. Dieses Zurückgegebene steht dem Ungeheuer, das Ungeheuer bleibt, nicht zu, es wird ihm sozusagen großzügig überlassen. Nicht daß eine verspätete Sühne ihn von seiner Schuld befreite: aber weil nichts und niemand ihm seine Bürde erleichtern könnte, kann der Gerechte dem ewig Perversen seine grenzenlose Gnade entgegenhalten. Nicht mehr weil die Zeit auslöscht oder die Entfernung Verzeihung bewirkt, muß man *sich damit abfinden,* die alten Zwiste beizulegen: sondern weil die Zeit nichts löst und sie der Zeit des Bösen fremd ist, kann ich *beschließen,* das Unauslöschbare freizusprechen und das Unentschuldbare aufzuheben. Das Gedächtnis ist nicht nachtragender Haß, sondern Trauer, und in dem Maße, in dem das Vergessen keine moralische Kategorie ist, ist die einzige wahre Moral jene, die paradoxerweise das Unantastbare vorschreibt, das Unverzeihliche verzeiht, über das Unvergeßliche hinausläuft; dieses wieder ist weit davon entfernt, sich auszuhöhlen, und wird von dieser übermäßigen Vergebung in seinem Übermaß bestätigt. Und es ist nun auch kein Zufall, wenn der jähzornige und rachsüchtige Elohim so oft als „langmütig", also „langsam im Zorn" bezeichnet wird[90]. Wenn im selben Vers von Exodus, jener der „die Schuld der Väter heimsucht an den Söhnen" auch der ist, der „Gnade bewahrt den Tausenden"[91]. Wenn man schließlich in den Psalmen Davids beinahe christliche Akzente findet, um die Sanftmut des Gottes der Barmherzigkeit zu besingen, der darauf verzichtet, „die Sünden zu bestrafen"[92].

Ich sage beinahe christlich. Von der einfachen Alternative des Hasses und der Vergebung sind wir nämlich weit entfernt. Sehr weit von einer düsteren Dialektik der Gerechtigkeit und der Liebe. Am Rande einer Weltanschauung, in deren Rahmen die Zweiteilungen selbst ihren Sinn und ihre Schärfe verlieren. Und wo es vom reinen Rechtsstandpunkt aus ebenso absurd wird zu *strafen* wie vorher zu *begnadigen* . . . Denn wie soll man schließlich über den, der kein Gesicht hat, kein Du, zu dem man reden könnte, sondern nur eine Maske über dem Gesichtsausdruck eines Tieres, ein Urteil fällen? Er ist nicht ein gefallener Nächster, der sich immer weiter entfernt und etappenweise beiseitegeschoben wird, sondern ein unendlich Ferner, ein absolut Fremder, der sich für immer außer Reichweite jedes möglichen Urteils gestellt hat. In welchem Namen soll man ihn bestrafen, aufgrund welchen Diskurses und welcher Rechtsprechung? Von „Verbrechen wider die Menschheit" reden bedeutet, in einen Abgrund zu stürzen, der die Vernunft, die Leidenschaft und das Verständnis der Menschen herausfordert und ebenso eine lebende Herausforderung an alle konkreten Gesetze, alle erdenklichen Strafen bildet. Wenn man nun dem Mörder, der noch de facto und de jure den hundertfachen Tod verdient, den Tod gibt – bedeutet das nicht, daß man ihm schon zu viel gibt? Durch eine merkwürdige Umkehr der Dinge wird die Höchststrafe zu einer Mindeststrafe; sie bewirkt die Sühne des Bösen und daß diese Sühne die Wunde, die das Böse in das Seiende gerissen hat, wieder verschließt; so wird sie die überraschendste Methode, die Maßlosigkeit des Verbrechens auszulöschen und dieses noch mehr zu verharmlosen. So etwas Ähnliches muß auch der Anwalt Serge Klarsfeld, dieser „hartherzige Bluträcher" empfunden haben, als er mit einem ungeladenen Revolver auf den Nazi Lischka zielte; er hatte ihn zwar in seiner Gewalt, verzichtete aber darauf, ihn zu töten, und deutete so darauf hin, daß es kein menschliches Mittel gäbe, das Unsühnbare zu sühnen. Genau das sagte auch der Philosoph Gerschom Scholem, der in einer berühmten Polemik[93] befürchtete, die Erhängung Eichmanns könnte die Illusion eines Epilogs, eines Schlußpunktes, einer burlesken und spöttischen Lösung eines Dramas ohnegleichen schaffen – „man soll ihn hängen, und dann reden wir nicht mehr darüber". Und das ist letztlich der Sinn dieser Erzählung der Genesis über die rätselhafte Vergebung für Kain, die auch so begründet wird: Wenn eine Schuld so groß ist, daß selbst der Sünder sie nicht zu tragen vermag, dann ist sie auch zu schwer, als daß Elohim sie abwäge: und wahrscheinlich hat der Chronist deshalb einer banalen Tötung, die die Geschichte abgeschlossen und somit de facto zu einer Milderung der Strafe geführt hätte, ein dauerhaftes Exil, das dem Brudermord sein unverminderbares Grauen entgegenstellte, vorgezogen. Für einen Juden ist das Gute also weder die symmetrische Entsprechung, noch der Gegensatz des Bösen. Jedem Bösen entspricht nicht ein Gutes, das wie dessen andere Seite oder der gerechte Preis des Blutes wäre. Der Gerechte ist auch und ist vor allem jener, der weiß, wie eitel, wie kolossal bedeutungslos die Gerechtigkeit ist. Und gegen die Vergeltung steht das Gesetz.

4
Die Oase der Zeit

Nun sind wir wieder einmal beim Gesetz angelangt. Zwischen den Stränden des Bundes und den Wellen des Unsinnigen, bei dem Eigennamen des Felsens und dem Schmelz seiner Forderungen. Auf festen Stein, der die Menschlichkeit des Menschen ausmacht, gebaut. Und dessen Ziffer nun, am Ende dieses Weges, rekapituliert werden muß. Indem man die Frage, die ständig durch dieses Buch geistert, endlich fertig beantwortet: Was bedeutet heute das Rückgreifen auf die – nein, die Rückkehr zu der biblischen Tradition? Welchen Sinn kann dieses Rückgreifen für alle jene, die sich dem Imperativ des Widerstandes verpflichten, ergeben? Was bedeutet die Meditation einer Schrift, von der die Texte uns sagen, daß sie jeden, der sich ihr hingibt, dem höchsten aller Hohepriester ebenbürtig macht?

Fest steht jedenfalls – ich glaube es beweisen zu können –, daß es keinen größeren Widersinn gäbe, als in dieser Meditation eine gesetzgeberische Sorge, eine vorschreibende Paranoia zu suchen, die aus jedem einzelnen einen Großinquisitor machten. Man erinnert sich an die ausstrahlende Bitterkeit Jesajas, der, ohne sich zu beklagen, feststellte: „Ich habe mich umsonst gemüht, vergebens meine Kraft verzehrt.“[1] In Deuteronomium, in dem die „kleine Zahl“ der Stämme Israels verzeichnet wird, steht nichts anderes, als daß dort betont wird, die Aufgabe des Gesetzes bestehe weder darin, die Einheit der Erde herzustellen, doch darin, sie zu beherrschen[2]. Es sei nicht wichtig, fügt Hesekiel hinzu, ob die Völker „zuhören" oder „sich enthalten", denn es genügt, „daß sie wissen, daß sich ein Prophet unter ihnen befindet", und dieser Prophet prophezeit niemals besser als in der Einsamkeit der Wüste[3]. Wäre dieser Prophet der Wüste auch ein „falscher" Prophet, wie jene, deren Schatten durch die Bibel geistern und die „ihrem eigenen Geist folgen und haben keine Gesichte"[4], so würde doch, wie Jeremia sagt, die Thora nicht deshalb zugrundegehen, weil „es ihr an Priestern fehlte"; ebensowenig wie das „Wort" vergeht, weil es keinen Sprecher gibt[5]. Denn sie ist mit dem Wort sehr wohl auf eine Ebene zu stellen. Sie gehört ausdrücklich der Ordnung der Rede an. Seit der Inschrift von Sinai bedient sie sich für ihre eindringlichsten Metaphern mit Vorliebe der Form der Sprache. Ob Hesekiel nun gehört oder ignoriert wurde – die Tatsache, daß er die Sprache, allein die Sprache, mit seinem Volk gemeinsam hatte, verlieh ihm das Recht zu sprechen[6]. Nach dem Vorbild des Hebräischen, das seine Heiligkeit lange Zeit seiner einzigartigen Stellung als bewahrendes Idiom verdankte, das von seinen toten Buchstaben lebte und dadurch geheiligt war, daß es im täglichen Leben nicht gesprochen wurde, war das jüdische Gesetz *wie* eine Sprache – es bedarf nicht der Einmeißelung in die Endlichkeit der Dinge, um seine Rechtmäßigkeit und seinen unschätzbaren, grenzenlosen Wert unter Beweis zu stellen. Eine Sprache ist immer eine Meta-Sprache, deren „Kompetenz", wie uns die moderne Linguistik lehrt, vor ihren „Leistungen" besteht – deshalb ist das Gesetz in ähnlicher Weise ein Meta-Gesetz: zumindest de jure kann sich seine absolute Botschaft von den relativen Aussagen lösen, die sich die Menschen, die Massen oder die Fürsten aus seinem Alphabet schneidern. Es ist halb-gesprächig, halbstumm, immer und immer wieder schlechtgemacht, obwohl immer und immer wieder hergesagt; es kann sich nur halb ausdrücken –

vorzugeben, es in seiner Gesamtheit zu verkörpern, wäre Sakrileg. Wenn es auch nicht „unbegreiflich“ (Hesekiel) ist, so ist es doch im wesentlichen mißverstanden; es reiht sich in den Bereich des Symbolischen ein, viel mehr als in jenen des Realen; seine Ordnung ist viel eher das Register des Verbotenen als die Ordnung des Politischen. Schon das bedeutet heute, zu einem Judentum zu finden, zu einem sicherlich alten, im Zauberbuch der Schrift verewigten Judentum, dessen Quellen aber gerade heute, zur Stunde der großen Wahnvorstellungen über die vollkommene „Befreiung“, immer noch lebendig sind, lebendiger vielleicht als je zuvor: ein Gebot zu denken, das wie eine Sprache aufgebaut ist und, lange vor Freuds Lehre, nichts anderes ausdrückt als diese gähnende Leere, die den Leib eines jeden Subjekts mit dem Zeichen des Mangels und dem Eisen des Tabus brandmarkt und ihn dennoch der Vermehrung der Sinne öffnet.

Denn es ist ebenfalls sicher, daß die erste Erscheinung dieses Gesetzes absolut unbestimmbar ist; um es zu denken ist es notwendig, die naive und naiv substantialistische Vorstellung aufzugeben, daß es seinerzeit oder heute einen Autor, einen Bürgen, einen Meister besitzt, der es erläßt. Jeremia hat am Ende desselben Verses hinzugefügt, daß das Gesetz ebensowenig an „einem Irrtum der Priester“ scheitern könne wie der „Ratschlag“ am „Fehlen von Weisen“[7]. Diese „Weisheit“ wird in einem Abschnitt der Sprüche auf sonderbare aber aufklärende Art definiert: „Ehe der Herr etwas schuf, war ich da“, und weiter „ich bin erschaffen von Ewigkeit von Beginn an, noch vor der Erde“[8]. Eine kritische Leseart der Schrift ergibt, daß es heißt „besessen noch vor dem Beginn“, nicht bloß „erschaffen“, wie die Septuaginta übersetzt, was die Tragweite dieses verwirrenden aber grundlegenden „Vorher-Da-Seins“ viel zu sehr mindert. Das hebräische Wort war genaugenommen „quanah“, dasselbe Zeitwort, das noch mit dem Namen „Kain“[9] die gleiche Wurzel besitzt; sein unvermutetes Wiederauftauchen scheint auf eine Art Radikalität – radikal wie das Böse – dieser „vom ersten Beginn" an[10] bestehenden Weisheit hinzuweisen. Man vermeint zu träumen, wenn der Autor sie in den folgenden Versen, im Laufe einer blendenden negativen Theologie über eine der Episoden der Genesis nach der anderen hinwegführt, um sie schließlich gleichsam an ihren Vorabend setzen zu können, in die Vorhalle des Himmels, noch vor die Erde und ihren ersten Morgen[11]. Hier geht es nicht mehr darum, daß der Ursprung dupliziert wird, daß er in immer neuen Anfängen, in stets wieder erneuerten Bündnissen von der Unendlichkeit abgetrennt wird. Vielmehr wird er verleugnet, entäußert, überholt von einem Anfang, der da war, immer schon da war – in einem völlig utopischen „Da", in dem die Dinge nicht vorhanden waren. Es ist nicht einmal genug, von einem Beginn zu sprechen, von einem „seit der Gründung der Welt versteckten Ding": – in dieser Stunde vor dem Beginn jeder Zeitrechnung, in der die ganze Welt noch nicht begonnen hatte, sich zu gründen, war sie ja schon vorhergesagt, im Nichts aufgestellt. Dieses Vorher ohne vorher, dieser Topos des Nichtortes und dieses wahrhaftig Unbedingte wollen plötzlich ebensowenig in die Kategorie der Zeit passen wie in die a-priori-Form des Raumes. Das Gesetz schwebt im Raum der Geschichte und hebt ihre Zusammenhänge auf; es besitzt ein Alter, das alles gesehen hat und gleichzeitig eine Jugend, deren Verfall kein Auge sehen kann – nicht einmal Gott, sagt Jesaja, den man eigentlich „*zwingen* müßte sich zu erinnern"[12] – an das, was er zu der Stunde, da er es noch nicht konnte, schon wußte. Man müßte es Ur-Gesetz („Archi-loi" im Original. A. d. Ü.) nennen, allerdings hinzufügen, daß sein „Arche" kein „Archaismus" ist, sondern viel eher ein „Anachronismus", eine Nicht-Übereinstimmung mit der Zeit – die aus dem Volk der Bibel ein „Volk der Vergangenheit"[13] macht, während sich sein Schicksal jedoch fast immer an die modernste Zukunft anschließt. Heute, wo wir offenbar nur mehr die Wahl zwischen den unsaubersten Rückschritten und den uferlosesten Fortschritten haben, bedeutet Rückkehr zum Judentum auch dieses konfuse Gefühl zu teilen, daß es eine Welt der Werte, der Prinzipien, der Ethik und der Gerechtigkeit gibt, deren Ursprung so wenig erforschbar, so tiefgreifend unbestimmbar ist, daß er, im strengsten Sinn des Wortes, *unvordenklich* ist.

Ausnahmslos haben alle Propheten versucht, ebendieses konfuse Gefühl zu verstehen: sie tun es in der konkretesten, brutalsten und umwerfendsten Art. Sie stellen unablässig – aber unermüdlich – diese einfache Frage: Was geschähe, oder eher, was geschähe nicht, wenn die Schöpfung, zufällig oder absichtlich vom Blitz getroffen und an diesen Vorabend zu dieser Arché ohne Beginn zurückversetzt würde? Die Antwort besteht aus nur einem Wort, das wie eine Litanei psalmodiert wird und recht sibyllinisch klingt: „Ich lasse einen Rest über“ (Hesekiel)[14], „ein Rest wird sich bekehren“ (Jesaja)[15], „Und der Rest Jakobs wird sein wie der Tau“ (Micha)[16], „der ganze Rest Judas“ (Jeremia)[17], „er hat Jakob einen Rest gelassen“ (Ecclesiasticus)[18], „nur ein Wurzelstumpf bleibt und ist heiliger Same“ (Jesaja)[19] ... Das merkwürdigste aber ist, daß dieser Wurzelstumpf nicht – wie man annehmen könnte – den Überlebenden, den Geretteten gilt, die dem großen Desaster durch Glück oder durch Versehen entkommen sind: die meisten dieser Fragmente beziehen sich ausdrücklich auf eine Version des Holokausts, der völligen Ausrottung – so sagt Hesekiel etwa: „Wer noch übrig ist, wird durch Hunger sterben“, denn an ihm wird Jahwe „seinen Grimm *sättigen.*“[20] Es handelt sich auch nicht mehr bloß um eine banale Erwählung, um eine Auswahl, ein Vorrecht, in dessen Rahmen Gott die Seinen erkennen würde und sich entschlösse, sie zu bewahren wie einst Noah[21]: in der Perspektive einer universellen Pflichtvergessenheit, einer kosmischen Untreue, einer Bosheit ohne Ausnahme denkt man nur – und Micha stellt es ausdrücklich fest – daß „die Frommen aus dem Lande verschwunden sind", daß es überhaupt keine „Gerechten"[22] mehr gibt und die „Redlichkeit" selbst wie ein „Dorngestrüpp" geworden ist[23]. Noch weniger denken sie an einen Überrest, an eine unzerstörbare Reserve, an irgendeine Quelle der Sakralität oder der Gerechtigkeit, die wie in den heidnischen Mysterien an den hehren Orten weiterflösse, selbst wenn alle Menschen plötzlich aufgehört hätten, aus ihr zu trinken: Tatsächlich geht Jesaja in seiner Hypothese so weit, daß die Gerechtigkeit nicht mehr das bleibt, was feststeht, sondern zu dem wird, was „losmacht", „zerstört", „die ganze Welt einrafft" und alle „Schätze ausplündert"[24] ... Weder Überleben also, noch Erwählung, noch Überrest: Man muß also schließen, daß das, was nicht vorübergeht, auf dieser Welt nirgends zu finden ist, keine ontologische Stellung und keine ontologische Lage hat. Wie weit man auch sucht, es bleibt unauffindbar und entzieht sich per definitionem jeder Identität: Das Rätsel läßt sich nur lösen, wenn man einsieht, daß man darin den Kodenamen dessen sehen muß, was man wohl oder übel Transzendenz nennen muß. Vor allem Anfang – das haben wir bereits gesehen – nach jedem Ende – das wird nun klar: der „Rest" ist das, was übrigbleibt, wenn nichts übrigbleibt und die Erde selbst aufgehört hat, zu verlöschen. Um die Dinge bei ihrem Namen zu nennen: Was gibt diese biblische Hypothese zu denken auf, was gibt sie uns, den Kindern eines Jahrhunderts, das so eilfertig die „Relativität" der moralischen Gebote dekretiert, zu denken auf? Den Begriff, die Überzeugung, daß die uralten Werte des Gesetzes, etwa das Gebot nicht zu töten oder zu verletzen, immer und überall und unter allen Umständen *gültig* sind – weil sie, buchstäblich, *vor Ewigkeit erstarren.*

Was ist der Mensch im Vergleich mit dieser Ewigkeit? Was ist ein Mensch im Angesicht dieser Werte wert, was kann er und was soll er? Als Bewohner einer Behausung, die er endgültig verlassen hat und von der er weiß, daß er niemals mehr in sie zurückkehren wird, ist er, so sagen die Schriften mit noch mehr Nachdruck, ihr lebender, vibrierender, treuer und gewissernhafter „*Zeuge*" ... Das Wort ist zuerst in seiner rein passiven Bedeutung als „Zeugnis von" etwas ablegen zu verstehen: als Einsatz und Grundlage Gottes, als Spur und Denkmal auf seinen Wegen ist das Subjekt ein Objekt, gerade noch ein Bildnis, das mit seinem vergänglichen Sein den unzugänglichen Anspruch des Ewigen bestätigt[25], und ebenso bestätigen die „Stelen", die zwölf Steine von Gilgal[26] oder der Fels in der Wüste von Sichem[27]. In einem etwas stärkeren Sinn ist der Mensch jener, der „jemandem Zeugnis ablegt": als zarte Blume Jahwes, von seinem Wollen durchdrungen, als inspirierte und zitternde Hymne an seine wiederholte Pracht, ist Israel ein „Volk der Zeugen", zum „Ruhm des Schöpfers" geschaffen, um „seine Werke" zu verdeutlichen[28], und in dieser Art verdeutlicht auch die Bundeslade, die Moses „Lade des Zeugnisses" nennt[29], daß das Zusammentreffen nicht zufällig ist. Wenn man etwas tiefergeht, ist der Zeuge – wie in einem Prozeß – jener, durch den die Wahrheit zu Tage tritt und aus den stummen Vorhimmeln, in denen sie sonst verblieben wäre, hervorkommt: der biblische Mensch ist eins mit seinem Fels, er selbst ist der Weg, über den die Aufmärsche Gottes führen: der Psalmist sagt, Gott hat das Gesetz *in* Jakob „gelegt", damit er es verkünde[30], und das Gesetz als solches verkündet ebenfalls, wie etwa in dem berühmten „alphabetischen Psalm", wo es dreiundzwanzig Mal „Zeugnis" genannt wird[31] ... So daß sich die Rolle des Erwählten wie eine Stele, eine Lade oder die Thora selbst in das Register der Wachsamkeit und des Gedenkens einträgt. Bildnis, stillschweigende Ausmalung oder pompöses Geständnis – einerlei: immer wieder aber mit anwachsender Anspannung ist er jener, dessen Name den Namen des Unbenennbaren ins Gedächtnis ruft, bewahrt, „behält" sagen die Psalmen[32]. Bezeugt und bezeugend, aus Fleisch oder Geist, was solls: nun wird auch er wie ein Rest, der letzte Rest vom Rest, alles was vom Rest übrigbleibt, in einer Geschichte, die von Natur aus darauf ausgerichtet ist, ihn zu vergessen. Seine Jahre haben alles gesehen, sie reichen an die Schwelle des Wortes zurück; er befindet sich in einem Reich der Winde, wo nichts als der Atem bleibt, und kennt kein höheres Schicksal, als sich selbst auf die Höhe der Ewigkeit zu heben und sich zu mehr als zu ihrem Echo zu machen – zu ihrer metaphysischen Schildwache. Von Hesekiel bis Samuel, von den Königen bis Jesaja wimmelt es in den biblischen Texten nur so von diesen geheimnisvollen „Wächtern", diesen manchmal „blinden Sehern"[33], die auf den Vorposten des Todes[34], am äußersten Ende dessen, was geschieht[35], für die von unten den Rhythmus dessen ausspähen, was nicht geschieht. Und das bedeutet für den hebräischen Menschen, Mensch zu sein. Und das ist vielleicht die schönste Aufgabe, die sich nun jenen stellen könnte, die man heute Intellektuelle nennt: sich von seinem Wachturm aus *in der Welt älter als die Welt und ihre Unordnung* zu fühlen, zu denken, zu wollen ...

Oh, dieses Wissen des „Wächters" ist ganz einfach, sehr einfach und dunkel wie eine uralte Gewißheit. Auf die gewohnte Frage, „man ruft mir aus Seir zu: Wächter, wie weit ist es in der Nacht"[36] – ist er jener, der bei Jesaja geheimnisvoll antwortet: „Es kommt Morgen und Nacht. Wollt ihr fragen, so fragt! Kehrt um und kommt wieder"[37] ... Was bedeutet das? Was soll man unter diesem „Über Edom" verkündeten „wiederkommen" verstehen[38]? Es bedeutet sonderbarerweise das, was Hiob bald nicht mehr mitteilen konnte, als er genau dieselben Worte hinausschrie, allerdings aus der Tiefe seiner Verlassenheit – „lege ich mich nieder, denke ich: Wann wird es Tag? Und stehe ich auf: Wann wird es endlich Abend?“[39]. Er gibt zu verstehen, was dieser Tote mit Aufschub, dieser „Lebende in Schwebe“, der der deportierte Jude nun einmal ist, dem Deuteronomium zufolge nicht mehr versteht und zwar: „Am Morgen: Wäre es doch Abend! und am Abend: Wäre es doch Morgen.“[40] Auf der einen Seite eine schlafwandelnde Existenz, wo stumpfsinnige Menschen in einer Diaspora, deren Grauen weniger darin besteht, keinen Raum mehr zu haben, als darin, über keine Zeit mehr zu verfügen, den intimen Sinn für die Abfolge der Tage verloren haben; auf der anderen Seite die helle Wachsamkeit eines vollen Seins auf Erden, dessen Glück symmetrisch dazu weniger im Besitz einer Erde, als in der Versicherung einer Zeit besteht und darin, mehr als einen Kataster, einen Kalender auszudrücken und zu beherrschen. Was ersteren fehlt und sie mit Trauer erfüllt, das ist genaugenommen das Gesetz der Regelmäßigkeiten, die Zahl der Wiederholungen, der Rhythmus der Runden, der Schicksalsschläge und der Gezeiten, die aus der endlichen Folge der Dämmerungen etwas anderes als eine „Ausschweifung“[41], ein hoffnungsloses „Weberschiffchen“[42], eine „taglöhnerische“ Unordnung[43] machen; was dafür den „Späher“ rettet, was ihn vor der schizophrenen „Furcht“ und dem „Entsetzen“[44] rettet, was seiner „großen Aufmerksamkeit“[45] ein „Körnchen“ „Hoheit“[46] verleiht, das ist das Wissen um die Ordnung der Zyklen, der ausdauernden Kreise, der dumpfen Beständigkeit, ohne die der Fluß nur Chaos und der Augenblick Katastrophe wären. Besser noch: Wenn man die Schriften genau liest, so wissen Hiob und der Verschleppte, daß der „Tag“ nach der „Nacht“ kommt, doch sie wissen nicht, was sie wissen. Sie wissen nicht, daß sie es wissen. Sie sind nichts für das Wissen. Sie haben nämlich de facto und diesmal im Innersten ihres Herzens das Prinzip der Einheit, der Synthese, der Erkenntnis verloren, das alleine verhindern kann, daß das Leben nur ein „Hauch“ und eine schreckliche „Zerstreung“[47] ist; der Geist des „Wächters“ besteht wiederum darin, auf einer „Fläche“zu thronen, an einem zeitlosen Ort, auf einem metempirischen Wachturm; dieser ist gleichsam der Fixpunkt, der dem Werden entzogen ist und von dem aus er sehen kann, wie der schwindelnde Lauf der Dinge verläuft, weil er, der ihn sieht und ihn gleichzeitig besingt, bei Sinnen bleibt ... Folglich entdeckt die Bibel zweitausend Jahre vor Spinoza und Kant die doppelte, die subjektiv und objektiv bezogene Notwendigkeit einer transzendentalen Idealität, die auf lange Sicht das Verständnis des Vergänglichen begründet. Das Gleichnis bedeutet noch mehr, nämlich daß das Vergängliche, das sich selbst ausgeliefert ist und den Menschen seinen Launen ausliefert, sterblich ist und Quelle des Elends, solange es nicht – in der Seele wie im Seienden – die Hilfe eines unvergänglichen Wächters erfährt. Wächter sein bedeutet, Trotz zu bieten – dem was im Namen des Dauernden geschieht. Hegel sagte, man müsse zur vollen Mittagsstunde die Erinnerung an die Wahrheiten der Mitternacht bewahren[48]. Die Zeit ist ein Kalvarienberg, ein unerträglicher Passionsweg; wenn sie zur Stunde, da die Natur und die Geschichte nur vom Mittag sprechen, nicht tatsächlich von der Erinnerung erklommen wird.

Was ist denn diese Erinnerung, von der die Propheten sprechen? Was ist diese „Krankheit der Erinnerung“, die die modernen totalitären Fürsten immer wieder ausmerzen wollen[49]? Wenn die Erinnerung als solche eine unschlagbare Waffe des Widerstands ist, dann weil sie vor allem in der Theorie wie in der Praxis eine Kriegsmaschine gegen die Geschichte ist. Wenn der Psalmist die Erinnerung als die erste Pflicht des Menschen ansieht, so bedeutet das nicht, daß er zu dem, was ist, ja sagt: er sagt vielmehr nein, nein zu seinem Los des Unvermeidlichen, nein zu seinem Los des Unumkehrbaren, nein zu dem kleinen Tod, der ihr einfachster Ausdruck ist – er setzt ganz einfach voraus, daß dagegen in seiner Seele etwas protestiert, das daran nicht wirklich teilnimmt[50]. Dieser Protest ist niemals ein Akt des Bewahrens, ein einfaches Ressentiment, das vor dem Nichts gerettete Spuren in ihrem ursprünglichen Zustand archivierte: sondern eine schmerzbeladene Arbeit, eine grandiose Wiederbelebung, in der es kein Denkmal gibt, das aus dieser unendlichen Weltschöpfung, die umbildet, statt zu erwekken, nicht gebrannt und entstellt hervorginge. Das Gegenteil des Vergessens ist nicht die Reminiszenz, sondern die Anamnese, der „Blick nach oben" – dorthin, wo sich die Nachfolgen wieder aufbauen und sich die ältesten Genealogien verwischen und verschieben: Und daher stammen schließlich die Bemühungen in der Genesis, die Abhängigkeiten zu berichtigen und die Rechte der Erstgeburt zu korrigieren, die im Deuteronomium doch so genau kodifiziert sind[51]. Ist es übrigens wirklich die Vergangenheit, die im Laufe dieses Kunststückes wiederkehrt? Ebenso wie das Wunder von Prousts *Wiedergefundener Zeit* darin liegt, daß die Zeit darin verloren und für immer in den Räumen des Sinnes, die das Genie einer Sprache aufreißt, aufgehoben ist[52], ebenso liegt das biblische und vor allem das talmudische Genie darin, das Vergangene zu betrauern, es in Trauer zu hüllen, es unablässig der „Arbeit der Trauer", wie die Freudianer heute sagen würden, zu unterwerfen. Bezieht sich diese Trauer tatsächlich und in erster Linie auf die Vergangenheit, und weist der Bogen der Starrheit der Erinnerung wirklich in ihre Richtung? Lange vor Nietzsche und Freud erfinden die Propheten die Vorstellung einer Erinnerung an die Zukunft, die auf das Kommende gerichtet ist, eine Triebfeder der Treue und das Prinzip jedes Engagements; dabei ist es weniger wichtig, sich das Damals des ausgesprochenen Versprechens in Erinnerung zu rufen, als sich an das Morgen zu erinnern, an dem es einen Sinn hat, es einzulösen: und das ist der tiefere Sinn des mit „euren Vätern, Abraham, Isaak und Jakob“ geschlossenen Bundes[53]. Besser noch: Geht es an diesem Tag des Versprechens immer noch um die Zeit, um die ganz normale Zeit? Die wichtigste Lektion Adams und Kains besagt, daß die reale Zeit, das heißt eigentlich der Augenblick, immer die Zeit der natürlichen und unvermeidlichen Schuld ist: und wenn Jahwe dem künftigen Brudermörder die Tugenden des Wartens und der Geduld einschärft[54], so tut er nichts anderes, als ihm den Rhythmus *einer anderen Zeit* einzugeben, einer verständlichen Zeit, der Zeit der Moral, die man hinter der offenkundigen Zeit vermuten muß, damit die Freiheit, die Gerechtigkeit und die Werte der menschlichen Universalität einen Sinn haben. „Dein Name, Jahwe, wird bleiben in Ewigkeit“[55] heißt es in einem Psalm Davids: denn dieser „Name“ bedeutet, daß die Zeit als solche das Grauen ist; daß das Plötzliche plötzlich der Mord ist; daß alles das, was geschieht, zuerst nur Schlamm aus Blut und Schmutz mit sich führt; und daß man die Zeit also nur dann leben und ertragen kann, wenn sie in Verbindung mit einem Teil Ewigkeit gesehen wird.

Umgekehrt aber, durch eine letzte Umkehr, ist die Ewigkeit paradoxerweise nicht anders vorstellbar und erträglich, als unter der Marter der Zeit. *In* der Welt, sagte ich, ist der Mensch älter als die Welt, und die Wächter, die dieses Detail vergessen und damit ihr Los des Anachronismus selbst entstellen, sind schlechte Wächter. „Wehe über den schlechten Hirten“, donnerte Jahwe im Buch Sacharja, der den „Stab der Verbindung“ bricht, der ihn mit den Menschen verband, und damit auch „den Stab der Huld“ zerschlägt, der ihn mit dem Himmel verband[56]. Schande dem „mutwilligen Hirten“, der seine Schafe ihrem Schicksal des Umherirrens und der chaotischen Temporalität, ihrem Schicksal hienieden überläßt und damit seiner Salbung und seines erhabenen „härenen Mantels“[57] nicht mehr würdig ist, der im „Buch der Könige“ als Erkennungszeichen von „Elia dem Tisbiter“ galt[58]. Verdammung sogar über Abel, ja Abel den Gerechten, dessen Name auch die „unnütze Sache“ bedeutet[59] und von dem man nun begreift, daß er für die Gesetze der Erde zuviel Verachtung hegte, um nicht in dem *Augenblick*, da er auf die „Felder“[60] kam, getötet zu werden. War er, der sein Opfer, wie der Chronist bemerkt, „auf seiner Seite“[61], ohne Rücksicht auf seinen Bruder, ohne einen Blick auf seine Brüder darbrachte – weit, so weit von der wahren Zeit der Menschen, wo sich nur sein göttlicher Hauch wirklich ausdrücken konnte[62] – nicht schon ein „schlechter Hirte“? Trug er damit nicht seinen Teil der Schuld an dem Verbrechen und liegt es nicht daran, daß sein Name nach dieser schicksalhaften Begebenheit in der Bibel nie mehr erwähnt wird? Ist das nicht vor allem der Grund, daß er geheimnisvollerweise im „Lob der Väter“ im Buche Ecclesiasticus, gleichrangig mit seinem Bruder unter den „Menschen ohne Ruhm“, ohne „Erbschaft“, ohne „Erinnerung“ eingereiht ist, die „vergehen als wären sie nicht gewesen“[63]? Der gute Wächter, von dem es in Ecclesiasticus heißt, daß er „einen Namen läßt“ und von dem man „des Lobes voll spricht“[64], ist in Wahrheit auch jener, der bleiben, seine Nachkommenschaft „festigen“ und schließlich die zerstörende Spaltung von Himmel und Erde, des Bauern und des Hirten, überwinden kann. Amos, zum Beispiel, „ein Hirte von Tekoa“[65], begann erst nachdem Gott ihn „von der Herde weggenommen“[66] und somit aus seiner ursprünglichen Eindeutigkeit herausgerissen hatte, zu „weissagen“[67], so daß er zum „Maulbeerbaumpflücker“ und einfachen „Ochsentreiber“[68] wurde. In den ersten Zeilen Jesajas ist der „Wächter“ wie eine „Hütte“, aber diese Hütte ist in „den Weinbergen“, sie „überwacht“ eine „Stadt“, deren einzige Polis dieses bescheidene „Gurkenfeld“[69] ist. Im Buch zweiundfünfzig sitzt er nicht in den Wolken, sondern wiederum auf den Stadtmauern, zwischen dem Himmel und der Erde, wo er Gott keine Ruhe läßt und ihn unverschämt bestürmt, „Jerusalem zu erlösen“[70]. Ärgert sich Jahwe über so viel Eifer und Hochmut? Im folgenden Buch ist es das Gegenteil, das ihn „ergrimmt“ und seinen „todbringenden“ Zorn auslöst[71], es ist das beschämende Schauspiel dieses apathischen Volkes, in dem er für seine erschöpfende Aufgabe, die Zeit zu verewigen, weder „Unterstützung“ noch „Hilfe“ findet. Denn das ist wohl das Paradoxon, das hier schließlich klar zutagetritt. Wenn das Uralter der Werte in der Ordnung der reinen Vernunft ohne jeden Bezug auf das Sein auskommen konnte, so kann es in der Ordnung der praktischen Vernunft den Umweg über das Seiende und die Verankerung im Seienden nicht vermeiden. Wenn die Ewigkeit wirklich die metaphysische Chiffre der Zeit ist, so ist es entscheidend hinzuzufügen, daß die Zeit ganz konkret die Zahl der Ewigkeit ist. Und diese konkrete Metaphysik, dieser Bund zwischen dem, was bleibt und dem, was vergeht, verdeutlicht vermutlich am besten die Beziehung des jüdischen Menschen zur Geschichte und seine Bereitschaft, ihr zu widerstehen.

Wobei Mißverständnisse ausgeschlossen werden müssen. Und dazu wiederum müssen die Quellen des Gemeinplatzes vergessen werden. Wir hier im Westen zehren in Wahrheit von drei getrennten Auffassungen dieses problematischen Zwanges. Die erste stammt von den Griechen, im besonderen von Aristoteles. Sie macht aus der Dauer eine physische Substanz, eine rauschende Natur; ontologisch bildet sie mit jedem Körper einen Körper und teilt sich in ebensoviele Stücke wie es Gelegenheiten gibt, in denen sie sich verkörpert, wobei sie in jeder einzelnen etwas wie eine quälende

Ahnung des Zeitlosen entstehen läßt: dieser gedächtnislose Sensualismus, aus dem alle modernen Romantiken der Ausdauer und alle Ästhetizismen der reinen Gegenwart[72] diesen qualitativen Materialismus schöpfen, in dem die Ewigkeit nichts als eine Staubwolke von Augenblicken und der Augenblick umgekehrt nichts anderes als ein Blinzeln der Ewigkeit ist – er ist es, der in der Genesis die eigentliche Zeit des Mordes war, und es entströmte ihm nichts weiter als das gleißende Von-Angesicht-zu-Angesicht mit dem entsetzlichen Übergang zur Tat[73]. Die zweite stammt aus der Aufklärung, insbesondere von Kant, und sieht in der Dauer ein mathematisches a-priori, eine tote und starre Form, die jedem Ortswechsel seinen ontologischen Rahmen gibt und wie eine Bühne unter dem Schritt des Vorübergehenden bestehenbleibt. Sie bliebe auch, wenn nichts mehr geschähe, weiterhin bestehen und würde, besser als eine Ahnung, der immerwährende Name des Immerwährenden: diese Cinematik der Quantität, wo die Ewigkeit wie die Abszisse der Zeit und die Zeit das wäre, was geduldig seine leere Linie parzelliert, dieser raumbildende Idealismus, der seit zweihundert Jahren das stete Bemühen der Despoten nährt, die Dauer der Menschen auf den Pegel der Uniform zu beschränken – das ist die zweite Seite der Diaspora des Deuteronomiums und die Illusion ihrer Dauerhaftigkeit, die das Gleichnis des „Rests“ grundlegend leugnete. Die dritte schließlich erscheint in Hegels Fußstapfen; sie verwandelt die Bühne in eine Baustelle und die Kantsche Kulisse in eine Schmiede, in der sich eine „Weltseele“, die seit jeher dem Kommen ihrer Parusie gewidmet ist, in ebensovielen Augenblicken verbraucht, wie ihr Kindbett Etappen hatte, und sie alle um so besser zerstört, als sie glaubt, daß in jedem das Versprechen des Absoluten schlummert: diese Dialektik der Quantität-Qualität, in der es diesmal keine Gegenwart gibt, die es nicht wert wäre, einer kommenden Welt geopfert zu werden, dieser ausbeuterische Fortschrittsglaube, in dessen Rahmen die Temporalität eine fliehende Perspektive der Ewigkeit wird, und diese umgekehrt wieder ein quälendes Überfliegen der ersten, das ist auch und vor allem das, was die Bibel unablässig ablehnte, indem sie die falschen Propheten anprangerte, die immer wieder das Ende der Zeiten ankündigten ... Denn das ist de facto der gemeinsame Nenner dieser drei Anschauungen. Sie verknüpfen die beiden Begriffe nur, um sie besser zerstören zu können und sie mit demselben Horizont verschmelzen zu lassen. Ob sie nun ihre Ahnung, ihr Eigenname oder ihre versprochene Seele sei, die Zeit ist immer nur ein trostloses Inventar, eine Redundanz der Ewigkeit. Ob sie sie verfolgt, sie mitbedeutet oder sich in ihr zu erkennen gibt, die Ewigkeit ist immer nur der heimliche und geheime Rhythmus der Zeit. Und deshalb kann die monotheistische Botschaft im Gegensatz zu diesen drei Versionen einer und derselben Verbindung, die alle gleich im Horizont des erlittenen oder des zugefügten Todes gipfeln, nur dann verstanden werden, wenn sie mit der entgegengesetzten Idee einer grundlegenden Ausklammerung fest verstrebt ist.

Was ist diese Ausklammerung? Wenn der hebräische Mensch an die Ewigkeit glaubt, so nicht wie die Modernen in der Hoffnung, daß es eines schönen Tages überhaupt keine Zeit mehr geben und jedes Umherirren im blendenden Aufflammen einer Endrevolution aufhören werde: sondern ganz im Gegenteil, weil es Zeit gibt, weil es ewig Zeit geben wird, weil die Zeit eigentlich niemals aufhören wird zu enden und ihre unendliche Trauer hinter sich herzuziehen, darum hat die Ewigkeit einen Sinn, darum zwingt sie sich seinem Bewußtsein auf und darum drückt sie dem Elend des Alltäglichen ihr Siegel der Erhabenheit auf. Wenn es Zeit gibt und er auf diese Weise ihre Partei ergreift, so tut er das nicht, wie so viele Sophisten von gestern und heute, damit es überhaupt keine Ewigkeit mehr geben und sich ihre erhabene Selbstgefälligkeit was die Dinge anbelangt in eine schillernde Pluralität tanzender Positivitäten ummünze: sondern weil es Ewiges gibt, und weil es nicht das Los dieses Ewigen ist, sich aufzuteilen, im kleinen Fleckchen der Erde zu versanden, bleibt die Zeit die Zeit, so schwer und so chaotisch, und deshalb bleibt sie als solche auch unerträglich. Wenn es also Zeit *und* Ewigkeit gibt, wenn dieses „und" der Verbindung einem „oder" der Alternative so sehr ähnelt, dann weil es kein geheimes Einverständnis gibt, das sie einander im Rahmen einer Verlobung in diesen höheren Sphären verspricht, deren Aufgebot die Mystiker so gerne im Ursprung sähen: Jeremia zum Beispiel ist überzeugt, daß es kein ungleicheres Paar, keine schlechter geknüpfte Verbindung gibt, daß keine Gemahlin jemals untreuer gewesen ist als die „junge, leichtfüßige Kamelstute" Jerusalem, deren Prophet dennoch unablässig die Sporen seines unhörbaren Gesetzes in ihre Flanke bohrt. Jeremia ist nicht nur ein „Defaitist", er ist selbst von einer Temporalität, die er vor allem in ihrer Fremdheit und in ihrer Rebellion empfindet, richtiggehend besiegt, in die Flucht geschlagen worden. Erlitte er diese tausend Tode, von denen sein Buch berichtet, wenn es dieses grundlegende Komplizentum zwischen den beiden Ordnungen, das die Optimisten darin vermuten, wirklich gäbe? Bedürfte es der Arbeit, der harten Fron des „Bezeugens", wenn uns alles hier spontan vom Jenseits spräche und die Prophezeiung eine von der Erde und dem Himmel gesegnete Ekstase wäre? Nein, die erste Erfahrung des hebräischen Menschen ist die einer radikalen Trennung, einer absoluten Fremdheit, der Abwesenheit des Himmels auf Erden und der Erde im Himmel: der radikalen *Nichtexistenz* dessen, den er seinen Herrn nennt.

Anmerkungen

Vorwort

1 Woher stammt die Legende, die Juden hätten dem Hitlerismus nicht widerstanden und sich wie die Kälber zum Schlachthaus, zum Massaker führen lassen? Sie stellten ein Prozent der französischen Bevölkerung und 15 bis 20% der verschiedenen Widerstandsbewegungen. Der erste, der für Widerstand zum Tode verurteilt wurde, war der Jude Israel Laizer Karp (27. August 1940) aus Bordeaux. Außerhalb Frankreichs gab es zahlreiche jüdische Widerstandsbewegungen, in den Gegenden von Bialystok, Slonim und Naliboki zum Beispiel; ein „jüdisches Sonderbataillon" (2000 Mann) in Jugoslawien. 1942 eine Revolte jüdischer Facharbeiter (Zionisten und Kommunisten), die in Berlin in der Rüstungsindustrie arbeiteten: alle wurden erschossen. Die „jüdische Brigade Palästinas" nahm aktiv an Kämpfen in Ägypten, Italien und Österreich teil: viele ihrer Mitglieder sprangen hinter den deutschen Linien ab. Zahlreiche Aufstände in den Ghettos: Lodsch, Schitomir, Wilna (Polen), Nikolajew (Rußland). Drei große Aufstände in den Vernichtungslagern: Treblinka (2. August 1943), Chelmo (Januar 1945), ohne die „Widerstandsgruppe von Auschwitz" mitzuzählen. Über all diese Beispiele und einige weitere, die hier verständlicherweise nicht alle aufgezählt werden können, siehe *Encyclopedia Judaica;* das unersetzliche *Bréviaire de la haine* von Léon Poliakov auf das ich noch öfters zurückkommen werde und schließlich *La Résistance Juive en France* von Annie Latour (Stock).

2 Meine Anerkennung auch an Wladimir Jankélévitsch, den Philosophen und Moralisten, dessen Drang zum Denken mir so oft den Weg gewiesen hat. An den Albert Camus des *Menschen in der Revolte* und der *Actuelles,* diesen intellektuellen Wegweiser. An die wenigen die mir nahestehen, die an dieses Buch geglaubt haben, es mit mir gewollt haben, oder es, wie Roseline Dussard, konkret getauft haben. An Françoise Verny schließlich, der Verlegerin und Freundin, ohne die dieses Buch vielleicht nicht das Licht der Welt erblickt hätte.

Erster Teil

1. Kapitel

1 Zitiert bei Jean Beaudrillard, *Oublier Foucault,* Galilée, 1977, S. 83.
2 Jonas, IV, 11.
3 *Die Barbarei mit menschlichem Gesicht,* „die Morgenröte des Gesetzes“ S. 45.
4 Siehe das schöne Buch von Jean Lacouture, *Survive le peuple cambodgien, Seuil, 1978.*
5 Eric Weil, *Philosophie der Politik,* Neuwied am Rhein und Berlin, Luchterhand 1964.
6 Albert Camus, *Der Mensch in der Revolte,* Hamburg, Rowohlt, 1953, S. 179.
7 *Ebenda,* S. 166.
8 Bakunin, der das *Kapital* ins Russische übersetzte, sah darin eine „wunderbare“ „tiefgreifende“ und „entscheidende Theorie“. Er hatte ihr nur vorzuwerfen, daß sie „zu metaphysisch und abstrakt“ sei, den „Arbeitern“ also „unerreichbar“. Für Details siehe P. Ansart, *Marx et l'Anarchisme,* Paris, 1969; Henri Arvon, *Michel Bakounine,* Paris 1966; V. Dave, *Michel Bakounine et Karl Marx,* Ed. de l'Humanité nouvelle, 1890 Michel Bakounine, *Correspondance,* Briefe an Herzen und Ogareff (1860–1874), Paris, 1896.
9 Siehe *Aux compagnons des sections internationales du Jura,* Manuskript von Februar-März 1872.
10 Es ist bekannt, daß Lenin eine Auffassung der Machtübernahme, die auf „strengster Geheimhaltung, sorgfältiger Auswahl der Mitglieder, der Ausbildung beruflicher Revolutionäre“ beruht, für majestätisch hielt; zitiert bei Camus, *Der Mensch in der Revolte, a. a. O.,* S. 178.
11 Nach dem Bericht der *Frankfurter Allgemeinen* vom 15. Dezember 1972.
12 Leo Strauss, *Naturrecht und Geschichte,* Stuttgart, Koehler Verlag, 1953.
13 Hobbes, *Behemoth or the long parliament,* London, Simpkin, 1889. Zitiert bei Pierre Manent, in seinem hervorragenden Buch: *Naissances de la politique moderne,* Payot, 1977.
14 *Ebenda*
15 Charles de Montesquieu, *Vom Geiste der Gesetze,* Bd. 1, 2. Tübingen, 1951.
16 Hobbes, *The elements of Law, natural and political,* Leiden, Elsevier, 1653.
17 Bemerkenswert ist, daß Hobbes von Leviathan regelmäßig als einem „sterblichen Gott“ spricht; Kommentatoren haben wieder und wieder auf die Ähnlichkeit zwischen dem ontologischen Gottesbeweis nach

dem hl. Anselm und der Ableitung dieses Leviathan hingewiesen. Beide beruhen auf der Beziehung zwischen einem „unbegrenzten Wesen“ und der Vorstellung, die sich ein „begrenztes“ Wesen davon macht.

18 Die zehn Gebote in Exodus XX, 13.

19 Siehe Jean Poutet, *L'Argentine de la peur,* Plon, 1978.

20 Solschenizyn, *Der Archipel Gulag,* Bern, Scherz, 1974.

21 Siehe Jacques und Claudie Broyelle, *le Bonheur des pierres,* Seuil 1978, an verschiedenen Stellen und Seite 101.

22 Ante Ciliga, *Dix ans au pays du mensonge deconcertant,* réedition Champ Libre, 1977, S. 50 und 51.

23 Es steht dafür, noch einmal Jean Pasqualini zu lesen, *Prisonnier de Mao,* Gallimard, 1975.

24 Siehe Christian Jambet „La volonté de pureté“, in *Le Monde,* gemeinsam mit Guy Lardreau, Grasset, 1978.

25 Zum Beispiel der Brief vom 12. April 1871 an Kugelmann, und natürlich die berühmten Texte über die Pariser Commune.

26 Schmitts erste Artikel über den „totalen Staat“ wurden in den frühen dreißiger Jahren in Karl Anton Prinz Rohan's Zeitschrift *Europäische Revue,* die den „Jung-Konservativen“ nahestand, veröffentlicht.

27 Die „Hanseatische Verlagsanstalt“ entstand in den frühen zwanziger Jahren, im Kielwasser einer bedeutenden gewerkschaftlichen Organisation, die mit der nationalistischen Rechtsopposition in Verbindung stand.

28 Ernst Forsthoffs Buch (Juni 1933, Hanseatische Verlagsanstalt), ist das einzige, das ausdrücklich „Der totale Staat“ betitelt wurde. Das „entstehende Reich“ wurde im August 1932 herausgebracht (siehe J. P. Faye, *Langages totalitaires,* Hermann, 1972, S. 270).

29 Über die Verbindungen von Wagner zum Nationalsozialismus s. Philippe Sollers, *D'un albhomme de famille* in *Musique en Jeu,* Paris 1976.

30 Völkischer Beobachter, 9. Januar 1934.

31 Roland Freisler, *Deutsche Justiz,* 12. Januar 1934.

32 Wilhelm Stuckhart, *Der Staatsaufbau des Deutschen Reiches in systematischer Darstellung,* Leipzig, 1943.

33 Über die Beziehungen zwischen Romantik und Nationalsozialismus, siehe J. Droz, *Le Romantisme politique en Allemagne,* Colin, 1963; sowie die letzten Seiten von Eric Eugène, *Les Idées politiques de Richard Wagner,* Publications universitaires, 1978. Über die Neoromantik und ihren direkten Einfluß auf den Hitlerismus, siehe Edmond Vermeil, *Doctrinaires de la révolution allemande,* Editions latines, 1948.

34 Das letzte Plädoyer für den „totalen Staat“: der Artikel *Die Totalität des völkischen Staates,* von Ernst Rudolph Huber, in der Zeitschrift *Die Tat,* 26. Jahrgang (1934/35), Bd. 1, S. 30.

35 Signifikant ist hierbei, daß diese Publikation bis 1939 von der Hanseatischen Verlagsanstalt gefördert wird.

36 Schlußrede des Führers auf dem Parteitag 1935: „Um die Richtigkeit, mithin Zweckmäßigkeit der äußeren Organisationsformen überprüfen, beurteilen und korrigieren zu können, ist es notwendig, über sie als Mittel hinweg den Zweck zu begreifen". Und „Denn auch der Staat ist nur eine der Organisationsformen des völkischen Lebens, angetrieben und beherrscht aber von dem unmittelbaren Ausdruck des völkischen Lebenswillens, der Partei, der nationalsozialistischen Bewegung". Beides in, *Der Parteitag der Freiheit vom 10.–16. September 1935.* Offizieller Bericht über den Verlauf des Reichsparteitages mit sämtlichen Kongreßreden, Zentralverlag der NSDAP, Eher, München 1935.

37 Die Plakate für die erste Goebbels-Versammlung in Berlin im Januar 1927 lauteten: „Der Bürgerstaat geht seinem Ende zu ... Thema: der Zusammenbruch des Bürgerstaates".

38 Siehe das *Organisationsbuch der NSDAP,* das die Bibel jedes Parteimitglieds war, und in dem Hitler ins Vorwort schrieb: „Da aber der Staat dank ihrer (d. nationalsozialistischen Bewegung, d. V.) Erkenntnisse nur ein Mittel zum Zweck sein kann, ist das Werk der deutschen Wiederauferstehung kein Werk einer formalen Änderung des deutschen Reiches oder seiner Verfassung, sondern eine Frage der vernünftigen Erziehung und Neubildung unseres Volkes". *Organisationsbuch,* Zentralverlag der NSDAP, Eher, München, 1940, Seite XXVII.

39 Siehe Castellan, *Le Réarmement clandestin du Reich,* Plon, 1954, S. 54 ff.

40 September 1934. Die SS setzen in Manövern schwere Waffen wie Feldgeschütze ein. Der Befehlshaber in Ostpreußen General v. Brauchitsch konfisziert sie. Schiedsspruch der Partei: der Befehl von Brauchitschs wird für ungültig erklärt und der SS-Gruppenführer Lorenz in seiner Funktion bestätigt.

41 A. Bullock (*Hitler ou le mécanisme de la tyrannie,* Marabout, 1963, 2. Band) stellt fest: „Hitler war einer der seltenen Deutschen, die sich vom legendären germanischen Militarismus befreien konnten". Hitler selbst zu diesem Thema: „Man wird es niemals mehr erleben müssen, daß die Wehrmacht in kritischen Situationen im Innern eingreifen müßte. (...) Die Wehrmacht ist ein für alle Mal dazu bestimmt, allein und ausschließlich den äußeren Feind des Reiches zu bekämpfen", (Zitiert bei J. Billig, *L'Hitlerisme et le système concentrationnaire,* PUF, 1976).

42 Hermann Rauschning, *Die Revolution des Nihilismus;* Kulisse und Wirklichkeit im Dritten Reich, Zürich, New York, Europa Verlag 1938.

43 Ausgezeichnete Bemerkungen zu diesem Punkt bei Leo Scher, *La société sans maitre,* Paris, Galilée, 1977.

44 *Rauschning,* a. a. O., S. 64.

45 Statt einer „Verfassung" ein „Arbeitsplan", eine in Zellen eingeteilte Organisation von „Gewerkschaften" in denen die „Arbeit regiert".

46 Bis 1934 ist die SS der SA unterstellt und wird erst am 20. Juli 1934

für autonom und ausschließlich dem Führer unterstellt erklärt. Siehe Hans Volz, *Daten der Geschichte der NSDAP,* Berlin, Leipzig, Ploetz, 1938.

47 Zum Beispiel die Bevölkerungspolitik, die Okkupationspolitik und die Leitung der Lager. Hitler stellte im August 1940 diese „auf ihre Sauberkeit stolze Gemeinschaft" dem „Proletariat" gegenüber. Und Himmler umriß die Aufgaben der SS folgendermaßen: „Eine Ordnung des Blutes herstellen". Zitiert bei Billig *a. a. O.*

48 Über den Fortbestand des messianischen Traumes des „Kaisers der letzten Tage", Erbe der ketzerischen Christenheit des Mittelalters, s. Norman Cohn, *Les Fanatiques de l'Apocalypse,* Julliard.

49 Die Organisation der Polizei des Reiches war äußerst komplex. Es gab geheime Staatspolizei, Schutzpolizei (Schupo), Kriminalpolizei (Kripo), Himmlers SS und natürlich die SA, die zeitweise als Hilfspolizei eingesetzt war. Kompetenzübergriffe zwischen diesen verschiedenen Apparaten. Göring begründet in Preußen die Gestapo, sein Nachfolger wird Himmler, unter dem die Gestapo auf das ganze Reich ausgedehnt wurde. Es entsteht unter der Oberleitung des Reichsführers SS Heinrich Himmler das Reichssicherheitshauptamt, dem als eigene Abteilungen der Sicherheitsdienst (SD), die Gestapo und die Konzentrationslager (Totenkopf-SS) unterstehen, aber ebenso auch alle Polizeikräfte, die alle nominell der SS eingegliedert wurden. Verschiedene Auffassungen der Repression: Göring ist für die massive und rasche Liquidierung der Gegner (s. Delarue, *Histoire de la Gestapo,* Fayard 1952), stößt aber bald auf den Widerstand Himmlers, der in den Lagern ein „Rassenlaboratorium" sieht (s. Dekret v. 20.9.1937). Einerseits sprach man von „staatlichen Lagern, für Umerziehung und Arbeit", andererseits von einer „Antirasse der Konzentrationslager". Die Gestapo versuchte so gut als möglich die rassistischen Komplikationen der SS zu vermeiden, und sogar das Prinzip der Revision der Haftstrafen durchzusetzen: die SS kümmerte sich einstweilen darum, eine möglichst stabile Belegschaft der KZ's zu schaffen (siehe Prozeßakten von Nürnberg, Bd XLII, S.229). Es steht jedenfalls fest, daß sich das System nach einigem hin und her, wie folgt festigen konnte: der Gestapo oblagen die eigentlichen Polizeiaufgaben, der SS aber die Oberleitung der Lager und ihre praktische *Führung.*

2. Kapitel

1 Siehe A. Schinz (*La Pensée de Jean-Jacques Rousseau,* Paris, Alcan, 1929), der die Theorie eines *Umschwenkens* Rousseaus unterstützt. Siehe auch Marice Halbwachs: kritische Ausgabe des *Contract Social,* Paris, Aubier Montaigne, 1976, S. 431 ff.

2 Jean-Jacques Rousseau: *Der Gesellschaftsvertrag oder die Grundsätze*

des Staatsrechtes. Übers. H. Denhardt, Hrsg. H. Weinstock. Stuttgart; Reclam Verlag, 1958. 4. Buch, 8. Kapitel, S. 186.

3 Ebenda, 2. Buch, 7. Kapitel: „Vom Gesetzgeber", S. 72.

4 Ebenda, 3. Buch, 4. Kap.: „Von der Demokratie", S. 107.

5 Ebenda, 2. Buch, 6. Kap. „Vom Gesetze", S. 71.

6 Brief vom 26. Juli 1767.

7 J.-J. Rousseau, a. a. O., 3. Buch, 4. Kap.

8 Sechster Brief, Gallimard, Pléiade, Bd. III, S. 808.

9 Pascal: „Die Natur ist so, daß sich in ihr überall ein verlorener Gott zeigt"; *(Pensées)* Meister Eckehart: „göttlicher Tod", „Gott töten" (*Meister Eckehart, Deutsche Predigten und Traktate.* München 1964); Luthers Choral: „Gott selbst ist gestorben".

10 Nietzsche „erfindet" den „Tod Gottes" nicht: er war nur der Erste, der Gottes *Rivale* sein wollte. Siehe den Brief vom 14. Februar 1883 an seinen Verleger, in dem er „Also sprach Zarathustra" als „fünftes Evangelium" bezeichnet.

11 J.-J. Rousseau, a. a. O., 1. Buch, Kap. 7, „Vom Staatsoberhaupt": „die Heiligkeit des Vertrages . . ." S. 46. Andererseits weiß man, daß die Vorstellung eines „allgemeinen Willens" und der daran geknüpften Unfehlbarkeit auf den Werken Malebranches fußten. Siehe Emile Bréhier: „Les lectures malebranchistes de Jean-Jacques Rousseau", *Revue internationale de Philosophie,* 15. Oktober 1938, S. 98–120.

12 Daher auch die ganze Zweifelhaftigkeit der Stellung zum Christentum auf diesen letzten Seiten des Gesellschaftsvertrages. Siehe Maurice Halbwachs, a. a. O. S. 450–452.

13 J.-J. Rousseau, a. a. O., 4. Buch, Kap. 8, S. 193: „Es gibt demnach ein rein bürgerliches Glaubensbekenntnis und die Festsetzung seiner Artikel ist lediglich Sache des Staatsoberhauptes." Siehe auch den *Brief an Voltaire,* aus dem Jahre 1756.

14 Louis Althusser hat diesen Kreis in einem klassischen Text erkannt: *„Sur le Contrat social",* in *Cahiers pour l'analyse,* 1967, Nr. 8, S. 5–42.

15 J.-J. Rousseau, a. a. O., 1. Buch, Kap. 8, „Vom staatsbürgerlichen Zustand" es endet mit den Worten: „Aber hierüber habe ich schon allzuviel gesagt, und die philosophische Deutung des Wortes Freiheit gehört nicht zu den Aufgaben meiner Arbeit." (S. 49).

16 Ebenda, 1. Buch, Kap. 6, „Der Gesellschaftsvertrag"; „. . . im passiven Zustand wird er von seinen Mitgliedern Staat, im aktiven Zustand Oberhaupt . . . genannt." (S. 45).

17 Im *Manuskript* heißt das 8. Kap. des 2. Buches „Du Peuple *à instituer*" also „vom *einzusetzenden* Volk". (Hervorhebung von mir).

18 Ebenda, 3. Buch, Kap. 1: „Von der Regierung im allgemeinen": „Es ist lediglich ein Auftrag, ein Amt, in dem einfache Beamte des Staatsoberhauptes in seinem Namen die Macht ausüben, die es ihnen übertragen hat . . ." (S. 93).

19 Ebenda.

20 Ferdinand Alquié: *La Découverte métaphysique de l'homme chez Descartes,* PUF, S. 309.

21 Rufino: Rechtsgelehrter, Anfang des 13. Jh.; Autor des *De bono pacis.* Ausführlich bei Dufourcq, *Histoire moderne de l'Eglise,* Bd. 6, Paris 1932, zitiert.

22 Manegold, gegen 1060 geboren, im Jahre 1103 gestorben; Autor des *Liber ad gebehardum.*

23 Ursprung dieser Thesen, siehe Hl. Thomas, *De regimine principum* (die beiden ersten Bücher). Siehe weiters H. R. Feugueray, *Essai sur les doctrines politiques de saint Thomas d'Aquin,* Paris 1857, übrigens die beste Synthese zu dieser Frage. Simon de Montfort, gegen 1210 geboren und im Jahre 1265 auf dem Schlachtfeld von Eversham gefallen, ist der Sohn des berühmten gleichnamigen Anführers des Kreuzzuges gegen die Albigenser.

24 Es fehlt eine Geschichte der *Gesalbten* innerhalb und außerhalb Frankreichs. Noch im 15. Jh. wurden die Könige regelrecht von ihren Untertanen abgesetzt: so etwa Edward II. von England am 20. Januar 1327; und selbst Jean II. von Frankreich (1358). Der hl. Bernhard wollte die „Unterdrücker der Armen" mit dem *Schwert* bestraft wissen (*Bernardi Vita,* II,8,52). Vom hl. Thomas bis Abbon de Reims hat die Kirche immer die Wahl der Erbfolge vorgezogen. Siehe dazu Emile Chénon und Olivier Martin, *Histoire génerale du droit française public et privé,* Paris, Bd. 1, 1926, und Emile Chénon, *Le Rôle social de l'Eglise,* Paris 1921.

25 „Jus primae noctis": generelles Konzept in Proudhons Politik. Siehe z. B.: *Premier mémoire,* Rivière, Kap. 5, S. 337–346.

26 Bei Proudhon steht das „heilige Recht zu regieren" eher der Gesellschaft zu, die sich in ihrer „Autonomie" selbst-organisieren soll. Siehe ebenda, S. 341.

27 Schon bei Saint-Just: „Man muß beginnen, eine öffentliche Meinung zu schaffen: das ist die beste Polizei." In *Discours et Rapports,* bei A. Soboul, Editions Sociales, 1977, S. 185.

28 Diesen Punkt unterstreichen Jacques und Claudie Broyelle in *Le Bonheur des pierres,* Seuil 1978, in Zusammenhang mit einer Rede von Bundeskanzler Schmidt vor dem Bundestag, am Tag nach dem Tod von Andreas Baader.

29 Siehe Meister, *L'Autogestion yougoslave,* Anthropos, S. 257.

30 Charles Bettelheim, *Revolution culturelle et organisation industrielle en Chine,* Maspero, 1970, S. 40.

31 *La CFDT et l'Autogestion,* éd. du Cerf, S. 48 ff.

32 Ebenda, S. 45. Siehe auch, aus anderer Perspektive, Jean Dru, *L'Expansion* Februar 1969. Und Proudhon, zitiert bei J. Bancal, *Proudhon, pluralisme et autogestion,* PUF, Bd. 2, S. 40.

33 *Cahiers de CERES,* Januar 1972, Nr. 11; ebenso bei Didier Motchane und Jean Pierre Chevènement, *Clefs pour le socialisme,* Seghers, 1973, S. 253.

34 Santiago Carillo, *Eurocommunisme et Etat,* Flammarion 1977, S. 41, 47, 50, 63 und 65, wo man eine groteske Verwendung der Althusser'schen Thesen bemerkt. Siehe auch das unbeschreibliche Kapitel (S. 123–130) über „la Pensée sovietique et la voie démocratique".

35 Louis Althusser: *Réponse à John Lewis,* Maspero 1973. Und Jean Elleinstein, *Histoire du phénomène stalinien,* Grasset, 1976.

36 Es ist bekannt, daß Stalin der erste war, der von „Marxismus-Leninismus" gesprochen hat.

37 Siehe Alexander Motyl, „Soviet dissidents and eurocommunism", in *„Dissent Magazine",* New York, Frühling 1978.

38 Jean-François Revel und Branko Lazitch haben die Zweideutigkeit der Beziehungen des PCF zu Moskau in dem Artikel „La vraie vie de Georges Marchais", in *L'Express,* Juli 1978 unterstrichen.

39 Siehe Gilles Hertzog und Bernard-Henri Lévy, „Jeu de massacre et conflict de légitimités", *le Monde diplomatique,* Oktober 1975.

40 Fustel de Coulanges, *la Cité antique,* III, Kap. 18: „De l'omnipotence de l'Etat; les Anciens n'ont pas connu la liberté individuelle" (Von der Allmacht des Staates; Die Denker der Antike kannten die individuelle Freiheit nicht).

41 Benjamin Constant, *Cours de politique constitutionelle,* Laboulaye, 1861, Bd. II, S. 842.

3. Kapitel

1 Edmund Husserl, *Philosophie als strenge Wissenschaft,* Frankfurt am Main, Vittorio Klostermann 1965, S. 56–69.

2 Siehe das folgende Kapitel.

3 Deuteronomium, XVII,18–20; VIII,14.(1. Buch Moses: Genesis, 2. Buch Moses: Exodus, 3. Buch Moses: Levitikus, 4. Buch Moses: Numeri, 5. Buch Moses: Deuteronomium.)

4 Siehe Deuteronomium X,8–9; XVIII,1–2. „Weihe mir alle Erstgeburt" sprach Jahwe zu Moses, schon in Exodus XIII,2; siehe auch XXII,28 und XXX,2. Der „Weihecharakter" der Leviten scheint im Buche Numeri endgültig festgelegt zu werden: „Siehe, ich selber habe die Leviten mitten aus den Israeliten herausgenommen an Stelle aller Erstgeborenen . . ." (III,12, III,41).

5 Jeremia, II,36.

6 Erstes Buch Samuel; ab Kap. VIII.

7 Jahwe aber sprach zu Samuel: „Willfahre ihrem Begehren und setze einen König über sie ein." (1. Samuel, VIII,22).

8 In den *Fragments* findet man die Skizze einer idealen Civis, deren tägliches Leben von Arbeit und Gebet bestimmt ist; wo man den Tag mit Hymnen an den Allmächtigen beginnt; wo es Sanktionen für den gibt, der „nicht an die Freundschaft glaubt"; wo sich die guten und die

schlechten Einwohner durch einen „weißen Umhang“ (die untadeligen Greise), ein „schwarzes Gewand“ (die Mörder) und einen „goldenen Stern“ (die Soldaten, die sich verdient gemacht haben) voneinander unterscheiden.

9 Karl Popper, *The Open Society and its enemies,* London 1966, Bd. 1, Kap. 9; und vor allem Maurice Claval, *Deux siècles chez Lucifer,* Seuil 1978, der in wundervoller Weise den Mechanismus dieser „atheistischen Theokratie“ demontiert.

10 Ich habe diesen Punkt in „A la guerre comme à la guerre“ in *Lotta Continua* vom 11. Januar 1978 besonders hervorgehoben.

11 Siehe Laurent Dispot, *la Machine à terreur,* Grasset 1978.

12 Diese Formulierung stammt ursprünglich von Guy Lardreau, *Le Monde,* Grasset 1978.

13 Zitiert bei H. de Lubac, *le Drame de l'humanisme athée,* S. 342.

14 Ebenda.

15 Das ist meiner Ansicht nach die große Lehre aus dem großartigen und schrecklichen *Avenir radieux,* l'Age d'homme, 1978.

16 *Éthique à Nicomaque:* I,1, 1094a 27; und das ganze Kapitel I,6.

17 Maxim Gorki, Aufsatz in *Vie nouvelle,* vom 10. Juni 1918.

4. Kapitel

1 Das jüngste Beispiel ist natürlich das der iranischen Revolution. Muß man wirklich in Freudenschreie ausbrechen, weil ein religiöser und obskurantistischer Führer auf einen zivilen, blutrünstigen und paranoischen Autokraten gefolgt ist? Aus der westlichen Intelligentia hörte man zu Beginn des Jahres 1979 wenige Stimmen, die die Vorteile einer *demokratischen* Lösung erwähnten.

2 Siehe Gérard Mairet, „Peuple et nation“, in *Histoire des idéologies* unter der Leitung von François Châtelet, Hachette, 1978, Bd. III, S. 57–75. Ich weise auf den blendenden Aufsatz „L'obéissance et la loi“ von Evelyne Pisier im selben Band hin.

3 *De cive,* XII,8.

4 Grotius, *De jure belli ac pacis,* I,3: „Le droit de Gouvernement“.

5 Jurieu, *16e lettre pastorale,* 15 avril 1689. Selbes Thema bei Marsilius von Padua in *Defensor pacis,* 1. Buch, Kap. XII und XIII.

6 John Locke, *Zwei Abhandlungen über die Regierung,* Hrsg. W. Euchner, Übers. H. J. Hoffmann; Frankfurt, Wien, Europa Verlag, Kap. XIX, Artikel 222.

7 Ebenda, Kap. XIX, Art. 230; siehe Rousseau, *Gesellschaftsvertrag, a. a. O.,* II,3.

8 Ebenda, Kap. VIII, Art. 99.

9 Ebenda, Kap. XIV, Art. 168. Ausführlich widerlegt durch Kap. XIX, Art. 240, 241, 242.

10 Ebenda, Kap. XIX, Art. 222; Kap. XIX, Art. 243.
11 Macpherson, *Die politische Theorie des Besitzindividualismus von Hobbes bis Locke*, a. d. Engl. v. A. Wittekind, Frankfurt/M., Surkamp 1967.
12 Zum Beispiel Locke, *a. a. O.*, Kap. XIV, Art. 164; Kap. XIV, Art. 166; Kap. XIV, Art. ;(–; Kap. XIX, Art. 239.
13 Ebenda, Kap. XIX, Art. 242.
14 Ebenda, Kap. XVIII, Art. 208.
15 Ebenda, Kap. XIX, Art. 230; Kap. XVIII, Art. 209.
16 Wörtlich „the right to act and conclude the rest": ebenda, Kap. VIII, Art. 95. Auch in Kap. X, Art. 132.
17 Die bei Locke immer die Attribute des einfachen Individuums sind.
18 Ebenda, Kap. II, Art. 8 und 10.
19 Zitiert in G. Lenotre: „Hanriot", *Vieux Papiers,* III, 1906.
20 27. Mai.
21 Dispot, a. a. O.
22 „Nous parlons de race juive par commodité de langage, car il n'y a pas à proprement parler, et du point de vue génétique, de race juive (...) La race juive est avant tout une race mentale". „Der Begriff der jüdischen Rasse ist eine sprachliche Vereinfachung, denn tatsächlich und vom genetischen Standpunkt aus, gibt es keine jüdische Rasse (...) Die jüdische Rasse ist vor allem eine geistige Rasse". *Le testament politique de Hitler,* Fayard, S. 84–85.
23 „Alle Völker verfügen über das Selbstbestimmungsrecht. Kraft dieses Rechtes bestimmen sie in freier Weise ihr politisches Statut, und stellen in freier Weise ihre wirtschaftliche, soziale und kulturelle Entwicklung sicher ..."
24 Wie bei Locke, der den „Landstreicher" ausschließt, wie bei Hitler, der den „Juden" ausschließt, hat die Vorstellung der Volkssouveränität auch hier wieder einen rassistischen Beigeschmack: die Vietnamesen, die Kambodschaner – vielleicht die Iraner – sind nicht für die Demokratie „geschaffen".
25 „... daß auch die Außenpolitik nur ein Mittel zum Zweck, der Zweck aber ausschließlich die Förderung unseres eigenen Volkstums ist". *Mein Kampf,* München 1934, S. 687. Joachim Fest (*Hitler,* eine Biographie, Frankfurt/M., Berlin, Wien, Ullstein 1973) unterstreicht auch wie untergeordnet zumindest in den 20er Jahren der Begriff des „Lebensraumes" in den Vorstellungen Hitlers war.
26 Hitler traf im Jahre 1922, zum Zeitpunkt seiner Haft in Landsberg, über Vermittlung von Rudolf Hess mit Haushofer zusammen. Haushofer (1869–1946) leitete seit 1924 die *Zeitschrift für Geopolitik.*
27 Rauschning, a. a. O., S. 396–400.
28 Max Sering, *Westrußland in seiner Bedeutung für die Entwicklung Mitteleuropas.* Leipzig, Teuber 1917.
29 Zitiert bei J.-M. Domenach, *Le Retour du tragique,* Seuil 1967, S. 148.

30 „Der Nationalsozialismus ist heute in derselben Lage wie die Girondins“, schrieb Otto Strasser am 30. Oktober 1932 in seiner Zeitschrift. Gleichzeitig veröffentlichte der Vorsitzende der Reichstagsfraktion der Nationalsozialisten, Wilhelm Kube den Aufsatz *Moskau, Monarchie, Nationalsozialismus. Die Neue Preussische Kreuzzeitung* zeigte sich über die Streiks an denen Nazis beteiligt waren, besorgt. Und als Hitler, am 27. Januar 1932 seine berühmte Rede vor dem Industrieklub von Düsseldorf hält, können seine Argumente die liberale Presse, die weiterhin schreibt, „die Grenzen zwischen Nazis und Bolschewiken sind unschärfer denn je“ (*Vossische Zeitung,* 3. November 1937) nicht überzeugen.

31 Der Aufstand dauerte von Januar 1928 bis März 1929. Boykott der Versorgung der Städte. Kaufstreiks. Bomben und Attentate. Unterstützung durch alle Nazigruppen.

32 „In Itzehoe, nicht in Berlin, Hamburg oder Kiel erschien diese Tageszeitung der Partei, geleitet von einem ihrer radikalsten und begabtesten Journalisten, einem Mann namens Bodo Uhse“, bemerkt Ernst von Salomon, in *Der Fragebogen,* Hamburg, Rowohlt 1951, S. 284. Derselbe Bodo Uhse war höchstwahrscheinlich gleichzeitig militanter Kommunist (J. P. Faye, *a. a. O.,* S. 327).

33 Das Komitée wird im Februar 1932 von Otto Strassers rechter Hand, Buchrucker, gegründet. Die kommunistische „Bauernliga“ schließt sich dank der guten Dienste des erstaunlichen Bodo Uhse an das Komitée an. Nazis und Kommunisten leben so bis zu den Präsidentenwahlen, bei denen erstere Heim unterstützen, während die KPD für eine Kandidatur Thälmanns arbeitet, in bestem Einverständnis.

34 *Die Stadt* sieht darin einen „Stoßtrupp einer neuen Wirklichkeit“, der auf „die Gesamtverwandlung der deutschen Lage“ zielt. Ernst von Salomon, *Die Stadt,* Berlin, Rowohlt 1932, S. 37.

35 Der Vormarsch, November 1928, *Nationalrevolutionäre Konsequenzen.* Plass tritt 1934 in die SS ein.

36 Niekisch; siehe H. Rauschning, *a. a. O.* S. 109. „neue imperiale Figur“, Hitler, Schlußrede am Parteitag 1935, *a. a. O.,* S. 280.

37 *Geheimes Memorandum:* „Die Kämpfe zwischen den idealistischen Weltanschauungen sind letztlich auf die, von der *völkischen Existenz* vorgegebenen Ziele und Bestimmungen zurückzuführen.“

38 So etwa die Wahlen, die von Papen am 31. Juli durchführte, bei denen die Nationalsozialisten den Kommunisten 700000 Stimmen abnahmen. Der *Streik* der Berliner Metallarbeiter im Oktober 1930, bei dem die aktivsten Gruppierungen jene um Strasser waren, die hinter dem NS-Gewerkschafter Johannes Engel standen. Die gemeinsamen *Streikposten* vor den Verkehrsbetrieben anläßlich der Demonstrationen im November 1932.

39 Siehe Jean Pierre Faye, *a. a. O.,* S. 447.

40 Eben im Falle dieses Frächterstreiks warnt die sozialdemokratische

Presse einstimmig vor diesen „proletarischen Lösungen“ (J.P. Faye, Ebenda).

41 Anfang der 30er Jahre veröffentlicht. Im Jahre 1966 von den „Editions Saint-Just“ ins Französische übertragen. Hier liest man beispielsweise, daß „der Arbeiter nichts als seine Ketten zu verlieren“ habe ... Schon 1925 veröffentlichte derselbe Goebbels in der Nr. 2 der „Nationalsozialistischen Briefe“ einen *Offenen Brief an einen Freund bei der Linken,* in dem er unter anderem meinte: „Sie und ich, wir bekämpfen uns, ohne tatsächlich Feinde zu sein“. Was ihm eine entrüstete Antwort Rosenbergs im *Völkischen Beobachter* vom 14. November eintrug (Siehe J.P. Faye, *a. a. O.,* S. 544).

42 *Standarte,* 20. Mai 1926. Jünger bietet sich im selben Artikel an, „den Begriff der Revolution seiner Lächerlichkeit, die ihm seit 100 Jahren anhaftet, zu entkleiden“.

43 Viele Zitate aus *Mein Kampf* bei Joseph Billig, a. a. O., S. 26–27.

44 Einige Namen unter anderen. Rudolf Rehm, ehemaliger Nazi, 1933 zur KPD übergelaufen. Beppo Romer, Gründer des Freikorps Oberland, 1932 zur KPD übergelaufen. Wilhelm Korn, der den Übertritt in beiden Richtungen praktiziert. Giesecke, der von der KPD 1932 zur NSDAP überwechselt. Der extrem rechte Leutnant Scheringer, der in seiner Haft in Berlin gleichzeitig „Das Kapital“ und „Mein Kampf“ entdeckt.

45 Siehe in Jean Pierre Fayes Buch die komplexe Topographie dieses „Pendelverkehrs“. Schon Radek hielt im Jahre 1932 seine berühmte Lobrede auf Schlageter ...

46 Erich Koch, Gauleiter in Ostpreußen, dann Reichskommissar der besetzten Ukraine, der in seiner Jugend mit den Brüdern Strasser verbunden war ...

47 Das eindeutigste Beispiel ist jenes von Goebbels, der bis 1926 Strassers Stellvertreter war, bis 1931 der SA nahestand und am 23. Oktober 1925 in sein *Tagebuch* einträgt: „Und wenns dann zum Letzten kommt, dann lieber mit dem Bolschewismus den Untergang, als mit dem Kapitalismus die ewige Sklaverei“. (*Das Tagebuch von Joseph Goebbels. 1925–26.* Hersg. H. Heiber. Deutsche Verlagsanstalt, Stuttgart 1960, S. 36–37).

48 Siehe Otto Strasser, *Hitler und ich,* Konstanz 1948.

49 Ebenda.

50 *Noch* 1930 schlägt Hitler Otto Strasser vor, sein „Reichspressechef“ zu werden (*Hitler und ich,* S. 136). Gregor Strasser ist die unbestrittene Nr. 2 der Partei, nach dem Führer der populärste Mann. Bei der Reichswehr und im Präsidentenpalais setzt man mehr *auf ihn* als auf den Abenteurer aus Landsberg. Die NSDAP wird als rote und strasserianische Partei eingeschätzt.

51 J.P. Faye, *a. a. O.,* S. 449.

52 Rede anläßlich der Eröffnung der Reichskulturkammer am 15. November 1933.

53 Siehe Norman Cohn, *Les Fanatiques de l'apocalypse,* Julliard, 1962, S. 295.

54 Siehe wieder J. P. Faye. Vor allem S. 230 ff.

55 Die ersten Massaker an Juden fanden während des ersten Kreuzzuges statt. Sie wurden von den *Pauperes* begangen, für die die Vernichtung der Mohammedaner und der Juden, den ersten Akt zur Zerstörung des Fürsten des Bösen darstellen sollte. Davon ist unzweideutig in dem *Chanson de Roland* die Rede, das bekanntlich die höchste literarische Verarbeitung des ersten Kreuzzuges bildet: „Der Kaiser hat Saragossa eingenommen: durch tausend Franken läßt man die Stadt bis in ihre finstersten Ecken durchsuchen, mit ihren Synagogen und Moscheen. Mit Eisenketten und Äxten zerschlagen sie alle Bilder und Götzen: dort wird weder Hexerei noch Zauberei überdauern. Der König glaubt an Gott und will ihm dienen; seine Bischöfe weihen die Wasser. Man bringt die Heiden zu den Taufbecken: wenn einer Karl widersteht, so läßt ihn der König hängen oder verbrennen oder durch das Eisen hinrichten."

56 *Mein Kampf, a. a. O.,* S. 70.

57 Goebbels, *Tagebuch, a. a. O.,* 26. Juni 1926: „Der Jude ist wohl der Antichrist der Weltgeschichte".

58 Norman Cohn, *a. a. O.,* S. 134–135.

59 Jeder König sah sich bei seinem Antritt solchen Erwartungen gegenübergestellt. Und wurde später zum „Vorläufer" umgetauft. Die ganze Geschichte der Wiederauferstehung Friedrichs, von der schwäbische Prediger uns Spuren hinterließen, wird von diesem Moment bestimmt.

60 Friedrich bleibt in der Hitler'schen Mythologie eine Schlüsselpersönlichkeit. Siehe Shirer, *Le IIIe Reich,* Bd. 1, S. 121, 222, 323, 689; Bd. 2, S. 376, 595.

61 Immer dasselbe messianische Thema, das man im „Mythus des XX. Jahrhunderts" verfolgen kann, und von einer weltweiten Verschwörung der römischen Kirche und ihrer Helfershelfer, der Juden erzählt. Siehe auch Darré.

62 Werk eines unbekannten elsässischen Schriftstellers. Die letzte und erschöpfendste mittelalterliche Eschatologie. Ausführlich zitiert bei Cohn, *a. a. O.,* S. 113 ff.

63 Die Formel wird von dem „Neoromantiker" Moeller Van den Bruck im Jahre 1923 wiederentdeckt.

64 Hitler, Schlußrede auf dem Parteikongreß 1938. Der Führer spricht von dem „germanisch-deutschen Reich".

65 Jesaja, IX,16.

66 Jesaja, XXXIII,19.

Zweiter Teil

Einleitung

1 André Malraux, *la Tentation de l'Occident,* Grasset, S. 174. *Ebenso,* viel später in der *Adresse aux intellectuels.*

1. Kapitel

1 H. Rauschning, *Kampf der Götter, Gespräche mit Hitler,* Zürich, Europa-Verlag.
2 Wobei man selbstverständlich mit der terroristischen Phase der Französischen Revolution beginnen muß.
3 Siehe Ricarda Huch, *Die Romantik,* S. 117–131.
4 Gérard Mendel, *le Meurtre du Père,* Payot, 1972, S. 216–276.
5 Charles Maurras, *la Politique religieuse,* Paris 1900, S. 4 ff. Comte, *Système de politique positive,* 2,134.
6 Siehe das Gespräch J.-E. Halliers mit *Art Press* (Nr. 26, März 1979), in dem die Forderung nach „celtitude" (Keltentum) direkt mit der „metaphysischen Ausrottung des Judentums" verknüpft ist.
7 Alain de Benoist: Artikel im *Figaro Magazine* vom 27. Januar 1979. Merkwürdig auch das Spiel, das sich um Georges Dumézil zu spinnen scheint, dem das neofaschistische Magazin „Nouvelle École" eine Sondernummer widmete (Nr. 21–22, Winter 1972/1973).
8 Julia Kristeva, L'Antisémitisme aujourd'hui, *Art Press,* id.
9 Dionysos von Halikarnassos, Thukydides, 8.
10 Buch der Weisheit, XVII,11.
11 Offenbarung, XXIII,1; Timotheus, III,9.
12 Diese Legende entstand erst gegen Ende des XVI. Jahrhunderts mit der neostoischen Bewegung von Charron, du Vair, Juste Lipse.
13 Aristoteles, *Von der Seele,* 403 a 28: die Psychologie ist ein Zweig der Physik.
14 „Da erblickte Phädra, des Vaters edle Gattin, ihn, und von Liebe wurde sie im Herzen gepackt, entsprechend meinem Plan." Euripides, Werke in 3 Bänden, Bd. 1 *Hippolytos,* Vers 26. Monolog der Aphrodite. Aufbau-Verlag, Berlin und Weimar, 1966.
15 *Ebenda.* Phädra spricht nicht: sie „hört" auf den Streitlärm im Palast.
16 *Ebenda.*
17 *Ebenda:* „Ich will es Theseus künden." Vers 42.
18 *Ebenda:* „Da härmt sich jetzt die Unglückliche ab, im Stöhnen durchbohrt vom Stachel ihrer Liebe." Vers 38.
19 *Ebenda,* Vers 565.
20 *Ebenda,* Vers 770.

21 *Ebenda,* Vers 512.
22 *Ebenda,* Vers 591, 593.
23 *Ebenda,* Vers 594: „Oh weh mir, welch Unglück! Enthüllt bist du, Freundin! Was soll ich dir raten? Zutage liegt das Verborgene, du bist verloren . . ."
24 *Ebenda,* Vers 715: „Ich schwöre bei der hehren Artemis, der Tochter des Zeus, von deinem Leid nie etwas zu verraten."
25 Zitiert von Jean-Marie Domenach in seinem schönen *Retour du tragique,* Seuil, 1967, S. 25.
26 *Deïaneira,* Vers 727.
27 Die griechische Moral ist auch eine Moral, die mehr optativ als imperativ ist. Der Begriff eines Gesetzes als „Gebot" ist ihr ziemlich fremd.
28 Was der eigentliche Sinn der platonischen *Erotik* ist.
29 Aristoteles, *Metaphysik,* B,5,1001 b 33.
30 Aristoteles, *Metaphysik,* Z,10,1036 a 8; siehe auch *Physik,* I,7,191 a 7.
31 Aristoteles, *Politik,* Einleitung und 1. Buch.
32 Wahrscheinlich ist ihnen die Trennung nach Art und Gattung, wie man sie bei Diogenes Laertius findet (VII,60) nicht fremd. Aber es geht trotzdem in ihre Logik und in ihre Metaphysik nicht ein, daß es sich dabei um reine „individuelle und konkrete Qualitäten" handelte. So kommt es auch, daß in der Theorie der Definition des Chrysippos (Diog. 60) von dem Wesen keine Rede mehr ist. Das große Verdienst der Stoiker liegt sicherlich darin, den aristotelischen Widerspruch („die Wissenschaft kann sich nur mit dem Allgemeinen befassen" und „nur das Individuum existiert wahrhaftig") durch Streichung der ersten Hälfte gelöst zu haben.
33 Ohne Verwurzelung im Wesen, müssen sie natürlich ein anderes Prinzip finden, das den Syllogismus und darüber hinaus die Wissenschaft möglich macht. Dieses Prinzip lautet: die Vernunft, die das Universum lenkt, ist immer mit sich selbst einig und daher *notwendig.* Einer Logik des generischen Wesens folgt somit eine Logik des Naturgesetzes nach.
34 Epiktet, *Dissertationes,* I,XXIX,43.
35 Siehe diesbezüglich die Analysen Emile Bréhiers, *Sur une théorie de la valeur dans la philosophie antique,* Actes du IIIe congrès des sociétés de philosophie de langue française, Paris, 1947, sect. IV.
36 Hesiod, *Werke und Tage,* Vers 154.
37 Siehe Victor Brochard, *Etudes de philosophie ancienne et de philosophie moderne,* Vrin, 1974, S. 496.
38 *Phaidon,* 64 c.
39 *Phaidon,* 82 E–83 a.
40 Marc Aurel I,5,2: „Sich von allen Beschäftigungen befreien; du wirst dich davon befreien, wenn du alles in deinem Leben so tust als wäre es das letzte, was du tust" und auf VI, 69: die „moralische Perfektion" das ist „jeden Tag so verbringen, als wäre es der letzte".
41 *Phaidon,* 68 de; siehe Spinoza, *Ethica,* IV, prop. 63.

42 *Lachés,* 198–199.
43 Aischylos, *Der gefesselte Prometheus,* an verschiedenen Stellen und 1080–1093.
44 Aischylos, *Agamemnon.*
45 *Hippolytos, a. a. O.,* Vers 105.
46 *Ebenda:* „Es schätzt nicht jeder jeden, weder Mensch noch Gott", Vers 105.
47 *Ebenda:* „Leb wohl, denn mir ist es nicht gegeben, die Toten zu sehen."
48 Man muß wie Reinhardt (*Sophocle,* édit. de Minuit, Paris, 1971, S. 13) übersetzen, also ohne aus der „eingemauerten Antigone" ein als Ergänzung stehendes Substantiv zu machen.
49 Zitiert nach: *Antigone,* Sophokles, Hrsg. und Übers. Wolfgang Schadewaldt, Frankfurt/Main, 1974.
50 *Ebenda.*
51 *Ebenda.*
52 *Ebenda,* „Denn du sprichst unerträglich, wenn du sagst, daß Götter um dieses Toten Willen Sorge trügen."
53 Siehe J.-P. Vernant und sein *Mythes et pensées chez les Grecs.* Hieraus der Taubstummenkampf und die unglaublichen Mißverständnisse zwischen Antigone und Kreon rund um die Begriffe „philos" und „echtros".
54 Ebenda, zweiter Stasimon. Vers 583 bis 625. Das Wort „atar" das viermal wiederkommt (V. 524, 614, 624, 625), bedeutet „blind schuldig". Noch in Vers 584, 597, 604 und 624 wird sie ausdrücklich im *Namen des Himmels* bestraft. In Vers 855 schließlich wendet sich Antigone „gegen den obersten Thron der Justiz".
55 *Ebenda.*
56 *Ebenda.*
57 *Ebenda.*
58 *Ebenda.*

2. Kapitel

1 Kommentare zu Johannes, Bd. 13, Nr. 28.
2 Gregor von Nyssa, *Von der Erschaffung des Menschen,* K. 16.
Johannes von Damaskus, *De duabus voluntatibus.*
Maximus Confessor, *Mystagogie.*
Gregor von Nazianz, *38. Rede,* C. 11.
Klemens von Alexandrien, *Proteptikos.*
3 Bossuet. *Sermon sur l'Annonciation;* von Thomas die berühmte Formel die Seele ist „continens magis quam contenta".
4 Man weiß allerdings, welches Hindernis die Beziehung auf Aristoteles für den Thomismus bildete: denn wenn es, wie dieser glaubt, wahr ist,

daß die Individuation durch die Materie stattfindet, kann man sich schwer vorstellen, wie eine nach dem Tod von ihrem Individuationsprinzip getrennte Seele überleben und unsterblich sein könnte. Thomas zieht sich aus der Affäre, indem er in der Materie das „potentielle" Vorhandensein „determinierter" Dimensionen sieht, die die Seelenform des Körpers individualisiert.

5 Darauf basiert der dritte und vierte Teil dieses Buches.

6 Auguste Comte, *Système de politique positive,* II,110.

7 Einige bezeichnende Texte: *De div. quaest. ad simpl.,* I,11–13; *De civ. dei,* XII,6–7; und vor allem die Bücher V, Vi und VII der *Confessiones.*

8 Vitrier: Guardian des Franziskanerklosters von Saint-Omer. Er ist eine der wichtigsten Persönlichkeiten dieser Strömung, die rund um Jacques Lefèvre d'Etaples, Charles de Borello, Guillaume Budé und natürlich Erasmus, weniger eine „Rückkehr zur Antike" als vielmehr die Definition einer „devotio moderna" anstrebte.

9 Siehe dazu die, an Leo X. gerichtete Widmung seines *Neuen Testamentes.*

10 *Système de politique positive,* III,550, lettres à Henri X Hutton, 34.

11 Hl. Ignatius, *Constitutions de la compagnie de Jésus,* Bd. 1 und 2, Desclée de Brouwer, 1967, S. 264–267.

12 Arnauld, *De la fréquente communion,* 1643. Siehe Jean Laporte, *La Doctrine de Port-Royal,* Bd. 1, Vrin, 1951.

13 Chateaubriand, *Vie de Rancé,* Lausanne, Guilde du Livre, 1956, S. 145. Während der Autor die „Verfassungen" (constitutions), „Regeln" (règlements) und „allgemeinen Verordnungen" (instructions générales) der Trappistenklöster aufzählt, gelangt er zu folgender Feststellung: „Man wird niemals an irgendeinem Ort in der Finsternis allein sein" (On ne demeurera jamais seul dans aucun lieu dans l'obscurité). Er kommentiert das folgendermaßen: „Und dennoch setzte er den Menschen alleine vor seine Leidenschaften" (Et cependant, il mettait l'homme seul devant ses passions).

14 Verlaine, *Parallèlement.*

15 *Confessiones* 1. Buch: „Ich habe mich gezeigt wie ich war, verachtenswert und gemein als ich es war."

16 Und Lacan, heute noch: „Die einzige Liebe ist die Liebe Gottes" (Il n'y a d'amour que de Dieu).

17 Bischof von Lincoln von 1235 bis 1253. Kommentierte Aristoteles, Boëtius, Hiob, die Psalmen, Paulus und den Areopagiten.

18 Guillaume d'Auvergne, Domherr ab 1223, Bischof von Paris von 1228 bis 1249. Sein wichtigstes Werk: *De Universo.*

19 Seine Position läßt sich folgendermaßen zusammenfassen: entgegen Aristoteles und Averroès bildet der Zusammenschluß einer geistigen Substanz mit der Materie nicht das einzige Individuationsprinzip der Lebewesen; die Seelen, als geistige Substanzen, tragen in sich selbst, nach „Wesen und Wahrheit" ihre eigene Individualität. Siehe dazu

Noël Valois *Guillaume d'Auvergne, évêque de Paris, sa vie et ses ouvrages,* Paris 1880.

20 Duns Scotus, vermutlich gegen 1274 in Irland geboren, und 1308 in Köln gestorben. Franziskaner im Kloster von Newcastle, Autor eines monumentalen *Commentaire des sentences.* Im Jahre 1304 unterstützt er in einem feierlichen Disput die These der unbefleckten Empfängnis Mariä.

21 Im Gegensatz zu Duns Scotus meint Occam nicht mehr, daß ein Ding durch eine „individuierende Determination", die zu einer allgemeinen Natur dazukäme zum „Individuum" wird. Er geht einen entscheidenden Schritt weiter: ein Ding ist durch die Tatsache seines *Seins* selbst schon ein Individuum. „Nihil est a parte rei nisi singulare determinatum" (*In Sent.,* I, dist. XXV). Siehe Maurice de Gandillac, in Flèche et Martin: *Mouvement doctrinal du IXe au XIVe siècle,* S. 432 und 435/436.

22 „Avertissement" in *Phèdre.*

23 Siehe Thierry Maulnier, *Lecture de Phèdre,* Gallimard.

24 Sainte-Beuve, *Port-Royal,* Gallimard, Pléiade, S. 576.

25 Berdiaev, *Un nouveau Moyen Age,* Gallimard, coll. „Les Essais", S. 21.

3. Kapitel

1 Siehe in *Der Mensch in der Revolte,* das Kommentar zu Saint-Justs Anklagerede beim Prozeß Ludwig des XVI.

2 *Libres propos sur la guerre et sur la paix,* auf Anordnung Martin Bormanns gesammelt, Flammarion, Bd. 1, S. 8 (Originalausgabe französisch). Dasselbe Thema ist auch bei Dietrich Eckart, *Der Bolschewismus von Moses bis Lenin: Zwiegespräche zwischen Adolf Hitler und mir,* München 1924, das nach seinem Tod veröffentlicht wurde, behandelt. Schon im Jahre 1887 erscheint in Leipzig Theodor Fritschs *Handbuch der Judenfrage, die wichtigsten Tatsachen zur Beurteilung des jüdischen Volkes,* dessen Auflage 1933 145 000 Stück erreicht, und dessen Hauptthese war, daß „es in der Geschichte keine geistige, politische und wirtschaftliche Macht gegeben hat, die sich einerseits so sehr gegen das Judentum gewendet und andererseits aber es so sehr geschützt hätte." Zu alledem, siehe nächstes Kapitel.

3 *a. a. O.,* Bd. II, S. 306.

4 Maurice Clavel, *a. a. O.*

5 André Gide, *Dostoïevski,* Gallimard, Neuauflg. 1970, S. 223.

6 Gérard de Nerval, *Aurélia,* Gallimard, Pléiade, S. 111–114.

7 J.-M. Domenach, *a. a. O.,* S. 200.

8 Und vor allem mit mehr Talent . . .!

9 *Le Temps retrouvé,* Gallimard, 1945, Bd. II, S. 112.

10 *Albertine disparue,* Bd. II, S. 118.

11 *Cocteau,* Fayard, 1931.

12 Das Thema der „Flucht“ ist eines der Leitmotive des *Bon Apôtre* von Philippe Soupault, das seinerzeit als Schlüsselwerk der neuen Generation angesehen wurde (siehe den Artikel von François Mauriac in der *NRF,* November 1923).
13 Maurice Betz, *l'Incertain,* Emile-Paul 1925.
14 P. Drieu de La Rochelle, *Feu follet* Gallimard 1931.
15 André Obey, *l'Enfant inquiet,* Paris 1920.
16 Robert Desnos, *Corps et biens,* 1930.
17 Paul Morand, *l'Homme pressé.*
18 *a. a. O.,* S. 57.
19 *Tagebuch,* Gallimard, Pléiade, S. 108.
20 *L'Annonciatrice.*
21 Montherlant, *Aux Fontaines du désir,* Grasset, 1927, S. 33.
22 René Crevel, *Détours,* Paris, NRF, 1924. Als Draufgabe einige Szenen, die sich an einem Metzger ergötzen, der seinen Arm in Blut taucht (S. 27), oder an einer „schönen Wasserleiche“, die aus der Seine gezogen wird.
23 *Les Nouvelles Nourritures,* Gallimard, Folio, S. 193.
24 Siehe etwa „Lettre à Barbusse“, *Art Libre,* Januar 1922.
25 *L'Annonciatrice,* Bd. II, S. 58. Von diesem Buch sagte Radek: „Es ist unser größter Sieg“ (Rede am Kongreß der sowjetischen Schriftsteller, August 1934).
26 „Moscou la gâteuse“. Zitiert bei Maurice Nadeau, *Documents surréalistes,* Seuil, 1948, S. 14.
27 Breton erinnerte an den *Entretiens* mit A. Parinaud, NRF 1962, S. 164–166 an die Überraschung die dieser Anschluß bedeutete. *Hourra l'Oural,* Denoël 1931.
28 *Vie de Staline, le Couteau entre les dents, Russie.*
29 Romain Rolland, *Quinze ans de combat,* Paris, Rieder, 1935, S. LVI.
30 Zitiert in dem ausgezeichneten Buch von Micheline Tison-Braun, *la Crise de l'humanisme,* Bd. II, Nizet 1967.
31 Maurice Bardèche, Lettre à *François Mauriac,* S. 178.
32 Siehe *Mes idées politiques,* Fayard 1937, an mehreren Stellen.
33 Romain Rolland, *Robespierre,* Albin-Michel, 1939, S. 62.
34 *Cent heures chez Hitler,* in *Notre avant-guerre,* Paris, Plon 1941, S. 182–183.
35 Gide, *Les Nouvelles Nourritures,* S. 245.
36 Dieses Thema taucht auch bei Maurice Genevoix *(Ceux de 14),* G. Bonnet *(l'Arme du Soldat)* und Adrien Bertrand, der Barrès und Bordeaux nahestand *(l'Appel du Sol,* Calmann-Lévy, 1916) auf. Wie Micheline Tison-Braun *(a. a. O.)* sehr gut zeigt, lebte die ganze Epoche mit der Frage: wie konnten die Menschen dem Grauen des Krieges standhalten? Worauf einstimmig die Antwort wiederholt wurde: dank einer stummen, organischen, kindlichen Bindung an die Erde.
37 *Lettre à Françoise Mauriac,* S. 43.

38 *L'Annonciatrice, a. a. O.*
39 M. Tison-Braun, *a. a. O.*, S. 302–303.
40 *Retour d'URSS,* Paris, NRF, 1936: der kommunistische Mensch ist jener, der „die Glut der Kohlen erträgt und durch diese Prüfung noch gestärkt wird. In ihm bereitet sich etwas *Übermenschliches* (meine Hervorhebung, B. H. L.), Robustes und unverhofft Glorreiches vor" (S. 9).
41 Tison-Braun, *a. a. O.*, S. 373.
42 *Ebenda,* S. 259–261.
43 Ich zitiere aus dem Gedächtnis.
44 Siehe schon *l'Enfer* oder *les Suppliants.*
45 *Journal des années de guerre,* Gallimard, Pléiade, S. 1586. *Jean-Christophe, le Buisson ardent,* Paris, Ollendorf, 1912, S. 324.
46 Siehe vor allem *la Gerbe des forces,* Paris, Grasset, 1937; *la Brière* Grasset, 1923.
47 „Aber die Entgötterung schließt die Religiosität so wenig aus . . .", Martin Heidegger, *Holzwege,* Frankfurt/Main 1950, S. 70.
48 Zitiert von Christian Jambert in Le Monde, *a. a. O.*
49 Noch einmal Solschenizyn, *le Dante de notre temps.*
50 Rosenberg, *Der Mythus des 20. Jahrhunderts,* München, Hoheneichen, 1933.
51 Man kann niemals genug an den *Cours de philosophie positive* erinnern, dessen Publikation in jenem Jahr abgeschlossen wurde, in dem Feuerbach sein *Wesen des Christentums* veröffentlichte.
52 *Système de politique positive,* 2, 134.
53 Comte sagt genau, daß der positive Staat die Wiederherstellung des „normalen Staates ist, der während der abendländischen Übergangszeit oder vielmehr in ihrer letzten Phase unterbrochen worden war" (*Système de politique positive* 4, 22).
54 Oder aber, was auf dasselbe hinausläuft, die Rückkehr zu dem, was er im Buch V des *Cours* die „Religion des Mittelalters" nennt, dieses „hervorragende politische Meisterwerk", Erbe des Polytheismus von früher (*Système de politique positive,* 2, 112).
55 Siehe *Der Mensch in der Revolte,* Kommentar zu Saint-Justs Anklagerede beim Prozeß Ludwig des XVI.
56 Zitiert bei Michel Spannent, *Permanence du stoïcisme,* Duculot 1978.
57 *Discours et rapports à la Convention,* édités par Marc Bouloisea, UGE 10/18, 1965, S. 131.
58 Im Juni 1793 verhaftet, erscheint Manon Roland, diese „vorgebliche Lucretia" (prétendue Lecrèce), wie sie der Anklageakt des Comité de Sûreté générale nennt, ganz in weiß zu ihrem Prozeß. In der Haft schreibt sie fieberhafte *Mémoires,* die mit den Worten enden „Natur, öffne deinen Busen . . . Empfange mich. Mit neununddreißig Jahren" („Nature, ouvre ton sein . . . Reçois-moi. A trente-neuf ans." Verlegt im Jahre III unter dem Titel *Appel à l'impartiale postérité*). Garat, der suspekte revolutionäre Minister erzählt in seinen Memoiren von seiner

Verehrung Senecas, der „zu sterben lehrt“ („apprend à mourrir“. *Memoires de Garat,* Paris 1862). Über Choderlos findet man wertvolle Hinweise in E. Dard, *le Général Ch. de Laclos, auteur des „Liaisons dangereuses“,* Paris 1936.

59 Derselbe Naigeon, der auch Autor einiger der antisemitischen Aufsätze der *Encyclopédie* (siehe folgendes Kapitel) war.

60 Spannent, *a. a. O.*

61 Bernardin de Saint-Pierre, *Etudes de la nature* und *Harmonies de la nature.*

62 Shaftesbury, *Principes de philosophie morale,* Œuvres complétes, J. Assérat, Bd. 1, Paris 1875, S. 117.

63 Über die Definition des Körpers: siehe Cicero, *De finibus,* III. Buch, Kap. 5 und 6. Die Definition des *uneasiness* in den *Zwei Abhandlungen* (II,21, Art. 44) erinnert auch an Cicero: *Tusculanes,* IV,7. Vergleiche bezüglich der locke'schen Soziabilität mit *De officiis* (1, 7 und 16). Die Verpflichtung sich selbst zu bewahren schließlich in *De finibus* (III,5 Art. 16).

64 Erst auf Einladung von Molyneux fügt Locke der zweiten Auflage des *Essai sur l'entendement* ein siebenundzwanzigstes Kapitel im zweiten Teil an, um diesen Punkt zu erhellen und endlich sein „Subjekt“ zu nennen.

65 Der große Unterschied zwischen der französischen und der amerikanischen Deklaration liegt vermutlich darin, daß letztere ausdrücklich auf den „Schöpfer“ hinweist.

4. Kapitel

1 „Diese Professoren und Dunkelmänner, die ihre nordischen Religionen stiften ...“ sagt Hitler zu Rauschning, seien von geringer Bedeutung. *Gespräche mit Hitler, a. a. O.,* S. 52.

2 Siehe Gérard Mendel, *la Révolte contre le Père,* Payot, 1972, Kap. 4 und 5.

3 W. L. Shirer (*le Troisième Reich des origines à la chute,* Livre de Poche, Paris 1973, S. 313–317) erwähnt die Sakralitätstransfers, durch die das Buch Bibel und der Autor Messias wurden.

4 Siehe J.-J. Goux, *les Iconoclastes,* Seuil 1978, S. 56.

5 Hitler wurde von Lanz von Liebenfels in die indoeuropäischen „Geheimnisse“ eingeweiht.

6 „Das Ungeziefer wird endgültig aus Europa vertilgt werden.“ „Ich habe das jüdische Furunkel aufgestochen.“ „Man wird dem Nationalsozialismus ewig dankbar sein, daß er die Juden in Deutschland und Zentraleuropa *ausradiert* hat.“ *Testament politique de Hitler,* Paris 1959. Diese Sprache des Auslöschens und der Beseitigung ist nicht einfach das Ergebnis eines Deliriums, sondern Ausdruck des Willens, *nichts* von einem Volk in der Geschichte *übrig zu lassen.* Und wenn der Text mit dem unglaublichen Befehl an die „Führung der Nation“ abschließt, mit

der Verpflichtung „zur peinlichen Einhaltung der Rassegesetze und zum unbarmherzigen Widerstand" gegen ein allerdings schon stark dezimiertes Judentum, spürt man, daß es sich um keinen „gewöhnlichen" Haß und Vernichtungswillen handelt.

7 Montherlant, *le Solstice de Juin,* Grasset, 1941, S. 294. Man muß Montherlant zugute halten, daß er kein gewöhnlicher Kollaborator war. Er schrieb und sprach wenig in den vier Jahren der Schande. Aber immerhin findet man in *le Solstice* Bemerkungen folgender Art: „Und ich sagte mir, ein wenig zu den Ausrottern aufblickend: wäre ich doch einer von ihnen! Wäre es mir doch erlaubt, Eins zu sein mit ihrer Freude. Und mein Herz war von Blut gebläht" (Et je me disais, haussant un peu le regard vers les exterminateurs: que je ne suis pas avec eux! Que ne m'est il licite de faire un avec leur joie! Et mon cœur était gonflé de sang. S. 89). Oder, noch schlimmer: „Alles tun um den Feind zu vernichten, aber ab dem Zeitpunkt, da er gezeigt hat, daß er der Stärkere ist, sich ihm mit ganzem Herzen anschließen" (Faire tout ce qu'il faut pour anéantir l'adversaire, mais une fois qu'il a montré que c'etait lui qui tenait le bon bout, s'allier du même cœur avec lui. S. 288). Was die eigentliche Formel der Kollaboration ist. Und . . . des Stoïzismus.

8 Drieu la Rochelle, *Mauriac,* NFR, Oktober 1941. Es stimmt, daß Drieu auch an eine Versöhnung beider Traditionen glaubte, wie etwa seine *Notes pour comprendre le siècle* (Gallimard, 1941, S. 26) beweisen. Im November 1941 bespricht er sogar die Haltung Montherlants in einem Artikel in der NRF mit dem Titel *Christianisme et Paganisme,* wo er vom Faschismus die Auferstehung eines „kraftvollen Christentums" erhofft. Aber es ist klar, daß dieses Christentum wenig mit der Botschaft der Heiligen Schrift zu tun hat – dafür aber sehr viel mit dem Faschismus.

9 Verstehen wir uns recht. Ich sage „romantisch" im weitesten Sinn, der von Schelling über Wagner bis Spengler und Jünger reicht. Ich denke an die „Ideologen" dieser Strömung und nicht an ihre „Dichter", die als Dichter das wert sind, was ihre Werke wert sind. Aber ich glaube einfach, daß es ebenso wenig möglich ist, die Brüder Schlegel von ihren konkreten Spuren in der Geschichte zu befreien, wie Marx und Engels von den Auswirkungen des realen Sozialismus.

10 Hierzu finden sich wertvolle Hinweise bei Le Bris, *l'Homme aux semelles de vent, Grasset.*

11 *Fragments de l'Athenaeum:* „Alles was antik ist, ist genial" (Tout ce qui est antique est genial. S. 248). Friedrich Schlegel, *Ideen:* „Die Philosophie Platos ist ein majestätisches Vorwort zur Zukunft."

12 Ricarda Huch, *a. a. O.*

13 Siehe für Frankreich: *Romantisme fasciste* von Paul Sérant, Fasquelle 1960.

14 Ernst Jünger, *In Stahlgewittern.* Ein Kriegstagebuch. Hamburg, Deutsche Hausbücherei, 1926.

15 *Ebenda.*
16 *Ebenda.*
17 Friedrich Schlegel, *Fragmente,* Fgt. 38.
18 Siehe Laurent Dispot, *Wagner, Charron politique, Art Press* Nr. 25, 1979.
19 Zitiert von Léon Poliakov in *Histoire de l'antisémitisme, de Voltaire à Wagner,* Calmann-Lévy, 1976, S. 462.
20 Siehe Poliakov, *a. a. O.,* S. 363–377. Vor allem seine Bemerkungen zum Wiederaufleben des Mythos des ewigen (umherirrenden) Juden.
21 Von Epiktet bis Marc Aurel die Metapher des „Schauspielers Mensch". Was man auf dem „Theater" der hegelianisch-marxistischen Dialektik wiederfindet.
22 Siehe Calcidius, *Plato Latinus IV: Timaeus, 142 (Chrysippos).* 1962.
23 Zur Vorstellung der „Exegese" siehe beispielsweise Epiktet, *Diss.* I, VI,19.
24 *De Vita beata,* XV,5; Ep. 107, 11.
25 Marc Aurel, *Pensées.*
26 Cicero, *De finibus,* III,9, 31.
27 Karl Marx, *Grundrisse der Kritik der politischen Ökonomie.* Berlin, Dietz 1953.
28 Kant, *Ideen zu einer allgemeinen Geschichte.*
29 Ich wage die Hypothese – die ich übrigens im IV. Teil, 3. Kap. überprüfen werde – daß der Totalitarismus mit dem Mythos des totalen Menschen beginnt. Zum Beispiel mit dem Kampf Senecas gegen die *turba causarum* (Ep. 65, 11), die der andere Name des modernen materialistischen Monismus ist. Man sieht dort, daß der Antimarxismus an sich eine lächerliche Haltung ist und daß es um einen weit höheren Einsatz geht.
30 Karl Marx, *Zur Judenfrage,* in Karl Marx, Friedrich Engels, Historisch-kritische Gesamtausgabe. Hrsg. vom Marx-Engels-Institut Moskau. Erste Abteilung: Frankfurt/Main 1927, Bd. 1, S. 606.
31 *Ebenda,* S. 601.
32 *Das Kapital,* Bd. I, Kap. IV, S. 169. In Marx-Engels, Werke, Bd. 23. Berlin, Dietz 1972. Dieses Bild und andere dieser Art wurden von Marx in alle drei, zu seinen Lebzeiten veröffentlichten Auflagen aufgenommen.
33 Zitate aus Edmund Silberner, *Sozialisten zur Judenfrage,* a. d. Engl. von A. Mandel, Berlin, Colloquium Verlag 1962, S. 136–148.
34 Siehe das, im *Matin* vom 30. 1. 1979 zitierte relativ neue Werk von Mark Mitine.
35 Siehe Roderich Stoltheim, *le Mystère de la réussite juive* (1934). Zitiert bei Henri Arvon, les Juifs et l'idéologie, PUF, 1978.
36 Siehe Wilhelm Bockelmann, *de Marx à Hitler* (1944). Zitiert bei Arvon, *a. a. O.,* S. 98.
37 Rede am Tag nach dem Sechs-Tage-Krieg vor dem Kongreß der CGT, veröffentlicht in der *Humanité* vom 17. 6. 1967.

38 M. Thorez, *Renégats et politique d'Union sacrée: Léon Blum tel qu'il est,* in *Internationale communiste,* Nr. 2 vom Februar 1940, Moskau.

39 Zitiert bei H. Arvon, *a. a. O.,* S. 56. Wilhelm Marr, *Der Judenspiegel,* Hamburg 1862. W. Marr, *Der Sieg des Judenthums über das Germanenthum.* Bern, 1879.

40 *Ebenda.*

41 Bruno Bauer, *Das entdeckte Christentum,* Zürich 1843.

42 Georg Daumer, *Die Geheimnisse des christlichen Alterthums,* Hamburg, 1847.

43 *Encyclopédie,* Aufsatz „Judaïsme". Der Aufsatz enthält viele Zitate und Verweise auf Seneca, um im Spiegel die unglaubliche Armut der biblischen Sprache und des biblischen Denkens und die erhabene Überlegenheit der einzigen Religion, die sich dem Heidentum gegenüber behaupten kann, zu beweisen – der bürgerlichen Religion, die eine Beugung unter den Staat und seine Gesetze vorschreibt.

44 Dieser Vormarsch folgt jenem der Juden, die um die Handels- und Kunstfreiheit gekämpft hatten. Der Anwalt Goulleau verfaßte zu dieser Gelegenheit auf Wunsch der Händler der Stadt folgendes Memorandum: „Man kann die Juden den Wespen gleichstellen, die in den Bienenstock nur eindringen, um die Bienen zu töten, ihnen den Bauch aufzuschlitzen und ihnen den Honig aus den Innereien zu saugen." Nirgends ist hier aber, das wiederhole ich, vom Gottesmord die Rede.

45 Posthume Veröffentlichung auf die Anregung Holbachs hin, neun Jahre nach dem Ableben des Autors.

46 Holbach, *L'Esprit du judaïsme,* S. XIX-XX und S. 200, 201.

47 Voltaire, *Dictionnaire philosophique,* Aufsatz „Anthropophage". Hiob findet vor Voltaires Augen Gnade, weil er nicht Jude ist, sondern ... Araber. Der Aufsatz „Juif" ist mit dreißig Seiten der längste des *Dictionnaire.* Er schließt nach einer Serie für die Zeit einzigartiger Beschimpfungen, mit der Empfehlung: „Man soll sie aber nicht verbrennen."

48 Voltaire, *Traité sur la tolérance,* wo man die gewohnten Anschuldigungen gegen die jüdische Mordlust und die Tatsache, daß das Hebräische dem Griechen das ist, was die Sprache eines Bauern der eines Akademikers ist, lesen kann.

49 Editions Sociales.

50 P. Charbonnel, *D'Holbach, textes choisis.* Siehe die Einführung des Werkes.

51 Siehe Poliakov, *a. a. O.,* S. 107.

52 Voltaire, *Lettres de Memmius à Ciceron,* 1771.

53 *Dictionnaire philosophique,* Aufsatz „Abraham".

54 Brief an den Chevalier de Lisle, vom 15. Dezember 1773.

55 Siehe das hervorragende Buch von Arthur Hertzberg, *The French Enlightment,* Schocken Books, New York 1068, S. 305.

56 *Ebenda,* S. 301.

57 Zitiert bei Arvon, *a. a. O.,* S. 32–33.

Dritter Teil

1. Kapitel

1 Siehe in bezug auf dieses Spiel der „Bemerkung“ und die Runde der Verlassenheit das schöne Buch von Philippe Nemo, *Job et l'excès du Mal,* Grasset 1978.

2 Nebenbei, das Gespräch über die geringe Realität des Herren ist der größte Feind des konkreten Widerstandes. Im folgenden werde ich das noch näher erläutern.

3 Maine de Biran, *Œuvres,* Tisserand, Bd. 1, S. 144.

4 Der moderne Begriff der menschlichen Natur entstand, wie man weiß, aus der Frage der Beziehungen zwischen dem Abendland und den Indianern. Las Casas, der von Karl V. zum „Prokurator der Indianer“ ernannt worden war, entfesselte im Jahre 1516 einen Kampf, der in der Mitte des Jahrhunderts zu einem Verbot der Eroberungsexpeditionen führte. Es ist aber vor allem Francisco de Vitoria, ein Theologe aus Salamanca, der im Rahmen zweier „Lektionen“, den Begriff einer „Natur“ prägt, die unabhängig vom Glauben und den Wagnissen der Religionskämpfe, unverminderbar vor der kosmologischen Natur und ihren Gesetzen besteht. Die Indianer sind allein durch die Tatsache, daß sie Menschen sind Mensch, und das noch vor jeder wissenschaftlichen oder christlich-militanten Beweisführung. Siehe diesbezüglich J. Baumel, *les Problèmes de la décolonialisation et de la guerre dans l'œuvre de Francisco de Vitoria,* Montpellier 1936.

5 Nietzsche, *Der Wille zur Macht,* an mehreren Stellen.

6 Maurice Clavel, *Ce que je crois,* Grasset, 1976.

7 Es handelt sich um die berühmte Stelle in Camus *Der Mensch in der Revolte, a. a. O.:* „Die eigentümliche Wollust, von der Epikur spricht, hat ihren Sitz vor allem in der Abwesenheit von Schmerz; sie ist das Glück der Steine.“ (S. 34).

8 Oder, wie Kierkegaard meint, indem er im kategorischen Imperativ Kants eine Version des Dekalogs sieht: ein Dialog zwischen mir-selbst und Gott.

9 Ich entlehne das Wort einem Kommentar Philipp Sollers, in dem dieser im November 1978 ein Fragment des *Paradis* im Rahmen des internationalen Psychoanalyse-Kolloquiums von Mailand besprach. Es ist wahrscheinlich, daß es stimmt, daß es nur eine Freudsche Ethik gibt – mit anderen Worten also eine monotheistische.

10 Franz Fanon sprach davon auf den ersten Seiten seiner *Damnés de la terre* (Maspero), wo er die Rede des „Kolonisators“ über den „Kolonisierten“ untersucht.

11 Albert Cohen, *Solal,* Gallimard 1936: „Ja, wir, wir Juden, sind ein Un-

geheuer der Menschheit“ (Oui, nous sommes, nous les juifs, un monstre d'humanité).

12 Malachias, II,9.

13 Exodus, XXXII,33.

14 Nach der Midrasch hat Gott die Thora Edom und Ismael angeboten, die sie aber ablehnten; der eine mit dem Hinweis auf seine blutbefleckten Hände und darauf, daß geschrieben steht: „Du sollst nicht töten“, der andere, weil er vom Raub lebte und es heißt: „Du sollst nicht stehlen.“

15 Im Gegensatz dazu nimmt Israel ohne weitere Bedingungen an.

16 Jesaja, XLIX,1.

17 Jeremia, I,1.

18 Genesis, VI,9.

19 Hesekiel, II,3.

20 Sprüche, II,3.

21 Zitiert bei Emmanuel Levinas, *Difficile Liberté,* Albin Michel, 1976, S. 48.

22 Siehe E. Levinas, *a. a. O.*

2. Kapitel

1 Plato, Philebos, 35 ab. Eben das macht ja die außerordentliche und klarsichtige Melancholie Philebos aus: *Unbegrenztheit* der Freuden und *begrenzte* Fähigkeit sie zu genießen (Philebos, 27). Vergleiche mit Phaidon, 58, 61, 63, 64.

2 Rousseau,

3 „Da der Tod, um klar zu sehen, das eigentliche Ziel unseres Lebens ist (...), hat sein Bild für mich nichts erschreckendes, sondern scheint mir vielmehr zart und tröstend! Ich danke meinem Gott, daß er mir die Gnade zuteil werden hat lassen, den Tod als den Schlüssel unserer wahren Glückseligkeit zu erkennen.“ (Siehe H. de Curzon, *Lettres de* W. A. Mozart, Paris 1928, Brief vom 4. April 1787).

4 *Die Barbarei mit menschlichem Gesicht, a. a. O.,* erster Teil.

5 Gegen Ende des Jahres 1978 veröffentlichte die Wochenzeitschrift *l'Express* ein Gespräch von Philippe Ganier Raymond mit dem ehemaligen Hochkommissär für Judenfragen Louis Darquier de Pellepoix. Darauf folgte eine befremdende Kollektivpsychose, die einmal mehr die Spaltung der Franzosen in Pétainisten und Stalinisten bestätigte.

6 Ebenfalls Ende 1978 entstand eine Polemik zwischen mir und dem Generalsekretär der französischen KP. Nachdem ich ihn in einem Gespräch mit Maurice Szafran vom *Matin* (1. November 1978) angegriffen hatte, indem ich vor dem „diskreten Gespenst“ des immer noch „herumschleichenden Antisemitismus“ in „gewissen“ seiner „Deklarationen“ gewarnt hatte, wurde mir, ebenso wie Claude Perdriel, dem Leiter des *Matin,* eine öffentliche Antwort zuteil, in der sich Absurdes mit Un-

flätigem mengte. Perdriel antwortete in würdevoller Weise (*Le Matin,* 3. November 1978). Ich hielt es für richtig, an die *Dauerhaftigkeit* einer *antisemitischen* Verlockung in der PCF zu erinnern, die selbstverständlich weit über die Person des Generalsekretärs hinausging (*Le Matin,* 3. November 1978). Ich erlaube mir auf diesen Text zu verweisen, in dem ich an einiges Offensichtliches erinnerte, und einige „Fragen" stellte, die bis zu dem Tag da ich diese Zeilen schreibe, noch unbeantwortet sind.

7 *Charlie Hebdo,* „Comment écrire un article de droite", Juni 1978.

8 Mussolini ... Hitler ... Stalin ... Pol Pot ... Und wenn „roter Faschismus" ein Pleonasmus wäre? Diese Frage stellt sich Laurent Dispot in *Machine à terreur, a. a. O.* Siehe auch Ernst Nolte. *Die faschistischen Bewegungen,* München 1966.

9 Deren wichtigstes und bestes Buch jenes von Gilles Deleuze und Félix Guattari ist: *l'Anti-Œdipe,* Minuit 1970.

10 „A l'écoute de ma différence", die Formel entnahm ich dem Buchtitel von Mariella Righini, Grasset 1978.

11 Guy Lardreau und Christian Jambet, in *Le Monde, a. a. O.,* unterstreichen diesen Punkt besonders.

12 Siehe etwa in Frankreich den Rückzug der Frauenbewegung auf rechtliche und repressive Fragen: Vergewaltigungen etc.

13 Es ist auch bezeichnend, daß die Juden der Bibel sich selbst den Namen Bneï Israël, also „Kinder Israels" gegeben haben, während immer wenn es sich um die Ägypter, die Hetitter oder die Assyrer handelt von dem „Volk" gesprochen wird. Das heißt mit anderen Worten nicht mehr und nicht weniger, als daß die Vorstellung der Erwählung weder ein Blutband noch eine biologische Wurzel vorsieht. Aber eine Allianz. Deren Struktur man im Folgenden (IV,3) sehen wird.

14 Malachias, II,9.

15 Genesis, II,21–23. Ich erinnere an die Passage „Nun ließ Jahwe Gott einen Tiefschlaf über den Menschen fallen, daß dieser einschlief, und er nahm eine von seinen Rippen und schloß das Fleisch an ihrer Stelle zu. Dann baute Jahwe Gott die Rippe, die er vom Menschen genommen hatte, zu einem Weibe und führte es zum Menschen. Da sprach der Mensch: „Das ist endlich Bein vom meinem Bein und Fleisch von meinem Fleisch! Dieses soll Weib (‚Männin' in älteren Fassungen) heißen, weil sie vom Mann gekommen ist."

16 Genesis, I,27.

17 Genesis, V,1–2.

18 Genesis I,7. Der Vers beruht auf einem Wortspiel zwischen 'Adâmâh, was soviel wie „Erde" bedeutet, und 'âdâm, was aus der selben Etymologie kommend, „Mensch" heißt. Dieses 'âdâm wird erst bei IV,25 und V,1,3 zum Eigennamen.

19 Genesis I,5–24.

20 Emmanuel Levinas, *Quatre lectures talmudiques,* Minuit, 1976.

21 Deuteronomium, XXIX,13–14. „Doch nicht mit euch allein schließe ich diesen Bund und treffe diese Fluchbestimmung, sondern sowohl mit denen, die heute mit uns hier vor Jahwe, unserem Gotte, stehen, als auch mit denen, welche heute mit uns hier nicht zugegen sind."

22 Jeremia, XII,14. „So spricht Jahwe: Alle meine bösen Nachbarn, die das Erbe angetastet haben, das ich meinem Volke Israel verliehen habe, die werde ich wahrhaftig aus ihrem Boden ausreißen." Siehe auch Jeremia XII,2 und Jesaja XL,24.

23 Jesaja, I,29.

24 Sacharja, II,8; Ezechiel IV,2–6.

25 Jeremias, L.

26 Siehe beispielsweise das erste Buch der Könige, XIII,8.

27 „Erfüllet die Erde und machet sie euch Untertan", befiehlt Genesis I,28.

28 Diese Kategorie des Exils ist soweit mit der biblischen Tradition verknüpft, daß sie bis heute den Kern des Begriffs einer „Nation" bildet. Erst im XVI. Jahrhundert mit Rabbi Loewe Ben Bezalel taucht *erstmals* die Möglichkeit auf, eine Nation gegen das Exil, eine „Nation", für die das Exil nicht mehr Grundbedingung wäre, zu denken. Hier, erst hier, entsteht der Zionismus und der Gedanke einer *Bindung* an eine Erde. Es ist auch somit gar nicht so falsch anzunehmen, daß das Exil erst im Zeitalter des Erwachens der europäischen „Nationalismen" zu einem Problem für das nationale jüdische Leben wurde. Ab hier, und mit der Verleugnung einer nationalen jüdischen Identität, entsteht, von Voltaire bis Hitler, der moderne Antisemitismus.

29 Genesis, XVII,5: „Darum sollst du nicht mehr Abram heißen, sondern Abraham soll dein Name sein. Denn ich mache dich zum Vater einer Menge von Völkern." Genesis, XVII,15: „Deine Frau Sarai sollst du nicht mehr Sarai heißen, sondern Sara soll ihr Name sein." Genesis XXXII,29: „Du sollst nicht mehr Jakob heißen, sondern Israel; denn du hast dich Gott gegenüber als stark erwiesen und über Menschen wirst du siegen."

30 Siehe den bemerkenswerten Artikel von Guy Scarpetta, Eloge du cosmopolitisme", *Art Press,* Nr. 26, März 1979.

31 Smolensky.

32 Zitiert bei Levinas, *Difficile Liberté,* a. a. O.

33 *Noces.*

34 Vladimir Jankélévitsch: Interview im *Nouvel Observateur,* 19. Februar 1979.

35 Ende 1978 begrüßte die *Prawda* Jim Jones noch als einen amerikanischen „Dissidenten".

36 Jean Seznec, *The survival of the pagan gods; The mythological and its place in Renaissance Humanism and Art.* New York, 1953.

3. Kapitel

1 Das ist der Grund, warum das klassische Argument, das von der Inquisition bis zur Offenbarung zurückgeht und die Gültigkeit der einen im Namen der Exzesse der anderen aufhebt, ausgesprochen impertinent ist. Der große Unterschied zum Marxismus zum Beispiel, und der tadellosen Konsequenz, die vom Gulag zum *Kapital* zurückführt, liegt darin: während Marx und Engels immerfort betonen, daß in der Praxis das Kriterium jeder Theorie liegt, und jede Theorie nur durch ihre Berufung zur Welt*veränderung* Gültigkeit besitzt – glaubt der Christ an eine geistige Botschaft, die, verirrt, verleugnet und verraten, per *definitionem* weiterhin absolute Gültigkeit besitzt.

2 Siehe die hervorragende Synthese von Claude Lepelley, *L'Empire romain et le christianisme,* Flammarion.

3 *Les Martyrs* wurden von der Kritik des XIX. Jahrhunderts, von Hoffmann ebenso wie von Sainte-Beuve, Flaubert, Benjamin Constant, Taine und Fagot schlecht aufgenommen. Constant etwa wirft dem Autor im *Mercure de France* vom 31. Mai 1817 vor, er hätte „die Religion Homers, die schon seit Jahrhunderten verschwunden war, dem Katholizismus Bossuets gegenübergestellt". (Zitiert bei A. Vinet, *Etudes sur la literture française au siècle,* Bd. 1, S. 398 ff).

4 Ist es ein Zufall, wenn Chateaubriand im II. Buch zugibt, Tasso Dante vorzuziehen; wenn er schon im *Geist Gottes* (2. Teil, IV. Buch, VII. Kapitel) „sicher" war, daß „die Dichter nicht alles aus dem wunderbaren Christen gemacht haben, was er den Musen liefern konnte"? Wenn er noch im *Examen des Martyrs* erklärt: „Ich bewundere die Alten, sehe sie als unsere Meister und übernehme die Prinzipien des Aristoteles, des Horaz und Boileau vollkommen . . ."? Wenn er schließlich im *Vorwort* Aristoteles, Dionysos und Strabo so ausführlich zitiert? Und das Jahrhundert Ludwig des XIV, insofern als es „von Altertum genährt" war? Die Wahrheit ist, daß man bei diesem ersten großen Romantiker das allen gemeinsame Motiv der Rückkehr zum Altertum wiederfindet.

5 Tatsächlich unterscheidet das mosaische Gesetz zwischen den „Proselyten der Türe" und den „Proselyten des Rechts", die vollständig zum Judentum bekehrt sind. Siehe Elie Benamozegh, *Israel et l'humanité,* Albin Michel, 1977, S. 282 ff.

6 Der Nachkomme Noahs hat die *Möglichkeit* einige dieser Vorschriften zu beachten. Zum Beispiel den Sabbat: Jesaja, LVI,3–7; LXVI,23.

7 In der Richtung steht natürlich sehr viel geschrieben. So etwa: „Durch dich sollen gesegnet sein alle Geschlechter der Erde" (Genesis, XII,3). „In jenen Tagen wird es geschehen, daß zehn Männer aus allen Sprachen der Völker einen Judäer beim Rockzipfel ergreifen . . ." (Sacharja, VIII,23).

8 Raschi im Kommentar zu Deuteronomium XX,18: „Man kann daraus schließen, daß wenn sie bereuen, sie angenommen werden." (Benamozegh, *a. a. O.,* S. 274).

9 Dieses minimale Gesetz, das weniger religiös als vor allem ethisch ist, wird zum Beispiel im Sanhedrinischen Talmud aufgezählt (48b): „Unsere Doktoren haben erklärt, daß den Söhnen Noahs sieben Gebote auferlegt worden sind: das erste schreibt ihnen vor, Richter über sich zu haben; die sechs weitern verbieten ihnen: 1. das Sakrileg; 2. die Vielgötterei; 3. den Inzest; 4. den Mord; 5. den Diebstahl; 6. die Benützung eines Gliedes eines lebendigen Tieres."

10 Jeremias, XXXV,12–18.

11 Exodus, IX,20; XII,38.

12 Zum Beispiel die Beschneidung, Benamozegh, *a. a. O.,* S. 72.

13 Tyrische und phönizische Symbole.

14 Sanhedrin, 91b; Pesahim, 90.

15 Benamozegh, *a. a. O.,* S. 65.

16 Siehe André Chouraqui, *Juifs d'Afrique du Nord,* Hachette 1976.

17 Traditionelle und höchstwahrscheinlich etymologische Bedeutung.

18 Spinoza, *Das theologisch-politische Traktat.*

19 Das hebräische Wort ist Nâbî und kommt wahrscheinlich von Nâbâ', „Rufen".

20 Auf Griechisch „apo-stellein".

21 Richtig sagt es Levinas in *Difficile Liberté,* a. a. O.

22 Mallarmé, Rede von Oxford, später auch in *Musique et les Lettres.*

23 Man kennt dieses „Drama" der Assimilation, dessen Ursprünge Gershom Cholem analysiert hat, und ich persönlich bin nicht weit davon entfernt, darin eine spezifische Form der freiwilligen Sklaverei zu sehen. Man darf nicht vergessen, daß Lenin, als er die Rechte der „Nationalitäten" anerkennt und theoretisiert, sie den Juden abspricht, die, so sagt er, keine Sprache und kein Territorium besitzen.

24 Siehe *l'Ange,* Lardreau et Jambet, Grasset 1976.

25 Jesaja, LVI,6,7.

26 Numeri, XI,26–27.

27 Numeri, XI,28,29.

28 Joel, III,1,5.

29 Sanhedrin Talmud, 99a. Mit Verweis auf Jeremias XXX,21, wo es heißt: „Sein Herrscher wird aus seiner eigenen Mitte hervorgehen".

30 Talmud Berakhot 61a. Kommentar zu Genesis II,7.

31 In bezug auf das Exil, dieses metaphysische Exil, in das man „bei Tag" und „unter den Augen aller" geht, siehe Ezechiel XII,3. In bezug zu dem Buchstaben der tötet, siehe Jesaja X,1, wo ausdrücklich steht „Wehe denen, die Gesetze des Unheils machen".

32 Numeri XXIII,9.

33 *Confessiones,* VIII. Buch, Œuvres complètes, Gallimard, Pléiade, Bd. 1, S. 362.

34 Diese Frage stellt J. Starobinsky in: *J.-J. Rousseau, la transparence et l'obstacle,* Gallimard, S. 54.

35 Was auch immer später die Streitereien von Saint-John Perse mit General de Gaulle gewesen sein mögen, so war er doch einer der ersten, die die Vichy-Regierung verbannte. Seit 1938 im Widerstand gegen die Befriedungspolitik gegenüber Hitler, wird er zum Zeitpunkt des Waffenstillstands als Kriegshetzer denunziert. Im Generalsekretariat des Quai d'Orsay wird er abgelöst, lehnt aber den Posten eines Botschafters in Washington, den ihm der „Etat francais" anbietet, ab. Am 16. Juni schifft er sich in der Girondemündung auf einem englischen Frachter mit Ziel England ein. Churchill lädt ihn zu einer Diskussion über das Schicksal Frankreichs und den Anschluß der französischen Truppen nach Chequers ein; am 14. Juli 1940 reist er nach New York. Im Oktober erfährt er, daß ihm die französische Regierung die Staatsbürgerschaft aberkannt, seine Güter eingezogen und ihn aus der Liste der Ehrenlegion gestrichen hat.

36 Zitiert bei Claude Vigée, „Saint-John Perse, parole de vivant", in *l'Art et le Démonique,* Flammarion 1978, S. 28 ff.

37 *Dante, ce rebelle-né:* Eröffnungsansprache des Internationalen Kongresses von Florenz, anläßlich des 700. Geburtstages Dantes.

38 Hobbes, *De Cive,* I,5; *Leviathan,* XV.

39 Destutt de Tracy im Jahre 1796, in einem *Memorandum* an das Institut national des sciences et des arts.

40 Von da an, werden ab dem Jahr IX bei Didot die *Projets d'Eléments d'idéologie* veröffentlicht. Im Vorwort (S. XVII) erklärt er, wie der Mensch von nun an, ausgestattet mit diesem Konzept und seiner klaren Definition, sicher sein könne, immer richtig zu überlegen und nach seinen Überlegungen immer den rechten und fehlerfreien Weg der Wissenschaft einzuschlagen. Diese Wissenschaft der Ideen wird später mit der Naturwissenschaft verknüpft, in reinster mechanistischer Tradition (S. XIX des Vorwortes). Und somit findet Destutt das seinem Jahrhundert gemeine Thema, das die Form annehmen soll, die wir kennen – jene eines notwendigen, linearen und mathematischen Fortschritts des Wissens (Vorwort, S. XX).

41 Stendhal ein Ideokrat? Sicherlich nicht. Aber immerhin ein Zeuge des Zeitgeistes. *Les Eléments d'idéologie, la Grammaire générale und la Logique* sind seine Bibel. Seine *Correspondance,* sein *Journal* aus derselben Zeit, seine *Pensées* (bei M. H. Martineau unter dem Titel *Filosofia nova* verlegt) belegen diesen Einfluß. Er meint, das ganze Problem des Denkens, der Ethik und des Handels, reduziere sich darauf, welche Karte man wann und wie auszuspielen habe. Bis in sein literarisches Werk spürt man seine Vorliebe zur Nomenklatur, zur Sammlung von Charakteren und einzigartigen Zügen und Wesensarten, wobei man weiß, daß er seine jüngere Schwester Pauline immer wieder flehentlich bat, ihm bei der Arbeit zu helfen *(Correspondance).*

42 Hitler, *Mein Kampf, a. a. O.*
43 Stalin, *Voprosy Leninizma,* 2. Auflage, S. 545. Siehe auch Gramsci, *Œuvres choisies,* Editions Sociales, 1959, S. 74.
44 Aufsatz in *Les Temps modernes.*
45 Siehe das letzte Interview mit Camus, das auch in die édition de la Pleiade aufgenommen wurde.
46 Roland Barthes, Chronik des *Nouvel Observateur,* auch in *Sollers écrivain,* Seuil, 1979.
47 Talmud Sanhedrin, zitiert bei Levinas, in *Difficile Liberté, a. a. O.*

4. Kapitel

1 Siehe die gute Analyse von Jean-Paul Dollé in *le Désir de Révolution* Grasset, 1972.
2 Locke, *Zwei Abhandlungen über die Regierung, a. a. O.*, Kap. II, Art. 4; II,6; IV,39; V,27; V,44.
3 *Ebenda,* IV,23; XI,135.
4 *Ebenda,* IV, Art. 86.
5 *Ebenda,* V,27.
6 *Ebenda,* V,26,28,36.
7 *Die Barbarei mit menschlichem Gesicht, a. a. O.*
8 Thomas Morus, *Utopia,* zitiert nach Pierre Mesnard, *l'Essor de la philosophie politique au XVIe siècle,* Vrin, 1977, S. 165.
9 *Ebenda,* S. 171.
10 *Ebenda,* S. 176.
11 So sehr, daß dieses System, das mit „Volk" und „Souveränität" so sehr beschäftigt war, nur mehr hier fähig, ein *Individuum* zu denken. Das beste Beispiel: bezüglich des Rechtes der Menschen im Krieg. Locke, *a. a. O.,* Kap. XVI, Art. 193.
12 Dessen Sinn ich selbstverständlich verdrehe – bei den Propheten wird darunter die Rebellion gegen Gott verstanden.
13 Jesaja, XXVI,20. „Wohlan mein Volk, gehe in deine Kammer, verschließe deine Türe hinter dir. Verbirg dich eine kleine Weile, bis der Zorn vorüber ist."
14 Siehe Maurice Bardèche, *Stendhal.*
15 1. Akt, 5. Szene.
16 5. Akt, 2. Szene.
17 *Ebenda.*

Vierter Teil

1. Kapitel

1 „Der Beweis des Puddings ist, daß man ihn ißt“, sagte Engels. Wir haben den Pudding gegessen – der Beweis ist geliefert.

2 Die heilige Familie war wohl zu erkennen: Leibniz, Hegel, Marx.

3 Die gaullistische Bewegung zählte bis Juli 1940 höchstens 7000 Mitglieder, gegen Ende des Jahres rund 35 000 und blieb bis November 1942 ungefähr auf diesem Stand (Robert O. Paxton, *la France de Vichy,* Seuil, 1976).

4 Siehe André Beaufre, *le Drame de 40,* Paris 1965, S. 265. Diese Affäre blieb nicht einzigartig.

5 Siehe Gérard Miller, *les Pousse-au-jouir de maréchal Pétain,* Seuil 1975.

6 Paul Reynaud tritt zurück. Lebrun beauftragt Pétain mit der Bildung einer neuen Regierung. Diese Regierung war ein Modell nationaler Einheit im Stil der III. Republik. Man kann sich keine weniger spektakuläre, legalere Revolution vorstellen.

7 Unter den 80 waren 35 SFIO, 13 Radikale und einige andere. Die Mehrheit der Sozialisten und der Radikalen stimmten mit Ja. Edouard Herriot enthielt sich der Stimme (siehe Robert Aron, *Histoire de Vichy,* Fayard, 1954).

8 Siehe Poliakov, *le Bréviaire de la haine,* Livre de Poche, 1974, S. 257–277.

9 Ich rede selbstverständlich nicht von den zahlreichen, isolierten Taten; einsam wie immer, derer, die unter dem Einsatz ihres Lebens sich weigerten zu Helden des *Jammers und der Bemitleidung* zu werden, und ich unterschätze keineswegs, *was wir ihnen verdanken.* Nichtsdestotrotz hat man in den Jahren der Schande kein einziges Mal die heilige Arbeiterklasse, oder das im Grunde so gute französische Volk den kleinsten Streik, die mindeste Massenkundgebung gegen die Bestimmung zum Tragen des gelben Stern, unternehmen gesehen.

10 Siehe *la France de Darquier de Pellepoix,* Syros, Paris, 1979.

11 Siehe die unersetzbare *Histoire du Parti communiste français,* von Jacques Fauvet (Paris 1965) die viele Ausschnitte aus der kommunistischen Presse dieser Zeit zitiert. In bezug auf die Plakate, siehe A. Rossi, *la Guerre des papillons,* Paris, 1954.

12 Jacques Soustelle, Envers et contre tout, Paris 1947.

13 Paxton *a. a. O.,* S. 76.

14 Ecclesiasticus, XVIII,22.

15 Genesis, XXI,14–21.

16 Genesis, XXI,15.

17 Genesis, XXI,20.

18 Zitiert bei Levinas, *Difficile Liberté, a. a. O.* Ebenso „Nicht mehr sollen meine Worte Aufschub leiden“ (Hesekiel, XII,28). Aber auch Deuteronomium XXIII,24.

19 Nach dem, Ende 1971 von André Malraux lancierten Appel.

20 Ich erinnere mich noch an diese feinen „linken“ Strategen, die im Frühling 1977 fürchteten, die Stimmen der Dissidenten könnten ihnen die „cantonales“ (Kantonwahlen) durcheinanderbringen (Clavel).

21 „Ein Appel Marek Halters zum Kampf gegen die Barbarei“ (Un appel de Marek Halter pour lutter contre la barbarie) in *Le Monde* vom 19. Oktober 1977, und der *New York Review of Books* vom 18. November 1977. „Ein Zorn, den ich gerne mit anderen teilen würde“ (Une rage que je voudrais faire partager) in *Le Matin* vom 4. Oktober 1977. „Pourquoi l'Argentine“ in *Le Monde* vom 4. Februar 1978. Am 12. Januar 1978 schloß sich die sozialistische Partei, dank Lionel Jospin, der Haltung Halters an.

22 Siehe Nicolas Grimaldi, *le Désir et le Temps,* PUF, 1971.

23 Hegel, Aesthetik.

24 Ecclesiasticus, III,23. Im selben Sinne, Jesaja, VIII,10.

25 Dieses vor allem von Claudie und Jacques Broyelle geleitete Komitee hatte es sich zur Aufgabe gemacht, ein Schiff zu heuern, um im chinesischen Meer vietnamesische Flüchtlinge aufnehmen zu können. Man fand hier nebeneinander, die Unterschrift Jean-Paul Sartres und jene von Raymond Aron.

26 Robert Hersant: „Offener Brief an Olivier Todd“, in *le Figaro* vom 10-12-1978.

27 Olivier Todd am selben Abend in einem Interview in Antenne II.

28 So erklären sich politische Wege, die nur Übelwollende als verwinkelt bezeichnen können: die Maoisten oder mein Freund Ph. Sollers, deren angebliche Abtrünnigkeit vielleicht nichts weiter ist als *kontinuierlicher Antifaschismus.*

29 Ein weiteres Beispiel dieser Ablehnung einer „alternativen Logik“: die Haltung Camus zum Zeitpunkt des Algerienkrieges.

30 Jesaja, XLIX,4. Ebenso Jesaja L,2: „Warum war niemand da, als ich kam? Warum gab niemand Antwort als ich rief?“

31 Marx, *Grundrisse der Kritik der politischen Ökonomie,* a. a. O.

32 Euthydemos, 290 c 291 a.

33 Textzitate der *Sieben gegen Theben* von Aeschylus.

34 Phèdra, 266 b-c.

35 Wie Hobbes im *Leviathan* stellt Spinoza im *Tractatus* folgende Frage: Was ist das Wort Gottes? Wer spricht es? Wer sind die falschen und wer die wahren Propheten? Hobbes antwortet darauf (*Léviathan,* 38. Kap.) es ist die anglikanische Kirche, die die heiligen Bücher heilig hält; in der selben Art antwortet auch Spinoza (*TTP,* 19. Kap.): „Das Reich Gottes auf Erden“ kann nur dann hergestellt werden, wenn ein positives Gesetz, Dekrete das natürliche Licht verstärken. Und das ist auch der

wahre Grund warum er, abgesehen von der Frage des „freien Willens", die Sekten und Kirchen angreift.

36 Mit Ausnahme Kants vielleicht.

37 Stalin selbst war es, der im Jahre 1924 die Sozialdemokratie als den „gemäßigten Flügel des Faschismus" bezeichnete und betonte, diese beiden Tendenzen seien „keineswegs gegensätzlich, sondern einander verwandt". In dem Buch *Sans patrie nie frontière,* von Jan Valtin Dominique Wapler, 1941 finden sich zahlreiche und spektakuläre Beispiele für die konkreten Folgen dieser Linie und ihrer direkten Auswirkungen.

38 Siehe *Frankfurter Zeitung* vom 26. August 1931: angesichts des merkwürdigen Gleichklangs der Losungen und der völlig identischen Entrüstung rund um die „ nationale und soziale" Befreiung, überschreibt die Tageszeitung einen Artikel mit den Worten „Der Ring schließt sich". Siehe auch Joseph Rovan, *L'Allemagne n'est pas ce que vous croyez,* Seuil 1978.

39 Diese Formulierung steht Wort für Wort in der Wochenzeitung Otto Strassers in der Ausgabe vom 26. August 1930.

40 Siehe *Frankfurter Zeitung,* 30. Oktober 1930.

41 Siehe Jean Pierre Faye, *Langages totalitaires,* Hermann.

42 Zumindest was die Wahlen betrifft.

43 Deutscher Anarchist, Antinazi der ersten Stunden. Zitiert in Eve Dessarre, *les Sacrifiés,* Olivier Orban, 1978. Siehe auch Trotzki selbst, dem die Linie Neumanns so gefährlich erscheint, daß er es für notwendig erachtet im Jahre 1931 sein Buch *Gegen den Nationalkommunismus* zu veröffentlichen (das in Frankreich fälschlich unter dem Titel „Gegen den Nationalsozialismus" herausgegeben wurde).

44 Hannah Arendt, *Eichmann à Jérusalem,* Gallimard, 1966.

45 Léon Poliakov, *le Bréviaire de la haine,* a. a. O., S. 344.

46 André Gide, *Voyage au Congo,* 1927 und *le Retour du Tchad,* 1928, Gallimard, wo er die Konzessionsunternehmen beschuldigte, die Afrikaner zu Zwangsarbeit zu treiben. Es folgte ein Diffamierungsprozeß, den er gewann. Wonach das Forstmonopol nicht mehr erneuert wurde. Noch heute, in der Zeit des großen Lärms um die Geisteshaltung der Partisanen, gibt es einige Männer, die den Mut haben, von der Tugend der Voraussicht zu reden. So etwa Jean Daniel („Le Retour de la belle âme", *le Nouvel Observateur,* 1977) der meiner Ansicht nach einer jener ist, die der französischen Linken zur Ehre gereichen.

47 Ernst Jünger, *Abhandlung des Rebellen.*

48 So etwa die „Union des öffentlichen Wohls" der Pfarrer gegen die deutschen Christen.

49 Zitiert bei Eve Dessarre, *a. a. O.,* S. 165.

50 Goerdeler unterstützte mit derselben Halsstarrigkeit die Juden seiner Stadt. Als die Nazis im Jahre 1936 gegen seinen Willen die Statue Mendelssohns entfernten, trat er zurück.

51 Ossietzky: Leiter der *Weltbühne,* Friedensnobelpreis im Jahre 1936, stirbt am 4. Mai 1938 in einem Berliner Krankenhaus. Erich Mühsam: Dichter und außerordentlich begabter Redner, im Jahre 1925 aus der KPD ausgeschlossen, wird am 26. Februar 1933 verhaftet und stirbt im Jahre 1934 in einem KZ. Ludwig Quidde, Friedensnobelpreisträger 1937, Leiter der „Deutschen Friedensgesellschaft", stirbt nach seiner Verschleppung.
52 Eve Dessarre, *a. a. O.,* S. 170.
53 Im Jahre 1933 verhaftet, überlebte er den Krieg und ging nach Paris ins Exil.
54 Eve Dessarre, *a. a. O.,* S. 180. In diesem umwerfenden Zeugnis findet man zahlreiche Anekdoten und Porträts, die die Stärke dieses Widerstandes von Innen belegen.

2. Kapitel

1 Leibniz, *Theodicée,* § 196–213.
2 Offizielle These der französischen kommunistischen Partei am Vorabend ihres XXIII. Kongresses.
3 Descartes, *Discours de la méthode.*
4 Epiktet, *Diss.,* III,17; III,9,3–4; IV,7,36–39. Marc Aurel: XII,16,2 VIII,4,6.
5 Das ist wahrscheinlich auch die Rolle der „liberalen" Intellektuellen innerhalb der westlichen Parteien. Besonderes Lob verdienen Jean Ellenstein und die Autoren von *l'URSS et nous,* Editions Sociales 1978.
6 Simone Veil, *le Matin,* 1. November 1978 anläßlich der Affäre Darquier de Pellepoix.
7 Dominique Desanti, *Drieu La Rochelle ou le séducteur mystifié,* Flammarion, 1978, dem ich trotz unterschiedlicher Auffassungen sein Talent und seine Genauigkeit nicht absprechen will.
8 Worin, ob man es will oder nicht, Malraux eben nicht Drieu ist. Auch nicht Nizan oder Aragon.
9 Malebranche, *Recherche de la vérité,* I,1,2; *Traité de morale,* I,3,15.
10 Henri Amouroux, *les Collabos,* Laffont, 1978.
11 Sbirer, *Histoire du IIIe Reich,* Livre de Poche, Bd. 2.
12 Chateaubriand, *Vie de Rancé,* Guilde du Livre, S. 214; ebenso bei Montaigne, *les Essais,* I,18.
13 *L'Espoir;* siehe auch dieses „so hoch oben wie möglich sterben" des Tchen in der *Condition humaine.*
14 Siehe dazu die bemerkenswerten Analysen von Vladimir Jankélévitsch in *La Mort,* Flammarion, 1976, S. 188 ff.
15 Ecclesiasticus, VIII,8.
16 Hiob, XIX,8,10,20.
17 Genesis, IV,3–16.

18 Genesis, IV,6–7.
19 Genesis, IV,8.
20 *Ebenda*
21 Genesis, IV,7.
22 Genesis IV,7.
23 Genesis, IV,15.
24 Ricœur, *Finitude et Culpabilité,* Aubier-Montaigne, Bd. 2, S. 74.
25 Genesis, IV,11.
26 Hosea, IV,12; Jeremia, IX,14; II,23; Hesekiel, XXIII,20.
27 Jeremia, V,23; Jeremia, XXXI,33; Hesekiel, XI,19 usw.
28 Guy Lardreau hat diesen Punkt im Vorwort zu *la Mort de Joseph Staline,* Grasset, 1977, unterstrichen.
29 Mit Ausnahme von Paul Ricœur in *Finitude et Culpabilité, a. a. O.*, S. 222.
30 Genesis, II,15.
31 Genesis, III,1.
32 Genesis, II,19.
33 Genesis, III,14.
34 Genesis, III,12 und 13.
35 Genesis III,6 und 7; siehe diesbezüglich den Kommentar von Ricœur, *a. a. O.*
36 Jesaja, LI, 17,22; Jeremia, XXV,15–16; Jeremia, LI,7; Klagelieder, IV,21.
37 Amos, an verschiedenen Stellen und vor allem VIII, und 10.
38 Jesaja, XXVII,1.
39 Jesaja XXIV,3–6; XXVIII,22; XLIX,19; Jeremia, IV,27; Hesekiel V,9.
40 Jesaja, V,1,7; Hesekiel, XVII,10.
41 Micha, II,7–9.
42 Habakuk, I,2.
43 Plato, *Der Staat* (Politeia).
44 Siehe Philippe Nemo, *Job et l'excès du Mal, a. a. O.*
45 Das ist genau die Definition der „Geschichtsphilosophie".
46 Jeremia, an verschiedenen Stellen.
47 Genesis, IV,8.
48 Genesis, III,5.
49 Jesaja, V,20.
50 Deuteronomium, XV,11; kommentiert in Talmud *Derachot,* 34b.
51 Ist diese Entmachtung nicht der Machtmißbrauch von dem Hesekiel spricht, anläßlich derer die „die Seelen der Menschen fangen" um das „Leben ihrer eigenen Seele zu ermöglichen"? (Hesekiel, XVIII,8).
52 Psalmen, XVIII,3; Jesaja, LI,1; Psalmen, XVIII,32; Habakuk, I,12; Deuteronomium, XXXII,18; II. Samuel, XXII,3; Psalmen CXLIV,2; Jesaja XLIV,8; Psalmen, LXXIII,26.

3. Kapitel

1 Esra, I, V, VI; Daniel, an verschiedenen Stellen, vor allem X.
2 Jesaja, LI,1; Deuteronomium, XXXII,18.
3 Jeremia, XVIII,6; Klagelieder, IV,2.
4 Jesaja, LI,1.
5 Aristoteles, *die Metaphysik.*
6 Jesaja, LI,1.
7 Jesaja, LI,2.
8 Jesaja, LI,1.
9 Das hebräische Wort *Maqqébéth,* „Schacht" erinnert an *neqébah,* „Frau".
10 Jesaja, LI, 3.
11 Genesis, VI,6: „Da reute es Jahwe, daß er die Menschen auf Erden gemacht hatte und er grämte sich in seinem Herzen. Und Jahwe sprach: Ich will die Menschen, die ich auf Erden geschaffen habe, vom Erdboden hinweg vertilgen, die Menschen samt dem Vieh, dem Gewürm und den Vögeln des Himmels. Denn es reut mich, daß ich sie gemacht habe."
12 Das Wort stammt von Jean-Joseph Goux, *les Iconoclastes,* Seuil, 1978.
13 *Mein Kampf, a. a. O.*
14 Genesis, II,6.
15 Jesaja, LI,23.
16 Jesaja, LI,23.
17 Genesis, IV,1.
18 Genesis, IV,2.
19 „Einen Mann habe ich durch Jahwe erhalten (qanîtî)", sagte Eva in Genesis, IV,1. Und Abels Name kommt von Hebel, „Hauch".
20 Genesis, XXV,21.
21 Genesis, XXV,22.
22 Genesis, XXVII.
23 Genesis, XXV,27.
24 Jesaja, LI,13,14: „Wo ist denn nun des Bedrängers Wut? Gleich wird der Gefesselte befreit."
25 Psalmen, XVIII,1.
26 II. Samuel, XXII,2.
27 Jesaja, LI,4.
28 Jesaja, LI,10.
29 Nahum, I,4.
30 Genesis, VI,7.
31 Hesekiel, XXXVI,36.
32 Psalmen, CIV,1–4 und 10–15.
33 Jeremia, XXXI,9.
34 Die Weisheit Salomos, XIX,6.
35 Exodus, XXXI,18.
36 Exodus, XXXII,15.

37 Jeremia, XXXI,31–32.
38 Josua, VIII,32. Ebenso Deuteronomium, XVII,18: „Sobald er den Königsthron bestiegen hat, lasse er sich eine Abschrift dieses Gesetzes in der Obhut der Priester in ein Buch anfertigen."
39 Genesis, XXXII,3.
40 Exodus, XIX,9.
41 Exodus, XIX,12.
42 Zum Beispiel Jeremia, XIX,15.
43 Jeremia, XXXIII,22.
44 Zephanja, I,15; Psalmen, XIII,2 usw.
45 Siehe Levinas, *Difficile Liberté, a. a. O.*
46 Habakuk, I,4.
47 Jeremia, II,8.
48 Deuteronomium, XXXIV,10.
49 Jeremia, VIII,5.
50 Jeremia, XXXI,31.
51 Hesekiel, III,3.
52 Hesekiel, III,1.
53 Hesekiel, XXXIV,2; dann 4 und 5.
54 I. Samuel, VIII,5.
55 I. Samuel, X,22.
56 I. Samuel, XVI,14.
57 Deuteronomium, XXIX,14.
58 Deuteronomium, V,2,3; Exodus XXXIV,12, Deuteronomium V,2,3.
59 Siehe Anders Nygren, *Eros et Agapè,* Aubier, 1962, Bd. 1, S. 58.
60 Lukas, X,25 ff; Markus, XII,28 ff.
61 Matthäus, XXII,38 ff.
62 Exodus, XXXIV,12.
63 Johannes, XVII,11.
64 Matthäus, V,44; Matthäus, V,45; Matthäus, II,17; Matthäus, X,8; Lukas, XV,4; Lukas, XV,11 bis 32.
65 Hiob, XXXIV,11; Psalmen, XII,13; Sprüche, XXIV,12; Jeremia, XVII,10; Jeremia, XXXII,19.
66 Matthäus, XX,1–16.
67 Jonas, IV,11.
68 Matthäus, V,38 ff.
69 Psalmen, XVII,8–9.
70 Psalmen, XVIII,31.
71 Psalmen, IX,10; Psalmen, XXXI,4;
72 Genesis, IV,14.
73 Jonas, IV,11.
74 Sprüche, III,32.
75 Sprüche, III,31.
76 Sprüche, III,31
77 Hesekiel, XIV,3–8.

78 Deuteronomium, XIX,14.
79 Exodus, XX,5; Exodus, XXXIV,7; Numeri, XIV,18; Deuteronomium, V,9.
80 Jeremia, XXXI,29; Hesekiel, XVIII; Deuteronomium, XXIV,16; Jesaja, LIX,18.
81 Psalmen, XLII; XLIV.
82 Genesis, IV,15.
83 Numeri, XXXV,19.
84 Deuteronomium, XIX,2; Numeri, XXXIV,6, 11, 13.
85 Deuteronomium, XIX,3.
86 Deuteronomium, XIX,6. Numeri XXXV,6, 11, 13, 15, 25, 26, 27, 28.
87 Ebenda, Dhorme übersetzt einfach mit „daß er ihn nicht zu Tode schlage".
88 Exodus, XXXIV,7; siehe auch Jeremia, XXX,11.
89 Psalmen, XXXVII,20.
90 Numeri, XIV,18; Psalmen, LXXVIII,38; Psalmen, LXXXVI,15; Exodus XXXIV,6; Nahum, I,3.
91 Exodus, XXXIV,7.
92 Psalmen, XXXII,1–5; Psalmen, CIII,10.
93 Polemik mit Hannah Arendt; zusammengefaßt in *Fidélité et Utopie,* Calmann-Lévy, 1979.

4. Kapitel

1 Jesaja, XLIX,4; XLVIII,4; L,2.
2 Deuteronomium, VII,17.
3 Hesekiel, II,5.
4 Hesekiel, XIII,3; Deuteronomium, XVIII,10.
5 Jeremia, XVIII,18.
6 Hesekiel, III,5.
7 Jeremia, XVIII,18.
8 Sprüche, VIII,22, 23; vergleiche mit Hiob, XL,19; Ecclesiasticus, XXIV,9; III,4;
9 Genesis, IV,1.
10 Sprüche, VIII,23.
11 Sprüche, VIII,24–31.
12 Jesaja, LXII,6.
13 Jesaja, XLIV,7; XLIII,10.
14 Hesekiel, VI,8.
15 Jesaja, X,20–23.
16 Micha, V,6.
17 Jeremia, XLIV,28.
18 Ecclesiasticus, XLVII,22.
19 Jesaja, VI,13.

20 Hesekiel, VI,12.
21 Genesis, VII,1.
22 Micha, VII,2.
23 Micha, VII,4.
24 Jesaja, X,13.
25 Das ist der eigentliche Sinn von „Geschöpf".
26 Josua, IV,20–24.
27 Josua, XXIV,25–27.
28 Jesaja, XLIII,10; XLIV,8.
29 Exodus, XXXI,18; XXXII,15; XXXIV,29.
30 Psalmen, LXXVIII,5.
31 Psalmen, CXIX,32.
32 Psalmen, CXIX,2.
33 So zum Beispiel Eli, der „bei seiner Ankunft ... auf einem Stuhl (saß) neben dem Tore und spähte nach der Straße hin; denn sein Herz bangte um die Lade Gottes" (I. Samuel, IV,13). Und der Chronist setzt fort „Eli aber war achtundneunzig Jahre alt, und seine Augen waren starr geworden, so daß er nichts mehr sehen konnte" (I. Samuel, IV,15).
34 Hesekiel, III,16–21.
35 II. Könige, IX,17–20; II. Samuel, XVIII,24; I. Samuel, XIV,16; Jesaja, LII,8.
36 Jesaja, XXI,11.
37 Jesaja, XXI,12.
38 Jesaja, XXI,11.
39 Hiob, VII,4.
40 Deuteronomium, XXVIII,63–68.
41 Hiob, VII,4.
42 Hiob, VII,6.
43 Hiob, VII,1.
44 Deuteronomium, XXVIII,65.
45 Jesaja, XXI,7.
46 Jesaja, XXI,10.
47 Hiob, VII,7 und 9.
48 *Phenomenologie.*
49 „Gedächtniskrankheit" ist ein Ausdruck der neuen kambodschanischen Machthaber, deren erste Sorge es bekanntlich war, alle Archive zu vernichten.
50 Psalmen, XLIV.
51 Deuteronomium, XXI,15–21; siehe auch, Genesis, XXV,31, 34; XXVII,36; XLIII,33.
52 Siehe das bemerkenswerte Buch von Jean-François Revel, *Sur Proust,* Biblio Méditations, Nr. 67.
53 Wieder der „Modernismus".
54 Genesis, IV,7.
55 Psalmen, CXXXV,13; CII,13.

56 Sacharja, XI,7, 17.
57 Sacharja, XIII,14.
58 II. Könige I,8; Matthäus, III,4; Markus, I,6.
59 Abel: „Hebel".
60 Genesis, IV,8: „Da sie aber auf dem Felde waren."
61 Genesis, IV,4: „Auch Abel brachte ein Opfer dar von den Erstlingen seiner Herde und zwar von ihrem Fett."
62 Sacharja, XIII,15: „Ich bin kein Prophet, sondern bebaue den Boden."
63 Ecclesiasticus, XLIV,9.
64 Ecclesiasticus, XLIV,8.
65 Amos, I,1.
66 Amos, VII,14.
67 Amos, VII,16.
68 Amos, VII,14.
69 Jesaja, I,8.
70 Psalmen, XVIII,31, 32.
71 Jesaja, LXIII,3–6.
72 Siehe zum Beispiel, Barbey d'Aurevilly, *Du dandysme et de George Brumell,* Gallimard, Pleiade, 1966, S. 694, 689, 703, 687.
73 Siehe auch Jesaja, LIX,7: „Ihre Füße laufen zum Bösen und eilen, unschuldiges Blut zu vergießen."